영국인 재발견

영국인 재발견

在英 저널리스트 권석하의
영국, 영국인 이야기

권석하 지음

안나푸르나

머리말

겪어보고 알고 나니
영국인,

그들은
재미있는 나라의
신기한 사람들이었다!

　　영국을 찾은 한국 지인들에게 농담같이 들려주는 내가 만든 서유럽 3국인과 동양 3국인의 '비교 삼국지'가 있다. 아주 깊은 연구나 논리를 통해 나온 이론은 물론 아니다. 그중 하나가 '영국인은 중국인, 독일인은 일본인, 프랑스인은 한국인'과 닮았다는 논리다.
　　영국인과 중국인은 역사와 전통을 중요시하고 외유내강형이고, 돌려 말하는 언어에 능해 외교적 수사의 천재들이다. 또 시간을 기다릴 줄 알며 자신들이 세상의 중심이라고 생각한다. 중국인이 중화사상中華思想을 믿었듯이 영국인도 유럽과의 사이에 있는 도버해협에 안개가 짙어 배가 못 다니면 대륙이 봉쇄되었다고 한다. 독일인과 일본인은 소프트웨어보다는 하드웨어에 강하고 개인적이기보다는 집단적이다. 유柔하기보다는 강하고 날카롭다는 평을 많이 들으며 세계를 상대로 대전을 일으킨 점도 같다. 프랑스인과 한국인은 이성적이기보다는 감성적이고 예술적이며 창조적이고 놀기 좋아하고 가족 중심적이다. 프랑스는 서유럽 국가 치고는 드물게 한국처럼 공무원 부정이 있고 출세를 하기 위해서는 특정 학교의 학벌과 학연이 아주 중요하다. 정치인의 여자 문제는 별로 큰 스캔들이 아니며 길거리에서 차 세워 놓고 벌이는 싸움도 흔하다.

좀 더 나가보자. 영국인과 중국인은 철저한 장사꾼이고, 독일인과 일본인은 냉혹한 사냥꾼이며, 프랑스인과 한국인은 재빠른 농사꾼이다. 혹은 영국인과 중국인은 돈 버는 데 능한 사업가이고, 독일인과 일본인은 냉철한 과학자이며, 프랑스인과 한국인은 격정적인 예술가다. 독일과 일본은 철저한 지방분권 국가였다가 근대에 들어와 전국이 통일되었고, 프랑스와 한국은 옛날부터 중앙집권적이어서 왕의 힘이 전국에 미쳤다. 영국과 중국은 이 두 시스템의 절충형으로 왕이나 황제는 절대 권력을 가진 것이 아니라 지방 영주들과 균형과 견제를 이루며 전국을 통치해왔다.

지나가던 차가 길거리에 세워둔 차와 부딪쳐 흠집을 내고도 연락처를 제대로 안 적어놓고 가면 누군가가 어디서 보고 반드시 신고한다는 독일, 주인이 근처에 없으니 그냥 빨리 가라고 주위 사람들이 부추긴다는 프랑스인, 이도 저도 아니고 남의 일이니 무관심한 척 간섭하지 않고 개입하려 하지 않는 영국인. 혁명이라는 말조차도 들어본 적 없이 봉건시대에서 근대사회로 넘어온 독일이 있는가 하면, 프랑스는 피라는 피는 흘릴 대로 다 흘리면서 그 과정을 지독하게 치렀다. 반면에 영국은 올리버 크롬웰의 내전Civil War을 통해 그나마 혁명 비슷한 공화정(1649~1660)을 아주 짧게 홍역처럼 겪었다. 그렇게 면역이 생겨서 그런지 더 이상 변고 없이 근대 정치제도가 정착되었다.

독일은 울고 왔다 웃고 가고, 프랑스는 울고 왔다 울고 가며, 영국은 웃고 왔다 울고 간다는 말이 유럽 한국 주재원 사회에 있다. 독일은 살러 오면서부터 독일어에 대한 걱정과 차갑고 무뚝뚝한 독일인 때문에 정이 붙지 않는다. 살아가면서도 사회제도가 너무 빈틈이 없어 숨이 막힐 듯하다. 아파트에서는 저녁 아홉 9시가 넘으면 샤워는 물론 변기물마저 신경 써서 내려야 하는 층간 소음 때문에 스트레스를 받는다. 이런저런 이유로 독일에서 근무하다 가는 상사 주재원들은 울면서 와서 갈 때는 떠나는 게 좋아서 웃는다.

프랑스는 처음에는 말도 못해 불편하고, 합리적이지 못하고 느리기만 한 모든 시스템과, 배타적이고 쌀쌀맞은 프랑스인 때문에 상처도 많이 받고 해서 참 적응하기 힘들다. 아침에 전화하면 점심시간도 되기 전에 와서 인터넷 설치해주는 한국에 살다가 왔는데 집 전화, 인터넷 설치에 한 달이 넘게 걸려 정착 초기부터 완전 인내심 테스트이다. 휴대전화 구입과 은행 계좌 개설도 요구하는 서류가 뭐 그리 많은지 분통이 터진다. 세상이 온통 영어판인데 왜들 그렇게 영어를 안 쓰는지. 그나마도 좀 아는 영어와는 달리 문법 기초부터 새로 시작해야 하는 프랑스어 때문에 정말 울면서 프랑스 생활을 시작한다. 시간이 지나면서 처음에는 배타적이던 이웃과 차츰 얼굴을 익히고 친해져 안면을 트면 다른 어느 유럽 나라 사람들보다 프랑스인은 살갑게 대해줘 향수를 잊게 해준다. 아름다운 국토, 저렴한 생활비, 풍부한 먹거리, 다양한 문화 환경, 유럽 중앙의 지리적 이유 등으로 아주 좋은 시간을 보낼 수 있다. 프랑스 말이 어느 정도 될 때쯤 되면 치즈도 입맛에 맞는 걸 골라 먹을 줄 알게 된다. 포도주가 맥주나 소주보다 더 입에 배기 시작해 이제 프랑스가 진정으로 좋아지려 하는데 벌써 돌아갈 때가 되었다. 그래서 울고 와서 가기 싫어 울고 가는 곳이 프랑스이다.

영국은 올 때는 대개들 웃고 온다. 일단 영어를 쓰니 다른 나라보다 부담도 적고 굳이 돈 많이 드는 조기 유학 보낼 필요 없이 자식 공부도 해결되어 좋다. 한 번도 안 와봤어도 워낙 영국에 대해 많이 들어서 그런지 친근한 느낌마저 든다. 시스템 자체도 한국보다는 못하지만 그래도 유럽 중에는 가장 장사꾼 마인드가 있어 서비스도 좋고 편하다. 일단 사람들이 웃고 친절해서 외국이라는 느낌은 영어를 써야 할 때 말고는 못 느낄 정도이다. 특히 런던은 한인 타운이 있는 곳이라 대개들 모여 산다. 그러다 보면 정말 주부들의 경우는 영어를 애써 쓰지 않으면 일주일 내내 영어 한 마디 안 하고도 살 수 있다. 남자들은 한국에서는 언감생심이던 골프를 주말이면 저렴하게 마음껏 칠 수 있을 뿐 아니라 윗분들이 많지 않아 그런지 훨씬 자유롭다는 느낌을 많이 받는다. 아이들은 물론 돌아갈 것 생각해서 한국 학원도 다니지만 아무래도 느끼는 강도가 약해 좋아한다. 그래서 돌아갈 때쯤 되면 가기를 아쉬워하며 떠나기 싫어 울고 간다는 말이다.

유럽에서 운전하기 가장 쉬운 곳은 독일이다. 우선 길이 좋고 교통신호 체제가 잘되어 있으며 모두들 규칙을 잘 지킨다. 무엇보다도 아주 큰 대도시들이 없어 한꺼번에 차가 밀리는 경우는 출퇴근 시간이라도 거의 없다. 그냥 교통 법규와 도로 표지판대로만 운전하면 된다.

독일보다는 조금 어려우나 그래도 운전하기 괜찮은 곳이 영국이다. 영국 사람들은 일단 양보심이 강해 웬만하면 양보를 잘한다. 끼어들기를 시도하면 놀랄 정도로 거의 다 아무 말 없이 비켜준다. 실수를 해도 여간해서는 경적도 울리지 않는다. 복잡한 시내를 다녀도 하루 종일 경적을 한두 번 들을까 말까이다. 출퇴근 시간에 골목길에 서 있으면, 반드시 양보를 하지 않아도 되는 큰길의 차가 가다가 서서 나오라고 상향등을 껌뻑인다.

삼국 중에서 운전이 가장 어려운 곳이 프랑스이다. 일단 고속도로에서 제한속도인 130킬로미터 이하로 달리는 사람이 아무도 없다. 시내를 운전하다 길을 잘 몰라 이쪽으로 갈까 저쪽으로 갈까 조금만 우물대면 바로 경적이 울린다. 영국의 경우는 초록 불이 들어온 걸 몰라서 가만히 있어도 바로 경적을 울리지 않고 조금 기다려준다. 프랑스인의 유명한 '톨레랑스tolerance(관용)'는 운전에는 해당이 없다. 차선에 끼어들라 치면 바로 견제가 들어온다. 처음 간 동네라 차선을 잘 몰라 좌회전 전용 차선인 줄 모르고 들어가서 끝에서 본의 아니게 우측 차선으로 들어서고자 하면 난리가 난다. 운전 중 타인의 실수에 별로 관대하지 않은 편이다.

영국에서는 사거리에서 우회전 금지 표시가 없으면 우회전(영국은 운전석이 우측에 있다)을 자유롭게 한다. 거의 다 비보호 우회전이다. 유턴 금지 표시가 없으면 유턴이 자유롭다. 분명히 건너편에서 차가 오는데도 눈치를 봐서 잽싸게 차를 돌린다. 독일에는 유턴 가능 표시가 있어야만 유턴이 가능하다. 이런 식으로 영국은 금지 표시가 없으면 할 수 있는 포지티브positive 시스템이고, 독일은 할 수 있다는 표시가 없으면 금지인 네거티브negative 시스템이다. 영국 도로에도 절대 넘을 수 없는 중앙선이 있긴 하나 참 드물다. 그래서 차선을 넘나든다든지 하는 일은 별일이 아니고 중앙선 침범이 큰 죄도 아니다. 길에 주차할 때도 건너편 차선에 자리가 있으면 건너가 역방향으로 차를 세운다. 보행자도 횡단보도에서 차만 안 오면 빨간불이라도 그냥 건넌다. 가까운 데 횡단보도가 없으면 아무 곳이나 차도로 건너간다. 물론 위험한 일이지만 본인의 판단과 책임하에 알아서 하라는 뜻이다. 영국에는 보행자 교통법규 자체가 아예 없다. 영국 거리에서 차가 안 오는데도 빨간불이라고 횡단보도에서 신호를 기다리고 서 있으면 분명 독일인이다.

영국인은 무질서한 것이 아니고 융통성을 가지고 사는 사람들이다. 사업하다 부도가 났다면 한국에서는 하늘이 무너질 정도로 큰일이지만 수표 부도를 내는 일은 영국에서 큰일이 아니다. 사업을 하다 보면 돈이 안 맞을 때도 있는 법이다. 본인이 받은 수표 중에 하나가 부도 나면 어쩔 수 없이 예상 못한 잔고 부족으로 부도가 날 수도 있다. 그러면 어떻게 수표를 믿고 장사를 하느냐 하지만 그건 사업하는 사람들끼리 알아서 할 일이지 굳이 나라가 나서서 단속할 일은 아니라는 생각이다. 사전에 자기 거래처의 신용과 재정 상태를 잘 살펴 위험 없는 사업을 해야 할 더 큰 책임은, 물건 팔고 수표 받는 사람에게 있다는 논리다. 도저히 장사가 안 돼 회사를 닫아도 그렇게 큰일이 아니다. 회사 문을 닫고 동시에 새 회사를 열어 영업하는 경우도 허다하다.

악용하는 경우도 있지만 그렇다고 사업하다가 자금이 모자라 수표가 부도 난다고 교도소 갈 일은 아니라고 그들은 본다. 비즈니스라는 것이 최선을 다해서 잘해야 하지만 실패했다고 해서 처벌받을 일은 아니라는 뜻이다.

영국인은 기업을 하되 자본금을 그렇게 크게 키우지 않는다. 수천 파운드 영업을 하는 오랜 기업의 자본금이 몇 천만 파운드밖에 안 되는 경우도 봤다. 매출이 늘어난다고 자본금을 늘려야 한다는 법은 없다. 독일은 영국과 달리 자본금은 매출에 따라 늘려야 한다. 수표 부도를 대하는 경영자의 태도도 천지 차이다. 독일에서는 회사가 망했다고 사장이 자살하는 경우가 신문에 난 것도 봤다. 영국에서는 도저히 볼 수 없는 일이다. 주식회사는 원래 사업주의 책임을 제한해서 사업체 법인은 실패해 사라져도 자연인 주인은 다치지 않게 하려고 만들어진 회사 형태다. 이렇게 영국에서는 사업을 하면서 겪을 수 있는 미수금에 대한 위험은 본인 부담이다.

모든 주식회사들이 결산서를 의무적으로 보고해야 하는 '컴퍼니 하우스Company House'를 통하면 아주 염가로 간단하게 거래 회사의 재정 상태를 알 수 있다. 손익, 채무, 자산 같은 결산서에 나오는 기본 자료가 한눈에 보인다. 그러나 영국에서는 그런 숫자보다 그 회사가 얼마나 오래된 회사인지가 아주 중요한 평가 요인의 하나다. 일단 오래된 회사는 신용이 있다고 본다. 개인이 대출 신청을 할 때도 아주 중요한 고려 사항 중 하나가 현재 주소에서 얼마나 오래 살았는지이다. 현 주소 거주가 3년 이하이면 그 전에 살던 곳을 죄다 적어야 한다. 그만큼 이사가 잦다는 점은 생활에 뭔가 문제가 있다고 보아 신용평가 때 감점 요인이다. 이렇게 역동성으로 볼 수 있는 요인이 불안정으로 취급받는 나라가 영국이다.

영국은 모든 면에서 가능하면 열어놓는 시스템이다. 금지할 사항만 정해놓고 나머지는 알아서 하라는 식이다. 관습이나 법의 개입은 가능하면 줄이고 거의 모든 규칙마저 강제성을 잘 띠지 않는다. 동시에 통제를 한다고 해도 호들갑 떨지 않고 있는 듯 없는 듯한다. 그러면서도 할 일은 다 한다. 독일이나 프랑스는 주소 이전이나 각종 등록이 정말 복잡하다. 영국에는 주민등록 제도 자체가 아예 없다. 그러니 전출·전입신고니 하는 절차도 없고 독일이나 프랑스와는 달리 신분증도 없다. 9·11 사태 이후 세계가 테러에 신경을 곤두세우기 전부터도 영국은 북아일랜드 IRA 문제로 영국 본토에서 폭탄이 터졌는데도 신분증이 없었다. 2005년 7월, 2012년 런던 올림픽 유치 성공 발표 다음 날 터져 52명의 사망자와 700여 명의 중경상자를 낸 런던 폭탄 사건 이후에도 신분증 도입이 없었다. 보수당과 노동당 역대 정부마다 신분증 도입을 십수 년째 시도하고 있지만 시민 자유 제한 반대 여론에 밀려 국회에 제대로 상정도 못하고 아직 성공을 못하고 있다.

영국에서는 인간이 태어나서 죽을 때까지 정식으로 관공서에 해야 하는 신고가 딱 세 가지밖에 없다. 출생·결혼·사망신고가 그것이다. 그래서 여권 신청도 본인의 얼굴을 확인할 방법이 없으니 사진을 주위나 동네 유지 혹은 변호사, 회계사 같은 전문 직업인에게 확인받아야 한다. 평소에 친분이 있는 전문인이 여권 신청하는 사람이 사진과 맞다고 보증해준다. 이 사람이 영국 국민이라는 증명은 출생증명서 하나밖에 없다. 아이가 출생하자마자 병원의 출산증명서를 가지고 가서 받아 오는 구청 발행의 출생증명서에는 물론 사진이 없다. 사진이 붙은 전국적인 일관된 주민등록제도도 없어 확인할 방법도 없다. 영국 스파이 영화에는 공동묘지 묘비에서 찾은 어릴 때 죽은 사람 이름으로 여권을 내는 장면이 종종 나온다. 엉뚱한 사람이 내 이름으로 된 여권을 들고 다닐 수 있고 실제 그런 일이 일어난다. 해외에서 사망 사고가 나서 소지한 여권으로 신원 추적을 했는데 해당 인물은 버젓이 살아 있는 경우가 신문에 나기도 한다.

모든 상황이 아주 명확하게 전후가 딱딱 들어맞아야 하는 한국적 생각으로 보면 이런 모든 절차가 엉성하기 그지없다. 출생신고를 한 국민이 어디로 이사를 가서 사는지 일일이 알아야 하는데 영국에는 그런 제도가 없다. 일사불란하게 통제하는 체계적 시스템이 없다는 말이다. 그러면 어떻게 영국 정부가 국민을 관리하느냐고 궁금해할 수 있다. 이론적으로 본인이 신고하지 않으면 알 수 있는 방법은 없다. 그렇다고 현실적으로 영국 정부가 파악할 방법이 전혀 없는 것은 아니다. 영국에서도 이사를 하면 주소 변경을 해야 할 데가 참 많다. 각종 공과금, 은행, 자동차, 운전면허, TV 라이선스, 가정의家庭醫 등록 등이다. 이 모두도 나의 편의를 위한 것이지 정부에서 요구하는 건 아니다. 이전 신고를 하지 않는다고 해서 벌금을 물지도 않는다. 한국처럼 컴퓨터 자판 몇 개만 누르면 한눈에 모든 사항이 파악되는 그런 식은 아니지만 이런 신고되는 등록을 통해 안 보는 척하면서 어렵기는 하겠지만 볼 것은 다 보고 있다. 영국은 정말 호들갑 떨지 않고 있는 듯 없는 듯 할 일은 다 하고 있다.

이런 영국에, 그것도 21세기에, 기록상 아무것도 안 나타나는 무등록자가 존재한다. 등록을 안 하니 규모도 전혀 파악이 안 된다. 병원에도 안 가고 태어나 출생신고도 안 한다. 학교는 다녔지만 은행 계좌, 건강보험, 사회보장 어떤 것도 신고한 적이 없다. 집은 있으나 등록된 집도 아니니 공과금 낼 일도 없다. 전기도 전화도 없고 필요도 없다. 자동차도 소유한 적이 없으니 운전면허도 없고 직업을 가진 적이 없는 사람이 존재한다. 안 하고 없는 것 투성이다. 어떻게 가능할 수 있느냐고 하지만 영국이라면 충분히 가능하다. 영국에 숨은 것처럼 퍼져 있는 북해의 작은 섬 사람들은 아주 오래전부터 그런 식으로 살아왔고, 어떤 신념 때문인지 시골 벽지에서 그렇게 자급자족해서 사는 사람들이 아직도 있다. 자신들이 못 만드는 필요한 물품은, 직접 손으로 키우거나 만든 제품을 팔아서 산다. 은행 계좌도 없고 세금을 낼 필요도 없다. 물론 외국 여행을 할 필요가 없으니 여권도 필요 없고…. 그들에게는 국가가 필요 없고 국가에 빚진 것도 없고 그래서 아무런 신고를 할 이유도 없다. 영국법 어디에도 최소한 출생·결혼·사망신고를 해야 한다는 법이 없다. 이런 무적자들이 그렇게 살아갈 수 있는 나라가 영국이다.

영국인은 참 재미있는 사람들이고 영국은 정말 신기한 나라다. 모든 것이 빈틈없이 짜여 있어야 하고 일사불란하게 움직여야 하는데 정말 이래도 되는가 싶을 정도로 비는 곳도 엉성한 곳도 많다. 그러나 그 엉성함 속에 철저함이 있고 법석 떨지 않으면서 할 일은 다 해내는 무서운 외유내강의 모습을 보이는 것이 영국인이다.

차례

머리말 겪어보고 알고 나니 영국인, 그들은 재미있는 나라의 신기한 사람들이었다! **4**

보수와 엘리트의 나라에서

【Keyword 1 : 계급 제도】 계급제도 속에서 살다 **21**
계급을 뛰어넘은 왕세손과 평민의 결혼 사건 | 영국인이라면 본능적으로 구분하다 | 돈, 교육, 교양, 도덕성, 예의, 언어… 계급에 벽이 있다 | 상류층은 노블리스 오블리주, 중산층은 아침부터 저녁까지 일 | 하류층이 신분 상승에 매달리지 않는 이유 | 계급제도 틀 안 신데렐라의 앞날은?

【Keyword 2 : 엘리트】 영국을 이끄는 키워진 엘리트들 **35**
각계의 키워진 엘리트들 | 체육 시간만 4분의 1 | 발성법과 대화법, 설득술을 익히다 | 감정 절제와 냉철함, 자제의 원천 | 영국인은 흔들리지 않는 지도자를 원한다

【Keyword 3 : 정치인】 혜성처럼 나타나는 정치인은 없다 **45**
내각책임제의 나라 | 평당원 없이 영국 정치는 돌아가지 않는다 | 모든 정치인은 지구당에서 시작된다 | 지역구를 위해 일할 수밖에 없는 이유 | 초선 재선, 여당 야당 할 것 없이 일의 홍수 | 검증 가능한 정치인, 예측 가능한 정치 | 국회의원이 겸업이었던 이유 | 보수적 정치의 영국식 의미

【Keyword 4 : 지역 선거】 영국 정치는 지역 선거에서 나온다 **59**
킹스턴 시의원 선거에 출마하다 | 길거리에서부터 시작하는 사전 선거운동 | 조용한 선거 뒤에 방문 조사가 있다 | 선거 당락을 좌우하는 텔링과 노킹 | 투표와 개표 방식이 이상하다 | 킹스턴 유권자들, 지지 정당을 지키다

【Keyword 5 : 대처 그리고 대처리즘】 대처의 그늘 **69**
세월이 흘러도 잊지 않는 철의 여인 | 엘리자베스 1세, 엘리자베스 2세 그리고 마거릿 대처 | 그녀를 둘러싼 극단적 애와 증 | 그녀 곁에는 남편과 아들만이 | 참혹한 말년으로 인생의 막을 내리다 | 죽음 이후에도 이어지는 그녀의 그늘

【Keyword 6 : 영국 보수당】 실용으로 살아남은 영국 보수당 **84**
영국 보수주의를 정의하다 | 보수당이 정권을 잃었을 때 | 블레어 식으로 보수당 부활하다 | 원칙과 신념보다 국민을 위한 정치

【Keyword 7 : 칠랙스】 테러 사태에도 칠랙스 **91**
계산된 만용으로 런던 테러 사태에 대처하다 | 그럼에도 분열되지 않은 정치권

【Keyword 8 : 기독교 국가 시스템】 기독교 국가 시스템에 생긴 금 하나 **94**
기도 관행 판결로 판도라의 상자가 열리다 | 인권이냐 종교냐 절차냐 | 끝나지 않을 논쟁

영국인의 뿌리, 로열패밀리

【Keyword 9 : 엘리자베스 1세 여왕】 영국인이 가장 사랑하는 군주 엘리자베스 1세 **105**
성군과 폭군 사이 | 여론은 그녀의 편이었다 | 미워할 수 없는 여론 조작 | 의회와 상인의 마음까지 | 만인의 연인, 독신임을 이용하다 | 우연이 세상에 내놓은 만들어진 지도자

【Keyword 10 : 엘리자베스 2세 여왕】 엘리자베스 2세와 평생을 함께하다 **117**
좋아하고 존경하는 영국인의 여왕 | 왕위도 남편도 우연히 | 스캔들 왕실 그리고 사랑하는 필립 공 | 변화와도 함께하는 영국의 여왕

【Keyword 11 : 다이애나 전 세자빈】 영국인의 시간은 다이애나 이전과 이후로 나뉜다 **125**
세습 귀족 레이디에서 서민들에게 친숙한 왕실 귀족으로 | 평민 취향의 반골 | 똑똑한 귀족은 싫다 | 스캔들에도 세상은 그녀를 놓지 않았다

【Keyword 12 : 찰스 왕세자】 찰스 왕세자의 왕위 계승을 의심하는 이유 **135**
가디언 기자의 오랜 투쟁 | 논란의 검은 거미 편지 내용은? | 간섭하는 왕세자 VS 움직이는 왕세자 | 왕위 계승의 장애 요인이 되다

【Keyword 13 : 로열 베이비】 로열 베이비를 둘러싼 수없이 많은 이야기들 **145**
임신과 함께 별별 베팅이 시작되다 | 영국 경제에 안겨준 로열 베이비 효과 | 케이트와 조지, 세상의 관심 속에서

【Keyword 14 : 로열 워런트】 로열 워런트로 왕실과 이어지다 **153**
의도한 보증 선전, 로열 워런트 | 1155년부터 있었던 일들 | 로열 워런트를 살피면 상류층 생활상이 보인다 | 로열 워런트로 전통을 즐기는 사람들 | 품격을 지키는 왕실의 상업 활동

톨러런스와 실용 사이

【Keyword 15 : 상극의 것들】 상극의 것들이 조화를 이루다 **165**
엉뚱하고 못나고 이상해도 오리지널 아이디어 | 스스로 찾고 연구하고 만들어라 | 노력하는 소수 서민과 안분지족 다수 서민의 공존

【Keyword 16 : 이국의 런던】 건축물, 정책, 인구구성, 문화… 런던은 더 이상 영국이 아니다 **173**
마천루 들어서고 옛 건물 바뀌다 | 풀어지는 런던 건축 허가의 원칙 | 템스 강변 고급 아파트촌이 주거 전통을 바꾸다 | 서민 나가고 외국인 들어오다 | 펍 말고 바, 홍차 말고 커피

【Keyword 17 : 다문화 정책】 섞이지 못한 지극정성의 다문화주의 **183**
다문화주의 실패론이 주목받다 | 인종차별 금지 발언까지 해야 했던 이유 | 외국인도 살기 좋은 나라에서 외국인에게 까다로운 나라로

【Keyword 18 : 영국 폭동】 폭동이 되어버린 하룻밤의 일탈 190
　　폭동 아닌 폭동 | 어딘지 익숙한 철없는 폭도들 | 각계각층에서 해석이 쏟아져 나오다 | 오른쪽으로 향하는 정부 정책들

【Keyword 19 : 제로 톨러런스】 제로 톨러런스가 고개를 들다 — 영국 폭동 그 이후 이야기 201
　　지극히 평범한 시민들이 전과자로 | 9·11 사태 이후 중형 판결이 대세가 되다 | 충격, 경악, 수치의 일주일

【Keyword 20 : 애국심】 금기어 애국심을 말하다 209
　　가장 영국적이었던 개막식 | 냉소적인 영국인들 자국 올림픽에 흥분하다 | '우리가 과연 할 수 있을까?'에서 "영국이 해냈다"로 | 금기어 애국심을 말하는 사람들 | 자긍심 위에 먹구름

【Keyword 21 : 2012 런던 올림픽】 영국식 실용의 끝, 런던 올림픽 222
　　유치 목적부터 실용적이었다 | 환경을 배려한 지속 가능성까지 | 절약과 실용의 올림픽 건축물들 | 사상 최초 시설 관리 회사의 등장 | 기업 후원에서 왕실 대여까지 | 런던 올림픽으로 낙후된 지역이 살아나다

【Keyword 22 : 국가의료보험제도】 그래도 우리는 국가의료보험제도에 만족한다 235
　　환자를 둘러싼 NHS 미스터리 | 상위 8퍼센트는 개인 건강보험으로 사립 병원행 | 영국의 가정의는 게이트 키퍼? | 그럼에도 불구하고 NHS | 인류가 만든 최고의 의료 제도 NHS를 수술하다

【Keyword 23 : 영국 총리 관저】 다우닝 가 10번지, 총리 관저는 작다 246
　　너무나 단순하고 작은 총리 관저 | 내각의 캐비닛 룸에서는 어깨가 닿는다 | 총리 관저에는 총리 사무실이 없다 | 영국 총리 관저가 궁색한 이유

위기의 그늘과 부의 지도

【Keyword 24 : 사라진 영국병】 불경기로 영국병이 사라지다 261
　　대학 나와봤자… | 늘어가는 저가 상점과 실업 위로 카드 | 가정생활이 바뀌다 | 너도 나도 국민의 힘

【Keyword 25 : 버블 붕괴】 버블이 붕괴한 후 영국은 268
　　곳간에서 후한 인심 나온다 | 보수, 자민 추락하고 노동, 영국독립 비상하다 | 안으로 부는 고립과 폐쇄의 국수주의 바람

【Keyword 26 : 경제 3중고】 경제 3중고의 쓰나미가 덮치다 273
　　소외계층 복지에 칼질이 시작되다 | 무노동 복지 수당으로 아이 키우지 마라 | 군비마저 줄이다 | 전쟁 배급 시절만큼 절약하는 영국인들

【Keyword 27 : 내핍 DNA 생존법】 영국인의 내핍 DNA 생존법 281
　　3A 국가 엘리트 클럽 퇴출 이후 | 안 쓰고 안 입고 안 먹으니 마이너스 성장 | 입 다물고 일단 따르기 | 어

러운 시기를 견뎌내는 영국인의 지혜
【Keyword 28 : 세금 전쟁】 나라 안팎으로 줄줄 새는 세금과의 전쟁 **289**
역외권 절세로 줄줄 새는 부자들의 세금 | 다국적기업들의 무자비한 절세 | 뛰는 정부 위에 나는 과세 회피 | 강권과 회유의 세금 전쟁
【Keyword 29 : 부의 지도】 변화하는 영국 부의 지도 **298**
2013 영국 부호 순위 안 천 명을 말하다 | 계급사회가 변하고 있다
【Keyword 30 : 올드 머니】 숨어서 누리는 영국의 올드 머니들 **306**
2013 영국 부호들의 자선 통계 | 은수저를 물고 태어나는 푸른 피의 올드 머니들 | 영국 부자들은 숨어서 부를 누린다 | 자선이 자연스러운 사람들

영국 사회를 지탱하는 영국인의 정신

【Keyword 31 : 단순 간단 무변】 예측 가능한 평생 영국인의 삶 **319**
불확실한 미래에 불안해하지 않는 사람들 | 직업에 큰 의미를 두지 않는 이유 | 작은 꿈을 꾸고 사니 행복하다 | 이사는 흥분이 아니라 공포
【Keyword 32 : 직업관】 영국인의 직업 선택 기준 **327**
권력만 가진 정치인과 돈과 명예 가진 의사 | 불쌍한 대학교수와 고달픈 변호사 회계사 | 좋은 직업도 나쁜 직업도 대물림된다 | 지적인 직업은 기피 대상 1순위 | 우아하게 가난할 수 있는 사람들
【Keyword 33 : 집・펍・축구・휴가・사회 활동】 영국인이 사는 이유 **336**
영국인에게 집은 가장 안전한 피난처 | 펍에서 만나고 펍에서 놀다 | 영국인은 축구로 산다 | 휴가 후 시작되는 다음 휴가 준비 | 평생 사회 활동으로 인생을 즐기다
【Keyword 34 : 대인관계 불편증】 대인관계 불편증이 만들어낸 것들 **345**
고민 상담은 정신과 의사에게만 | 소동 대신 제3자를 통한 대리 전쟁 | 눈에 띄지 않지만 세련되게 | 암체차에게도 양보하는 진짜 이유 | 부당한 일은 고쳐질 때까지 항의하다
【Keyword 35 : 왕따 문화】 영국 신사는 왕따 예방의 부산물 **354**
기숙학교 문화를 보면 영국 사회가 보인다 | 기숙학교에서 불링을 피하는 법 | 영국 신사는 왕따의 부산물 | 다른 영국 남자들과 같이 있고 싶어 하는 영국 남자들
【Keyword 36 : 군인 또는 군인 정신】 그들의 군인 유전자 **362**
군대에 대한 전 국민적인 애정 | 비호감 문인보다 호감 무인 | 향토 연대 근위병들이 버킹엄 궁전을 지키다 | 한번 군인은 영원한 군인 | 기억하고 위로하는 현충일 시즌의 개양귀비 꽃 | 전쟁 기념물 세우는 사람들 | 영국인에게 군인은 무엇인가 | 목숨 걸고 벤처 나간 군인 같은 민간인들
【Keyword 37 : 절약 또는 인색함】 짠돌이 영국인 **376**
한국인이 영국인보다 잘산다? | 중국집은 처음이에요 | 선진국 노동자라도 낙원에 살지 않는다 | DIY에서

수리 보험까지 | 쪼잔하거나 쩨쩨하거나 엄정하거나
【Keyword 38：영국인의 정신】 영국 사회를 지탱하는 세 가지 정신 **384**
런던 올림픽은 자원봉사 올림픽이었다 | 삶 속에 뿌리박힌 영국인의 정신 | 왕실부터 일반인까지 자선 자조 봉사하는 나라 | 정치인도 예외가 아니다 | 어릴 때부터 시작되는 자선 자조 봉사 정신

영국 문화의 힘

【Keyword 39：찰스 존 허펌 디킨스】 셰익스피어보다 디킨스 가진 게 더 행운이다 **395**
애정 넘치는 디킨스 탄생 200주년 축제 | 디킨스 드라마, 소설 다시 보기 붐이 일다 | 디킨스 소설 속 실제 인물 찾기 | 비공식적 개인사까지 밝히는 사람들 | "디킨스였다면…"

【Keyword 40：비틀즈 그리고 007 시리즈】 비틀즈와 007, 영국 대중문화의 힘 **405**
비틀즈가 위대한 이유 | 비틀즈가 남긴 것들 | 밟은 곳마다 관광 코스 | 본드 시리즈는 단순한 영화가 아니라 하나의 현상 | 영국인이 열광하는 본드는 영국인이 아니다? | 본드, 본드걸 그리고 한국인 악역들 | 통속문화를 고급문화로 만드는 영국 대중문화의 힘

【Keyword 41：베스트셀러】 베스트셀러 책들로 본 영국인 **418**
통속소설 읽는 사람들 | 베스트셀러 판매 부수가 적은 이유 | 영국인의 유별난 회고록, 자서전, 역사서 사랑 | 우리가 쓴 우리 이야기를 원한다

【Keyword 42：자국 스포츠】 국제경기보다 내 나라 스포츠에 열광하다 **427**
국제경기를 즐기지 않는 나라 | 영국인이 사랑하는 가장 영국적인 운동 크리켓 | 공정한 규칙이 있는 경기가 좋다 | 누구나 귀족 스포츠도 즐길 수 있지만… | 못 말리는 축구광들

【Keyword 43：BBC】 영국의 자존심, BBC의 자존심 **436**
오보 하나로 사장이 물러나다 | 이해를 뛰어넘는 공정 방송의 대명사 | BBC 길들이기

【Keyword 44：루퍼트 머독과 샴페인 좌파】 언론 재벌 루퍼트 머독 굴욕 사건의 뒤편 **446**
600만 파운드짜리 2000쪽 도청 사건 보고서 | 한순간 무너진 공포의 거인 | 불법 정보 수집은 영국 언론의 관행이었다 | 머독 제국의 몰락 뒤에는 샴페인 좌파가 있었다

【Keyword 45：영국 요리계】 영국 요리계에 부는 바람 **453**
영국의 대표 전통 요리 뭐가 있더라? | 어떻게 지방 요리가 사라지고 슈퍼마켓 요리가 집 밥이 되었나 | 영국에 영국 요리는 없지만 없는 요리는 없다 | 영국 요리계에 변화가 시작되다

【Keyword 46：캐번디시 연구소】 케임브리지에는 전 세계적인 물리학의 성지가 있다 **462**
모든 위대한 신의 작품을 찾아내는 즐거운 곳, 캐번디시 | 왓슨과 크릭 그리고 물리학의 성지 | 캐번디시 연구소가 성공할 수밖에 없었던 이유

Photo Credits **471**

일러두기
1. 본문의 외래어 표기는 외래어 표기법을 따랐습니다.
2. 몇몇 표기는 관례와 원어 발음을 존중했습니다.

보수와 엘리트의 나라에서

| Keyword 1 : 계급제도 |

요람에서 무덤까지 21세기에도 이어지는 소프트한 영국식 카스트제도.

계급제도 속에서
살다

2011년 4월 29일, 무슨 일에도 좀처럼 흥분하지 않는 영국이 들썩였다. 손바닥만 한 영국 국기 유니언잭을 달고 다니는 수많은 차들 하며, 창문을 온통 덮을 만큼 큰 국기를 내건 가정집, 입구나 실내에 로열 웨딩 깃발이나 특별한 장식을 한 가게…. 온 영국이 축제 무드였던 것을 보면 영국 전체가 왕세손 윌리엄과 평민 케이트 미들턴의 결혼을 1982년 윌리엄의 부모 찰스 왕세자와 다이애나의 결혼보다 더 큰 의미로 받아들이고 있는 것 같았다.

사실 찰스와 다이애나의 결혼은 엄격히 말하면 왕족과 귀족 간의 '그들만의 결혼'이었다. 그러나 이 결혼은 좀 과장해서 말한다면 '정복왕 윌리엄 이후 영국 왕실 천년 역사상 진정한 의미의 왕족과 평민이 계급을 뛰어넘어 하는 첫 결혼'이었다. 영국 평민에게는 내 친척 조카가, 내 이웃의 딸이, 혹은 내 친구가 왕자에게 시집을 가는 '우리들의 결혼' 같아서 이웃의 결혼과 같은 아주 가까운 느낌을 받는 것처럼 보였다. 그래서인지 이 두 젊은이의 결혼은 유난히 계급과 세대를 초월해 모든 영국인의 애정과 관심의 한가운데에 있었다.

계급을 뛰어넘은 왕세손과 평민의 결혼 사건

영국인에게 있어 사회 계급은 상상을 초월하는 의미를 갖는다. 심지어는 자신의 성적 정체성보다 계급의식이 잠재의식 속에 더 깊이 존재한다고까지 한다. 그런 영국 사회에서 왕세손이 평민 출신 아내를 맞았다는 것은 정말 보통 일이 아니다. 영국 왕실의 의전은 시대착오적일 정도로 철저해서 코미디 소재로 자주 등장하는 것이 이상하게 느껴지지 않을 정도다. 2011년 아카데미 작품상, 남우주연상, 감독상, 각본상을 받은 영화 〈킹스 스피치〉에서 나오듯, 현직 왕이 이혼녀와 결혼하기 위해서는 왕위에서 물러나야 할 정도였다.

왕세손 윌리엄과 케이트 미들턴. 결혼식으로 케이트는 남편을 따라 케임브리지 공작부인 전하빈이 되었다.

그런데 겨우 반세기 후 왕권 서열 2위의 왕세손이 평민의 딸, 그것도 영국 상류층이 가장 하찮게 보는 물건을 파는 상인의 딸을 배우자로 맞았다는 것은 영국 귀족이나 왕족들로 봐서는 살이 떨리는 사건이다(미들턴의 아버지는 소규모의 어린이 파티 기획 회사를 운영 중이다).

윌리엄 왕세손의 어머니 다이애나는 결혼 전에 유치원 보모였다고 하지만 평민 출신이 아니다. 그녀는 이미 결혼하기 전에 레이디Lady 스펜서 다이애나였고, 케이트와는 출발부터 신분이 달랐다.

동서고금을 막론하고 어느 사회든 계급이 존재한다. 그러나 영국 사회만큼 사회 전반에 걸쳐 계급이 철저하게 관철되고 지금까지 유지되는 나라는 드물다. 그것도 생활의 아주 작은 구석에 세세하게 나타나는 지독한 형태로 말이다. 그래서 더 그들의 결혼으로 영국이 요란하게 들썩였을 것이다.

영국인이라면 본능적으로 구분하다

영국에서의 계급은 결코 한두 가지 요인 때문에 갈라지는 것이 아니다. 빈부, 직업, 교육, 교양, 문화 차이 같은 것만으로 판단하기도 힘들다. 이 모두를 통틀어서 구분할 수도 있고, 다른 모든 것을 다 갖추어도 한두 가지 때문에 달라질 수 있는, 외부인으로서는 정말 도저히 알 수 없는 미스터리투성이인 게 영국의 계급제도다. 결코 쉽게 규정지을 수 없는 것들의 조합인데도 영국인은 만나자마자 상대방의 계급부터 정확하게 구별해낸다.

거기에 비해 계급 구조는 보기보다 단순하다. 상류층, 중산층, 하류층으로 구분하고, 다시 그 계급을 상중하로 나눈다. 예를 들면 중산층을 중상층, 중중층, 중하층 등으로 나누는 식이다.

상류층을 형성하는 영국의 왕족이나 귀족들은 기본적으로 전쟁을 업으로 하던 기사, 즉 무인武人이고 왕에게 하사받은 봉토가 부의 기반이 되는 지주

地主다. 이들에게 있어 정상적이고 가장 고상한 생업은 농노를 이용해 봉토를 직접 경작하여 수입을 얻든가, 소작농에게 땅을 빌려주고 그 대가를 받는 것이었다. 혹은 대도시에서 자신의 것이거나 왕에게서 빌린 땅에 건물을 지어 세를 받아먹는 것을 정상적이고 가장 고상한 생업이라 여겼다. 우리 사회에서는 결코 존경받지 못하는 이 직업관이 아직도 영국 상류층을 지배한다. 그들에게는 고급의 전문직이건 아니건 직장에 얽매여서 생업에 종사하거나 무엇을 만들거나 혹은 판매해서 먹고사는 삶은 상상할 수 없는 일이다. 그것은 소위 말하는 중산층이나 하류층이 하는 일이기 때문이다.

중산층에도 업종에 따라 귀천이 있다. 농축산업이 최상위였고, 그다음이 기술자, 물건을 사고파는 상인이 가장 낮은 업종이었다. 우리나라의 사농공상士農工商과 순서가 정확하게 같다. 그래서 중산층 중에 신분이 제일 낮은 상인이 돈을 많이 벌면 가장 먼저 하는 일이 시골에 땅을 사서 큰 집을 짓고 가문의 문장紋章을 만들어 시골 지주로 성가成家하는 것이었다. 이미 시골에 땅과 저택을 모두 가지고 있던 케이트 미들턴 가문은 왕실의 도움으로 가문의 문장까지 받았으니 성가의 조건을 다 갖춘 셈이다.

그렇다면 영국 상류층은 미들턴 가문이 앞에서 든 세 가지 조건이 갖추어졌고, 더군다나 여왕과 사돈을 맺었다고 해서 상류사회의 일원으로 취급해줄까? 아직은 아니다. 미들턴 가문이 전통 상류사회층, 일명 올드 머니old money 들과 교류하면서 신분 상승을 꾀하려 해도 올드 머니들은 미들턴 가문을 누보 리슈Nouveau Riche 또는 뉴 머니new money라 부르며 졸부 취급을 하면서 교류를 꺼릴 것이다.

딸이 왕의 부인으로 왕비가 된다고 해도 미들턴 가문이 당대에 진정한 상류사회의 멤버가 되는 방법은 유감스럽게도 거의 없다고 봐야 한다. 비록 여왕에게 정식 작위를 받는다 하더라도 기존의 상류층은 아직도 광택이 가시지 않은 미들턴 가문의 문장과 가슴에 찬 훈장을 보고 속으로 비웃는다.

영국 상류층의 조건을 엿볼 수 있는 처칠 가문의 블렌하임 성 내부

여왕에게 작위를 받아 귀족인 상원으로 진출한 마거릿 대처를 비롯한 영국 정부의 최근 역대 총리들도 아직은 오래된 상류사회 멤버로 받아들여지기에는 긴 세월이 더 필요하듯이 말이다. 오래된 가문의 귀족들은 이런 신흥 귀족을 '족보를 사서 양반이 된 아전' 취급하듯이 한다면 좀 심한 표현인 것 같지만 사실이다.

이런 전통이 없는 한국 상류사회의 구성원들은 영국 기준으로는 영원한 중산층이다. 판사, 변호사, 의사, 교수 등의 전문 직종을 비롯해 당대에 부를 이룬 자수성가형 부호, 개천에서 용 난 케이스인 고위 공무원, 바람 한번 잘 일으켜 출세한 정치인, 그리고 세상을 쥐었다 놨다 하는 유명 사회문화 지도층 인사 모두가 영국 사회 기준으로 보면 중산층에 불과하다. 당대의 성취로는 상류사회에 진입할 수 없다는 말이다. 상류층은 타고나는 것이지 만들어지는 것이 아니다. 그래서 영국 귀족은 피가 푸르다고 해서 블루 블러드blue blood라 하기도 하고 태어날 때 은수저를 물고 태어난다고 이르기도 한다.

그렇다면 왕족과 귀족 이외의 상류층 멤버는 누구인가. 오래된 고위 성직자 가문, 시작은 평민 출신이었으나 여러 대에 걸쳐 고위직을 배출한 정치인 가문, 오래된 지식인 가문을 예로 들 수 있다. 눈썰미가 있는 사람이라면 앞의 예에서 등장하는 '오래된', '여러 대' 라는 말을 이미 주목했을 것이다. 상류사회의 구성원으로 인정받기 위해서는 누구나 오랜 시간이 필요하다. 굳이 예외를 찾는다면 당대에 부를 이루고 그 이후 사회 전반에 걸친 각종 자선 혹은 사회 활동을 '오랫동안' 해서 높은 존경을 받는, 상상을 초월할 정도의 거부면 겨우 포함될 수 있다.

영국 계급제도의 특징은 인도의 카스트제도처럼 거의 종족이 다르다고 해야 할 정도의 심각한 개념은 아니다. 그래서 장난이나 농담처럼 무시해도 좋을 것 같다는 생각이 들기도 한다. 하지만 따지고 보면 절대 그럴 수가 없는 심각한 것이다.

"무엇에 의해 계급이 구별되느냐"고 정색을 하고 물으면 바로 조금 전까지도 심각하게 계급의식에 대해 열변을 토하던 영국인도 우물쭈물한다. 영국인에게 있어 계급의식은 국어 문법 같은 것이라 그 개념을 정확하게 정리해본 적이 별로 없기 때문이다. 그냥 본능적으로 구분해내는 것이다. 이것은 글로써 하나하나 짚어가면서 규정지을 수 없는 개념이다. 물론 많은 흥미 본위의 책들이 이것저것 말하고는 있지만 딱 부러지게 규정하는 것은 없다. 그래도 영국인은 누구나 다 안다. 그래서 누군가가 계급 코드에 어긋나는 언행을 할 때면 즉시 주위 사람에게 눈총을 받게 마련이다. 계급 코드를 깬 사람에게 노골적으로 표시를 안 한다 해도 이웃 사람들끼리 서로 주고받는 비난의 눈짓을 눈치 못 챌 영국인은 없다. 만일 그렇다면 그는 절대 태생 영국인이 아니다.

돈, 교육, 교양, 도덕성, 예의, 언어… 계급에 벽이 있다

계급 구분은 결코 하나의 기준에서만 비롯되는 것이 아니다. 중산층이라는 개념을 예로 들어보자. 중간 정도의 재산을 가진 계급이라는 경제적 의미를 기준으로 하는 것 같은데 자세히 들여다보면 절대 아니다. 돈이 아무리 많아도 하류층 말을 쓰거나 교육 수준이 낮거나 교양이 모자라면 결코 중산층에 낄 수 없다. 돈, 교육, 교양, 언어를 갖추고 있다고 해도 도덕성, 예의에서 모자라면 이 또한 중산층의 결격 사유에 해당한다. 심한 경우에는 위에서 이야기하는 모든 것을 갖추고 있다 해도 그 사람의 부모가 중산층이 아니라면 완벽한 의미의 중산층은 아니라는 해석도 있다.

영국에는 "젠틀맨을 만드는 데 삼대가 걸린다"는 말이 있다. 돈 많은 하류층 부모가 자식이 모든 것을 갖추도록 키워도 그 자식은 결코 신분 상승이 되지 않고, 손자 대에 가서야 비로소 그 비원悲願이 이루어진다는 것이다. 그만큼 신분 상승이 어렵다는 뜻이기도 하고, 계급 사이의 간격이 넓다는 뜻이기도 하다. 영국 사회를 바꿔놓아 전 세계에서 존경을 받았던 대처도 총리를 그만두고 상당한 기간이 흐른 뒤에야 고급 사교클럽의 멤버가 되었다. 그만큼 계급의 벽을 뛰어넘기가 어렵다는 뜻이다.

이 계급 차이에서 제일 메우기 힘든 것이 말이라고 한다. 내가 근무하던 회사 창고 책임자는 사립학교를 나와 런던 대학교에서 경영학을 전공한 지식인이다. 아버지가 공장을 운영하며 돈을 많이 벌어 자식 교육에 투자를 했다. 그런데도 사무직을 택하지 않은 이유를 물었더니 "계급 차이"를 이야기하면서 말을 예로 들었다. "아무리 노력해도 말은 도저히 바꿀 수가 없다"는 것이었다. 그의 말에 따르면 계급에 따라 쓰는 단어도 다르고 발음, 악센트도 다르다. 그 모든 것은 태어나서부터 지금까지 자신이 속한 계급에서 쓰는 대로 말하는 것이지 결코 노력한다고 고쳐지는 것이 아니라는 뜻이다. 소위 말하는 계급을 바꾼 결혼을 해서 그 계급에 끼고자 모든 것을 다 바꾸어도 자기도 모르게 옛 말투가 튀어나와 자신의 신분이 드러나고 만다.

한마디로 말은 "영원한 지뢰밭"이다. 정확한 예로, 케이트의 어머니가 왕궁의 모임에 초대를 받아 갔다가 화장실을 루loo 혹은 레버토리lavatory라 해야 하는데 토일렛toilet이라고 해 상류층 사이에서 '역시 천한 것들은 할 수 없어'라고 난리가 났었다.

영국인은 신분은 언어에서 시작한다고 여긴다. '실례합니다' 혹은 '뭐라고 하셨어요? 다시 한 번 말해주시겠어요?' 라고 할 때 아무 생각 없이 자주 쓰는 말 '파든pardon'은 상류층이나 중상층에게는 자리에서 벌떡 일어나게 할 정도로 써서는 안 되는 단어다. 심지어 그 말은 '성교'라는 단어만큼 심한 말이라고까지 이야기한다. 이 말은 중하층 또는 중중층 사람들이나 쓰는 말이고, 중상층은 '소리sorry', 상류층과 노동계급은 '왓what' 이란 단어를 써야 한다. 재미있는 것은 가장 높은 계급과 낮은 계급이 같은 단어 'What'을 쓴다는 것이다. 그 말을 포함해 영어에는 계급을 가르는 기준이 되는, 잘못 쓰면 점잖은 자리를 순식간에 초토화시킬 수 있는 말들이 있다. 이른바 7대 중죄가 적용되는 영어 단어는 파든, 냅킨, 점심, 화장실, 긴 의자, 라운지, 후식이다. 자세한 내용은 나의 졸역 《영국인 발견Watching the English》(케이트 폭스 지음, 학고재 펴냄, 2010)이라는 책에 나와 있다.

영국인의 집은 거의가 주택이다. 길가에 늘어선 단독주택이나 2층의 연립주택 앞뒤에 정원이 있는데, 심지어 이것을 보고도 집주인이 속한 계급을 알 수 있다. 정원 디자인은 물론이고 거기에 심어진 화초와 놓인 장식물까지도 계급 코드 규칙을 따른다.

이렇게 가다 보면 영국인이 "움직이는 집"이라고까지 중시하는 자동차에도 계급 코드가 없을 수 없다. 예를 들면 중상층이나 상류층은 대부분 영국제 차를 타지, 차 성능이 아무리 좋아도 중중층·중하층·하류층의 일본제나 미국제 차는 물론 벤츠나 비엠더블유 같은 독일제 고급차도 가능하면 타지 않는다. 심지어는 차 청소를 하느냐 안 하느냐로도 구분을 하고, 차 유리창에 붙은 스티커로도 계급을 따진다. 차 청소를 안 해야 중산층이고, 스티커가 없어야 중산층인 것이다.

화장실에 놓인 책 종류에서도 집주인의 계급이 나온다. 영국인의 사랑방인 펍pub에도 계급 코드가 없을 리 없다. 계급에 따라 자리가 구분되어 있다. 지금도 문이 2개 있고 거기에 따라 바도 갈라져 있는 펍이 많다. 중산층이 들어가는 문에는 바bar라고 쓰여 있고 하류층이 들어가는 문에는 펍이라 쓰여 있는 식이다. 물론 지금은 구분이 많이 없어지긴 했지만 아직도 따로 앉고 펍 자체가 신분에 따라 나뉘는 경우가 대부분이다.

상류층은 노블리스 오블리주, 중산층은 아침부터 저녁까지 일

대처 총리는 지금도 노동계급에게 노동조합을 압박하고 실업수당을 줄이는 등 자신들을 끝까지 못살게 군 노동계급의 적으로 간주된다. 상류층 역시 '잡화상 딸'이라고 부르면서 중산층 출신이라고 은근히 왕따시킨다. 그녀를 이은 존 메이저 총리는 서커스 광대의 아들이었다. 그 뒤를 이은 노동당 정부 총리들도 결코 중산층 이상이 아니었다. 물론 그 밑의 장관들도 중산층의 자녀들이었다.

과거에도 그랬지만 영국을 이끌고 있는 것은 상류층 자제들이 아니다. 열심히 일하고 노력해서 그 자리까지 오른 중산층의 자녀들이 나라의 권력을 잡고 흔드는 동안 상류층은 시골에서 취미로 양이나 키우고 농사나 지으면서 부동산 개발과 금융 투자나 하며 부유하게 잘 살아가고 있다. 굳이 밤새워 공부해 대학을 졸업하고 취직해서 아침부터 저녁까지 일에 매달리는 것은 영국 상류층이 할 일이 아니다.

그러면서도 영국 상류층이 욕을 안 먹는 데는 이유가 있다. 구정물에 손을 담그지 않고 잘 살아가면서도 철저하게 자신들에게 주어진 임무와 의무에는 충실하다. 자신들이 가진 부와 시간, 그리고 영향력을 이용해 각 분야에서 자선이나 봉사활동으로 사회에 기여하는 걸 자신들의 임무라 여긴다. 한국의 일부 재벌처럼 온갖 꼼수를 써서 상속세를 덜 내며 자식에게 부를 물려주려고 하지도 않는다. 그렇게 탈세를 하려고 하지도 않고 할 수도 없다. 동시에 그들은 제대로 된 부의 상속을 사회에 대한 자신들의 또 하나의 의무로 생각한다.

영국 대도시 건물 주인 중에는 개인이 거의 없다. 고율의 상속세를 먼저 내야 하니 물려받기도 힘들고 능력 없는 자식이 그것을 물려받아 관리도 제대로 못할 바에 아예 자신의 모교나 사회단체 등에 기증해버리고 만다. 그래서 영국의 대도시 상업 건물은 대개 학교 재단이나 연금공단, 은행, 보험회사 등의 소위 말하는 기관institution 소유이고, 시골의 귀족 대저택은 대부분 내셔널 트러스트나 잉글리시 헤리티지 같은 문화재보호재단 소유다.

이런 것들이 진정한 노블레스 오블리주nobles oblige라 할 수 있다. 한국 언론은 이 단어를 정말 좋아하는데, 이 단어를 쓸 때면 꼭 엘리자베스 여왕의 아들들이 전쟁에 참전한 것을 예로 든다. 그러나 엄격하게 따져보면 이것은 노블레스 오블리주의 경우가 아니다. 영국 왕족이나 귀족은, 문인文人이 귀족인 우리와는 달리 태생적으로 무인인 기사들이다. 특히 엘리자베스 여왕의 왕자들은 예비역 혹은 현직 군인이다. 군인이 나라에 전쟁이 나면 참전을 하는 것은 당연한 일이다. 그래서 왕자들이 군 복무를 하는 것은 칭찬받을 일이 아닌데도 한국 언론은 그것을 귀족층의 사회적 의무의 표상처럼 치켜세운다. 칭찬은 자신이 하지 않아도 될 일을 했을 때 하는 것이지 당연한 일을 했을 때 하는 것이 아니다.

이런 면에서 보면 영국 중산층의 사회적 역할도 상류층의 것과 별로 다를 바가 없다. 엄격히 따지고 보면 중산층으로 살아가기는 상류층보다 훨씬 더

블렌하임 성 내부 장식. 영국 왕족이나 귀족은 무인에서 시작되었다.

어려운 것일 수도 있다. 시간과 돈이 풍부한 상류층과는 달리 모든 것이 여유롭지 못하다. 반면에 중산층은 하류층처럼 내키는 대로 살 수도 없다. 자식 교육에도 신경을 써야 하고, 교양 있는 행동도 해야 하고, 문화 수준에 맞는 활동도 하지 않을 수 없다. 동시에 먹고살기 위해 발버둥 치면서도 하류층과는 달리 봉사와 자선을 해야 한다. 교회에 나가지 않는 영국 중산층들은 과거 교회에 십일조를 내면 되던 의무에서 이제는 기부와 동시에 자원봉사까지 해야 한다. 더 고달파진 셈이다. 그런 것들 중 한두 개만 소홀히 해도 이웃에게 바로 신분 하락의 모욕을 당하게 된다. 영국에서 중산층으로 살아가기란 참 쉬운 일이 아니다.

하류층이 신분 상승에 매달리지 않는 이유

영국에서 살면서 가장 이해하기 힘든 것은 영국 하류층의 신분 상승에 대한 욕구 결여다. 한국 사회의 모든 구성원은 신분 유지 혹은 상승에 대한 욕구나 상대적 박탈감 때문에 머리가 빠질 지경이다. 아직 한국 사회는 원하고 노력하는 만큼 계층 간 이동이 가능한 역동적인 사회라고 생각하기 때문이다. 거기에 비해 영국은 신분 상승이 어려워 주어진 틀 안에 안존하는 사회이다. 그래서 영국 하류층은 체념과 패배주의로 신분 상승을 아예 포기해버린다.

영국은 기본적으로 공부하고자 하는 모든 학생들에게 나라가 양질의 교육을 제공하게 되어 있고, 그 무상교육의 수준은 세계 어디와 비교해도 결코 떨어지지 않는다. 하지만 현재의 데이비드 캐머런 정권이 재정 적자를 메우느라 대학 학비를 자국민에게도 300퍼센트나 올려 공부하기가 쉽지 않게 되었다. 과거에는 공부할 기회를 전 국민에게 다 주는데도 불과 고등학교 졸업생의 5퍼센트 남짓만 대학 진학을 한 적도 있었다. 하류층이 교육을 통해 신분을 바꾸려는 노력을 하지 않은 것이다. 체념이나 안존의 행복을 누린 것일까? 그러나 대처 정부 때부터 아메리칸 드림 같은 기업가 정신이 팽배해지면서 대학 진학을 권장했고, 또한 취업난 등으로 인해 살기가 어려워지자 대학 진학률이 4배나 올랐다.

그래도 아직 영국의 하류층은 '기본적인 계산조차 안 되고, 역사의식도 사회의식도 없고, 정치나 사회 이슈에도 무관심하고, 극도로 교양이 없고, 먹고사는 문제에만 매달리는 계급'이라고 묘사된다. 하류층 부모는 자신들이 그렇게 살아왔고 먹고살기가 힘들기 때문에 자녀 교육에 무관심하다. 굳이 신경을 안 써도 국가가 보살펴준다는 생각 때문에 자녀 교육에 별로 관심을 쏟지 않는 것이다. '나도 그렇게 살아왔고 너희가 그렇게 아등바등 공부해봐야 신분을 벗어나기 힘드니, 괜한 헛수고하지 마라' 고 기를 죽이는 분위기였다. 가정교육의 부재, 무관심, 가난 등이 얽히고 설켜 가난의 악순환 고리가 끊어지기 어려웠다. 국가와 사회가 보살펴주는 제도의 틀 안에서 안정되게 살아가는 하류층의 자녀들은 어차피 뛰어나봐야 신분을 벗어나기 힘든 현실을 잘 안다. 그냥 기본 학력만 갖추고 사회에 나와 취직하고 그럭저럭 살다가 은퇴해서 연금이나 받고 살아가는 것이 하류층의 인생에 대한 기본 태도이고 목표다.

솔직히 말해 신분 상승 욕구와 포기 중 어느 것이 더 좋은지는 알기 어렵다. 그러나 분명한 것은 적어도 영국인에게는 우리처럼 금방 신분 유지가 가능하지 않게 되는 데서 오는 불안감과 초조감이나, 잘된 이웃을 볼 때 느끼는 상대적 박탈감으로 인한 고통은 크게 없는 것 같다. 비슷한 동네에서 태어나 함께 교육받은 같은 여건의 친구가 장가를 잘 가서, 혹은 부동산 투기를 잘해서, 아니면 줄을 잘 서서 졸지에 출세를 하는 경우를 별로 보지 못하기 때문이다.

영국의 하류층은 거액의 로또에 당첨되어도 종전의 생업에 종사하면서 그 직장 동료들과 함께 살아가기를 원한다. 돈이 있다고 신분이 상승되는 것도 아니고 부촌으로 옮겨 간다고 당장 그 부촌의 구성원으로 받아들여지는 것도 아니다. 더군다나 낯선 곳에서 친구를 쉽게 사귀지 못하는 영국인은 아무리 돈이 많이 생겨도 잘 이사하지 않는다. 자신이 태어나고 자란 계급을 떠나 신분 상승을 해봐야 그것이 더 행복한 게 아니라는 것을 알기 때문이다. 그래서 도전 의식도 없고 아메리칸 드림도 없다. 그냥 태어난 곳에서 자라고 기본 교육만 받고 고만고만한 배우자와 결혼해 지방 기업에서 만만한 직업을 가지고 어릴 때부터 같이 자란 친구들 사이에서 그렇게 살다가 자식 낳고 어찌고저찌고 사는 것이 하류층의 꿈인 것이다. 단조롭고 무료한 삶 같아도 이것이 영국인들이 가장 꿈꾸는 '예측이 가능한, 그리고 안정된 삶'이다.

계급제도 틀 안 신데렐라의 앞날은?

대처 시대를 지나면서 영국 사회는 아주 큰 변화를 겪었다. 대처 정부는 국가나 지방자치단체가 소유하고 있던 임대주택을 모기지mortgage라는 주택 융자를 통해 개인 소유로 많이 전환시켰고, 이를 계기로 중산층이 많이 늘어나게 되었다. 그전까지는 자신이 하류층이라고 믿던 사람들을 집을 가진 중산층, 엄격히 말하면 중하층으로 진입하게 만든 것이다. 물론 그런 조류에도 끼지 못하고 장기적 실업 상태가 계속되어 실업수당도 제대로 받지 못하게 된 새로운 최하류 계급인 언더 클래스under class도 생겨났다. 물론 이렇게 하류층의 생활에도 변화가 많긴 했지만 아직도 영국인은 계급제도의 틀 안에 있다.

영국인은 믿는다. 세상을 움직이는 것은 지도층 일부이면 족하고, 나머지는 자신의 일을 열심히 하면서 주어진 삶에 충실하게 살면 된다고. 바로 그것이 이들이 이야기하는 '체제 안의 계급에 충실한 삶'이라는 것이다.

한편 현대판 신데렐라 케이트 미들턴은 별명 '기다리는 케이트Waity Katie' 처럼 오랜 시간을 기다려서 완벽하게 신분 상승에 성공했다. 그러나 이 신분 상승이 행복으로 이어질지는 아직 알 수 없다.

| Keyword 2 : 엘리트 |

어린 시절 최고급 사립학교에서부터 철저하게 길러지는 영국 각계의 지도자들. 영국인은 이들을 믿고 기다리고 의지한다.

영국을 이끄는 키워진 엘리트들

영국은 소수의 엘리트층이 끌고 가는 나라다. 좋은 말로 엘리트 사회이고, 제대로 이야기하면 중우衆愚정치라고까지 한다. 여당 야당 상층부를 구성하는 소수의 엘리트들이 돌아가면서 정치를 하고 대다수 국민은 따라간다. 그 근거로, 영국에서는 사회 지도층인 엘리트와 일반 국민이 유치원부터 완전히 다른 교육을 받고 성장한다. 물론 서커스 광대의 아들로 태어나 대학도 못 나온 존 메이저 총리의 자수성가처럼 아주 드문 예외가 있긴 하지만 말이다.

영국인은 이렇게 '키워진 엘리트'가 지배하는 사회의 모습에 전혀 반감을 느끼지 않는다. 오히려 당연하다고 느낀다. 영국인은 자신들을 이끌어 국정을 운영하거나 사회를 선두해서 나갈 사람은 그만한 교육을 받아야 한다고 믿는다. 왕에게 권력을 이양받아 대의정치를 수행한 이후 지금까지 수백 년간, 영국 정치인은 공과가 엇갈리긴 하지만 국민의 그런 믿음을 그렇게 실망

시키지는 않은 것 같다.

각계의 키워진 엘리트들

영국 정치뿐만 아니라 각계의 엘리트들은 대개 사립학교를 나온 중산층 계급 출신들이다. 현재 영국 연립 정부를 이끌고 있는 보수당과 자민당 대표가 대표적인 경우다. 데이비드 캐머런은 보수당 대표답게 역사적으로 보수적 색채를 띤 명문 사립 이튼스쿨과 옥스퍼드 대학교를 나왔다. 이튼스쿨은 엘리자베스 여왕의 런던 근교 거처 윈저 성 바로 앞에 있다. 옥스퍼드는 청교도 혁명 때인 1649년 영국 왕으로는 유일하게 사형당한 찰스 1세의 피난 본부가 있던 대학이다.

반면에 자민당의 닉 클레그 대표는 웨스트민스터스쿨과 케임브리지 대학교를 나왔다. 두 학교 모두 진보 성향의 자유주의 분위기가 물씬 난다. 특히

영국 엘리트의 산지 옥스퍼드의 크라이스트처지 칼리지. 우뚝 솟아 보인다.

케임브리지는 영국 상류층 청년들이 조국을 배반하고 자발적으로 소련을 위해 일한 낭만파 사회주의자 '케임브리지 스파이' 사건의 주범들이 다녔고, 영국 유일의 공화정을 이끈 영국 시민혁명의 지도자 '올리버 크롬웰'의 모교라 전통적으로 진보 성향이다.

야당 노동당 대표 에드 밀리반드도 옥스퍼드를 나왔다. 노동자층을 대변한다는 노동당마저 명문 학교를 나온 엘리트들이 이끄는 형편이다. 심지어 노동조합도 조합장만 노동자를 내세우지 주요 실무를 다루는 간부 조직원은 명문 대학을 나온 엘리트 전문가들이 포진하고 있다. 이렇게 영국 여야 지도자는 거의가 다 영국 최고 명문을 나온 엘리트들이다.

체육 시간만 4분의 1

엘리트를 키우는 사립학교Public School 교육은 공립학교와 많이 다르다. 영국에는 학비가 비싼 학교일수록 공부를 적게 하고 방학이 길다는 말이 있다. 사립학교는 공립학교보다 방학을 일찍 하고 늦게 개학한다. 반면 공립학교는 공립학교 다니는 자녀를 둔 맞벌이 서민 부부들을 생각해서 방학을 짧게 한다. 그래서 사립학교가 그러는 게 돈 많은 사립학교 학생들이 부모와 바캉스를 많이 갈 수 있게 하기 위함이라는 빈정거림도 있긴 하다.

어떤 지적이 맞는지는 모르나, 고등학교까지 의무교육인 영국에서 굳이 1년에 4000만 원 이상의 학비를 내고 다니는 사립학교일수록 공부를 안 시킨다는 말은 분명 맞다. 긴 방학뿐만 아니라 한국 교과 과정에서는 공부가 아니라 과외 활동에나 들어가야 할 과목이 사립학교일수록 정규 학과목에 많이 들어 있기 때문이다. 체육, 드라마, 토론, 음악, 예술, 견학 등에 할애되는 시간을 다 따져보면 교실에서 하는 수업은 언제 하나 싶을 정도이다.

사립학교 교과 과정에서 비중을 가장 많이 차지하는 학과목은 체육이다.

그것도 여러 명이 같이하는 단체 운동, 즉 팀 스포츠가 특히 많다. 과거에는 사립학교에서 주로 럭비와 크리켓을 많이 했고 공립학교에서는 축구와 하키를 많이 했다. 그런데 축구는 이런 구분이 많이 무너졌다. 아직도 상류층은 축구를 '워킹 클래스working class'라 불리는 노동자 계급이 좋아하는 운동이라 폄하하지만, 영국 프로축구가 워낙 인기를 끌고부터 영국에서는 계급 구분 없이 누구나 축구를 좋아한다.

명문 남자 사립학교 중에는 전 교과 과정의 4분의 1이 스포츠인 경우도 있다(영국에는 아직 남녀 구분 사립학교가 많다). 영국 학교들은 책으로 하는 공부만 공부가 아니라고 생각하기 때문이다.

팀 스포츠는 한 스포츠 종목에도 수준 차이를 두고 몇 개 팀이 있어 전교생이 실력이 있든 없든 무조건 참여해야 한다. 이런 팀 스포츠를 통해 학생들은 협동, 규칙, 인내, 복종, 통솔, 공정, 리더십, 스포츠 정신 같은 두고두고 인생에 영향을 끼칠 지도자로서의 중요한 품성을 키운다.

뿐만 아니라 매 학기마다 종목이 바뀌지만 개인 운동도 한다. 수영은 누구나 반드시 해야 하는 개인 운동이고 승마, 골프, 탁구, 테니스, 육상, 농구,

조정 경기 중인 이튼스쿨 학생들

배구 같은 운동을 개인별로 따로 선택할 수 있다. 이런 선택할 수 있는 운동의 종류가 많을수록 좋은 학교로 친다. 기본적으로 한 학년에 최소한 스포츠 과목을 3개에서 4개는 한다. 이런 교육을 통해 영국 중산층의 중요한 덕목 중 하나인 심신 단련을 위해 혼자서 평생 계속할 운동 하나둘을 골라 익히게 된다.

발성법과 대화법, 설득술을 익히다

드라마 과목도 학생 전원이 반드시, 아무리 작은 역할이라도 참여하게 한다. 전체 학생 수가 100명이 안 되는 사립 초등학교에 드라마 선생이 4명이나 있다. 드라마를 통해 발표력, 담력, 협동심 같은 자질을 수양한다. 또한 말을 할 때 어떻게 해야 전달이 잘되는지, 어떻게 해야 더 명확하고 거슬림 없이 들리는지도 생각하면서 배운다. 상대방이 말하는 톤에 따라 내가 어떤 식으로 말해야 잘 어울려 관객들에게 극적 효과를 더 잘 전달할 수 있는지도 연구한다. 교사가 학생들에게 나누어준 지침을 보면 그런 점을 여러 측면에서 서로 토론하고 연구해보라고 권하고 있다.

이런 훈련을 받으면 말을 할 때 자기 말에만 도취해서 마구 말을 하는 것이 아니라 듣는 사람을 생각하면서 말을 하는 습관이 몸에 배게 된다. 연극배우나 아나운서가 아닌 보통 사람들이 살면서 이렇게 대화 방법이나 발성 훈련을 받는 경우는 드물지 않은가? 영국 사립학교 학생들은 어릴 때부터 연극 활동을 통해 이런 좋은 버릇을 몸에 익힌다. 지도자로서 연설이나 발표를 위한 자질을 갖추는 셈이다. 그래서 그런지 영국인들, 특히 저명인사들은 누구나 말을 참 잘한다. 경우에 맞는 아주 적절한 단어를 골라 발음이나 억양까지 아주 부드럽고 매끈하면서 하는 말이 명확하게 들리도록 말한다. 또 어떤 경우에도 너무 길게 횡설수설하지 않고 조리 있게 생각을 정리해서 자신의 의견을 잘 발표한다.

물론 그런 능력에는 토론 과목이 기여하는 바가 크다. 토론 과목은 어떤 주제를 놓고 논쟁을 해가면서 말로 싸우며 '잘 말하고 잘 듣기'를 배우는 과정이다. 우선 자신의 의견을 효과적으로 피력해서 상대를 설득하는 방법을 익히는 것이 토론 수업의 첫째 목적이다. 자신들이 주장하는 바를 더욱 이론적이고 체계적으로 내세우기 위해 팀별로 자료를 조사하고 전략을 짠다. 팀원들끼리 편을 갈라 연습하는 과정을 통해 자신의 의견을 체계화하는 방법을 배운다. 토론 과목의 또 다른 중요한 교육 목적은 상대를 내가 '반드시 설득 제압해야 할 상대'로만 보지 않는 훈련을 한다는 것이다. 나와는 다른 의견을 가진 사람의 존재를 인정하고 공존하는 훈련도 토론 교육의 중요한 목적 중 하나다. 다른 사람을 인정하는 가장 중요한 태도는 상대의 말을 잘 듣는 것임을 배운다.

토론 과목에서 가장 재미있는 점은 토론할 주제에 대한 찬반 여부와 상관없이 팀원을 무작위로 배정한다는 것이다. 예를 들어 신의 존재를 믿는 학생을 무신론 팀에 속하게 만들어 자신의 종교관과는 상관없이 속한 팀에 주어진 방향대로 토론을 하게 한다. 자신이 믿지 않는 바를 주장하면서 어떻게 상대방을 설득시키느냐가 토론의 묘미이자 가장 큰 도전이 될 것임은 분명하다. 세상을 살다 보면 불행하게도 자기가 속한 조직의 논리 때문에 자신의 의견과는 다른 이론을 타인에게 설득시켜야 할 때도 종종 있지 않은가? 물론 여기서는 그런 경우에 대비하기 위함이 아니라 단순히 토론하는 방법을 가르치기 위한 교육적인 이유이긴 하지만.

토론 수업에서 더 재미있는 반전의 방법도 있다. 토론이 한창 무르익을 때쯤 되어 아주 짧은 준비 시간만을 주고 찬반 팀을 바로 바꾸기도 한다. 다시 말해 지금까지 극렬하게 반대하던 입장에서 찬성으로 완전히 돌아서서 상대방이 꼼짝 못할 논리를 전개해야 한다. 만일 그때 이미 토론 상대방이 썼던 논리를 그냥 차용해서 쓰면 진다. 자신들이 주장해서 이길 만한 논리를 처음부터 다시 시작해서 조사해 만들면서도 부단하게 상대방이 내세울 이론 근거도 예상해서 같이 연구해야 한다.

토론은 하루에 끝나지 않을 수도 있다. 서로의 주장이 팽팽하면 시일을 두고 다시 연구를 해서 만나 토론을 계속한다.

심판들은 토론을 계속 지켜보면서 중간 중간에 점수를 매기고 최종 결론을 봐서 승부를 가른다. 교사들이나 제3의 학생 팀이 심판이 되기도 하고, 전체 학생 청중이 승부를 결정하기도 한다. 물론 주제를 잘 풀어서 상대를 논리적으로 꼼짝 못하게 하면 이긴다. 그 과정에서 흥분해서 이성을 잃거나 화를 내거나 고함을 지르거나 하면 아주 큰 감점 요인이 된다. 다른 의견을 내세우는 상대방을 존중하고 인내를 가지고 말을 끝까지 들어야 한다. 그 후에 내 의견을 차분하게 피력하는 훈련을 어릴 때부터 받는다.

때로는 자신들이 이기기 위해서 상대방을 흥분하게 만들어 화를 돋워 실수를 유발하게 하는 작전도 쓴다. 당연히 이때 개인적인 문제를 언급하거나 비속한 말을 쓰면 감점 요인이 된다. 영화에서 많이 보듯이 상대방 얼굴에 코를 거의 들이대고서 화를 돋우는 방법도 그런 전술 중 하나다. 그렇게 해서 세상에는 무조건 우격다짐으로는 자신의 의사를 관철시킬 수 없고 목소리 큰 사람이 이기지도 않는다는 점을 배우게 된다. 교내에서 토론 대회를 하고 이긴 팀을 학교 대표 팀으로 뽑아 인근 학교들과 토론 시합을 벌이기도 한다.

감정 절제와 냉철함, 자제의 원천

영국 상류층은 자립심을 키운다는 명목으로 자식을 아주 어릴 때부터 기숙 사립학교로 보낸다. 영국에서 기숙 사립학교가 명문이 된 이유는 시골에 영지를 가진 귀족이나 상류층이 자식 교육을 집에서 시킬 수 없어 기숙 사립학교를 찾은 때문이다. 뿐만 아니라 도시의 중산층 부모도 조직 생활을 통해 사회성 있는 인격을 갖고 자립심을 키우라고 겨우 유치원을 벗어날 나이부터 기숙 사립학교로 보낸다. 기숙 사립학교에는 제국주의 시절 세계 각지의 영국 해외 식민지에서 근무한 고급 관리들의 자식도 많았다. 학교 갈 나이가 되었을 때 현지에서 더 이상 고급 교육을 받지 못해 어쩔 수 없이 고국으로 돌려보내진 경우다.

이렇게 지배 계층의 자제들이 공부하러 오는 이유 때문인지 영국 사립학교에서는 유치원부터 교사가 학생을 대하는 태도가 유별나다. 응석을 받아주어야 할 코흘리개 나이의 아이들도 절대 예외 없이 엄하게 대한다. 유치원 때부터 양복을 입고 흰 와이셔츠에 넥타이를 목에 졸라맨 모습을 보면 앙증맞다 못해 측은하기까지 하다. 저렇게 어릴 때부터 규칙과 체제에 순응하는 법을 배우기 시작하는구나 하고.

일부 남자 초등학교 겨울 교복은 반바지이다. 물론 그런 학교일수록 아무리 추워도 교복 위에 코트를 못 입게 한다. 쉬는 시간이라고 해도 복도를 뛰어다닌다든지 교실에서 소리치고 놀다가 걸리면 벌점을 받을 정도로 엄격한 규칙도 있다. 영국의 지식인 중에는 어릴 때 무서웠던 기숙사 생활의 악몽을 두고두고 이야기하는 사람들이 많다. 이렇게 혹독한 규칙을 요구하는 대신에 교사는 아무리 어린 학생이라도 하나의 분명한 인격체로 존중하는 태도를 견지한다. 심지어는 어린 초등학교 학생들을 부를 때 '젠틀맨들'이라고 정식으로 부르면서 그에 상응하는 대접을 해준다. 그런 모습에서는 옛날 중인 계급의 아전들이 양반 자제들을 교육시키면서 대하는 태도 비슷한 것이 느껴진다.

이렇게 어릴 때부터 부모자식 간에 떨어져 살아서 그런지 영국 엘리트 계층은 부모와 자식 간에 정이 없다고들 말한다. 어릴 때부터 자신이 부모에게 정을 못 받아봐 자식에게도 정을 줄 줄 모른다는 말이다.

한창 응석 부릴 나이에 부모를 떠나 규칙이 엄한 기숙사에서 교복 입고 단체 생활을 하면서 팀 스포츠로 인성을 다지다 보면 개성이 튈 수가 없다. 그래서 기숙 사립학교를 나온 영국의 지도층은 감정 절제와 자제에 익숙하다. 자신의 속셈을 쉽게 드러내지 않고 결코 감정이 표정으로 나타나지 않게 한다. 어떤 상황에서도 본의 아니게 휘말려 흥분하거나 화내거나 하지 않고 평정심을 항상 유지한다.

영국에서 사회 지도층, 특히 정치 지도자들이 공식적인 자리에서 화를 낸다거나 어처구니없는 실언을 한다든지 눈물을 보이는 경우는 정말 볼 수 없다. 만일 그런 태도를 보인다면 거의 정치 생명이 끝날 정도로 치명상을 입게 된다. 국가의 중요한 결정을 하는 정치 지도자는 위급 상황에서도 감정에 휘둘리지 않고 냉철하게 판단해서 국가를 곤란에 빠뜨려서는 안 된다고 영국인은 믿기 때문이다. 어머니 장례식에서 어린 나이에도 눈물 한 방울 보이지 않으며 슬퍼하는 조문객들에게 되레 예의를 갖추던 윌리엄과 해리 왕자의 태도가 대표적인 경우다. 영국인은 두 왕자의 그런 앙증스러운 의연함에 가슴 아파하면서도 어리지만 충분히 존경을 받을 만하다고 여기면서 든든해했다.

영국인은 바위처럼 흔들리지 않는 지도자를 원한다. 물론 이런 엄격한 사립학교 교육을 '몰개성화 교육'이라고 혹평하는 사람도 있다. 어린 학생들에게 그렇게 불편한 교복을 입히고 사랑으로가 아니고 엄하게만 다루면서 쉬는 시간마저 친구들과 장난도 못 치게 해 '애어른'을 만든다고 비판한다. 그러나 영국의 엘리트들은 자신이 그렇게 교육을 받아왔고 또 그렇게 해야 자신의 자식들도 지도자로서의 자질을 갖춘다고 생각한다. 비판하는 사람들이 이야기하는 소위 완전히 몰개성화된 '기득권 제도 인간 institutional person'으로서의 자질 말이다.

영국의 사회 지도층은 이런 사람들이다. 어디선가 많이 본 듯한 인간형이다. 조선 시대 선비라는 사람들과 참 많이 닮아 있다는 생각을 영국 엘리트들을 보면서 한다. 의관을 갖춰 입고 예의를 한껏 차리면서 속내를 드러내지 않는 근엄한 인간형 말이다. 그들은 대의를 위해서 자신은 물론 가족까지도 희생할 수 있고 또 그렇게 해야 한다고 믿고 또 그렇게 행동했다. 조선의 양반들이 유교 교육을 통해 그런 인간형을 만들었다면, 영국은 아직도 사립학교 교육을 통해 그런 인간형을 만들어낸다.

영국인은 이런 사람들이 자신들을 이끌어야 한다고 믿는다. 한 시대 전의 아버지상처럼 비록 인간적이지 못하고 살갑지는 않아도 바위처럼 쉽게 흔들리지 않아 든든해서 믿고 기댈 수 있었던 가부장적 지도자를 영국인은 아직도 원한다.

Keyword 3 : 정치인

영국 정치는 '바람의 정치'가 아니라 '확신의 정치'. 영국 정치인은 뼈에서 살까지 지역구에서 차근차근 만들어지는 존재.

혜성처럼 나타나는 정치인은 없다

조금 조심스럽긴 하지만 과격하게 한번 시작해보자. '도대체 한국인은 무엇을 보고 투표를 하나?' 한국 대선을 보고 느꼈던 의문이다. 해외에 살아도 한국 대선에 대한 관심은 국내에 있는 누구와도 다르지 않았다. 그런데 당시 관심과 흥미를 가지고 살펴봐도 전혀 감이 잡히질 않았다. 누가 당선될지 감이 잡히지 않았다는 말이 아니다. 누가 무엇을 주장하는지, 당선되면 무엇을 하겠다는 것인지를 모르겠다는 뜻이다. 또 각 후보가 과거에 어떤 일을 했고, 어떤 사안에 어떻게 행동했는지에 대한 자세한 검증 없이 마냥 소소한 흠집을 가지고 난리들이었기 때문에 더욱 그랬다.

선거에서는 후보 개인의 도덕적 결함이나 불법적 행동에 대한 검증도 중요하지만, 그것보다는 차라리 당선됐을 때 어떤 정책을 어떻게 펼칠지를 아는 것이 훨씬 더 중요하다. 사람들이 불안한 이유는 미래에 대해 예측이 불가능하기 때문이다. 이 후보가 당선되면 나라가 어떻게 바뀌고 나에게 어떤 영향을 미치는지 알아야 안심할 수 있다. 그런데 과거 어떤 한국 선거판에서도 누구도 속 시원한 정책을 내놓는 후보가 없었다. 가로 늦게 밀려서 발표한다 해도 졸속으로 급조된 정책이 빤하니 믿을 바도 못 되고 신빙성도 없을 것이 분명했다.

나 자신도 한국에 있을 때 과연 무슨 근거로 후보자를 판단해 투표했는지를 생각해보니 거의 '바람', '분위기'에 휩쓸려 투표를 했다고 고백할 수밖에 없다. 투표 당일까지도 유권자에게 제시된 각 후보들의 국정 청사진은 겨우 구호 몇 개가 전부라 해도 과언이 아니었다. 과거의 어느 선거와 다를 바 없이 그냥 '바람의 정치'를 하고 있었다. 매번 이렇게 반복되는 한국 정치판이 안타깝기도 하고 겁이 나기도 한다. 내가 겪어본 몇 번의 영국 정치와 비교해보며 답답함을 나누고자 한다.

내각책임제의 나라

내각책임제인 영국 정치는 대통령중심제인 한국과는 근본적으로 다르다. 내각책임제는 국회의원 과반을 차지하는 당의 대표가 총리가 되어 정부를 구성하는 제도다. 영국 유권자에게는 우리와 달리 총선과 대선을 구분하는 개념이 없다. 자신의 지역구 국회의원만 뽑으면 전국적으로 그 결과가 모여 여당이 결정되고, 그 여당에 의해 내각이 이루어진다. 그래서 내각책임제 국가의 유권자는 투표 시 대통령중심제 유권자보다 투표 결정이 쉬울 수도 있고 어려울 수도 있다. 쉬운 점은 국정을 책임질 대통령과 지역구를 대표하는 국회의원을 구분해 결정할 필요 없이 국회의원만 잘 뽑으면 된다는 것이다. 그러나 만일 유권자가 후보의 당을 볼 것인지, 후보 개인만 보고 투표할 것인지를 결정하지 않았거나 국가 대의와 지역구 이익 중 어느 기준에 더 근거해 투표할 것인지를 잘 모른다면 그 결정은 쉽지 않다.

대통령제에서는 어차피 국정은 대통령이 끌고 가게 되어 있다. 대통령이 속한 정당이 국회 과반을 차지할 수 있다면 다행이지만 많은 경우 여소야대 혹은 몇 개의 당이 거의 균등하게 국회 의석을 점하기도 한다. 이럴 때도 대통령은 어렵기는 하지만 국정을 각 정당과 협상을 통해 잘 끌어갈 수 있다. 그러나 영국이나 일본 같은 내각책임제 국가에서는 여당이 국회의 과반 의석을 차지하지 못하면 내각 구성을 할 수 없다. 선거 결과 제1당이 과반을 차지하지 못하면 다른 당과 연합을 해서라도 과반을 만들어 내각을 구성해야 한다. 그래서 내각책임제에서는 국회의원 후보 개인보다는 당이 더 중요하다.

평당원 없이 영국 정치는 돌아가지 않는다

영국은 클럽의 나라다. 영국인에게는 정당도 클럽의 하나다. 거의 모든 영국인이 자신이 좋아하는 축구 클럽이 있듯이 정치에 관해서는 지지 정당이 있다. 영국에는 거금을 들여 연간 티켓을 끊어 매 경기를 빠지지 않고 가는 열광 축구팬이 있는가 하면, 그냥 집에서 TV로 보면서 응원만 하는 소극적인 팬도 있다. 정치도 크게 다르지 않다. 특정 정당에 가입해 평소에도 계속해 활동을 하는 등록 당원도 있고, 비록 등록 당원은 아니나 평상시 그냥 공개적으로 자신이 지지하는 정당 정책에 관해 이야기하는 소극적인 유권자도 있다.

현재 연립 정권을 구성한 보수당과 자유민주당의 등록된 당원 수는 각각 13만 명과 5만 명이다. 제1야당인 노동당이 두 여당을 합친 수보다 많은 20만 명이다. 이런 숫자만 보면 영국 정당의 당원 수는 생각보다 많지 않다고 할 수 있다. 그러나 우리가 알아야 할 점은 이 당원 숫자는 그냥 정당원으로 등록만 하고 당비도 안 내고 활동도 하지 않는 당원이 아니라는 것이다.

영국의 각 정당에 당원 등록을 하면 당비를 내는데, 당비를 낸 이들에게만 정당 내 사안 결정 투표 시 투표권이 주어진다. 동시에 당비를 내는 당원은 거의가 다 활발하게 활동을 한다. 그래서 영국 정치에서 평당원의 역할은 지대하고 영향력 또한 크다. 당원들이 내는 당비가 당 활동 자금의 가장 큰 수입원이고 당원들의 노력 봉사 없이는 정당이 전혀 돌아가지 않는다. 특히 선거철이 돌아오면 지구당 평당원들의 노력 없이는 선거운동이 전혀 이루어지지 않는다. 선거 홍보물 배부부터 가가호호 방문해 투표 성향을 조사하고, 투표 당일 자신의 정당 지지자의 투표를 독려하기 위해 마지막 순간까지 전화를 하거나 대문을 두드리는 일 등은 선거운동의 기본인데, 이는 절대 평당원 없이는 이루어질 수 없다. 거의 모든 선거의 후보 공천이 중앙당이 아니라 각 지구당 단위로 이루어지니 평당원의 역할뿐만 아니라 권한 또한 크다. 결국 정당의 주인은 대표나 중앙당 일부 당직자가 아니라 평당원이라는 말이 실감난다. 해서 영국에서는 어느 날 갑자기 정치 신인이 바람을 일으켜 대권을 잡는 일은 도저히 일어날 수 없다. 심지어는 국회의원마저 하루아침에 나올 수 없다.

모든 정치인은 지구당에서 시작된다

영국에서 정치인 입문은 대개 두 가지 경로를 통해 이루어진다. 지구당에서 평당원으로 가입해 착실하게 활동을 하고 시의원 역임을 비롯해 지역에서 기반을 쌓은 다음 지역 당원들에 의해 지역구 국회의원 공천을 받는 경우가 하나다. 다른 하나는 국회의원 보좌관 혹은 중앙당에서 직책을 맡아 오래 경험을 쌓은 후 뚜렷한 후보가 없는 지역구로 내려가 평당원들의 지지를 거쳐 공천을 받는 경우다.

한국과는 달리 어떤 경우에도 국회의원은 해당 지역구 당원들의 투표를 통해 공천을 받아야 한다. 영국에서도 배우 같은 대중 인기인들이 정치인으로 등장하는 경우가 있는데, 이때도 밖에서 잘 몰라서 그렇지 평소에 해당 지구

당에서 일해왔음이 분명하다. 영국 국회의원은 절대 한국같이 중앙당 밀실에서 정파끼리의 정략에 따라, 지역구 당원들의 의사에 반해서 공천하지 않는다. 당원으로 오랫동안 당 활동을 하면서 당의 철학이나 정책을 배우고 동시에 지방 정치나 지역구 기반을 쌓은 후 절차를 밟아야 국회의원이 될 수 있다.

영국 정치인의 가장 기본적인 시작은 지역구에서 평당원으로서 활동하는 것이다. 정말 문자 그대로 풀뿌리 정치에서 시작해야 한다. 한국으로 치면 통반ward 당 모임 활동부터 시작한다. 평소에는 인쇄물 배포가 주된 업무다. 지구당에서 하는 정책 설명회나 국회의원 의정 보고에 참석해 설명을 듣고 질문을 하기도 한다. 때로는 자신들 통반 모임 활동비나 지역구 당, 혹은 지역구 국회의원 후원금 모금 운동 파티도 조직한다. 당 전당대회에 대비해 모임별로 정책 토론회를 열어 지역 당원들이 생각하는 정책 의제를 토의·결정해서 지역구 대표로 하여금 당 정책에 반영하도록 한다.

이렇게 영국 정치는 상향식 정치다. 모든 정치 활동은 자발적인 평당원으로부터 시작된다. 돈과 시간과 노력을 바쳐 적극적으로 당 활동을 하는 평당원인 영국인이 바라는 바는 큰 것이 아니다. 자신의 정치적 신념과 맞는 당을 통해 자신이 옳다고 믿는 바가 이루어지는 것을 보고 싶다는 열망뿐이다. 자신이 속한 통반 모임에서 제안되고 토의되어 지구당 정책 총회를 거쳐 전당대회 의제로 제출한 정책이 당 정책이 되고, 더 나아가 국회에서 국가 정책으로 채택되어 현실로 나타날 때 몸 떨리는 희열을 느끼지 않겠는가?

실제로 내가 속한 킹스턴 자민당 지역구에서 제의한 의제가 자민당 총회에서 정책으로 채택되어 국가 정책이 되는 경우를 보았다. 개인 주차장에 허락 없이 주차된 차에 주인이 사립 견인 업체를 이용해 자물쇠를 채우는 일을 못하게 법제화한 것이 그것이다. 대단한 정책은 아니지만 실제 피부에 와 닿는 문제가 내 이웃 주민 발의로 법으로 정해지는 짜릿한 쾌감은 맛보지 않은 사람은 모른다. 이렇게 영국 유권자는 제삼자에 의해서가 아니라 바로 자신이 정치의 당사자이고 '세상을 나를 비롯한 우리 힘'을 통해 바꿀 수 있다고 믿고 행동했고 또 그렇게 해왔다.

지역구를 위해 일할 수밖에 없는 이유

영국 전당대회는 정말 정책 토론의 장이다. 대의원들이 자신의 지역구 당원 총회에서 받아 온 정책이 당 차원에서 채택되게 하려 분투하는 진지한 모습에서는 숭고함을 느낄 정도이다. 자신들 지역구에 다리를 놓거나 포장도로가 놓여 자신의 주머니에 실제적 이익이 돌아오는 일을 위해 뛴다 해도 저 정도로는 못할 것이라는 생각이 들 정도다.

이렇게 영국인은 국가 정책은 길거리에서 데모나 촛불 시위나 화염병을 통해서만 바꿀 수 있는 것이 아니라, 경로를 통해 제대로 노력하면 '내 손'으로도 된다는 믿음이 있고 실제 그런 실례를 많이 봐왔기 때문에 열성을 다한다. 그런 신념이 있기에 영국 각 당의 평당원들은 연차 당비뿐만 아니라 지역구 당 혹은 통반 회비까지 내고 때로는 중앙당에서 걸려오는 권유 전화를 받고 특별 회비도 기꺼이 낸다.

이렇게 지역구 당을 기반으로 공천되고 당원들의 자발적인 봉사와 활동을 기반으로 당선된 국회의원은 지역구를 위해 일하지 않을 수 없다. 만일 그런 일에 소홀하면 다음 선거에는 평당원들의 활동이 줄어들어 자신의 당락에 지대한 영향을 미치게 되기 때문이다. 영국에서는 정치자금을 풀어 조직 활동을 가동하지도 않고 그럴 만한 자금이 나올 구멍도 없다. 그래서 영국 국회의원들은 휴가철을 제외하고 1년 내내 열리는 상시 국회이기에 바쁜데도 지역구 활동을 열심히 하지 않을 수가 없다.

내가 속한 지역구 국회의원 에드워드 데이비 씨는 현직 에너지·기후변화부 장관이다. 그런데도 그는 일주일에 두 번 오전 시간을 내어 지역구민을 만난다. 약속 없이 가도 순서를 기다리면 면담이 가능하다. 딱히 정해진 시간도 없으니 끝없이 하소연을 해도 들어줄 수밖에 없다. 그래도 인내심을 갖고 들어주고 해결책도 강구해준다.

영국 국회의원들에게 이런 개인 민원은 바로 의정 활동 중 하나다. 심지어 비자를 담당하는 내무부 이민국에 국회의원 민원서류 담당과가 있을 정도이고, 국회의원 편지가 첨부된 비자 서류는 거의 통과된다는 속설이 있다. 이런 민원들을 해결해주고 억울한 일을 당한 선거구 구민의 하소연을 듣고 도와주고 나면, 도움을 받은 사람은 바로 해당 국회의원의 열렬한 지지자가 되어 평소에는 홍보물을 돌리고 선거철이 되면 휴가를 내서 지역구 당 사무실에 가 봉투 작업에 우표 붙이는 잔일을 한다.

영국에서는 억울한 일을 특히 기관이나 공무원으로부터 당하면 국회의원에게 편지 쓰겠다는 말이 자동으로 나온다. 그만큼 국회의원이 자신들 가까이 있고 잘 해결해줄 것이라는 믿음을 가지는 것이다. 매일 국회가 열리는 상시 국회 참석에다 그것도 주요 각료로서 국회 앞자리front bench에 앉아 데이비드 캐머런 총리의 답변을 거드는 동시에 자신이 담당하는 부처 결재도 해야 하는데, 언제 이런 지역구 활동까지 할 수 있는지 정말 영국 집권당 국회의원은 초인이어야 하지 싶다.

초선 재선, 여당 야당 할 것 없이 일의 홍수

영국 국회의원들이 이런 지역구 대민 활동을 할 수 있는 이유는 지역구민 숫자가 한국보다 아주 적기 때문이기도 하다. 6000만 인구의 영국은 하원 650명, 상원 788명의 국회의원을 두고 있다. 영국 국회의원 숫자는 5000만 인구에 국회의원 300명인 한국의 2배가 넘는다. 적은 숫자의 지역구민들을 상대하다 보니 한국 국회의원보다는 대민 활동에 부담이 적을 수도 있다. 지

상시 국회, 일의 홍수 영국 의회

역구민들을 직접 대면하고 그들을 대변하기 위해서는 작은 국회가 최선이 아니라는 것을 생각해볼 필요가 있다.

영국 국회의원들도 초선 때부터 국회 내 각 분과위원회에 소속되어 의정 활동을 한다. 영국이 내각책임제여서 내각 각료들이 모두 국회의원이고 기타 정부 주요 직책도 거의 국회의원이다 보니 모든 여당 의원들은 초선 때부터 입법 활동뿐만 아니라 행정부 일까지 직접 개입하고 관여하게 된다.

정부가 국회를 중심으로 움직이니 여당 의원이야 물론 정부에게서 각종 자료와 정보를 공유하지만, 야당 의원이라고 해서 정부 일에서 소외되지도 않는다. 그뿐만 아니라 영국에서는 야당 국회의원도 '그림자 내각shadow cabinet'에 소속되어 부처별로 일을 맡는다. 비록 야당이라도 정부 내각 직책을 맡은 사람과 같은 일을 하는 셈이다. 행정부는 거의 모든 정보를 해당 부처별로 여야 의원에게 같이 제공한다. 때로는 정보 등급이 다르다고 야당이 불평하는 일도 있지만 그런 경우는 거의 드물다. 야당이라고 홀대할 수가 없고 하지도 않는다. 언제 정권이 바뀌어 야당이 여당이 될지 모르기 때문이다.

검증 가능한 정치인, 예측 가능한 정치

영국 정치인의 전공은 거의 변하지 않는다. 한번 상무부로 시작하면 계속해서 상무부 담당이고 그러다 다선 의원이 되면 언젠가는 상무장관이 된다. 영국의 장관은 이렇게 오랜 기간 훈련과 실무를 거쳐 임명된다. 갑자기 정치적으로 임명되어 업무를 파악할 때쯤 그만두어 해당 행정 부처에서 아예 손님으로 취급하는 한국의 장관들하고는 애초에 차원이 다르다. 기자들과 취임 인터뷰를 하면서 첫마디부터 준비된 정책을 자신 있게 나열해도 놀랍거나 경악할 일이 아니다. 아직 업무 파악이 안 되어 의견을 말할 수 없다는 말도 나올 수가 없다. 또한 기존의 정책과 아주 다른 정책을 말해도 놀랄 수가 없다. 이미 그 사람은 야당에 있을 때부터 당의 정책과 자신의 철학으로 그런 정책을 줄곧 주창해왔을 터이기 때문이다. 내각 내에서 자리 옮김을 했다고 해도 이미 그 전에 내각회의에서 해당 정책에 대해 발언한 전적으로 보아 이미 짐작할 수 있기 때문이다.

영국 내각의 제2인자는 재무장관이다. 서열상으로는 외무장관이 2위로 되어 있으나 대개 재무장관이 차기 당 대표감이고 총리감이다. 물론 의원총회에서 투표를 통하는 절차를 밟기는 하지만 대개 정해진 수순에 따른 절차일 뿐이다. 현재 재무장관은 조지 오스본이다. 그는 야당 시절인 2005년부터 그림자 내각의 재무장관을 역임했고, 2010년 집권하면서부터 지금까지 재무장관이다. 만일 경제가 계속 어려워 민심이 흉흉해져 여당으로서 더 이상 버틸 재간이 없고 변혁을 요구하는 여당 내부 반란이 일어나 새로운 총리가 들어선다면 몰라도, 순조롭게 진행된다면 차기 총리 후보로 조지 오스본이 1번이다. 해외에서는 토니 블레어, 데이비드 캐머런 등을 변혁을 요구하는 시대 조류에 맞추어 어느 날 갑자기 나타난 젊은 인재들이라 이야기했지만, 사실 영국 내에서 이들의 이름은 머잖은 장래에 총리가 될 사람들 명단에 이미 오르내렸었다.

영국에서 어느 날 갑자기 혜성처럼 등장해서 이미지나 바람만으로 총리가 되는 경우는 없다. 다음 총리가 누가 될 것임을 누구나 다 알고 있다. 오랜 시간을 두고 검증된 현 정권의 제2인자가 대개 다음 지도자가 된다. 대처 총리가 인두세poll tax로 인기가 떨어져 물러날 때 의원총회에서는 다음 보수당 대표로 당시 재무장관이었던 존 메이저를 별 논란 없이 뽑았다.

총리라고 해도 임기 중에 이 재무장관을 함부로 바꿀 수는 없다. 이렇게 오랜 시간 검증을 거쳐야 거물로 성장할 수 있다. 이래서 영국인을 보수적이라고 말한다. 보수란 기존의 것을 지키려고만 하고 새것을 받아들이지 않는 데 쓰는 말이 아니다. 보수는 '모든 상황을 고려해서 신중하게 결정한다'는 뜻에 더 가까운 말이다. 영국인은 모든 일을 신중하게 한다. 그래서 영국인을 보수적이라 말한다면 그렇게 불려도 영국인은 꺼려하지 않을 것이다. 차라리 자랑스러워할지 모른다. "나는 사고와 원칙에서는 급진주의자이고, 방법과 실행에서는 보수주의자이다." 비록 미국 19대 대통령 러더퍼드 헤이스가 말했으나 마치 영국인이 한 말 같다.

다시 한 번 말하지만 영국에서는 어느 날 갑자기 혜성처럼 나타나는 정치인은 없다. 차기 총리마저 예측이 가능하고 검증이 가능한 사람이어야 한다는 말이다. 국리민복國利民福을 담당할 정치인은 이미 그 사람의 정치철학이나 과거 행적이 잘 알려져 있어 국민에게 불안감을 주지 않아야 한다. 그렇게 해야 예측이 가능한 정치를 할 것이기 때문이다. 영국인이 가장 바라는 삶이 '예측 가능한 삶'이다. 내일 무엇을 할 것인지, 1년 뒤 휴가는 어디로 가고 몇 살에 은퇴해서 어떤 수준의 삶을 살 것인지 계획하고 거기에 맞추어 평생을 준비한다. 개인의 삶도 이렇게 예측이 가능해야 안심되고 행복하다고 생각하는 영국인들은 국가정책은 그보다 더더욱 예측이 가능해야 한다고 굳게 믿는다.

정치는 국민과 국가를 대상으로 자신이 믿는 바를 실현하기 위해 국가정책으로 이론을 실험하는 장이 되어서는 안 된다. 각 당에서 당 기구나 당원들을 통해 오랜 기간 연구하고 검증한 뒤 당 정책으로 제시하여 국민에게도 검토에 필요한 충분한 시간을 주고 선거로 동의가 된 정책을 가지고 국가를 경영해야 국민이 따른다.

영국에서는 재정 악화로 복지가 줄어들고 연금 수혜 연령이 높아져 당장 자신에게 불이익이 돌아오는데도 다른 유럽 나라들과는 달리 별다른 소요가 일어나지 않는다. 국민과 합의한 정치제도와 절차를 거치는 과정에서 민심이 반영된 풀뿌리 정책이 정부 정책으로 채택됐기에 국민도 일말의 책임감을 느끼기 때문이다. 동시에 자신이 지지하는 정당의 인물이 아니라 하더라도 오랜 기간의 충분한 검증과 그간의 경험으로 보아 결정적인 패착敗着을 두지는 않을 것이라는 정책을 시행하는 정치인에 대한 믿음이 있기 때문이다. 정치인들이 그런 결정을 내렸을 때는 다른 선택이 없고 국가를 위한 가장 최선의 방법이었을 것이라고 영국인은 생각한다. 또한 그들이 비록 인기 없는 정책을 시행해도 사심이나 당리당략으로 하는 것이 아닌, 순수한 선의로 하는 것임이 과거의 언행으로 보아 증명되기 때문이다.

사실 정치인에 대한 검증은 과거 언행에 대한 검증만으로는 부족하다. 그동안 해당 분야 정책에 대한 실적도 검증해야 한다. 그래서 영국 정치인의 이력에는 해당 의제에 대해 어떤 발언을 했고, 특정 정책에 어떻게 투표를 했는지가 반드시 따른다. 물론 경험이 있다고 해서 항상 최선의 선택을 하는 것은 아니다. 그러나 최소한 경험이나 실적이 증명되지 않았거나, 해당 분야에서 실무 경험이 전혀 없이 학계의 이론에만 밝은 교수들이 갑자기 정치인으로 등장하는 경우는 최소한 영국 정치계에서는 없다. 교수도 공무원도 하루아침에 정치인이 될 수 없다. 중앙당에서 일괄적인 공천을 하는 것도 아니고 지역구 기반이 없으면 지역구에서 당원들 공천을 받을 수가 없다. 그래서 영국인은 '검증되지 않은 정치인은 검증되지 않은 약보다 더 위험하다'고까지 한다.

국회의원이 겸업이었던 이유

이렇게 보면 '그럼 정치는 전적으로 전업 정치인이 해야 옳은 것이 아닌가' 하는 명제가 논쟁의 요지로 떠오른다. 영국의 국회의원은 원래 겸업 국회의원이었다. 그래서 최근까지 영국 국회는 오후에 열렸고 항상 자정을 넘어서까지 계속되었다. 그 이유는 오전에는 자신들 생업을 영위하고 오후에 정치를 하러 나오라는 뜻이었다. 여기에는 정치를 생업으로 하는 전업 정치인은 반드시 부패한다는 믿음도 한몫했다. 동시에 세상을 바르게 하고 국민을 먹여 살리는 숭고한 일인 정치는 고상한 신사들이 순수한 사명감으로 할 일이지 생계수단으로 할 일은 아니라는 취지도 있었다. 한국에서도 한때 겸업 국회의원이 있었던 적이 있다. 전업 정치인은 정치의 생리상 부패할 수밖에 없다는 이유 때문이었다.

영국 국회의원이 겸업이어야 했던 이유가 하나 더 있다. 역사적으로 영국 국회의원은 원래 자기 직종의 이익을 대변하는 직능 대표로 시작되었다. 영국에서 유일하게 공화정을 이룬 크롬웰 시민혁명을 이끈 국회의원들도 거의 직업을 가진 인사들이었다. 시골 지주 농부이거나 상공인이었다. 소위 말하는 젠트리gentry라 불리는 부유한 양민良民 계급이었다. 이들은 '세금을 내는 곳에 대의No taxation without representation'라는 정치철학을 주장하는, 귀족들과는 다른 또 하나의 세금 내는 신흥 정치인들이었다.

보수적인 정치의 영국식 의미

영국인의 보수적이라는 말에 대한 해석을 다시 한 번 더 인용하면, 보수란 기존의 것을 지키려고만 하고 새것을 받아들이지 않는다는 데 쓰는 말이 아니다. 모든 상황을 고려해서 신중하게 결정을 한다는 것에 그 뜻이 더 가깝다. 여기서 볼 수 있듯이 영국인은 검증되지 않았거나 과거 실적이 없는 사실에 대해서는 신뢰하지 않는다는 뜻에서 보수적이다.

새로운 음식을 시도해보지 않고 휴가도 가는 곳으로 늘 가는 행태에서 영국인의 보수적인 면을 보기도 하지만, 모험을 좋아하고 새로운 것에 도전하는 정신이 충만한 사람들도 영국인이다. 극지 탐험과 기네스 기록 달성에 목숨을 거는 영국인도 과거나 지금이나 많다. 영국인이 세상만사에 다 보수적인 것은 아니라는 뜻이다. 영국 최고 인기 재벌 버진 그룹의 리처드 브란슨의 얼토당토않은 모험에 영국인은 열광한다. 그런 영국인도 정치에서만은 모험을 즐기지 않는다. 그래서 항상 영국인은 검증되고, 토의되고, 동의된 정책을 인정한다.

영국 정당은 기존 정책에다 전당대회를 통해 채택된 새 정책을 얹어 다시 유권자들에게 내놓는다. 소위 말하는 정책안manifesto을 유권자들과 언론 등

영국의 국회의사당 웨스트민스터 궁전. 중세에 처음 지어져 19세기 중반 재건 후 상원과 하원 의사당으로 쓰여지고 있다.

이 충분히 검토·논의할 시간을 두고 발표한다. 인터넷이 발달하기 전 이러한 정책안은 서점에서 판매되었고 수십만 부씩 팔려 당 재정에 큰 몫을 했었다. 각 분야에 걸쳐 아주 자세하게 자신들 당이 지향하는 바를 설명하고 약속했다. 자신들이 집권하면 어떤 정책을 펴겠다는 약속이었다. 유권자들 중 특히 어느 정당에도 소속되어 있지 않은 중간층swing voter들은 이러한 정책안을 꼼꼼히 살펴보고 결정을 한다.

대선 투표일을 코앞에 두고 향후 5년간 나라를 이끌어갈 정책이 몇몇 인사들의 밀실 토의에서 겨우 급조되어 만들어져 발표되는 기막힌 현실이 한국 대통령 선거판에서 일어난다. 그나마 공약만 있지 구체적 실천 방법이 없다. 특정 사안에 대한 정책은 위원회를 만들어 하겠다는 발표뿐 어떤 방향으로 개혁하겠다는 말도 없다. 그러다 보니 집권한 지 한두 달도 안 되어 공약을 실현할 수 있니 없느니 하는 말이 나올 수밖에 없다.

대통령의 정책은 기가 막힌 아이디어로 유권자들의 감각을 순간적으로 자극해 표를 받아내는 광고가 되어서는 안 된다. 그래서 영국에서는 개별적인 선거 TV 광고가 금지되어 있다. 허용되는 것은 입후보자 누구에게나 똑같이 제공되는 수차례의 BBC 공영 TV 광고뿐이다. TV 광고로 발생할 과도한 선거비용으로 인한 문제도 막고 감각적 선전으로 투표가 좌우되는 것도 막겠다는 뜻이다.

영국 정치는 제도와 경험의 정치다. 자신을 뽑아준 국민이 백지수표를 줬다고 믿고 전혀 증명되지 않았고, 자신이 옳다고만 믿고, 혹은 주위의 몇 명이 주장하는 정책을 시행하는 우를 영국에서는 범할 수 없다. 정치인들이 어떠한 미사여구로 치장해도 정치의 목표는 국민이 잘 먹고 잘살기여야 한다.

| Keyword 4 : 지역 선거 |

100퍼센트 평생 당원들의 힘으로 치러지는 조용하고 부지런하고 깨끗한 영국인의 풀뿌리 축제.

영국 정치는 지역 선거에서 나온다

　영국의 풀뿌리 정치와 영국인의 정치적 속살을 알고 싶어 나는 자민당에 가입, 10여 년간 당 활동에 참여했다. 홍보물 돌리기부터 시작해 구역 회의, 모금 활동, 지역구 전체 모임, 야유회, 각종 파티 등을 통해 그냥으로는 보이지 않는 영국인의 삶의 한 자락을 볼 기회를 누렸다. 그러던 중 "킹스턴 시 인구의 10퍼센트를 차지하는 한국인은 아무도 정치적 목소리를 내지 않는다"는 당 동료들의 힐난에 가까운 지적에 용기를 냈다. 가능한 모든 지원을 아끼지 않겠다는 당의 설득도 힘이 됐다.

　2010년, 영국의 지방선거가 어느 정당도 650석의 국회 하원 의석의 과반수를 차지하지 못해 보수당과 자유민주당의 연정 탄생으로 끝난 영국 총선과 동시에 치러졌던 그해, 나는 킹스턴 시의원에 도전했다.

킹스턴 시의원 선거에 출마하다

킹스턴Kingston Borough에는 영국 거주 한인 4만 명 중 절반이 살고 있고, 상위 행정 구역은 서리 카운티Surrey Conunty다. 카운티를 굳이 번역하자면 주州가 되지만 미국의 주에 비하면 턱없이 작은 규모라 주군州郡이라고 부르기도 한다.

킹스턴의 인구는 약 15만 명. 영국은 시민권 보유자 중에서도 선거인으로 등록한 사람만 투표를 할 수 있다. 그런데 이 선거에 선거인 등록자 8만1000여 명 중 5만7000여 명이 참여해 유례없이 높은 참여율(70.4%)을 기록했다. 영국 정치 현실에 대한 영국인의 높은 관심과 참여 의지를 보여준 것이다.

영국의 지방선거는 전국 국회의원 650명을 동시에 뽑는 총선과 달리 한꺼번에 이루어지지 않는다. 킹스턴 시의회 의원councilor을 뽑는 선거도 마찬가지. 16개 소선거구ward로 나눠 소선거구별로 3명을 뽑는다. 여기서 선출된 도합 48명의 의원이 킹스턴 시 살림에 관한 결정을 하는 셈이다.

영국 시의원의 결정권 행사 범위는 상당히 넓다. 한국에서라면 일선 행정

킹스턴 시의원 선거 개표장에서 결과를 기대하면서 개표 작업을 지켜보았다.

부서가 할 일, 예컨대 건축 허가나 주류 판매 허가 등도 이곳에선 시의원이 분과 회의를 통해 결정한다. 그런 만큼 일이 많다. 그로 인한 고충이 주 2회 오전 내내 유권자의 민원을 듣는 일명 '서저리surgery'에 참석해야 하는 국회의원에 못지않다. 길거리에 쓰레기가 많은데 제대로 안 치워 간다, 골목길 포장 공사가 왜 이렇게 늦어지느냐, 모퉁이에 위치한 버스 정류장이 위험하니 옆으로 옮겨달라…. 주민의 손발 역할을 하는 만큼 온갖 자질구레한 일들을 도맡아 처리해야 한다. 게다가 시의원은 겸업이 기본이다.

내가 입후보한 올드 몰든Old Malden 선거구는 현 의원 3명 중 2명은 보수당, 1명은 자민당 소속이었다. 이 선거구는 서민 주택지가 있긴 하지만 보수 성향이 강한 중산층이 많아 전통적으로 보수당이 강세를 보인다. 런던과 외곽 도시를 통틀어 가장 지방세가 높은 지역이기도 하다. 영국 전 지역으로 따지면 세 번째로 높다. 반면 시의회의 다수당은 내가 소속된 자민당이었다.

이처럼 서로 상반되는 두 요인 때문에 나의 선거전은 처음부터 고전의 연속이었다. 그나마 위안이 된 건 현역 보수당 의원 2명이 워낙 고령이어서 이렇다 할 활동을 하지 않고 있다는 점이었다. 당에선 "열심히만 뛰면 승산이 있다"며 등을 밀었다. 선거 중반 여론조사 결과도 나쁘지 않았다. 닉 클레그 자민당 대표의 선전이 돋보인 TV 토론, 규모가 큰 선거일수록 참여율이 높은 자민당 지지자의 성향도 기대를 불러일으켰다.

길거리에서부터 시작하는 사전 선거운동

영국 정치는 길거리에서 시작된다. 관할 지역을 돌며 집집마다 홍보물을 넣어주는 게 당원으로서의 첫걸음이다. 여섯 살 때 아버지를 따라 선거 홍보물을 배부하기 시작해 올해로 70년째가 되었다는 할아버지, 몇 년 전 타계한 남편의 일을 이어 홍보물 배달에 나선 할머니, 부모가 담당하던 지역을 물려

받아 홍보물을 돌리는 젊은 부부…. 영국의 진짜 풀뿌리 정치는 이들로부터 시작된다.

선거 때만 홍보물이 제작, 배부되는 건 아니다. 평상시에도 지역의 문제점이나 관심사를 다룬, 초라하지만 알찬 홍보물이 당원들의 손으로 직접 제작되어 각 가정에 일일이 손으로 배달된다. 평소 이렇게 열심히 선거구를 관리하는 지역은 선거 시즌이 와도 어렵잖게 의석을 지킨다.

영국에는 '사전 선거운동'이라는 죄목이 없다. 아직 투표가 이루어지기 전이고 '내가 후보'란 소리만 하지 않는다면 얼마든지 여론조사를 핑계로 다양한 사전 선거운동을 할 수 있다. 예컨대 지역구 내 각 가구를 돌며 유권자 성향을 조사하고 다녀도 무방하다. 다니면서 내가 다음 선거에 무슨 당 후보로 나올 거라는 것 정도는 말해도 무방하다.

각 당은 선거인 등록 명부를 기초로 한 나름의 데이터베이스를 가지고 있다. 이 데이터베이스에는 주소별 거주자 성명, 과거 투표 여부, (방문 조사를 통해 파악한) 투표 성향이 세세하게 기록되어 있다. 내가 출마했던 지역에도 과거 치러진 선거 때 조사를 토대로 한 데이터베이스가 있다. 캔버싱canvassing이라고 불리는 조사를 통해 얻어지는 이 기록이 얼마나 정확하며 자주 업데이트되는지에 따라 그 당 후보의 당락이 결정된다고 해도 과언이 아니다.

캔버싱 종이 '투표 성향' 칸에는 우리 당 지지, 가능, 강성 보수, 온건 보수, 강성 노동, 온건 노동, 부동표, 비우호, 기권 중 하나를 기록하게 되어 있다. 물론 이런 분류 방식도 선거에 따라 달라질 수 있으므로 지속적 갱신이 필요하다. 그런 과정을 거쳐 취합된 정보를 유권자 성향에 맞춰 제작한 '맞춤 홍보물'이 시기별로 유권자에게 전달된다.

캔버싱의 목적은 유권자 개개인의 성향 조사를 통해 그에 맞는 맞춤 선거 전략을 세우기 위한 것이다. 자신의 지지자가 아닌 유권자를 굳이 설득해 표를 얻고자 하는 목적이 아니다. 물론 효과적인 설득으로 보수당 지지자를

'내 표'로 만드는 게 불가능한 건 아니지만, 그걸 기대해 너무 많은 시간을 허비하다 보면 정작 중요한 다른 표를 놓치고 만다.

나의 경우 보수당 지지자는 아예 포기하고 가능성이 보이는 부동표를 집중 공략하거나 자민당 지지자의 투표 당일 투표율을 높이는 게 훨씬 중요했다. 또 내가 속한 선거구는 워낙 노동당이 약한 지역이라 이 지역 소수 노동당 지지자를 공략하기 위해 우리는 모든 홍보물의 잘 보이는 자리에 이런 메시지를 삽입했다. '보수당 당선을 막으려면 우리를 찍어라!'

조용한 선거 뒤에 방문 조사가 있다

영국 선거는 참 조용하다. 선거 벽보도, 현수막도 없다. 유권자를 모아놓고 캠페인 노래를 불러가며 치르는 시장판 약장사 같은 유세도 물론 없다. 사람이 많이 모이는 역 앞 등에서 여러 명이 죽 서서 구호를 외치며 명함을 나눠주는 일도 없다. 선거 시즌임을 알 수 있는 근거라고는 TV와 신문 보도, 우편함에 쌓이는 정당별 홍보물, 그리고 가가호호 방문 조사에 나선 자원봉사 당원의 초인종 소리가 전부다. 이 가운데 방문 조사는 조용한 영국 선거에서 매우 중요한 역할을 한다.

방문 조사의 핵심은 유권자가 집에 있는 시간을 잘 공략하는 것이다. 주부 대상 조사라면 주부들이 아이를 학교에 데려다주고 돌아오는 오전 9시부터 11시 사이, 혹은 아이가 학교에서 돌아오는 오후 4시30분 이후가 좋다. 그러나 방문 조사를 거듭해보니 과반수의 집들이 저녁 6시까지 비어 있었다. 결국 우리는 주로 저녁 6시부터 8시에 캔버싱 작업을 하게 되었다. 밤 9시는 되도록 넘기지 않았다. 선거가 5월에 열린 건 그나마 다행이었다. 해가 길어져 활동 시간을 족히 한 시간은 벌 수 있었기 때문이다.

문을 두드린 후 주인이 나올 때까지 기다리고, 다시 한 번 두드린 다음 없으면 이동하는 절차를 반복했다. 그러다 보니 한 집을 방문하는 데 최소한 5분이 걸렸다. 아침저녁 2시간씩 하루 4시간을 뛴다고 해도 하루 종일 50가구를 방문하는 게 고작이었다. 아파트가 거의 없는 지역구의 특성상 3500개에 이르는 가구를 모두 방문하니 꼬박 2개월이 걸렸다.

매일 도보로 이동하는 거리만 평균 10킬로미터였다. 운 좋을 땐 한 거리의 절반 정도 가구를 한꺼번에 방문했지만, 70~80퍼센트는 빈집이어서 여러 차례 같은 곳을 반복해 찾을 때도 많았다. 혼자 이동하는 게 힘에 부쳐 같이 출마한 후보나 당원과 함께 돌아다닐 때도 있었지만, 여러 골목을 다녀야 해서 결국 거의 혼자 다녔다. 그 과정에서 유권자의 얼굴도 익히고 투표 성향도 파악했다. 동시에 선거구의 문제점이나 유권자의 불만 등 생생한 목소리도 들을 수 있었다.

이렇게 조사한 정보는 당일 저녁 선거운동본부인 국회의원 사무실에 전달했고, 그 정보는 시스템에 입력되고 분류되었다. 이렇게 모아 분류한 자료는 시의원 선거뿐 아니라 국회의원 선거에서도 가장 중요한 기본 자료로 활용된다. 영국에서 시의원과 국회의원은 평등한 공생 관계다. 시의원은 이렇게 정보를 수집해주고, 국회의원의 손길이 닿지 않는 소소한 일을 관리하며, 해당 소선거구의 문제점이나 주민들의 관심 사항을 모니터링해준다. 국회의원의 소선거구 관리인 역할을 맡아 하는 셈이다. 대신 국회의원은 시의원 선거 때 지역구 내 소선거구로 자원하여 나오기도 하고 다른 소선거구에서 수집된 풍부한 정보를 바탕으로 홍보물을 제작해주기도 한다.

선거 시즌이 되면 캔버싱 결과를 토대로 한 맞춤형 홍보물이 각 가정으로 배달된다. 부동표 가정이라면 '왜 우리 당이 당신에게 맞는 정당인가'에 초점을 맞춘, 노동당 지지자라면 '당선 가능성이 없는 노동당 후보에게 투표를 해서 사표를 만들지 말고 우리 당 후보에게 표를 몰아 주라'라는 식의 홍보물이 각각 발송된다. 투표일이 가까워질수록 상황과 대상에 따라 아주 구체적이고 확실한 목적을 띤 홍보물이 전달된다. 필요에 따라서는 국회의원이 일일이 손으로 쓴 필기체의 인쇄물이 배달되기도 한다.

수만 통의 겉봉 주소와 이름을 직접 쓴 봉투도 등장했다. 우편이 아닌 당원들이 직접 전달하는 방식이다. 예산을 한 푼이라도 아끼기 위한 고육지책에서 나온 것이다. 선거 당일에는 유권자가 출근하기 전에 받아볼 수 있도록 새벽 4시부터 당원들이 홍보물 배달에 나서기도 한다.

선거 당락을 좌우하는 텔링과 노킹

영국의 선거일은 휴일이 아니다. 투표는 아침 7시부터 밤 10시까지 이루어진다. 사정상 정해진 시간을 맞출 수 없는 이들은 우편 투표를 신청할 수 있는데, 최근에는 우편 투표 신청자가 점차 늘고 있다.

선거 당일 각 당에서는 텔링telling과 노킹knocking 등 두 가지 작업을 진행한다. 우선 각 당에서는 투표소 앞에 책상을 설치하고 투표하고 나오는 유권자의 투표용지에 적힌 일련번호를 기록해 커미티 룸committee room이라고 불리는 소선거구 본부로 전달하여 해당 유권자가 투표를 했음을 기록한다. 이를 텔링이라고 한다. 텔링 후에는 그 결과를 바탕으로 사전 조사에서 자기 당 지지자로 판명된 유권자 중 미투표자를 파악해 당원들이 해당 가구를 재방문, 문을 두드려 투표를 독려한다. 이 행위를 일컬어 노킹이라고 한다. 이때 미투표자를 차에 태우고 투표소로 가도 된다.

2010년 선거에서 유효표 절반에 해당하는 2만8000표를 획득, 킹스턴 지역구에서 4선 하원 의원이 된 자민당의 에드워드 데이비는 1993년 첫 당선 때 32세의 무명 청년이었다. 당시 그는 현역의원을 56표 차로 물리치고 당선됐는데, 그 원인이 바로 노킹이었다. 투표 마감 10분 전 당원들이 그때까지 투표하지 않은 100명의 자민당 지지자의 집으로 뛰어가 투표하게 만든 게 승

선거 당일 소선거구 본부 커미티 룸이 된 나의 집

리의 비결이었던 것이다. 이후 킹스턴 지역을 관할하는 자민당원의 선거운동 독려 슬로건은 "마지막 1분까지Till the last one minute"가 되었다.

이 모든 작업은 자원봉사 당원들에 의해 이루어진다. 선거가 막바지에 접어들면 열성 당원은 개인 휴가를 내고 커피와 샌드위치로 도시락을 2개씩 싸 와 하루 종일 선거본부에 머물며 일을 돕는다. 식사 제공자도 없고 그걸 기대하는 당원도 없다.

내 경우 선거 당일 나의 집에 소선거구 본부가 설치되었는데, 아침에 집으로 온 당원들이 노킹 봉사자를 위한 식사를 준비해 왔다. 노킹 봉사자들은 무료 식사 제공이라는 오해를 피하기 위해 테이블 옆에 놓은 종이 통에 동전이라도 넣었다. 그 돈은 모두 모았다가 우리 구역 활동비로 쓰였다.

너무 엄정하고 철저해서 좀 우스울 정도로 깨끗한 선거였다. 한국의 지인들로부터 선거 경비에 대한 질문을 많이 받았는데, 정말 한 푼도 안 들었다. 인쇄물은 전부 당에서 준비해주었고, 동료 당원과 따로 만날 일도 없어 식사비도 안 들었기 때문이다.

투표와 개표 방식이 이상하다

영국의 시의원 투표제도는 참 이상하다. 한 소선거구에서 3명의 의원을 뽑는데, 투표용지에는 자신이 원하는 세 후보의 이름에 각각 기표하게 되어 있다. 후보들 중 당적과 관계없이 득표 순위 기준 상위 3명이 당선된다.

개표는 더욱 이상하고 복잡하다. 투표함을 열자마자 개표를 시작하는 게 아니라 세 과정을 거친다. 우선 투표용지를 개표 테이블에 쏟아놓고 접힌 표를 펴서 50매씩 묶음을 만든다. 투표함에서 나온 용지 수와 투표자 수를 맞추는 것이다. 이 과정은 각 당에서 나온 개표 참관인의 입회하에 진행된다. 당 입장에선 개표인의 실수를 감시할 수 있는 데다 자기 당 후보자의 투표용지 매수를 파악해 당락 여부를 얼추 알 수 있다는 이점도 있다.

다음으로 50매 단위 묶음을 펴서 기표한 3명이 같은 당 소속인 투표지 block vote를 당별로 모으고, 당이 다르게 기표된 투표지 split vote는 한꺼번에 모은다. 당별 블록 보트의 두께를 보면 당락이 거의 파악되며 차이가 미미하면 스플리트 보트를 통해 당락이 결정되는 구조다.

스플리트 보트를 집계할 때는 표를 1장씩 열어서 이름별로 일일이 집계지에 기재한다. 그 과정을 보고 있으면 자신이 발로 뛰어 얻은 표의 역사가 드러난다. 예를 들어 한 투표용지에서 보수당 후보 이름 2개와 내 이름이 나오면 그 사람은 보수당 지지자면서도 무슨 이유로든 내게 한 표를 돌려준 것이다. 이런 표는 무조건 당을 보고 찍은 표가 아니라 명백하게 내가 얻은 표다. 열심히 뛰어다니는 내가 안쓰러웠는지, 나와의 문전門前 대화에 설득당했는지 여부는 알 수 없다. 어쩌면 지금껏 자기 집을 방문한 유일한 후보가 나여서 마음이 갔는지도 모른다.

그렇게 해서 집계된 스플리트 보트의 후보별 숫자를 블록 보트 숫자에 더하면 최종 결과가 나온다.

킹스턴 유권자들, 지지 정당을 지키다

"열심히만 뛰면 승산이 있다"는 말을 믿고 나는 당원들, 자원봉사 주민들과 마지막까지 힘을 모아 열심히 뛰었다. 그럼에도 결과는 낙선. 나를 비롯해 우리 소선거구의 자민당 시의원 후보 3명 모두 선거에서 떨어지고 말았다. 보수당이 1~3등을, 우리가 4~6등을 차지했다. 그리고 나와 당선자의 득표 차는 2퍼센트 포인트였다. 2만 명의 킹스턴 한인 중 첫 선출직 시도에서 이 정도 결과를 얻었으니 나름대로 선전한 셈이었다.

유권자들은 "4년간 보수당 시의원 얼굴 한번 못 봤다"고 불평하면서도 결국 자신의 원래 성향대로 보수당 후보를 찍었다. 그게 영국인의 특성이다. 자기가 좋아하는 축구 클럽이 아무리 신통찮아도 영국 축구 팬들은 클럽을 갈아타는 법이 없다. 심지어는 프리미어 리그에서 3부 리그로까지 떨어져도 변하지 않고 사랑한다. 정당도 다르지 않다. 정당은 자신의 정체성을 뜻하는데 어떻게 그 당의 지도층이나 정책이 한순간 마음에 들지 않는다고 바꾸겠는가. 그래서 영국인들은 정권 교체가 일어나면 그 원인을 부동표 때문이라고 굳게 믿는다. 확실한 지지 정당 하나 없는 부동층이 세상을 바꾸는 '말썽'을 일으킨다는 이야기다.

굳이 '우리의 권익을 찾으려면 선거인에 등록한 뒤 빠짐없이 투표에 나서야 한다'고 말할 필요가 있을까. 권력이 총구가 아닌 투표에서 나온다는 것쯤은 알 만한 사람은 다 아는 진리다.

> **Keyword 5 : 대처 그리고 대처리즘**

마거릿 대처. 1979년 영국의 첫 여성 총리로 선출. 그 후 불명예 퇴임한 1990년까지 11년 209일 동안 '철의 여인', '선출된 여왕'으로서 영국 사회를 확 바꿔놓음. 그녀에겐 뿌듯한 시간, 영국인에겐 지금도 악몽의 시간.

대처의 그늘

정치인이란 보통 아침에 사임하면 오후에는 벌써 세인의 뇌리에서 완전히 사라진다. 그런데 마거릿 대처 전 영국 총리는 예외에 해당한다.

안 믿을지 몰라도 그녀가 당내 반란에 의해 총리직에서 갑자기 물러난 지도 벌써 23년이 다 되어간다. "아니 23년 전이라니? 그렇게 오래전에 권좌에서 물러났다는 말이야?" 대처가 총리직에서 물러난 정확한 연도를 들은 사람들은 대개 이렇게들 반응한다. 작은 정부, 낮은 세금, 기업 간 경쟁 유도를 통한 소비자의 다양한 선택권 확보, 국영기업 민영화, 정부 주택 사유화, 긴축재정 등으로 대표되는 대처리즘은 아직도 영국 사회에서 펄펄 살아 있다. 지금 활동하고 있는 보수·노동·자민당의 여야 정치인은 모두 '대처의 아이들'이다. "우리 모두는 아직 '대처의 아이들'이다"라고 어느 사회학자가 이야기할 정도다. "우리는 아직도 그녀 편에 서 있다. 시민으로서가 아니라 소비자로서 말이다"라는 말도 한다.

세월이 흘러도 잊히지 않는 철의 여인

대처는 흔히 "양보와 타협을 모르는 철의 여인Iron Lady"으로 불린다. 이 칭호가 집권 이후 그녀의 통치 스타일을 보고 언론이 붙여준 것이라고 다들 알고 있지만 사실은 그렇지 않다. 집권 3년 전인 1976년 소련의 《크라스나야 즈베즈다(붉은 별)》라는 신문에서 받은 별명이다. 제대로 된 '철의 정책'을 보기도 전에 벌써 그런 별명을 붙인 혜안의 옛 소련 기자의 그 이후 반응이 참 궁금하다.

내가 영국에 도착한 1982년은 대처의 철의 통치가 최고조에 달한 때였다. 온 지 채 열흘도 지나지 않아 터진 남대서양의 포클랜드 전쟁에서 일주일 내에 항공모함 파병을 결정하고, 그로부터 2개월 남짓한 기간에, 도발을 한 아르헨티나 군사정부에게서 무조건 항복을 받아낸 일은 시작에 불과했다. 무소불위의 권력을 휘두르던 극좌파 아서 스카길의 영국 탄광 노조와의 대결로 인한 각종 노조들의 동맹파업으로 전국을 1년 넘게 혼란에 빠뜨리면서도 결국 양보하지 않고 버텨내 노조가 자진해서 파업을 철회하게 만드는 것도 보았다.

당시는 아일랜드공화국군IRA의 테러도 절정에 달한 때였다. 당시 내가 근무하던 사무실에서 불과 200~300미터 거리에서 발생한 하이드파크 코너 근위병을 타깃으로 한 폭탄 테러와 해로즈 백화점 인근 폭탄 테러 등이 일어난 것도 바로 그해였다. 영국의 정치 현실을 내 자신의 안전과 연계해 모골이 송연할 정도로 실감하기도 했다.

대처를 부르는 별명에 '프라임 프레지던트Prime President'라는 말도 있다. 이 말은 총리Prime Minister라는 말을 그녀의 통치 스타일과 비견해 비튼 것이다. 내각책임제인 영국 정부에서 총리의 지위는 내각 내부에서의 사회자 같은 위치라고 보면 더 정확하다. 내각을 이루는 장관들과 동급인 현직 의원이고, 동료 국회의원들의 투표에 의해 정해진 자리이기 때문이다. 그런데 대처는 그런 관행을 무시하고 거의 대통령과 같은 전권을 휘둘렀다. 그래서 그녀는 출입 기자들에게 프라임 프레지던트란 별명을 얻었다. "그녀의 내각 내 유일한 남자"라는 말도 같은 맥락이다.

엘리자베스 1세, 엘리자베스 2세 그리고 마거릿 대처

누가 나에게 영국 역사에서 가장 위대한 여왕 3명을 들라면 엘리자베스 1세와 현 엘리자베스 2세, 그리고 감히 '무엄하게도' 대처 전 총리를 들고자 한다.

엘리자베스 1세는 정말 어렵게 여왕이 되었다. 세 살 때 생모 앤 불린이 생부 헨리 8세에 의해 처형당하는 불행을 겪으며 여왕이 되던 25세까지 22년을 생사를 오가는 살얼음판 위에서 살았다. 엘리자베스 1세는 그래서 '선출되기보다 더 어렵게 보좌에 오른 총리 같은 여왕'이라고 평할 수 있다. 당시 유럽의 다른 왕들과는 달리 여론에도 신경을 대단히 썼다는 이유로 '중세판 선출직 총리와 같은 여왕이었다'는 말을 듣는다.

거기에 비해 현 엘리자베스 2세는 곱게 왕위에 올랐다. 아프리카 방문 때 나무 위에 사는 한 종족의 집에 올라갔다가 선왕의 부음을 받았고, 나무에서 내려올 때는 여왕의 신분으로 내려왔다. 해서 '나무 위에서 왕위를 물려받은 여왕'이라는 별칭이 따라붙는다. 과거와 달리 현대에서 왕위를 유지하기란 정말 어렵다. 왕이라고 뭐 하나 봐주지 않고 있는 것 없는 것 다 까발리고 보도하는 언론에서부터 왕위 폐지를 주장하는 좌파 정치인, 세금 도둑이라고 비판하는 국민에 이르기까지 매일 좌불안석이다. 그래서 현 여왕은 '선출된 총리보다 더 어렵게 왕권을 유지하는 여왕'이라 불러 마땅하다.

이런 두 여왕의 처지와 빗대어보면 대처는 '선출된 여왕'이었다. 영국의 총리首相·prime minister는 그 명칭을 풀어보면 '장관minister들 중에서 수석prime'이라는 뜻이다. 영국 총리는 엄밀히 말하면 왕권 국가의 집사장 같은 역할이다. 왕의 일을 처리하는 장관들 중에 좌장일 뿐 그 이상도 이하도 아니다. 영국 국민은 대통령중심제 국가처럼 총리에 투표하는 것이 아니다. 자기 지역구 국회의원에 투표하면 그것이 모여 국회를 이루고 의석 과반을 차지한 당의 대표가 총리가 된다. 총리도 결국 국회의원 중 한 사람에 불과하다. 그래서 총리는 비록 집권 여당의 대표이긴 하지만 팀플레이를 하는 것이 당연시되었다.

대처는 이런 총리에 대한 관념을 깨뜨려버렸다. 대처는 균형을 무시했고 대통령과 같은 권한을 휘둘렀다. 측근들이나 고위 공직자, 기관장들에게 그녀는 엄청나게 혹독한 상관이었다. 제대로 회의 준비를 안 해 오거나 보고서가 시원찮으면 그 자리에서 특유의 쇳소리 나는 목소리로 앙칼지게 야단치고, 그보다 약한 경우는 눈을 흘겼다. 여왕처럼 군림했고 주어진 권한을 넘어 자신의 의견만을 정책에 반영시키고자 정치를 휘둘렀다. 결국 견디다 못한 측근들에 의해 정책 잘못으로 인한 보수당 인기 하락을 빌미로, 궁내 반란으로 쫓겨나는 여왕처럼 물러났다. 그래서 그녀를 '선출된 여왕'이라 부르고자 한다.

프랑스 대통령 프랑수아 미테랑은 대처를 '스탈린의 눈과 마릴린 먼로의 입'을 가졌다고 했다. 정말 그녀에게는 2개의 이미지가 있었다. 무엇보다 그녀의 눈이 주는 이미지가 그렇다. 대처의 얼굴을 가만히 보면 눈이 짝짝이다. 오른쪽 눈은 날카로워 보이고 왼쪽 눈은 부드럽다. 그래서인지 부드러운 어머니의 모습과 세상을 바꾸는 철의 여인의 모습이 동시에 보인다. 결혼해서 자고 가는 망나니 아들의 셔츠를 손수 빨아 밤늦게까지 다림질해서 반듯하게 접어 비닐봉투에 넣어주는 인자한 어머니의 모습과, 아일랜드공화국군 수인들이 형무소에서 단식을 해서 10명이나 죽어 나가도 눈 하나 깜박하지 않는 피도 눈물도 없는 총리의 모습이 동시에 존재한다. 그녀의 목소리 또한 아주

카랑카랑한 쇳소리가 나고 딱딱 부러지는 듯한 강함이 있지만 말하는 스타일은 금방 간이라도 내어줄 듯이 부드럽고 간드러진다.

그녀를 둘러싼 극단적 애와 증

대처만큼 영국인에게 있어 애증이 엇갈리는 인물도 없다. 사람들은 자신들에게 바른말을 하는 사람을 싫어한다. 대처는 그런데도 입바른 말로 사람들을 적으로 만들었다. 특히 국가의 복지에 목을 매고 살던 사람들과 그늘진 곳에 살던 사람들을 향해 그렇게 입바른 말을 했다. 그것도 보수당이 대변하던 상류층에는 영원히 끼지 못할 하급 중산층 출신 주제에 말이다. 때리는 시어머니보다 말리는 시누이가 더 밉다는 말처럼 대처에 대해 더 이를 가는 것은 그래서 서민들이다. 대중의 인기를 먹고사는 정치인으로서 사실 자살행위와 같음에도 대처는 그녀의 정치 인생에서 해야 할 말을 인기 때문에 결코 아낀 적이 없었다. 다음과 같은 말이 대표적이다.

"내 생각에 정부는 너무 많은 젊은이들과 사람들이 '내가 가진 이 문제는 정부가 해결해주어야 할 문제다' 라든지 '내 문제는 정부에서 자금을 지원받아 해결해야 할 문제다. 나는 집이 없으니 정부가 내 집을 마련해주어야 한다' 는 말을 서슴없이 하도록 너무 오랫동안 잘못된 착각을 심어주었다. 그래서 그들이 자신의 모든 문제가 사회와 국가의 잘못 때문이라고 믿게 만들었다. 사회가 누구인가? 세상에 그런 것은 없다. 세상에는 개개인과 가족이 존재할 뿐이다. 자신들이 먼저 자신의 일을 처리하기 전에 정부가 할 수 있는 일은 아무것도 없다. 우리 자신들이 자신을 먼저 보살펴야 주위에서 도와준다. 인생이란 상호 호혜적인 것이다. 사람들의 마음속에는 자신이 해야 할 의무보다는 자신이 받을 권리에 관한 것이 더 많다." 정말 매정하게도 말했다.

정치인이라면 대충 얼버무리면서 좋게 이야기해도 자기 할 말을 다 할 수

시위 현장에서 볼 수 있는 대처의 이미지. 그때나 지금이나 대처는 서민들의 적이다.

있는데 대처는 이렇게 꼭 찔러서 남의 마음을 상하게 하는 재주가 있었다. 특히 살기 힘들어서 허덕이는 서민들의 마음을…. 그래서 버킹엄 궁 근처 그녀의 집 앞에는 생전에는 기관총을 든 경찰이 상시로 서 있었고, 그 앞에서는 개인적인 사진 촬영이나 대중매체의 비디오 촬영도 제한되어 있었다. 그녀가 세상을 떠난 날 드디어 런던 시내 가장 고급 주택지 체스터 스퀘어 그녀의 집 앞에서 경찰이 사라졌다. 과거나 현존 어떤 전직 정치인도 이런 보호를 받고 있지 않는 것을 보면 그녀를 진정으로 미워하는 사람들이 많았던가 보다. 그녀의 말마따나 몸에 좋은 약은 입에 쓴 모양이다.

당시 나는 이런 글을 쓴 적이 있다. "만일 정말 오늘이라도 대처가 죽어 국장이 치러진다면 그보다 세계 언론의 관심을 뛰어넘을 인물은 누가 있을까 생각해본다. 남아공의 넬슨 만델라 정도나 비교가 될까. 물론 한 사람 있긴 하다. 엘리자베스 여왕의 장례식은 분명 대처보다는 더 큰 반향을 일으킬지 모른다. 단 여왕이 양위를 하지 않고 현직에서 돌아갔을 경우에만."

그러나 그녀는 자신이 크게 성공했기 때문인지 성공 못한 사람들을 이해하지 못했다. 내각 동료들을 통치한 수단인 공포는 결국 공포를 넘어 증오로까지 발전했다. 동료 의원들 사이에서도 그녀는 인기가 없었고, 측근 각료들마저 결국 마지막에는 등을 돌리게 만들었다.

대처는 자신이 하는 일이 국가와 국민을 위해 옳은 일이라 믿었고, 측근과 동료들이 자신과 같은 애국심과 열정을 가지고 같은 방향으로 가는 배를 탔다면, 자신이 좀 험하게 다뤄도 이해할 것이라 믿었다. 그러나 가장 가까운 오른팔이던 제프리 하우 부총리마저도 그런 그녀를 이해하지 못했다. 그가 유로화 관련 이견으로 사임하면서 들어올린 '배반의 불'은 영원히 흔들리지 않을 것 같던 대처호의 침몰을 알렸다. 당시 인두세라 불리던 주민세가 워낙 인기가 없자 동료 보수당 국회의원들의 손에 의해 영국 최초의 여성 총리이자 최장기 총리가 최초로 집권 중 밀려나는 불명예를 당한 것이다. 자신이 전임 대표 히스를 몰아낼 때 들고 나왔던 '귀 기울이는 지도자'가 되지 못한 결과 그녀는 동료 국회의원들의 손에 의해 권좌에서 끌려 내려왔다.

가족은 대처의 이런 불행을 예상했었는지 모른다. 특히 남편 데니스는 아내의 총리 취임 10년이 되는 해에 '은퇴하라'고 권했다. 대처가 말을 듣지 않자 옆의 딸 캐롤에게 "1년 내로 믿지 못할 정도로 인기가 떨어질 것"이라고 말했는데, 1년 반 만에 그런 일이 실제 일어났다. 결국 그녀는 "내가 들어오던 11년 반 전에 비해 훨씬 좋은 영국을 남기고 갈 수 있어 행복하다"는 말을 남기고 철의 여인답지 않게 붉어진 눈으로 다우닝 가를 떠났다.

그녀 곁에는 남편과 아들만이

대처가 취미가 없다는 사실은 유명하다. 같이 한담을 나누거나 식사를 같이 할 친지마저 없었다는 것도 잘 알려져 있다. 그녀에게 있어 취미와 친구는 오직 정치였다. 남자들의 세계에서 살아남기 위해서는 누구보다 더 열심히 일해야 했고 누구도 믿을 수 없었다. 개인적인 관계를 맺을 수도 없었고 맺으려 하지도 않았다. 대처에게 세상 사람들은 '자신이 이용할 사람'과 '자신을 이용할 사람' 두 종류밖에 없었다. 그런 인간관계에서 그녀의 유일한 탈출구는 가족밖에 없었다. 특히 대처 일생에 있어 아버지, 남편, 아들 세 남자는 중요했다. 특히 남편 데니스 대처와 아들 마크는 스트레스 많은 정치 세계에서 쓰러지지 않고 그녀를 버티게 만든 용도가 다른 2개의 기둥이었다. 데니스는 '바위처럼' 그녀가 기대게 해주었고, 마크는 자신이 사랑을 줌으로써 긴장을 풀 수 있게 만드는 역할을 했다.

대처는 자서전에서 "데니스가 옆에서 도와주지 않았으면 11년 동안의 총리직을 도저히 수행할 수 없었다", "데니스의 기막히게 예리한 충고는 큰 도움이 되었고 그 충고를 나 말고는 아무도 밖에서 모르게 했다. 내가 힘들어서 아주 바보스러운 짓을 생각할 때 그와 한참 이야기하고 나면 제정신을 차리게 되었다"고 했다. 데니스는 대처의 총리 재임 기간 동안 한 번도 기자들과 인터뷰한 적이 없다. 그는 자신의 위치에 대해 "나는 이 세상에서 가장 위대한 여인과 결혼했고 내가 할 수 있는 것은 사랑과 충성이라는 아주 작은 것밖에 없었다"고 아주 겸손하게 이야기했다.

그녀가 한 말 중에 남자에 관한 말이 여러 개가 있다. "나는 한 남자를 만난 지 몇 초 안 되어 내 마음을 결정한다. 그런데 그 결정을 바꿀 필요를 유감스럽게도 별로 못 느꼈다." "말이 필요하면 남자들에게 요구하고, 해야 할 일이 있으면 여자들에게 요청하면 된다." 이런 식으로 세상의 남자들을 무시한 대처도 남편 데니스에게만은 후했다. '세상에서 둘째가라면 서러워할 남성 우월논자chauvinist와 타협을 모르는 여성 동등권자의 52년에 걸친 행복한 결혼이라는 아름다운 모순' 이라 일컬어지는 말에서 볼 수 있듯이 그녀에게 데니스는 영원한 후원자였다.

　데니스와 대처의 부부 관계는 데니스의 헌신적인 외조가 있어서 가능했다. 대처 장례식에 즈음해서 시내 펍에서 만난 어떤 대처주의자는 데니스의 사랑을 흠뻑 받아서 대처는 영국 근대 역사상 가장 행복한 아내로도 길이 남을 거라고 아주 심각하게 이야기했다. 대처가 26세에 결혼할 때 열 살 위 이혼남 백만장자였던 데니스는 옥스퍼드 화학과 출신 정치 지망생 대처를 후원해 법정 변호사barrister(barrister는 보통의 변호사를 말하는 solicitor가 아닌 그보다 높은 법정 변호사를 칭한다)로 신분을 한 단계 업그레이드시켜 국회의원을 만들었다. '퍼스트 젠틀맨'이라는 말이 영어사전에 등재되게 만들고, '늘 아내 곁에 있으되 결코 자신을 드러내지 않는다'를 몸으로 실천했다.

　데니스는 철저한 '대처주의자'였다. 성공한 기업가였으면서도 자신의 타고난 좋은 자질을 영국 최초의 여자 총리가 되는 부인을 위해 숨기고 희생했다. 1990년 대처가 사임하고 한 달 뒤 데니스는 2차 세계대전 참전 공로로 남작 작위를 받았다. 데니스에게 주어진 작위는 아들에게 물려줄 수 있는 것으로, 1964년 이후 왕족이 아닌 경우로는 처음이었다. 그래서 대처는 남편 덕에 남작부인으로 불리게 되었다. 그리고 2년 뒤 대처 역시 하원에서 은퇴하면서 자신의 공적으로 남작 작위를 받았다. 부부가 각자 힘으로 작위를 받은 아주 드문 경우다.

　아내를 "보스"라 부르던 데니스를 그의 아내 대처와는 달리 거의 모든 사람들이 좋아했다. 대처는 자서전에서 "총리란 자리는 외로운 자리다. 최종 결정을 혼자 해야 하는 태생적인 이유 때문에 그럴 수밖에 없다. 그러나 데니스와 같이 있어서 나는 결코 혼자가 아니었다. 한 인간으로서나 남편으로서나 친구로서 그는 더 이상 바랄 수 없을 만큼 최고였다"라고까지 칭찬했다. 세상의 남편 중 과연 몇 명이 아내에게서 이런 칭찬을 받을 수 있을까. 위대한 여자 총리는 아무나 되는 것이 아니다. 이 정도로 훌륭한 남편을 가져야 가능한 것인가 보다.

실제 1990년 총리 자리를 내놓고 왕성한 활동을 하던 대처도 이런 남편을 2003년에 췌장암으로 잃자 건강이 급작스럽게 나빠져 정상으로 돌아오지 못했다. 버팀목이 사라지자 거목도 같이 쓰러져버렸다. 2007년에 살아 있는 전직 총리로는 처음으로 의회 안에 세워진 자신의 동상을 보고 "난 사실 철로 만든 것을 더 좋아하는데. 그래도 동도 괜찮을 거야. 최소한 녹은 안 슬 것이니"라고 자신의 별명에 빗대어 자신의 처지에 대한 자학이 섞인 뼈 있는 농담을 유쾌한 표정으로 할 때만 해도 최소한 그녀의 정신은 살아 있었다. 하지만 대처는 이후 얼마 지나지 않아 치매에 걸렸고, 비참하고 외로운 말년을 보내다 사망하고 말았다.

데니스에 비해 아들 마크는 대처의 속을 새카맣게 태운 적이 한두 번이 아니었다. 사하라사막의 '죽음의 자동차 경기'에 참가해 실종되어 철의 여인의 눈에서 눈물을 보이게 했고, 아프리카 소국의 쿠데타 사건에 연루되어 재판을 받아 실제 교도소에 거의 들어갈 뻔도 했다. 대처가 "데니스가 살아 있지 않아서 저런 모습을 안 보게 돼 다행이다"고 할 정도였다. 마크는 재판 후 가족이 살고 있는 미국행 비자가 거절되어 한때 어머니 집에서 살기도 했는데, 대처는 아들이 먹고살지 못할까 봐 항상 걱정을 많이 했다. 어디에서나 볼 수 있는 전형적인 어머니의 모습이었다.

2002년 미국의 외교전문지 《포린 폴리시》는 마크를 김정일의 아들인 김정남과 함께 '최악의 아들'로 선정하기도 했다. 이렇게 사고를 치고 다녀도 마크에 대한 대처의 사랑은 식을 줄 몰랐다.

참혹한 말년으로 인생의 막을 내리다

대처의 마지막 몇 년은 일반인이 아는 것보다 훨씬 더 참혹했다. 돈도 생각보다 많지 않아서 데니스가 살아 있을 때부터 돈 걱정을 많이 했다. 은퇴 직후에는 두 부부가 가진 돈도 많았고 수입도 많았지만 나가는 돈이 워낙 많다 보니 감당이 안 됐다. 특히 대처가 아프고부터는 외부 활동을 못해 강연 수입도 줄어들어 24시간 보살피는 간병인 월급 주기도 힘들어했다.

정말 불쌍한 사실은 말년에 대처가 귀가 어두웠는데도 보청기도 사용하지 않아 사람들에게 무시당하고 고통을 당했다는 점이다. 말년의 대처는 보청기 없이도 언제부턴가 다른 사람의 말을 잘 알아듣기 시작했는데, 그 이유가 남의 입술을 읽는 방법을 터득했기 때문이라고 한다. '거인'이 불쌍하게도 눈치 보는 아이처럼 생존법을 터득한 것이다.

그나마 위안은 장기 임대한 집이라고 하던 체스터 스퀘어의 집이었다. 실제는 그녀의 소유인데 역외권 회사가 소유해서 임대 형식으로 산 것이다. 역외권 회사의 소유주 2명은 대처의 친구와 대처의 투자 고문이라고 밝혀졌다. 만일 자연인인 대처 소유로 되어 있었다면 현 시가 600만 파운드(102억 원)의 40퍼센트인 상속세 240만 파운드를 내야 하는데, 절세를 할 수 있게 되었다. 좌파 신문인《데일리 미러》는 전직 수상이란 사람이 이런 절세를 하려고 꼼수를 썼다고 소동을 벌일 기세였는데, 다른 주류 신문에서는 인용 보도하지 않아 결국 조용히 지나갔다. 이렇게 해서 대처는 그나마 아들 마크가 어렵게 살지 않을 근거는 만들어준 듯하다. 공사의 구분이 분명했던 대처도 결국 자식 문제에서만은 어쩔 수 없는 엄마였는가 보다.

원래 동물을 좋아하던 대처는 동물을 싫어하던 남편이 죽고 나자 개를 키웠다. 대처는 '마빈'이라고 이름 붙인 개를 어디건 데리고 다녔다. 하지만 병원에 입원했다 돌아온 후로는 자기 집에 개가 있는지도 몰랐다고 한다.

2005년 당시 총리 토니 블레어와 여왕까지 참석한 대처의 80세 생일 파티가 집에서 멀지 않은 오리엔탈 만다린 호텔에서 열렸을 때 대처는 주어진 연설을 기가 막히게 했다. 하지만 가까이 있는 사람들이 볼 때 대처는 무슨 일이 벌어지고 있는지 제대로 모르는 듯했다고 한다. 당시 여왕이 대처의 손을 잡고 입장하는 뒷모습을 카메라가 잡았는데, 나란히 손을 꼭 잡고 걷는 두 거인의 다정한 모습은 정말 아름다운 작품이었다. 이 사진 이후 두 사람 사이가 거북했다는 말은 어디론가 사라진 듯했다. 퇴임 후 거창하게 시작되었던 대처재단마저도 이젠 사람들에게서 잊혀졌고, 현재는 수입도 없는 상태에서 거의 활동이 중단되었다.

　대처의 사망이 전해진 후 그녀의 집은 불만 환하게 켜져 있었다. 사람의 출입은커녕 인기척도 들리지 않는 집 앞에 그녀의 안식을 비는 사람들이 가져다놓은 꽃다발 몇 개만 놓여 있을 뿐이었다. 그 화환에 꽂힌 "철의 여인! 평화 속에 안식을!Iron lady! Rest in peace!"이라는 문구는 영국 신문에 실린 사진 속 문구인 "철의 여인? 평화 속에 녹슬어라!Iron Lady? Rust in peace!"는 낙서와 대비되며 만감이 교차했다. 대처는 정말 이렇게 '사랑과 증오는 받았어도 무시는 당하지 않은' 주인공으로 인생의 막을 내렸다.

죽음 이후에도 이어지는 그녀의 그늘

　사실 그녀는 살아서든 죽어서든 이미 받을 수 있는 영광은 다 받은 셈이다. 아직 살아 있던 그녀의 장례식을 국장으로 하기로 결정한 것이 수년 전이다. 이는 당시 총리였던 고든 브라운과 엘리자베스 여왕 사이에서 결정된 것으로, 처칠 이후 처음이다. 영국 역사상 최고의 군사 영웅이었던 웰링턴의 장례식이 국장으로 치러졌을 뿐 트라팔가 해전의 영웅, 영국 해군 최고의 제독이라는 넬슨 장례식도 해군장으로만 치러졌다. 다이애나 세자빈이나 직전 여왕이었던 현 엘리자베스 여왕 어머니의 장례식도 국장이 아닌 왕실장이었음을 감안한다면 개인으로서 얼마나 큰 영광인지는 굳이 설명하지 않아도 짐작할 만하다.

　그러나 결국 그녀의 장례식은 장례식 비용을 낭비하지 말라는 고인의 유지를 고려해 국장state funeral이 아니라 국장에 준하는 장례식ceremonial funeral으로 한 단계 격을 낮춰 2013년 4월 17일 런던 세인트폴 성당에서 치러졌다. 그녀의 장례식을 둘러싸고 벌어졌던 논쟁을 보면서 유명인은 되기도 어렵지만 죽어서 잘 묻히기도 어렵구나 하는 생각을 했다. 영국 최초의 여성 총리이자 총선에서 세 번이나 승리한 11년 최장수의 총리였으니 뉴스의 중심이 되는 것은 너무나 당연했다. 하지만 장례식 문제로 그 정도 논란이 일어날 줄은 몰랐다.

한편에서는 국장을 거절한 대처의 유언이 평소 대처의 깔끔한 성격과 잘 맞는다는 말을 했다. 하지만 《데일리 메일》을 비롯한 우파 언론은 고인의 유지에 반해 대처 같은 국가적 영웅을 '제대로 갖춰 보내지 않는다며 국장을 하자'는 서명운동을 정말 심각하게 벌이기도 했다. 반면 측근들은 "대처는 어쩌면 국장보다 가족장을 마음속으로 원했을지도 모른다"는 말을 하기도 했다. 의식이니 격식이니 하는 법석을 피해 자신의 죽음을 마음으로 진정 슬퍼하는 가족과 가까운 친지들 사이에서 조용히 영면하고 싶었을 것이라는 말이다.

여왕이 전통을 깨고 국장이 아닌 장례식에 참석하는 문제도 논란이 일었었다. 일부 전통주의자들은 비록 대처가 보통 총리는 아니었지만 그래도 일개 민간인의 장례식에 여왕이 참석하면 격에 맞지 않는다고 불평하기도 했다. 영국의 국가수반head of state은 여왕이고 정부수반head of government은 총리여서 둘의 관계는 미묘하다. 영국의 정치역학 관계로 보면 가깝고도 멀어야 하는 관계다. 아무리 총리라고 해도 그동안 국장으로 치러진 윈스턴 처칠의 장례식 딱 한 번을 제외하고는 여왕이 어떤 총리의 장례식에도 참석하지 않았다. 빅토리아 여왕은 자신이 정말 좋아해 반드시 참석하고 싶었던 벤저민 디즈레일리 총리(1804~1881)의 국장에도 친필 서한과 화환을 보내는 선에서 그쳤다. 그런데 대처 장례식에 이런 전통을 깨고 국장이 아닌데도 여왕이 참석을 한다는 문제로 상당한 설왕설래가 있었다. 관례에 반해 여왕의 대처 장례식 참석 이유에 대해 누구도 분명한 설명을 하지 않았지만, 대처의 남다

대처의 집 체스터 스퀘어 앞, 대처의 죽음을 애도하는 영국인들

른 인기에 따른 '국민의 따가운 시선을 감안한 듯하다' '신에서 인간으로 내려오는 제스처' 등 다양한 해석이 나오기도 했었다.

장례식을 둘러싸고 논쟁이 거세기도 했지만, 대처는 치매 이후부터 갑자기 좋은 예우를 받았다. 그 이유는 그녀의 치적을 새삼 기리려 했기 때문만은 아닌 것 같다. 그동안 우리가 너무 그녀를 부당하게 모질게 대하고 저주를 퍼부은 결과 그렇게 강하고 현명했던 대처가 치매에 걸려 저렇게 산송장living dead이 된 것이 아닌가 하는 죄책감을 온 국민이 느꼈기 때문이라는 생각이 들기도 했었다. 그녀가 살아 있는 동안에 어떤 형식으로든 속죄를 해야 한다는 국민적 공감대가 형성됐다는 말이다.

사실 아무리 둘러봐도 산 사람이든 죽은 사람이든 누구도 대처처럼 가혹한 취급을 받은 적이 없었다. 사람들은 그녀를 아무렇게나 불러도 되고 어떤 혹평을 해도 좋은 대상으로 생각했다. 물론 어느 누구도 결코 비켜갈 수 없을 정도로 영국 대중 미디어의 예봉은 가혹하다. 심지어는 국민의 전폭적인 사랑을 받는 지엄한 여왕마저도 코미디의 대상이 되어 국민을 즐겁게 만든다. 그러나 일반적인 영국 언론의 표현 강도에 견주어보아도 대처만큼 악의의 풍자나 비판을 받은 사람을 본 적이 없다. 수상 재직 시 당시 최고의 인기를 누리던 〈스피팅 이미지Spitting Image〉라는 코미디 인형극 프로그램에서 대처는 매번 만신창이가 되었다(이 프로그램에는 여왕도 거의 매번 빠지지 않고 단골로 등장해 사람들을 즐겁게 했다). 가수 엘비스 코스텔로는 공영방송인 BBC에서 "매기(대처의 애칭)의 무덤 위를 짓밟아서 흙이 관 위로 떨어질 수 있게 오래 살았으면 한다"고 노래하면서 "매기는 혼이 없고 죽어서 지옥 불에 훨훨 탈 것이다"라고 저주했었다. 엘튼 존마저도 〈메리 크리스마스〉라는 노래에서 "매기 대처 우리는 오늘을 축하한다. 왜냐하면 당신의 죽음에 하루라도 더 가까워지니까"라고까지 했었다.

모두들 그녀의 죽음에 왜 이리 집착하느냐는 물음에 한 작가는 "이렇게 해서라도 그녀를 보내야지 그렇지 않으면 그녀는 영원히 살아 우리 꿈에 나와 악몽으로 우릴 괴롭힐 것 같아서"라고 했었다. 영국이 가장 어렵던 시절인 대처 통치 시절 1980년대처럼 긴축재정과 복지 축소의 유령이 돌아다니던 때 그녀가 다시 돌아온 것 같다고 느끼는 영국 사람들이 많았었다. 그래서 사람들은 그녀가 드디어 죽었을 때 세상이 어떻게 반응해야 하느냐고 걱정하기도 했다. 거리로 쏟아져 나가 춤을 추면서 축하를 해야 할지, 아니면 〈온 세상의 시계를 멈추라〉는 시처럼 간곡한 애도를 해야 할지 지금부터 결정해서 준비해야 한다는 말이었다.

참 영국 사람들은 쓸데없는 일에 인생을 허비하면서도 한편으로는 냉혹하다. 무려 20년도 전에 정치에서 사라져 아무런 힘이 없고 치매에 걸려 오늘내일 하는 사람을 그렇게 저주했으니 말이다. 그럴 정도로 대처는 영국인의 삶에 깊이 들어가 있었고 아직도 그녀가 늘어뜨린 그늘이 영국 사회에 길게 드리워져 있다.

| Keyword 6 : 영국 보수당 |

현 집권당. 1912년 설립, 전신은 1678년 설립된 토리당. 귀족과 성공회, 부자들의 정당으로 시작했으나 시대 변화에 맞게 변신하며 지금까지 살아남았다.

실용으로
살아남은
영국 보수당

현재 영국은 보수당이 정권을 잡고 있다. 비록 하원 의석 과반수 325석에서 19석이 모자라 56석의 자민당과 연정을 하고 있긴 하지만 현 영국 정부는 누가 뭐래도 보수당의 정권이다.

300년 이상 존재해 세계에서 가장 오래된 정당인 영국 보수당은 한국에서 가장 더러운 말로 치부되는 '가진 자들만의 이익을 보호'하기 위해 시작되었다. 글로는 신과 국가와 왕을 보호하기 위함이라 하지만, 자세히 보면 귀족과 국교인 성공회와 부자들의 이익과 권익을 위해 시작된 것이 분명하다. 지금으로부터 무려 800년 전인 1214년에 발표되어 인간의 권리에 관한 인류 사상 가장 위대한 문서라 과찬으로 일컬어지는 대헌장 '마그나 카르타'에 나오는 '인간의 권리'의 인간은 백성이 아니라 사실 귀족과 부자일 뿐이다. 〈로빈 후드〉 영화에 항상 악한으로 나오는 존 왕이 실정을 빌미로 들고일어난 귀족과 부자들에 떠밀려 할 수 없이 내놓은 양보의 결과다.

이처럼 영국의 가진 자들은 왕과 평민 사이에서 자신들의 권익을 보호하고 대변하기 위해 보수당을 시작했다. 그러나 이제 영국에서 보수당은 가진 자와 기득권층의 이익만을 대변하고 보호하고 있다고 매도되지는 않는다. 보수당은 원죄를 벗기 위해 부단한 노력을 기울여왔고 그런 노력이 성공해 오랜 기간 살아남았다. 생존만 한 게 아니라 오랜 기간 집권을 했고 지금도 하고 있다. 보수당이 기득권층만의 이익을 대변했다면 결코 이렇게 오랜 기간 존재할 수도, 집권할 수도 없었을 것이다.

영국 보수주의를 정의하다

보수당이 시대를 번갈아가면서 새롭게 집권할 수 있었던 비결은 때가 되면 유권자들에게 '새로운 보수당'을 내놓았기 때문이다. 영국인이야 원래 골동품 좋아하고 200~300년 된 집도 아무렇지 않게 고쳐가면서 살고, 오래된 집일수록 집값이 더 비싸고 그래서 더 자랑스러워한다. 농담으로도 영국인은 '악마라 해도 낯익은 악마에게 더 마음이 간다'고 할 정도다. 그러나 그런 것만으로는 보수당이 그렇게 오랜 세월 영국인의 마음을 사로잡은 것을 설명할 수는 없다.

보수당을 가장 잘 묘사한 것으로 보수이론가 마이클 오크쇼트Michael Oakeshott의 말을 꼽을 수 있다. "영국 보수주의는 신념도 정책도 아니다. 그냥 하나의 성향에 지나지 않는다." 이 말은 2005년 보수당이 아직 야당이고 집권 가능성이 전혀 보이지 않던 시절 언론인 제프리 위트크로프트Geoffrey Wheatcroft가 쓴 명저 《보수당 영국의 이상한 사망The Strange Death of Tory England》에 나온다. 《보수 정치는 어떻게 살아남았나? : 영국 보수당의 역사》의 저자 강원택 서울대 교수도 비슷한 말을 했다. "가진 자의 정치적 생존 기

새로운 보수당의 상징, 데이비드 캐머런 현 영국 총리

술이 중시된다는 점에서, 보수주의는 하나의 이념이라기보다 경험이나 상식 등 현실적 체험과 관찰에 의해 형성된 사고방식, 감정의 양태, 생활양식으로 봐야 한다는 지적은 의미가 있다."

결국 보수당은 보수주의라는 틀에서 벗어나기 위해 부단히 노력했기 때문에 살아남았다는 것이다. 필요하다면 적에게도 이론을 빌려 오고 '적과의 동침'도 불사하는 유연성을 발휘했기 때문이다. 그 유연성이 드러난 예로 현재 자민당과의 연정을 들 수 있다. 사실 자민당은 현재 가까운 시일 내 단독 정권 쟁취가 난망할 정도로 군소정당으로 전락해버렸지만, 1920년 이전만 해도 보수당과 같이 영국 정치를 양분한 정당이었다.

보수당이 정권을 잃었을 때

46세의 데이비드 캐머런 영국 총리는 새로운 보수당의 상징이다. 옥스퍼드 대학교 출신으로 하원 의원이 된 지 단 4년 만에 총리가 된 그가 내건 기치는 '진보적 보수주의Progressive Conservative'였다. 결코 어울릴 것 같지 않은 두 단어를 조합해 교묘한 정치적 슬로건으로 내건 것이다.

이런 예는 보수당에서는 새로운 게 아니다. 그동안 보수당 지지자들의 입맛에는 전혀 맞지 않는 선거권 확대, 빈민 주택, 건강보험과 같이 타 정당의 정책도 필요하다면 선택해 자기 것으로 포장하여 유권자들 앞에 내놓아 표를 얻어 오랫동안 살아남았다. 그런 정책 변화가 당시에는 인기가 없었는지는 몰라도 지금 돌이켜보면 보수당의 유연성이 얼마나 현명한 판단이었는지 증명된다. 변해가는 시대와 유권자의 요구에 맞춰 자신들이 믿고 구현하고자 하는 신념이나 정책을 과감히 버리거나 변형시킨 것이 영국 보수당이 지금까지 존재할 수 있는 비결이다. 그래서 정치학자들에 의해 영국 보수당은 '권력 장악을 위해서는 일관된 이념이나 신념 유지라는 순수성보다는 실용성으로 당 내외 지지자를 설득하고, 이를 바탕으로 부단히 유권자들에게 자신들은 과거의 보수당이 아니라 새로 태어났음을 어필하는 이미지 변신을 잘하는 카멜레온 같은 정당'이라는 조롱을 받고 있다.

그러나 이러한 변신을 게을리 하고 자신들이 믿는 바에만 몰두할 때 보수당은 정권을 잃었다. 1979년 이후 네 번의 선거에서 연속으로 이겨 18년간 집권하다 실권한 것도 자신의 성공에 취해버렸기 때문이다. 보수당이 옳다고 믿는 것이 국민에게도 옳다는 식의 착각에 빠져버린 것이다. 집의 크기나 소득에 관계없이 지방정부의 재정에 부담을 주는 정도에 따라, 즉 가구당 주민 수에 의해 지방세를 부과하는 등 어떻게 보면 아주 합리적인 정책을 내놓았지만 유권자 설득에는 실패했다. 그 결과 '영국병'을 치유한 대처 총리가 임기 중에 물러나고 존 메이저 당시 재무장관이 보수당 의원총회에서 당수로 선출되어 총리로 취임했다. 하지만 보수당은 다음 선거에서 재집권에 실패하게 된다.

블레어 식으로 보수당 부활하다

국민이 보수당의 장기 집권에 피로를 느낄 때, 1997년 토니 블레어가 '신노동당New Labour'이라는 기치를 들고 나와 집권에 성공했다. 당시 블레어 정권이 내건 정책을 일컫는 '제3의 길'은 사실 보수당 정책을 빌려 와 교묘하게 노동당 방식으로 재포장한 것에 불과했다. 보수당이 과거 노동당 정권이 저지른 실정을 앞에 내세워 비난하자 노동당은 이제 과거의 노동당이 아니고 새 노동당이라는 것을 강조해 불안해하는 유권자를 안심시켰다. 자신이 집권하더라도 결코 실패로 끝난 기간산업 국유화나 노동조합에 휘둘리지 않겠다고 유권자들에게 다짐했고, 과거 노동당 정권의 일관된 정책이었던 무조건적인 증세를 내세우지도 않았다. 그 결과 대처 정부 시절 성장한 중산층의 지지를 끌어들이는 데 성공했다. 기존 노동당 철학의 근본인 금과옥조 같은 정책을 모두 과감히 버리고 과거와 거리를 둔 것이 집권의 열쇠였다. 결국 노동당도 유연성을 발휘하고서야 집권을 하게 된 것이다.

노동당이 이렇게 나오자 당시 보수당은 상당히 당황했고 실권을 한 이후 상당 기간 노동당에 의해 '탈취된' 자신들의 정책을 어떻게 되찾아 오는가로 고심했다. "보수당은 오랜 기간 가만히 앉아서 독백하길, '우린 언젠가는 반드시 다시 정권을 잡을 것이다'라고만 하고 있었다. 왜 그래야 하는지에 대한 이유를 제대로 대지도 못했다." 당시 야당이던 보수당을 제프리 위트크로프트는 그의 책에서 이렇게 비웃었다. 그는 또한 다음과 같이 준엄하게 타일렀다. "한 정당이 반드시 살아남아야 한다는 역사적인 법칙은 어디에도 없다. 1960년에 자유당은 역사상 가장 큰 득표를 했는데도 10년 뒤에는 거의 존재도 없어져버렸고, 그 후에는 한 번도 정권 가까이에조차 가본 적도 없다. 보수당이 정권을 잡을 수 있을지는 과거의 그런 실수로부터 교훈을 얻을 수 있는 능력과 겸손에 달려 있다."

그로부터 딱 5년 뒤 보수당은 불사조처럼 다시 살아났다. 2010년의 보수당 부활을 보면 흡사 노동당 토니 블레어가 집권하던 1997년으로 역사가 다시 돌아간 듯하다. 그 전까지 일반 국민에게는 널리 알려지지 않았던 젊고 잘생긴 정치인의 깜짝 등장과 함께 적에게서 다시 빼앗아온 정책을 새로 포장해 들고 나오는 등 '기시감'을 느낄 정도다. 토니 블레어의 '신노동당'을 데이비드 캐머런이 '진보적 보수당'으로 바꾼 것뿐이다.

원칙과 신념보다 국민을 위한 정치

집권을 통해 자신들이 추구하는 바를 이루어가는 것이 정당의 존재 이유고 최고선이다. 게다가 과거와는 달리 많은 비율의 유권자는 무엇이 각 당의 원칙이고 신념인지 알고자 하지 않는다. 단지 자신들이 좋아하는 정책을 제시하는 정당의 지지자가 되어 표를 던지는 경향이 늘어나고 있어 정치인들을 당황시키고 있다. 과거에는 집안에서 내려오면서 지지한 정당을 다음 세대가 거의 이어받았다. 신세대들은 그런 전통에서 자유로워지고 있다. 동시에 해외에서 이민 온 부동표 유권자들도 그런 경향이 강하다. 자신들의 이해에 아주 민감하다.

이렇게 본다면 영국 정당들이 득표를 위해 오랜 신념을 헌신짝처럼 버리고 자신들의 정체성을 바꾼다고 비난할 수만도 없다. 시대에 유연히 대처하고 부단히 변신하고 있다고 봐주어야 한다. 검은 고양이든 흰 고양이든 쥐만 잘 잡으면 된다는 1970년대 말 덩샤오핑이 주장한 '흑묘백묘론'처럼, 정치의 목적은 자신들의 신념을 현실 정치에서 이루는 것이 아니라 국민이 잘 먹고살도록 하는 것이기 때문이다.

국민을 위한 정치를 하기 위해서는, 정권을 잡았다고 해서 나라를 흔드는 갑작스러운 개혁을 밀어붙여서는 안 된다는 것이 영국 정치의 기본이다. 필요하다면 적에게도 정책을 배워 와 자신의 노선을 수정하는 중도적 노선

견지, 이해 당사자 간의 충분한 협의와 토의를 거친 후 정책을 시행하는 점진적 개혁이 영국 보수, 노동 양당이 당 내외 지지자들 사이에서 배반자라는 소리를 들으면서까지 지켜온 영국 정치의 기본 방향이다.

　보수당의 지지율은 1935년의 49.7퍼센트를 정점으로 계속 떨어져 18년의 장기 집권 후 실권하는 1997년 30.7퍼센트까지 하락했다. 하지만 이 최저점 이후로는 계속 상승세다. 영국의 보수당과 노동당이 오랫동안 집권을 하다 실권하는 과정이나 실권 상태였다가 다시 집권하는 과정은 거의 비슷하다. 자신들이 옳다고 비인기 정책을 밀어붙이면 실권하고, 오래 지켜온 신념이라도 시대와 유권자의 변화에 부응해 과감하고 유연하게 버리거나 고치면 집권한다.

| Keyword 7 : 칠랙스 |

'cilled out'과 'relex'를 합친 말로, 데이비드 캐머런 현 영국 총리의 별명. 일중독 전 총리들과 반대편에 있는 새로운 영국 총리 유형. 테러 사태처럼 급박한 상황에서도 느긋하게 대처한 후 한가하게 쉬러 간다.

테러 사태에도
칠랙스

    데이비드 캐머런 영국 총리의 별명은 '칠랙스chillax 데이비드'다. 칠랙스는 '느긋하게 쉰다'라는 두 영어 단어 'chilled out'과 'relax'를 합친 말이다. 캐머런 총리가 한가하게 쉬는 모습을 하도 자주 보여줘서 언론과 야당이 붙여주었다. 대처 전 총리를 비롯해 토니 블레어 등 '일중독'의 총리들만 보아왔던 영국인들에게는 캐머런 같은 새로운 유형의 총리가 잘 받아들여지지 않는 듯하다.

    지난 10년 동안 최악의 테러 사태로 평가받는 '울위치 테러 사건'이 난 외중에 캐머런 총리는 그런 모습을 보여주었다. 영국이 발칵 뒤집혔는데도 캐머런은 테러 희생자 가족을 직접 찾아보지 않고 식구들과 같이 지중해 휴양지 이비자로 떠난 것이다. 영국 언론의 표현대로 '만용blunt courage'을 저질렀다.

계산된 만용으로 런던 테러 사태에 대처하다

그날 영국 신문들에는 테러 희생자 가족이 테러 현장을 방문해 꽃을 놓는 가슴 찢어지는 장면과 함께 캐머런 총리가 '칠랙스' 하는 사진이 동시에 실렸다. 대낮 런던 길거리에서 정글용 칼로 현역 군인의 목을 자르는 장면이 TV에 그대로 방영되어 전 세계를 경악케 한 큰 사건이 터졌지만, 캐머런 총리는 해변 카페에서 가벼운 옷차림에 부인과 커피를 마시는 모습을 그대로 보여주었다. 파파라치들이 찍은 사진이 아니고 총리실이 공개한 사진이다.

캐머런 총리의 이런 행동과 모습은 '어려움 모르고 귀하게 큰 부잣집 아들이 취미로 하는 정치라 목숨 걸지 않는다' 는 평소 이미지에 너무나 잘 부합된다고 비평가들은 난리를 친다. 하지만 캐머런 총리의 이런 '만용' 은 철저히 계산된 것이다. 총리실의 발표대로 총리 가족이 지난 크리스마스 이후 한 번도 휴가를 못 가서 이번 끔찍한 테러에도 불구하고 휴가를 갈 수밖에 없었다고는 해도, 정말 정신이 나가지 않는 한, 자면서조차 여론에 신경 쓰는 정치인이 그럴 수는 없다. 특별한 이유가 있지 않고는 야당 대표마저 외국 여행 일정을 줄이고 돌아오는 마당에 일국의 총리가 가족과 휴가를 가지는 않을 것이기 때문이다. 그것도 별명 칠랙스처럼 '느긋하게 쉬는 모습' 의 사진이 신문에 대문짝만 하게 나오게 하지는 않을 것임은 생각이 조금만 있는 사람이라면 충분히 짐작할 수 있다. 때문에 '캐머런의 노림수' 가 분명히 있었을 것이라는 추측이 나올 수밖에 없다.

테러 사건이 일어난 날 영국 정부 최고 위기관리위원회COBRA · Cabinet Office Briefing Room A 회의를 마치고 나와 다우닝 가 10번지 총리 관저 정문 앞에 선 캐머런 총리는 감정에 전혀 동요되지 않는 표정이었다. 그는 결연한 어조로 국민에게 처참한 비극이지만 "평소대로 살아가자"라고 말했다. "이런 일을 저지른 자들은 우리를 분열시키려 했지만 그들은 분명히 알아야 한다. 이런 일은 우리를 더 굳게 뭉치게 하고 강하게 할 뿐이다"라고도 했다. 또 군인들이 군복을 입고 바깥출입을 하지 못하게 하자는 제안을 거부하면서 "영국은 테러에 굴복하지 않는다"고 선언하고, "이슬람은 살인을 정당화하지도 않고 이런 살인은 종교에 대한 배반"이라고 강조해서 무슬림들을 끌어안았다.

그러고 난 뒤 사건을 대충 챙기고는 닉 클레그 부총리에게 사태 수습을 맡기고 자기는 식구들과 저가 항공기를 타고 영국 젊은이들에게 '일탈의 현장'으로 받아들여지는 이비자 해변으로 떠났다. 자신의 말대로 영국이 '평소대로 살아감'을 보여준 것이다. 그렇게 함으로써 그런 사태로 영국인이 살아가는 방식이 흔들리지 않음을 보여주었고, 국가수반이 이 정도 일을 직접 진두지휘하며 호들갑을 떨지 않는다는 지도력도 동시에 보여준 셈이 되었다.

그럼에도 분열되지 않은 정치권

놀라운 것은 캐머런 총리의 이 같은 태도에 대해 다른 정치 지도자들도 강하게 동의해주었다는 점이다. 연립정부 파트너인 자민당 대표 클레그 부총리도 "두 개인이 저지른 기막힌 범죄는 혐오스럽고 참혹하다고 모든 사람들이 생각한다"고 했다. 에드 밀리반드 노동당 대표도 "우리를 분열시키고자 하는 자들이 있다. 그자들은 전에도 런던에서 시도를 했지만 실패했고 앞으로도 언제나 실패할 것이다. 영국인들은 신념, 종교, 배경이 다름에도 언제나 일치할 것이기 때문에 그자들은 결코 성공하지 못할 것이다"라고 하면서 "우리 군인들이 세계 각 곳에서 용감하게 근무하고 있다"고 했다.

현역 군인이 런던 거리에서 종교를 내세운 테러범들에 의해 백주에 참수를 당하는 사태를 맞았다. 그럼에도 영국 정당 지도자들은 소위 '양비론'을 논하지 않고 일치하여 폭도들을 비난한 것이다.

Keyword 8 : 기독교 국가 시스템

영국은 엘리자베스 여왕이 국교 성공회의 수장인 공식 기독교 국가. 현대 영국인의 삶을 보면 기독교가 멀리 있는 것 같으나 그것이 종교적인지 아닌지 느끼지 못할 정도로 생활 속에 깊이 녹아 있다.

기독교 국가 시스템에 생긴 금 하나

    2012년, 너무나 오랫동안 습관적인 사고에 길들여져왔고 너무나 당연하다고 여겨 논쟁의 대상이라고조차 여기지 않던 종교적인 문제가 불거져 영국을 달궜다. 영국 비드포드Bideford 지방의회에서 회의 시작 전 행해오던 공식 절차인 기도가 인권적 측면에서 부당하다고 문제를 제기한 종교적 특권에 반대하는 세속주의협회NSS의 주장에 법원이 손을 들어주었기 때문이다. 판사는 그동안 관행적으로 행해오던 기도가 지방의회법상 법적 근거가 없고 의원들로 하여금 기도를 요구할 권한이 없다고 판결했다.

    이 판결이 영국 사회에 큰 영향이나 반향을 일으킨 것은 아니지만 여러 가지로 영국인들에게 충격을 준 것은 사실이다. '아니! 아직도 그런 전통이나 절차가 남아 있어?' 라며 일단 놀라움으로 반응하고, 가만히 돌이켜본 뒤에 '아! 맞아! 그런 것들이 많이 있었네!' 라고 자각하게 만들었다. 동시에 이 판결로 터져 나온 봇물이 무엇을 더 쓸어 갈지 걱정하게도 했다.

기도 관행 판결로 판도라의 상자가 열리다

'영국인 90퍼센트는 자신이 기독교인이라고 믿고 있고, 동시에 영국인 90퍼센트는 자신이 무신론자라고 자부한다'는 말이 있다. 말이 안 되는 이 말이 사실 영국인의 종교관을 가장 잘 나타낸다. 생활 속에서는 기독교적 시스템에 길들여져 그렇게 행동하지만, 사실 생각으로는 '신이 어디 있어?'라는 식인 것이다. 영국인 자신들 표현을 그대로 빌리자면 '신이 있다고 믿기에는 우리는 너무 세련됐다'이다. 그래서 평소 종교적 신념을 이야기하는 것을 공식 석상에서 애국심 이야기를 하는 것만큼이나 촌스러운 짓이라 여긴다.

그러나 평생 교회를 세 번밖에 가지 않으면서도 '종교가 무엇이냐'고 물으면 '기독교'라고 한다. 그 세 번도 자기 의사로 가는 경우는 결혼식 딱 한 번뿐이다. 나머지 두 번인 유아 영세와 장례식은 자신의 선택이 아니기 때문이다. 그나마 이제는 많은 사람이 아이에게 영세도 받게 하지 않는다. 결혼식도 번거로운 성당이 아니라 그냥 구청에 가서 하고 만다. 뚜렷한 대안이 없는 장례식 때나 겨우 성당을 찾는 정도다.

국가수반인 엘리자베스 여왕이 영국 국교인 성공회의 수장일 정도로 영국은 공식적으로 기독교 국가인데도 이처럼 종교, 특히 기독교는 선택 사항이지 필수 사항이 아니라고 여겨진 지 상당히 오래되었다. 영국 성당은 노인들과 외국인으로 가득할 뿐이다. 대개 문 닫는 성당은 신자가 없어서이지만 때로는 신부가 없어서이기도 하다. 그래서 주중에는 생업에 종사하고 주말에만 성직자로 활동하는 파트타임 신부도 생겼다. 고육지책으로 나온 것이 성공회의 여성 사제 임명이다. 영국의 여성 사제는 결코 여성의 지위 향상 때문에 나온 게 아니다. 궁여지책으로 나왔다. 이렇게 영국인의 삶에서 기독교는 멀어지고 있다.

사실 영국에서 살다 보면 영국이 기독교 국가라는 느낌을 받게 하는 절차는 별로 없다. 공립학교에서 채플 시간이 없어진 지는 너무 오래되어, 언제 그런 것이 있었느냐 할 정도로 사람들의 기억에서 사라져버렸다. 공식적인 행사에서건 어디서건 종교적인 절차가 있는 것을 본 기억도 솔직히 없다. 영국 기독교계의 말마따나 '기독교가 영국인의 삶에서 밀려나고 있기' 때문이지만, 이 사건으로 드러났듯이 어쩌면 어떤 의식이나 절차가 굳이 종교적이라고 느끼지 못할 정도로 기독교는 영국인의 생활 속에 아주 깊숙이 녹아 있기 때문이기도 하다.

이 사건에서 문제가 된 기도는 시의회뿐만 아니라 타 종교 신자들이 많은 상하원에서도 관행적으로 행해지고 있는 절차이다. 자신들이 기도를 하고 있었음에도 그것이 굳이 종교적 절차임을 자각하지 못했던 것이다. 혹시 했더라도 비非기독교인 타 종교 의원도 자신의 신에게 기도한다고 생각할 정도의 습관적인 절차라 전혀 거부감을 못 느꼈다고 볼 수 있다. 오랫동안 닫혀 있던 판도라의 상자가 이 판결로 제대로 열린 셈이다.

영국 사회가 이 판결을 어떤 식으로 받아들일지 가늠할 수 있는 제대로 된 후속 반응은 아직 없다. 이 판결의 후유증이 어디로 번질지도 모른다. 회의 전 기도를 하지 않는 스코틀랜드를 제외한 이번에 문제가 된 영국 전역의 지방의회는 물론 국회를 비롯해 정부 각종 공식 행사에서 행해지는 기도 절차와 사회 전반적인 종교적 관습에도 영향을 미칠 것은 분명하다.

당시 입바른 사람들은 이 판결로 어두운 이야기만이 가득한 세상에 겨우 남은 밝은 뉴스거리 하나도 위협을 받는 게 아니냐고 태산 같은 걱정을 했었다. 이후 2012년 6월 초에 나흘간 거국적으로 펼쳐진 엘리자베스 여왕 즉위 60주년 축제가 그 권위를 위협받지 않을까 하는 우려 때문이었다. 영국 왕의

신도도 신부도 귀해져버린 기독교 국가 영국의 웨스터민스터 성당 안 성가대 행렬

대관식은 사실 시작부터 끝까지 거의 종교적인 절차로 일관되기 때문에 이 판결이 재를 끼얹는 격이라는 지적이었다. 다행이 큰 문제없이 성대하게 끝이 나긴 했지만 그만큼 충격적이고 영국이 기독교 국가로서의 정체성에 큰 위협이 되는 문제를 계속 야기시킬 수 있는 판결이었기 때문이다.

영국 여왕이 국가수반으로 헌법적인 권위를 갖는 가장 큰 이유 중 하나는 영국 국교인 성공회 수장을 겸하고 있기 때문이다. 이 판결로 인해 왕실 관련 절차가 종교적이라는 이유로 금지되기 시작한다면 대관식을 비롯한 왕가 공식 행사의 의미가 퇴색할 수도 있다. 거기다 상원으로 임명되는 성공회 고위 성직자의 위치도 상당히 위협받을 것이며, 종군 신부와 미션스쿨에 건재한 성직자마저도 존재를 부정당할 수 있다는 우려가 나온다. 예를 들면 옥스퍼드 대학교 같은 기독교 관련 칼리지에 존재하는 성공회를 비롯한 기독교 성당의 지위도 모호해지게 된다.

인권이냐 종교냐 절차냐

이 판결은 아직 승자도 패자도 없어 당사자 누구도 만족시키지 못하고 있다. 평소 반종교적 입장으로 평판이 있는 BBC마저도 '괴기한 판결bizarre ruling'이라고 지적했다. 이유는 원고 측에서 문제를 제기한 기도가 개인이 믿는 종교나 양심 때문에 불이익이나 차별을 당해서는 안 된다는 인권적 측면에서 부당하다고 판결이 내려진 게 아니라 단순히 법적 근거가 없다는 절차상의 문제로 원고 승소 판결을 내렸기 때문이다. 법원은 뜨거운 감자를 교묘하게 피해 간 셈이다.

여기서 판결을 찬찬히 들여다봐야 할 이유가 생긴다. '판사가 이 절차가 불법이라 금지시켰다'라는 보도 내용과, 당장 '이 판결로 인해 장구한 역사 동안 아무런 논란 없이 해오던 관행이 순식간에 사라질 수밖에 없을 것으로 보인다'는 관측은 사실이 아니기 때문이다.

아무런 생각 없이 습관적으로 해오던 각종 관행에 분명 영향을 미칠 것은 분명하지만, 그렇다고 일시에 불법이 되어 사라지는 것은 아니다. 우선 판사는 '공식적으로 참석을 강제하지 않으면 지방의회는 기도를 계속할 수 있다'라고 분명히 판결했다. 또 불법이 아니라 '지방의회법상 법적 근거가 없는데도 지방의회는 기도를 계속했다'고 절차상의 문제만을 제기했을 뿐이다. 불법이라고 규정했다면 당연히 금지하라고 했을 것인데, 법원은 지방의회에 상고 기회조차 허용했다. 지방의회들이 지방의회법이 바뀌기 전까지는 법적 근거가 없다는 판단을 존중해서 기도를 중단한다면 몰라도 최종 결과가 나온 것도 아니고 상급심에서 뒤집어질 수 있는 상황이기에 그냥 기도를 계속해도 아무런 문제가 없다. 영국 조야朝野와 종교계가 똘똘 뭉쳐 지방의회법을 바꾸기만 하면 금방 합법이 된다. 타 기독교식 기도 절차가 아니라 범종교적인 단순한 기도 절차이기 때문에 타 종교들도 굳이 반대할 이유가 없다.

사실 이번 논쟁은 종교와 인권이라는 심각한 측면에서 시작된 것도 아니다. 그냥 기도가 싫은 한 백인 무신주의자 의원의 항의에서 시작되었다. 클라이브 본 지방의원은 기도에 대한 자신의 항의가 받아들여지지 않고 더욱이 다수결로 의결해 두 번이나 기도를 강행하자 사직했다.

본 의원의 항의에 대한 지방의회 입장은 싫으면 참석하지 않으면 되는 것이 아니냐는 것이었다. 법정에서 성경에 손을 얹고 하는 위증 선서처럼 하지 않는다고 불법이 되는 것도 아닌데 왜 있는 제도를 굳이 없애려고 하느냐는 것이었고 이것이 시비의 원점이 되었다. 이 나라는 분명 기독교 국가이고, 그래서 기도는 의식 시작 전 국가를 부르는 것과 같다는 것이 지방의회의 입장이었다.

사실 누구도 기도에 참석을 강요당하는 것은 아니니 참석하지 않으면 그만이고 참석하지 않았다고 불이익을 당하는 것도 아니라는 지방의회의 주장은 맞다. 그러니 이것을 불법이라고 여길 아무런 이유가 없는 것도 사실이다. 이것은 인권 문제도 아니고 단지 개인의 호불호 문제라고 보는 시각도 있다. 시비를 건 측은 인권 문제라고 생각했고, 그 문제에 중점을 두었지만 법원은 절차상의 문제만 제기하며 지방의회의 입장과 거의 비슷한 판결을 내렸다. 그래서 당사자들은 결코 재판을 여기서 끝낼 수 없다는 입장이다.

끝나지 않을 논쟁

문제는 이 판결이 단지 종교적인 문제에만 국한되지 않을지도 모른다는 점이다. 이번 재판에서처럼 문제를 제기하기 시작하면 각종 절차를 넘어 국가, 국기, 왕실 제도에까지 문제 제기가 번져 퇴색할 대로 퇴색해 더 이상은 퇴색할 것도 없을 정도인 영국적 삶과 가치관에 대한 도전이 시작될지 모른다. 여왕이 대관식에서 신에 대해 선서를 하는 것이나 지자체가 현충일 행사에 참석하는 것도 해서는 안 되는 것이냐는 항의가 나온다. 이에 맞서 세속주의협회는 기독교계가 지난 수백 년간 하늘이 준 특혜처럼 누려온 특권을 이제는 시대의 흐름에 맞추어 새로 내놓아야 할 때가 온 것뿐이라고 맞선다.

이 판결이 당장 중요한 영향을 미치는 것은 아니지만 앞으로 영국 사회에 아주 큰 영향을 미칠 시범 케이스라는 점에는 모두들 동의했다. 어떠한 절차를 새로 만들 때 이런 문제에 저촉되는 것은 아닌지 숙고할 것이기 때문이다. 영국에서 확실하게 정착된 인종차별 문제나 성적 학대 같은 문제만큼 고려될 것이다.

물론 쉽게 모든 것이 바뀌지 않을 것도 자명하다. 영원히 끝나지 않을 것 같은 논쟁 중 하나인 창조론과 진화론 논쟁이 이 재판으로 다시 시작된 것에서 보듯 앞으로도 지루한 논쟁이 이어질 가능성이 크다. 기독교가 좀 수그러지긴 했어도 영국 사회를 지배하던 19세기 말 찰스 다윈으로부터 시작된 창조론과 진화론의 싸움처럼 앞으로도 오랜 기간 이어질 대논쟁의 서곡에 불과하다는 것이다.

2012년에 영국 언론을 달구었던 영국 성공회의 제일 높은 사제 로완 윌리엄스 당시 캔터베리 대주교와 무신론자의 대표 리처드 도킨스 옥스퍼드 대학교 교수의 논쟁에서도 이러한 분위기가 읽혔었다. 당시 영국 언론들은 논쟁을 세계 헤비급 타이틀 매치와 비교하며 신이 나서 자세하게 다루었다. 심판 역시 아주 흥미로운 인사가 등장했다. '나는 여기에 무식無識의 대표로 참석했다' 면서 난투극을 부추긴 앤서니 케니 경卿은 성공회와는 대척점에 있는 가톨릭 신부였다가 환속한 저명한 철학자다. 그만큼 좋은 심판이 더 있겠느냐며 심판의 자격까지 거론하면서 논쟁을 부추긴 사람들도 있었다.

이 논쟁은 양측이 결코 양보할 수 있는 주제도 아니고 그럴 수 있는 문제도 아니다. 그리고 쉽게 결론이 나서 승부가 가려질 사안도 아니다. 사실 영국 지식인의 무신론 풍조는 하루 이틀 일이 아니다. 영국 최고의 지성을 자랑하는 스티븐 호킹 박사도 무신론의 대가다. 그는 "인간의 죽음은 컴퓨터 전원이 꺼지는 것 이상도 이하도 아니다"라고 말해서 전 세계를 시끄럽게 하기도 했었다.

　기도 절차에서 시작된 이 싸움은 겨우 일차전이 끝난 시작에 불과하다. 영국이 오랫동안 무의식적으로 해오던 일이 하루아침에 재판 하나로 뒤집어질 수 있다고 생각한다면 영국 사회의 시스템을 너무 얕잡아 보는 것이다. 그렇게 쉽게 자신의 것을 포기하고 소수 의견에 따라 바꿀 것이라고 여겼다면 등 뒤에 칼을 들고도 웃으면서 이야기하는 영국인을 너무 쉽게 본 것이다.

영국인의 뿌리, 로열패밀리

| Keyword 9 : 엘리자베스 1세 여왕 |

1533년 9월 7일 그리니치 출생, 1603년 3월 24일 사망. 아버지 헨리 8세, 어머니 앤 불린, 본명은 엘리자베스 튜더. 이복동생 에드워드 6세, 이복언니 메리 1세에 이어 우여곡절 끝에 왕위에 올라 생의 마지막까지 국민 여왕, 품위 있는 독신 전제군주로 살았다.

영국인이
가장 사랑하는 군주
엘리자베스 1세

    정복왕 윌리엄(1027~1087) 이후 1000년의 노르만 왕조 영국 역사에서 국민에게 가장 사랑받는 군주는 엘리자베스 1세 여왕(1558~1603)이다. 엘리자베스에 대한 영국인의 사랑은 그녀를 부르는 여러 가지 별명에서도 나타난다. 엘리자베스를 줄인 애칭 '베스Bess', 좋은 여왕이라는 뜻의 '굿 퀸 베스Good Queen Bess', 평생을 결혼하지 않고 영국과 결혼하고 살았다는 칭찬의 의미의 '처녀 여왕Virgin Queen', 동화 속 여왕 같다는 '요정의 여왕Fairy Queen' 등 다양하다. 여왕 자신은 가까운 사람들에게 '글로리아나Gloriana'라는 애칭으로 불리길 좋아했다. 어느 것 하나 싫어한다는 느낌을 주는 호칭은 없다. 영국인이 그만큼 그녀를 좋아한다는 뜻이다.

    엘리자베스는 살아서도 국민의 사랑을 받았고 지금도 영국 역사에서 가장 존경받는 왕으로 칭송된다. 영국인의 엘리자베스에 대한 사랑이나 관심은 워낙 깊어 지금도 그녀에 관한 책이 끊임없이 나온다. 그녀의 무엇이 그렇게 영국인을 매혹시키는지는 모르겠지만 수도 없는 사람들이 연구하고 찾아냈는데도 끊임없이 새 책이 나오는 게 신기할 정도다.

성군과 폭군 사이

엘리자베스 1세에 관한 책들을 읽다 보면 그녀에 대한 평이 하도 저자마다 달라 전혀 다른 사람을 말하는 것이 아닌가 하는 느낌이 들 정도이다. 폭군으로 평하는 책부터 성군으로 숭앙하는 책까지 정말 다양하다. 그러나 공통적으로 등장하는 표현은 '신중하고 prudence' '용기 있고 courageous' '영악스러운 shrewd' '타고난 지도자 born leader'라는 단어들이다.

일단 그녀의 통치 스타일에 대해 '신중하다'고 하는 표현은 '정치적으로 결코 단호하지 않았다'라고 바꿔 이해할 수 있다. 그녀는 내각에서건 의회에서건 이해가 다른 세력 간의 대결이 팽팽해 결론이 나지 않는 상황에서 "어느 한쪽으로 결정을 내려달라"는 독촉을 아무리 받더라도 쉽게 개입하지 않았다. 어느 한편을 들기 원하는 중신들의 의견을 듣기만 할 뿐, 반드시 필요한 순간이 아니면 자신의 의견을 드러내지 않았다. 대신들 사이의 토론이 극에 달해 피가 튀는 지경까지 갔다가 결국 타협점을 찾고 합의를 만들어내도록 그녀는 유도했다. 수년간 이어지는 외국과의 갈등 때문에 전쟁을 도저히 피할 수 없는 상황에서도 비겁하다고 느낄 정도로 끝까지 대결을 피하려 노력했다. 여론이 무르익어 결론이 보이거나 시간이 되어 저절로 합의가 이루어지도록 만들어서 정책이 잘못되어도 자신에게 불똥이 튀지 않도록 했다.

여왕은 대외 문제에서도 주변의 극단론자들을 특유의 기지와 논리로 설득하며 이겨나갔다. 전쟁처럼 국민에게 부담이 가는 일은 아무리 대의명분이 확실하다고 해도 가능하면 피했다. 예를 들면 유럽의 신교 국가들이 가톨릭의 위협에 공동 대처하는 신성동맹을 만들자고 해도 시늉만 내고 적극성을 띠지 않았다. 도저히 피할 수 없는 결정마저도 자신이 내리지 않고 대신들로 하여금 대신 하게 만들어 나중에 실패했을 때 오는 비난의 책임을 지지 않으려 했다. 그래서 사람들은 그녀를 '신중한 여왕'이라기보다는 '사려 깊은 정치가'였다고 평한다.

성군 또는 폭군 엘리자베스 1세

'신중하고 사려 깊다'는 것 외에 여왕의 또 다른 품성으로 '영악스럽다'는 점도 강조된다. 이는 상황에 맞추어 원칙을 굽힐 줄 아는 것, 즉 '현실적으로 지혜롭다'로 이야기할 수 있다. 독실한 가톨릭 신자인 언니 메리가 여왕이 되자 엘리자베스는 신변의 위험을 감지한다. 메리가 가톨릭을 다시 국교로 만들려 한다는 점을 재빨리 파악한 것이다. 당시 스무 살이었던 엘리자베스는 바로 언니에게 자신도 가톨릭으로 개종하겠다는 약속을 눈물로 호소하고 살아남았다. 언니 메리의 박해를 피하기 위해 위장 개종도 서슴지 않았다. 이렇게 그녀는 어느 경우든 상황에 따라 자신의 진정한 생각을 숨겼다. 또 항상 자신의 의견을 모호하게 하여 신하들로 하여금 긴장하게 만들었다. 자신들 편에 서 있다고 양쪽의 사람들이 다 믿게 만드는 동시에 그것마저도 확신을 주지 않아 여왕의 진의를 파악하기 위해 다투어 충성 경쟁을 하게 만들었다.

그녀는 위험을 피하기 위해서라면 임기응변을 발휘해 양쪽의 비위를 다 맞추는 모순된 발언도 쉽게 했다. 필요하면 즉석 거짓말도 능수능란하게 했다. 외국 사신에게 자신이 직접 관련된 사건을 전혀 모르는 일이라고 딱 잡아떼기도 했다. 후에 그것이 들통 나면 특유의 매력적인 미소와 감성적인 접근으로 누구든 친구로 만들었다. 정 안 될 경우에는 선물을 주며 매수하기도 했다. 서인도제도에서 은을 싣고 오는 스페인 선대船隊를 약탈하는 해적 드레이크 함대에 돈을 대고 그 보상으로 무려 47배에 달하는 배당을 받고도, 태연히 스페인 대사에게는 우방의 배를 약탈하는 해적 행위를 규탄하는 편지를 보낼 정도였다.

생모에 대한 기억도 전혀 할 수 없던 나이부터 25세에 여왕이 되기 전까지 누구도 믿지 못하고 살아온 그녀에게는 살아남는 것이 제일 우선이었고 그다음이 어떤 방법을 쓰든 자신의 목적을 이루는 것이었다. 그러기 위해서는 이런 정도의 행동은 결코 문제가 되지 않았다.

여론은 그녀의 편이었다

이런 책임 회피식의 애매모호한 통치술이 정치적으로 문제가 되지 않았던 이유는 그녀를 향한 국민의 호의적인 여론 때문이었다. 엘리자베스는 여론을 자기편으로 돌려놓는 천부적인 재주를 가지고 있었다. 여왕은 당시 유럽의 여느 군주들과는 달리 국민 여론에 아주 민감했다. 그래서 귀족들이 여왕에 대해 감히 도전을 못한 것이다. 병약했던 그녀의 언니 메리 여왕 말기부터 권력의 추는 이미 엘리자베스 1세에게 거의 넘어가 있었다. 메리 여왕이 죽고 그녀가 왕궁으로 가는 대로변이 "엘리자베스"를 외치는 런던 시민으로 꽉 찼을 정도로 그녀에게 거는 국민의 기대는 컸다.

이런 기대를 저버리지 않으려는 듯 여왕은 치세 기간 중 국민에게 부담이 돌아가는 정책은 삼갔다. 일단 세금을 올리지 않으려 최대한의 노력을 다했다. 어쩔 수 없는 경우가 아니면 전쟁을 하지 않았고 전비 모금이나 청년들의 군대 징집도 최소한으로 줄였다. 그녀는 어마어마한 궁궐을 짓고 거대한 파티를 여는 데는 아예 관심이 없었다. 아주 현실적이고 실리적인 대다수 영국 국민의 입맛에 맞게 허황한 일을 피하고 실질적인 정책을 폈다.

피치 못해 전쟁을 치르더라도 세금 인상을 피하기 위해 거상巨商들에게 각종 전매특허를 주는 식으로 전쟁 자금을 충당했다. 그 바람에 물가가 올라 본의와는 달리 원성이 높아지자 의회에 나가 솔직하게 자신의 잘못을 인정하며 어려움을 정면 돌파했다. 1601년 11월 30일 여왕이 의회에서 행한 그 유명한 '골든 스피치'가 대표적이다. 그 자리에서 여왕은 자신의 잘못을 솔직히 인정하고 국민에게 용서를 구하며 난국을 헤쳐 나갔다. 국민도 그녀가 세금 인상을 피하고자 해서 특혜를 주었다는 진심을 인정한 것이다.

영국 왕권이 유럽 군주에 비해 강한 이유에는 역설이 작용한다. 영국 왕들은 누구에게 위협을 줄 만한 대규모의 직할 군대를 가지지 않은, 어찌 보면 무방비 상태의 군주다. 영국의 중세 왕들은 경찰이나 군대를 가지고 통치하지 않았다. 영국에 경찰이 생긴 것은 18세기 중엽 들어서이다. 역사적으로 영국 왕은 직할군을 가지고 있지도 않았고 심지어는 왕궁 경비 근위대 병력도 지방 귀족들이 보내주었다. 그 전통이 아직 남아 지금도 버킹엄 궁은 향토 연대 현역 군인이 와서 순차적으로 경비해주고 돌아간다. 그것이 바로 매일 아침 관광객들을 불러 모으는 버킹엄 궁 앞 '근위병 교대식'이다.

이런 독특한 영국만의 제도가 왕들로 하여금 일찍부터 국민의 눈치를 보게 만들었고 국민의 대의기관인 의회와 타협하고 협조해가며 국정을 펴나갈 수밖에 없도록 만들었다. 영국이 혁명 없이 근대로 넘어오고 지금까지도 존경받는 왕권을 유지하는 이유는 바로 이렇게 왕이 군대를 안 가지고 있다는 역설에 있다. 강력한 군대를 가지면 왕권이 강화된다고 대부분의 군주들은 믿지만 영국 역사는 그것이 틀렸음을 보여준다. 강력한 군대를 가진 군주는 거기에 의지해 통치를 하려는 유혹에 빠지게 되고, 그러다 보면 선을 넘어서 국민이나 귀족들과 충돌할 수밖에 없다. 결국 약한 왕권, 약한 군대, 여론 존중의 영국 정치제도가 역설적으로 영국과 영국 왕권을 튼튼하게 했던 이유

중 하나가 되었다. 부드러움과 약함이 어느 것보다 강하다는 실증이다.

미워할 수 없는 여론 조작

그녀가 국민 여론을 조작했던 방식을 보면 현대의 대중 정치인 기법을 뺨칠 정도다. 권위와 위엄과 무력으로 통치하던 당시 유럽 군주들과는 달리 엘리자베스는 국민을 상대로 놀라운 친화력을 발휘했다. 그녀는 메리 여왕의 실패에서 많은 것을 배웠다. 메리는 군주로서의 의무를 저버리고 개인적인 연정에 휩싸여 국민 염원에 반하면서까지 스페인 필립 왕자와 결혼했고 가톨릭 복귀에 집착하며 실정을 펼치다 결국 국민에게 버림받았다.

엘리자베스는 이 과정을 냉정하게 지켜보면서 국민 여론과 유리된 자신의 신념을 주장하는 것이 얼마나 위험한 일인지를 배웠다. 자신의 권력 기반이 국민에게 있다는 것을 절감하고 국민의 비위를 맞추기 위해 노력했다. 시민들과 의도적으로 어울렸고 실제로 이를 즐기는 경지에까지 나아갔다.

예컨대 여왕은 복잡한 시장통으로 마차를 몰고 가서 일어선 채 시민들을 맞기를 즐겼다. 시민들이 "폐하 만수무강"을 외치면 그녀는 "주님이시여 시민에게 만복을 내리소서"라고 성공회 수장답게 그들을 축복했다. 교회에 가도 잘 받을 수 없던 축복을 삼엄한 경호나 의전을 다 팽개친 군주가 자신들 지척에 와서 내려주니 시민들은 열광하지 않을 수 없었다. 더군다나 앉아서 자신들 쪽으로 보면서 손만 흔들어줘도 감격을 할 판인 여왕이 일어서서까지 환대를 해주니 그 환호는 하늘을 찔렀다. 지방 순찰 때는 향리들을 아낌없이 칭찬했고, 사전에 수하를 보내 혹시 그 도시 시민들이 가장 염원하는 민원이 있는지 비밀리에 알아봐 해결해줄 수 있는 문제는 먼저 거론해 풀어주는 고도의 정치술도 발휘했다. 심지어 지방 귀족 집에 초대받아 가면 그 집 안주인의 요리 솜씨 칭찬을 반드시 했고 종복에게까지 감사나 선물을 전했다.

여왕의 이런 행동은 오랫동안 그늘진 곳에서 살아온 경험에서 우러난 것들이다. 자신을 죽이고 시간을 기다리며 살아온 오랜 세월 동안 터득한 생존 전략이라 할 수 있다. 여왕은 사람들의 의심을 피하고 그들의 마음을 얻는 것이 최고임을 경험으로 깨우쳤다. 사람들의 마음은 아주 큰 보상으로만 얻어지는 것이 아니라 아주 작은 감사나 칭찬으로도 충분히 얻을 수 있다는 점도 알고 있었다. 자신이 어려웠던 시절에 누군가가 베풀어준 아주 작은 마음 씀씀이가 얼마나 크게 와 닿았는지를 체득했기 때문이다. 이런 깨달음은 궁중에서 떠받들어지는 삶만을 산 사람들은 결코 알 수 없는 지혜라 할 수 있다. 왕이 되기 전 겪은 오랜 생활의 어려움은 이렇게 축복으로 돌아왔다.

의회와 상인의 마음까지

엘리자베스의 권력 유지의 근간은 여론 중시뿐만 아니라 당시 양대 권력 집단인 의회와 런던City of London 상인들을 존중하고 무시하지 않았다는 데도 있었다. 이런 정책으로 돈줄인 시티 상인들에게 전폭적인 지지를 받았다. 당시 시티는 왕권으로부터 독립된 1제곱마일(2.6제곱킬로미터) 크기의 상인조합 중심의 자치 구역이었다(그 전통이 지금도 남아 있어 시티는 자치 형식의 구역이다). 그래서 그들에게 협조를 강요할 방법이 마땅치 않았는데 여왕은 고도의 정치술을 동원해 그들을 자기 편으로 만든 것이다. 정치적으로는 의회 웨스트민스터와도 좋은 관계를 유지했다. 결국 엘리자베스는 런던을 구성하고 있던 '2개의 도시', 즉 '돈과 힘'의 중심을 효과적으로 다 장악한 셈이었다.

1588년 스페인 무적함대의 침공이 임박하자 그녀는 런던 시티 시장(길드 대표, 즉 상인조합장 대표)을 궁으로 불러들여 협조를 부탁했다. 당시 영국은 군대라고 해봐야 지방 귀족의 농군으로 된 육군이나 좀 있었을 뿐, 제대로 된 해군은 전혀 없을 때였다. 여왕은 시티 측에 15척의 선박과 5000명의 군대를 요청했으나 오히려 상인들은 상선 30척과 1만 명의 군대를 제공했을 정도로 자발적 충성을 표시했다. 전국 지방 귀족들의 지원도 쇄도했다. 전쟁 경험이 없는 오합지졸들의 엘리자베스의 군대가 스페인 무적함대를 물리친 것을 전적으로 바다 날씨가 도와준 운이라고만 볼 수 없다. 여왕의 리더십을 따르는 국민의 충성심이 있었기 때문에 기적이 가능했던 것이다.

만인의 연인, 독신임을 이용하다

엘리자베스는 결혼하지 않은 노처녀를 동화《잠자는 공주》속에 나오는 '물레 돌리는 마녀spinster'라고 부를 정도로 독신을 금기시한 시대에 공식적으로 "처녀로 살겠다"고 주장한 첫 여인이었다. 그녀 입으로 "나는 국가와 결혼했고 내 남편은 모든 국민이다"라고 했다. 그녀가 독신을 주장한 이유에 대해서는 여러 가지 설이 있다. 비극적 결말로 끝난 엄마의 결혼으로 인한 남자에 대한 염증, 아버지 헨리 8세가 엘리자베스 여왕의 생모의 참수에 이어 다섯 번째 부인 캐서린 하워드까지 사형시킨 사건, 자신의 배다른 동생인 에드워드 6세의 외삼촌 토머스 세이모어(아버지 헨리 8세의 마지막 부인인 캐서린 파의 새 남편이기도 함)에게 성추행당한 어릴 때 경험이 영향을 끼쳤다는 분석도 있다. 심지어는 어떤 이유인지는 모르나 자신은 불임이라고 믿어 후사 없는 결혼으로 '처녀 여왕'이라는 명성을 훼손하고 싶어 하지 않았다는 말도 있다.

여왕은 한 사람의 여인이 아니라 베일 속 영원한 만인의 여인으로 남기를 바랐던 것으로 보인다. 또 스스로 관능적 욕망을 항상 극복할 수 있음을 자랑으로 여겼고 한 사람에게 빠지지 않고 초연함을 견지할 수 있음에 남다른 자부심을 가졌던 듯하다. 동시에 스페인 왕자 필립과의 경솔한 결혼으로 인기가 추락한 언니의 사례, 한 가문의 남자와 결혼함으로 해서 남편의 가문을 반대하는 다른 가문을 적으로 만들지 않겠다는 고려도 있었다는 역사학자들의 평이다.

어쨌든 그녀가 의회나 여론을 거스른 유일한 경우가 결혼을 하지 않은 것이었다. 의회와 중신들은 왕권 강화를 위해 강력한 남편의 후원이 필요하다고 설득했고, 특히 그녀가 천연두로 인해 잠시 투병을 하고 일어나자 결혼을 하든지 후계자를 지명하라며 견딜 수 없는 압력을 가했다. 여기서도 엘리자베스의 지연 전술이 유감없이 발휘된다. 의회의 압력에 "가능하면 빨리 결혼하

'처녀 여왕' 엘리자베스

겠다"는 약속을 수없이 하지만 그 후의 행동을 보면 애초에 누구와도 결혼할 생각이 없었음이 분명했다.

여왕에게는 미혼이 오히려 정치적 자산이었다. 자신과 결혼하기 위해 문전에 쇄도하는 유럽 왕가의 남자들과 영국 내 귀족들을 적절히 이용해 국익을 취했다. 항상 주위에 자신을 흠모하는 미남 귀족들을 두고 그들의 시선을 즐기면서 경쟁을 시켰다. 때로는 상당한 수준의 언질을 주고 그것을 미끼로 실속을 취한 뒤 어느 단계에서는 과감하게 내치는 고도의 정치술도 발휘했다. 오랫동안 유럽의 양대 가문인 합스부르크가와 벨로아가를 비롯해 기타 유럽 국가들의 왕족 신랑감 후보들을 가지고 놀면서 그들의 세력균형을 이용해 영국의 국익을 극대화했다. 심지어는 언니 메리의 남편, 즉 형부 필립 2세마저 구혼을 해 올 정도였다. 이렇게 모든 구혼자들에게 교태를 부리며 결혼의 희망을 보여주면서 이용만 하고는 목적을 이루면 배신하기를 밥 먹듯 했다. 그녀에게는 권력 유지와 국익이 최우선이었지 결혼은 수단일 뿐이었다.

그녀의 치세 성공의 원인 중 또 하나는 중신들을 잘 쓴 데도 있다. 측근을 택할 때 당시 관례와는 달리 가문보다 능력 위주로 뽑았다. 중산층, 자작농,

상인 등 계급에 아랑곳하지 않고 실력 있는 사람을 택했다. 정치가로서보다는 행정가로서의 자질, 애국심, 국가 이익에 대한 관심에 중점을 두었다, 일단 임명하면 그 사람을 믿고 일을 오래 맡겼다. 여왕은 한번 믿으면 끝까지 곁에 두고 썼다.

웨스트민스터 사원에 있는 그녀의 무덤과 가장 근접한 곳에 묻힌 최고의 중신 윌리엄 세실 경은 귀족이 아닌 소지주yeoman 출신이다. 엘리자베스의 대관식부터 자신이 죽는 날까지 40년을 각종 직위에서 봉직했다. 유럽 역사 첫 '스파이 마스터(스파이 총책)'로 드라마에 많이 등장하는 프랜시스 월싱엄도 유명한 여왕의 가신이다. 17년을 봉직하면서 여왕의 전폭적 신임을 바탕으로 정적을 제압하는 등 엘리자베스의 통치에 큰 도움을 주었다.

온갖 모함에도 죽을 때까지 거의 30년을 정말 목숨을 걸고 여왕을 지킨 로버트 더들리도 그런 경우이다. 자신의 지나친 총애 때문에 연인 관계라고 세인들의 입방아에 오르내렸음에도 여왕은 그를 끝까지 보호해서 봉직하게 만들었다. 중신들은 여왕이 너무 더들리를 총애하고 곁에 두어 여론이 나빠지자 '굽어 살피소서'라고 끝없이 간언해도 결코 내치지 않고 그가 죽을 때까지 곁에 두었다. 그 둘이 정말 여왕과 총신 이상의 관계였는지 아닌지 어느 쪽도 확실한 증빙이 없지만 여왕이 일개 남자에 빠져 자신의 신화를 위태롭게 하지는 않았을 것이라는 게 정설이다. 외국 대사들에게 매수된 여왕 침실 여관女官들도 둘의 관계에 아무런 일이 없었다고 증언했다는 보고서도 있다. 어쨌든 이 더들리 경과의 염문은 엘리자베스 여왕의 유일한 인간적인 약한 면이라서 사극에도 많이 등장하는 에피소드이고, 여왕이 여론을 거스른 유일한 일이다.

우연이 세상에 내놓은 만들어진 지도자

엘리자베스가 통치 기간 동안 보여준 지도자로서의 자질을 보고 '타고난 지도자'라고 평가하지만 사실은 오랜 기간 살아남기 위해 택한 생존 전략을 통해 '만들어진 지도자made leader'라고 보는 사람도 많다. 그녀의 생존 전략은 삼불이행三不二行이었다. '듣되 말하지 않고, 적을 만들지 않고, 남의 눈에 띄지 않게'의 '삼불'과 '조용히 지내고, 친구를 많이 만들고'의 '이행'이었다. 그렇게 죽은 듯이 몸을 낮추고 살았음에도 메리 여왕에게 위협이 되니 죽이라는 중신들의 모함과 음모로 거의 1년을 가택 연금을 당하고 심지어는 런던탑에 갇혔다가 웨스트민스터 홀에서 공개재판까지 받았다.

그녀의 이런 경험과 생존 철학은 통치 스타일에도 그대로 나타난다. 자신이 약할 때는 물론 강할 때도 자신을 낮추고 비바람이 그칠 때까지 기다릴 줄 알았다. "인내와 시간이 힘과 분노보다 더 효과적일 때가 많다"는 여왕의 말이 자신의 철학을 말해준다. 부드러움이 결코 나약함이 아니고 양보와 타협이 진정한 패배가 아니라는 지혜를 그녀는 신산辛酸의 세월을 통해 배웠다.

사실 여왕은 조상들로부터 탄탄한 권력을 이어받아 철권통치의 유혹에 빠질 만도 했다. 여왕의 할아버지였던 헨리 7세 시절 30년간(1455~1485)이나 이어졌던 장미전쟁을 거치며 영국 국민은 강력한 왕권을 원하고 있었다. 헨리 7세는 적이었던 랭커셔 가문의 공주를 아내로 맞아 두 철천지 원수 가문의 화해를 극적으로 이루어내며 강력한 왕권의 기반을 다졌다. 당시 영국 귀족들은 오랜 전쟁으로 인해 거의 폐족 지경이었다. 가신 기사들은 죽었고 가산은 전비로 탕진해 왕권에 감히 도전할 귀족도 없었다. 엘리자베스는 이렇게 안정된 왕권을 물려받았음에도 자신의 통치 철학인 '안정'과 '일치'를 실천하며 결코 독주하지 않았고 의회나 귀족을 상대로 대결을 벌인 적도 없었다.

당시 영국 사회의 가장 큰 갈등 요인이었던 신구교 간의 긴장 문제에도 현명하게 대처했다. 언니 메리 여왕이 통치 기간 5년간 300명이 넘는 신교도를 처형했지만, 엘리자베스 여왕은 45년의 재위 기간 중 종교 문제로 단 4명이 처형당했을 뿐이다. 그것도 가톨릭이 아니라 재세례파라는 신교도였다.

여왕은 인간의 양심은 타인이 뭐라고 관여할 수 없다는 신념을 가지고 있었다. 당시 유명한 철학자이자 정치인이었던 프랜시스 베이컨 경은 '엘리자베스는 사람의 마음속 깊은 곳과 머릿속 비밀스러운 생각은 알고 싶어 하지 않았다'라고 썼다. 여왕은 중신들이 영국과 자기에게 변함없이 충성하고 신구교의 불필요한 갈등을 피하게 하기 위해 자신이 만든 종교법 준수 이외에는 어느 것도 강요하지 않았다. 당시 일국의 군주로서 정말 놀라울 정도로 열린 의식의 소유자였다. 바로 그것이 엘리자베스 여왕의 통치 기간 중 영국 역사상 보기 드물게 큰 갈등 없는 평화로운 태평성대를 그렇게 오랫동안 누리게 만든 비밀이었다.

'역사는 유탄流彈이 만든다'고 한다. 역사는 필연이 아니라 우연의 결과라는 말이다. 엘리자베스가 여왕이 된 것은 우연이었다. 왕위 계승 순위 세 번째라 왕이 될 가능성이 거의 없었다. 그런데 몸이 약했던 남동생 에드워드 6세가 6년을 통치하고 죽은 뒤 즉위한 언니 메리 여왕마저도 겨우 5년을 재위하고 죽을 줄은 아무도 몰랐다. 그러나 그녀는 여왕이 될 가능성이 거의 없던 시절에도 부단히 자신을 갈고닦았다.

엘리자베스는 영국에서 가장 교육을 잘 받은 여인이었다. 영어, 라틴어, 프랑스어, 이탈리아어, 네덜란드어, 스페인어를 비롯해 지금은 거의 사라지고 없는 영국 지방 언어인 스코티시, 코니시, 웰시, 아이리시까지 구사했다. 지체 높은 귀족들은 물론 심지어 겨우 글을 읽을 정도의 왕도 드물지 않았던 당시로서는 여자로서 엘리자베스의 뛰어난 지적인 면이 대단히 특이하고 놀라울 것이었다.

이렇게 그녀는 여왕이 될 가능성이 거의 없던 시절 군주로서의 자질을 본의 아니게 연마했고, 결국 영국 역사상 가장 유식하고 위대한 왕이 되었다. 이렇게 보면 엘리자베스 여왕의 리더십은 타고난 것이 아니라 만들어진 것이라 해도 지나침이 없다.

| Keyword 10 : 엘리자베스 2세 여왕 |

1926년 4월 21일생, 본명은 엘리자베스 알렉산드라 메리 윈저. 1952년 왕위에 오른 현 영국 포함 16개국과 기타 국외 영토 및 보호령의 왕이며 성공회 수장, 노르망디 공작, 랭커스터 공작, 맨 섬 영주, 피지 최고 추장, 함대 사령장관이다. 전 세계에서 두 번째로 재위 기간이 길어 영국인이 태어났을 때부터 함께하는 존재이며, 즉위 60주년 기념 설문조사에서 영국의 가장 위대한 왕 1위로 꼽힌 사랑받는 왕이기도 하다.

엘리자베스 2세와
평생을
함께하다

2012년 6월 2일은 86세 엘리자베스 여왕의 즉위 60주년 기념일이었다. '다이아몬드 주빌리Diamond Jubilee'라고 불리는 즉위 60주년을 맞아 영국 전체가 축제 무드였다. 영국 정부는 기념일인 6월 2일을 휴일로 정하려고 했다. 하지만 이날이 마침 토요일이라 월요일로 휴일이 늘어났는데 월요일도 마침 정기 휴일인 뱅크 홀리데이여서 또다시 화요일로 하루가 더 밀렸다. 결국 나흘의 황금연휴가 기가 막히게 만들어져 축제 분위기가 절정에 달하는 데 아주 큰 도움을 주었다.

일요일인 6월 3일은 축제가 최고조에 달했다. 런던 템스 강에서는 여왕이 탄 어용선을 선두로 각종 장식을 단 보트 1000여 대가 뒤따르는 장관이 펼쳐졌다. 보트들은 영국 전역은 물론 영연방 국가들과 세계 각국에서 보내왔다. 이날 영국 전역 점심시간에는 골목길을 막고 이웃들이 상을 펴고 식사를 하며 동네별 축제가 벌어졌다. 이렇게 골목을 막겠다는 신청이 전국에서 거의 1만 건이 접수되었다. 이런 국경일, 특히 왕가 관련 기념일의 길거리 대낮 파티는 영국의 전통적인 축제 형식이다.

월요일이었던 6월 4일 저녁에는 버킹엄 궁 앞 로터리 광장에서 대형 콘서트가 열렸다. 여왕을 비롯한 왕실 가족이 참여하는 콘서트에 일반인들도 추첨을 통해 참석하는 기회가 주어졌다. 팝송과 클래식이 어우러진 이 축제의 출연진은 화려하다 못해 하늘의 별이 무색해 빛을 잃을 정도였다. 게리 발로, 애니 레녹스, 로비 윌리엄스, 클리프 리처드, 톰 존스, 카일리 미노그, 레니 플레밍, 스티비 원더, 엘튼 존, 폴 매카트니 등의 대중 스타를 비롯해 랑랑, 알피 보 같은 클래식 음악인들도 출동했다. 콘서트가 끝나고 바로 봉화 행사로 이어졌는데, 2012개의 봉화가 영국 전역과 영연방국에서 점화되고 여왕도 중심 봉화National Beacon를 점화했다.

화요일인 5일 여왕은 성 바오로 성당에서 감사 예배를 드린 뒤 웨스터민스터 홀에서 버킹엄 궁까지 공식 마차 행진을 벌였다.

좋아하고 존경하는 영국인의 여왕

이렇게 해서 영국에서는 여왕의 다이아몬드 주빌리를 시작으로 런던 올림픽 기간까지 6, 7월 두 달 동안 축제가 열렸었다. 전국에서 벌어진 축제 프로그램을 담은 '런던 2012'라는 안내책자는 140쪽에 달할 정도였다.

영국 역사에서 제위에 가장 오래 있었던 왕은 64년의 빅토리아 여왕이다. 하지만 현 엘리자베스 여왕의 건강 상태로 보면 이 기록은 분명 깨어지리라고 모두들 예상하고 있다. 아직 여왕은 공식적으로 병원에 제대로 입원해본 적이 없다. 남편 필립 에든버러 공만 심혈관 확장 수술이다 방광염이다 해서 병원을 출입해도 여왕 본인의 건강에는 전혀 이상이 있는 것 같지 않다. 버킹

영국 전체가 들썩였던 엘리자베스 여왕 즉위 60주년 축제

엄 궁 홈페이지(www.royal.gov.uk)에 나오는 여왕의 일정을 봐도 그렇다. 대영제국의 여왕과 16개 '영연방 왕국'의 국가수반, 그리고 54개국으로 구성된 '영연방 회원국 연합' 대표를 겸하고 있는 사람의 일정답게 하루도 빈틈이 없다. 세계에서 유일하게 그 많은 나라의 국가수반을 맡고 있으니 아플 틈이 어디 있겠나 싶다.

영국인들이 여왕에게 갖는 호감도는 때에 따라 부침이 있긴 하지만 70퍼센트 이하로 내려간 적이 거의 없고 2013년 들어와서는 80퍼센트를 넘어간다. 다이애나 전 왕세자빈이 죽던 1997년 즈음해서가 가장 낮았으나 그 이후 꾸준히 좋아져서 지난해 윌리엄 왕세손 결혼식 때 최고조에 달했다.

일반 영국인들에게 여왕을 좋아하고 존경하는 이유를 물으면 대개들 쉽게 대답을 못한다. 평소에 왜 좋아하는지를 따져서 생각해본 적이 없는 듯하다. 현재 영국에 살고 있는 거의 모든 사람들이 태어났을 때부터 이미 여왕이 존재했기 때문에 별로 심각하게 그 존재를 의식해본 적이 없다는 뜻이다. 흡사 공기의 의미를 평소에는 못 느끼고 있다는 식의 논리인 셈이다.

왕위도 남편도 우연히

국민과 가까운 엘리자베스 여왕

엘리자베스 여왕은 영국 역사상 궁 밖에서 태어난 유일한 왕이다. 원래 엘리자베스 여왕의 아버지는 차남이어서 왕위를 이어받을 위치에 있지 않았다. 때문에 여왕은 런던 시내에 있는 외할아버지 집에서 제왕절개로 태어났다. 여왕의 아버지 앨버트 왕자는 형인 에드워드 8세가 미국 이혼녀 윌리슨 심슨과 결혼하기 위해 왕위를 포기함으로써 조지 6세 왕이 되었다. 이런 우여곡절 끝에 왕이 될 것으로 전혀 생각지도 않았던 엘리자베스가 여왕이 될 신분이 되어버렸고 급기야는 여왕이 되었다.

여왕과 필립 공의 결혼도 아주 흥미롭다. 여왕은 13세 때 아버지를 따라 해군사관학교를 방문한다. 이때 18세의 그리스 왕자이던 사관학생 필립 공이 여왕과 동생 앤 공주를 안내하라는 지시를 받는다. 여왕은 한눈에 반해버리고 바로 필립 공에게 편지를 쓰면서 접근한다. 그 이후 8년간 둘의 사랑은 지속되었고 여왕의 나이 21세에 원하던 결혼을 하게 된다.

그리스 왕자라고는 하지만 영국 빅토리아 여왕 쪽으로의 촌수를 따지면 팔촌Third Cousin 사이인 필립과의 결혼이 순탄했던 것만은 아니다. 우선 필립 공이 다스릴 나라가 없는 이름뿐인 왕자이고 거의 무일푼이어서 왕족이라는 조건 말고는 모든 점이 불합격이었다. 더군다나 그의 아버지가 유명한 플레이보이에 노름꾼이라 영국 왕실 측근들은 아주 꺼렸다. 그의 아들 역시 거칠고 무식하고 아마 플레이보이가 될 것이라는 걱정 때문이었다. 엘리자베스의 어머니인 왕비도, 물론 나중에는 "정말 영국 신사보다 더 영국 신사"라며 사위에 대해 감탄했지만, 처음에는 싫어해서 야만의 '훈Hun족' 이라고 빈정거렸다.

아버지 조지 6세가 엘리자베스가 20세가 될 때까지 결혼을 기다리라는 조건으로 허락해서 둘은 1947년에야 결혼을 할 수 있었다. 물론 결혼식에 독일로 시집간 필립 공의 누이들은 초청을 받지 못했고 여왕의 삼촌인 전왕 에드워드 8세도 참석하지 못했다. 당시 영국은 2차 세계대전의 영향에서 아직 벗어나지 못할 때였다. 그래서 엘리자베스의 결혼식 드레스 천을 배급 쿠폰으로 구해야 했을 정도였다. 그래도 둘의 결혼식은 전쟁으로 인해 침체되었던 나라 분위기를 살리는 데 큰 공을 세웠으며, 전 세계에서 2200종의 결혼 선물을 받는 아주 큰 행사로 치러졌다.

스캔들 왕실 그리고 사랑하는 필립 공

여왕과 필립 공의 결혼 생활은 큰 위기가 없었고 둘 사이 금실이 상당히 좋다고 알려져 있다. 그러나 안을 들여다보면 꼭 그렇지만은 않다. 워낙 오래된 이야기라 이제는 세인의 뇌리에서 사라져버렸으나 세상을 시끄럽게 만든 스캔들도 있었다. 필립 공과 뮤지컬 가수 커크우드Patricia Kirkwood와의 염문은 상당히 오래 지속되었다. 기자들이 분명 두 사람이 공연 후 식사를 하고 춤을 춘 뒤 그다음 날 아침을 같이하는 것을 보았다고 하는데, 두 사람은 끝까지 결백을 주장했다. 한 독일 신문은 '필립 공의 사생아가 24명' 이라는 것을 버킹엄 궁이 확인해주었다고 보도해서 유럽을 발칵 뒤집은 적도 있었다. 나중에는 자신들이 "필립 공의 대자god children"를 오역했다'고 변명했지만, 한 비공식 영국 왕실 전기 작가는 "영국 왕실의 전통에 원래 그렇게 사생아를 대자로 하는 전통이 있어 필립 공의 대자들은 대개가 그의 사생아"라고 비공인 자서전에 썼다.

사실 여왕을 괴롭힌 것은 필립 공이 실제 바람을 피웠는지 여부가 아닐지 모른다. 필립 공을 필두로 영국 왕실을 둘러싸고 염문이 끊이지 않았다는 사실 자체가 여왕을 괴롭혔을 수 있다. 심지어는 여왕마저 왕실 경주마 매니저와 '사건'이 있었다는 소문도 나돌았었다. 이는 다이애나 왕세자빈의 승마 코치와의 염문을 연상케 해 고부간이 모두 승마와 관련한 염문이 나돌았다는 우연이 흥미롭다. 물론 여왕과 가까운 측근 누구나 그 소문은 "완벽한 소설"이라고 항변한다. 하지만 현재 그 경주마 매니저의 아들은 '이상하게도' 백작 작위를 받았다. 그래서 그 염문의 소문이 우연이 아니지 않으냐는 또 다른 소문을 키웠다.

필립 공의 친구들은 필립 공이 "수차례의 스캔들을 일으켰다"는 점은 인정한다. 동시에 여왕의 측근들은 "그녀 자신이 '바람기가 많은' 남자와 결혼한 점을 언제나 받아들였다"고 말한다. 또 그들은 여왕이 직접 "남자들 중에는 그런 한때의 바람이 필요한 남자도 있는데 그건 긴 결혼 생활에서 그렇게 중요한 문제가 아니다"라고 했고 "그렇다고 그들이 자기 아내 사랑에 소홀한 것은 아니다"라고 너그럽게 말했다고 한다.

영국 할머니들 사이에는 여왕 부부와 관련해 아직도 많은 옛날이야기들이 전해 내려온다. 지금도 영국 할머니들은 "워낙 엘리자베스 여왕이 훌륭하고 필립 공을 사랑해서 그 바람쟁이를 데리고 살았지…"라고 말한다. 반면 여왕의 스캔들에 대해서는 "여왕은 그런 일을 벌일 만한 사람이 아니다"라고 단정적으로 말한다. "여왕은 언제나 필립 공을 진정으로 사랑했고 다른 생각을 절대 못했다"면서 필립 공도 한때의 바람기에도 불구하고 결국은 "여왕에 대해 절대적으로 헌신했고 지금도 하고 있다"고 이야기한다.

사실 두 사람이 장난치고 서로를 쳐다보는 눈길을 보면 저 사람들이 과연 금혼식을 한 사람들인가 의심이 들 정도로 사랑이 넘쳐난다고 측근들은 전한다. 그런 둘의 사랑은 가까운 사람들을 감동시켜 충성하게 만들기도 한다. 여왕은 항상 필립 공의 건강을 챙길뿐더러 '거친 스포츠(마차 경주)'를 하는 필립 공의 안위를 걱정한다고 알려져 있다. 실제 필립 공은 자신의 나이를 인식하지 못한 채 아직도 할 것이 많다고 생각하는 철부지의 측면이 있다. 심지어는 옛날 보디빌더들이 사용했던 스프링 근육운동 기구를 여행 가방에 넣고 다니기도 한다. 이를 두고 필립 공의 친구들은 "필립 공이 여왕에게 짐이 안 되게 하기 위해 자신의 체력을 챙긴다"고 말한다. "자신을 위해서가 아니라 아내를 위해서"라는 것이다. 필립의 친구들은 "힘든 시기를 지날 때도 서로 의지를 많이 했기 때문에 만일 지금 여왕이 필립 공을 잃는다면 아주 큰 상처가 될 것"이라고 한다. 흡사 대처 전 총리가 남편 데니스를 잃고 갑자기 치매가 진행된 것과 같은 현상이 나타나지나 않을지 걱정하는 투다.

필립 공은 실언으로도 유명하다. 그의 실언은 '왕실의 실언Royal Slip of Tongue'으로 불린다. 그중 하나는 중국을 방문해서 중국에 체류 중인 영국인들에게 "당신들 여기 너무 오래 있으면 안 된다. 잘못하면 중국 사람들처럼 찢어진 눈이 된다"고 한 말이다. 또 호주를 방문해서는 원주민들에게 "당신들은 아직도 서로에게 창을 던지고 전쟁을 벌이냐"고 묻기도 했고, 안내견을 데리고 다니는 시각장애인에게 "거식증 치료에는 개 잡아 먹는 것이 최고인 걸 아느냐"고 물어 주위 사람들을 경악하게 했고 실소를 자아내게 했다. 흡사 그는 '왕은 무염무치無厭無恥'라는 듯이 행동하고 있다.

변화와도 함께하는 영국의 여왕

이제 여왕도 시대의 변화에 맞추어 국민과 가까이하려고 노력을 한다. 여왕은 영국에 존재하는 무등록자 중 한 사람이다. 여왕은 아무 곳에도 신분과 관련된 등록을 하지 않는다. 여권도 없어서 해외 방문을 할 때는 입국 신고는 물론 비자도 안 받는다. 타고 다니는 자동차도 번호가 없다. 결국 사람이 아니라 신이라는 말이다. 어쨌든 아무런 등록을 하지 않는 여왕이 이제는 자진해서 세금을 낸다. 그렇게 해봐야 결국 그 돈이 돌고 돌아 왕실 유지비로 돌아가긴 하지만 그래도 형식은 밟는 셈이다. 왕실이 휴가를 가는 여름 두 달 동안 버킹엄 궁전을 개방해서 그 돈으로 윈저 성 화재 복구비를 댄다든지 하는 일도 결국은 국민과 가까워지고자 하는 바람에서 나온 것이다. 또 성별에 관계없이 먼저 난 자식이 차기 왕권을 이어받는 제도를 도입한 것도 그런 맥락에서 볼 수 있다.

영국에 오는 한국 손님들이 영국의 대표적 수출품이 뭐냐고 물으면 나는 "관광, 영어 그리고 여왕님"이라고 농 아닌 농을 한다. 여왕이 관광을 비롯한 영국 경제에 직접 기여하는 바는 무엄하게 숫자로 판단할 일은 아니라 해도 클 것임이 분명하다. 영국 하면 바로 엘리자베스 여왕이 떠오르기 때문이다. 그만큼 여왕은 지난 60년간 자신의 이름을 성공적으로 관리했다. 심지어 영국의 한 신문 칼럼은 '여왕의 브랜드 유지 및 마케팅 사례는 비즈니스 스쿨의 연구 대상'이라고까지 극찬하기도 했는데 아주 공감이 간다.

영국은 역사적으로 여왕이 통치하면 융성한다. 엘리자베스 1세 때는 찬란한 대영제국의 기초를 쌓았고, 앤 여왕 시대는 식민지 증대 등 국력이 신장한 대영제국의 내실 시기였다. 또 빅토리아 여왕은 대영제국의 최고점을 이루어 세계 최초의 만국박람회를 여는 등 전 세계에 식민지를 두는, 진정한 해가 지지 않는 제국을 만들었다. 한때 영국병을 앓으며 사라질 것 같던 영국이 다시 떠오르면서 재기한 것은 지금의 엘리자베스 여왕 시절이다. 내가 처음 영국에 도착한 때는 여왕, 여성 총리, 여성 시장, 여성 국회의장이 영국을 좌지우지할 때였다. 당시 한국에서 오신 한 분이 "영국은 음기가 강해서 여자들이 통치하면 잘된다"고 한 말이 기억난다.

> **Keyword 11 : 다이애나 전 세자빈**

다이애나 스펜서. 1961년 7월 1일 스펜서 가문의 후손으로 출생, 1997년 8월 31일 교통사고로 파리에서 사망. 웨일스 공 찰스의 전 아내로 웨일스 공작부인이며, 윌리엄 왕자와 해리 왕자의 친어머니. 2002년 BBC 주최 '위대한 영국인' 3위로 선정된 국민 여인.

영국인의 시간은
다이애나 이전과 이후로
나뉜다

세상은 항상 시대의 아이콘을 만들어내길 좋아한다. 없으면 만들어서라도 가져야 한다. 아이콘의 조건은 신비로운 이미지의 대중적 인물이어야 하며 눈에 띄는 용모이면서 시대를 거스르는 반항적인 면이 있으면 더 좋다. 그러다가 요절이라도 하면 미안한 말이긴 하지만 금상첨화다. 이렇게 해서 세인의 기억에 영원히 남아 있는 시대마다의 '비운의 별'들이 있다. 제임스 딘, 그레이스 켈리, 마릴린 먼로, 존 F. 케네디가 그들 중 일부다.

영국인으로 세계인의 가슴에 영원히 남아 있을 별은 누구일까? 두말할 것 없이 영국 왕실의 세자빈이었던 다이애나다. 다이애나는 앞에서 말한 비운의 별의 모든 조건을 다 갖추었다. 더군다나 다른 아이콘들과는 달리 만들어진 '미디어 귀족'이 아니라 진짜 귀족 출신 왕족, 거기다가 동화처럼 공주이니 신비스러운 이미지는 더욱 빛날 수밖에 없다.

세습 귀족 레이디에서 서민들에게 친숙한 왕실 귀족으로

보통은 다이애나를 신데렐라라고 말하는데 사실 그녀는 비천한 신분이다가 어느 날 갑자기 공주가 된 신데렐라가 아니다. 그녀는 영국에서 가장 오래된 세속 귀족 집안 중 하나인 스펜서 가문에서 태어났고 남동생이 집안 작위를 이어받아 백작이다. 찰스 왕세자와 결혼하기 전에도 이미 그녀는 '숙녀 다이애나 스펜서Lady Diana Spencer'였다. 단지 영국 왕권의 대통을 이을 세자에게 부여하는 '웨일스 왕자Prince of Wales' 작위를 가진 찰스와 결혼함으로써 '웨일스 공주Princess of Wales'로 '조금' 승격했을 뿐이다. 영국 귀족 중에는 자손에게 세습이 되는 귀족hereditary peer이 있고 자기 업적으로 작위를 받아 당대에서 끝나는 귀족life peer이 있다.

영국의 가장 오래된 공작 집안 출신인 윈스턴 처칠 총리는 원래 성이 처칠이 아니고 스펜서-처칠이다. 다이애나와는 일가라고도 볼 수 있다. 이렇게 다이애나는 대단한 귀족 집안 출신이다. 다이애나가 태어난 곳은 지금도 여왕이 여름휴가를 보내는 샌들링엄 영지 내의 파크하우스다. 당시 다이애나의 부모는 여왕에게 이 집을 빌려서 쓰고 있었다. 그래서 다이애나는 어릴 때 장래 시동생이 될 찰스의 동생들인 앤드루, 에드워드 왕자와 함께 놀았다. 다이애나의 장례식에서 왕가를 향해 쓴소리를 한 동생 스펜서 백작의 영세대모가 엘리자베스 여왕일 정도로 왕가와 집안끼리 가깝다.

다이애나 세자빈은 미모 또한 출중해 살았을 때는 뭇사람들의 사랑을 받았고 여인으로서는 아직 한창 아름다운 나이에 죽어서 오랫동안 잊히지 않고 있다. 다이애나가 살아 있었으면 지금 몇 살 정도 되었을 것 같으냐고 사람들에게 물어보면 대개 "사십을 갓 넘겼을 것"이라거나 심지어는 아직도 그녀가 죽을 때 나이인 서른여섯 살 정도로 생각하는 사람도 있다. 그녀가 지금 살아 있다면 쉰두 살이다. 이제 그녀의 맏아들 윌리엄이 결혼을 해서 아들을 낳아 다이애나는 살아 있으면 할머니로 불려야 한다. 다이애나와 할머니? 영원히 사람들의 기억 속에 금발의 아름다운 공주로 남은 다이애나와는 별로 어울릴 것 같지 않은 호칭이다. 그만큼 사람들의 뇌리에서 그녀는 아름답게만 남아 있다.

다이애나의 인기는 이런 외모나 조건 때문만은 아니었다. 사회 활동, 특히 자선 활동은 원래 왕족의 의무라고는 하지만 그녀는 유별나게 열중했다. 결혼 생활이 위기에 달하는 시점부터는 오로지 삶의 목적을 온통 여기에 둔 듯 하기까지 했다.

예쁘고 친절했던 故다이애나 세자빈

워낙 어린 나이인 스무 살에 그녀는 시집을 왔다. 다이애나가 나이에 비해 유난히 어려 보이는 형이라면 찰스는 나이보다 더 들어 보이고 또 그렇게 행동하는 중늙은이였다. 그래서 둘 사이에는 실제의 열세 살보다 배가 넘는 한 세대는 차이가 난다는 말이 있을 정도였다. 1985년 미국 방문 때 당시 영화배우 존 트라볼타에게 매달려 춤을 추면서 마냥 행복해하던 미드나이트 블루 드레스의 다이애나는 정말 철없는 어린애였다. 대영국의 세자빈이 아니라 인기 절정의 스타와 춤을 추는 일생일대의 영광을 잡은 평민 소녀가 감격해하는 표정 같았다.

찰스는 이런 철없는 어린 아내를 데려다만 놓았지 제대로 돌보지 않았다. 좋은 집안 출신이라고는 하나 왕족에 비할 바는 아니어서 특히 텃세가 심한 궁궐에서 마음을 못 붙였다. 왕족은 물론 궁내 사람 모두들 격식만 차리고 20대 소녀를 철없다고 무시만 했지 아무도 따뜻하게 챙겨주지 않았다. 거기다가 믿고 따라온 남편마저 냉대를 하고 상대를 안 해주니 그녀는 거식증도 걸리고 바깥으로 돌 수밖에 없었다. 그러다가 드디어 찰스가 카밀라와 다시 만난다는 소문이 들리면서부터는 다이애나는 거의 정상이 아니었다.

밖으로 나가면 예쁘고 친절한 젊은 세자빈은 인기 절정이었다. 더군다나 구석진 곳의 자신들의 삶에 관심을 가지고 찾아주니 사람들은 열광적으로 좋아했다. 원래 거만하고 차가운 다른 왕족들에 비해 따뜻하게 평민들을 대하니 그녀의 인기는 하늘을 찔렀다. 다른 유명 인사들과는 달리 그냥 의례적이 아닌 진심이 우러나오는 몸짓을 사람들이 모를 리 없었다. 궁 안에서는 전혀 취급을 못 받는데 밖에만 나가면 폭발적 인기를 누리니 어린 마음에 신이 났을 터였다. 그래서 자신을 진정으로 좋아하는 사람들을 대하는 언행에는 더욱 정성이 담기고 진정성을 띨 수밖에 없었다.

다이애나의 인기는 영국 왕족 중에서 누구도 따라갈 수 없을 만큼 최고였다. 과거 왕실 역사에서 이 정도의 인기를 누린 사람은 아무도 없었다. 그로 인해 당시 왕가에 대한 평가가 상당히 좋아진 것도 사실이다. 조지 왕자를 낳아 인기가 높아지고 있는 케이트도 아무리 잘해도 다이애나의 인기는 도저히 못 넘어 설 것이라 장담한다. 다이애나의 사람들로 하여금 경계를 무너뜨리는 백치미의 미모와 모두로부터 보호 본능을 일으키는 묘한 매력에는 도저히 못 따라갈 것이기 때문이다.

평민 취향의 반골

영국의 일반인들이 특히 다이애나를 좋아한 이유에는 그녀의 평민 취향을 동반한 반골 기질도 한몫한다. 두 왕자를 키우면서 그녀는 자신이 귀족임에도 왕가나 귀족들의 전통을 따르지 않고 일반인들이 자식 키우듯 했다. 보통 왕자는 어릴 때는 왕궁에서 개인 교습으로 교육을 받고 어느 정도 크면 외부 학교로 보내지는 것이 전통이었다. 그러나 다이애나는 유치원부터 외부로 보내기 시작했다. 상류층이 가는 특별한 명문 사립학교가 아닌 중산층이 가는 공립학교 같은 선착순 입학의 사립학교에 보내면서 그녀의 파격은 시작되었다. 아이들을 데리러 가거나 할 때 심지어 본인이 직접 운전을 하기도 했다. 옷차림도 동네 아줌마가 아이 학교 찾아가는 정도로 수수하게 입었다. 윌리엄을 한 팔에 안고 집에서 입는 평상복 같은 평범한 얇은 긴치마를 입어 햇빛에 속옷 입은 자태가 다 드러나 센세이션을 일으킨 유명한 사진도 사실 그런 복장이었다.

사람들은 신비로운 우상도 좋아하지만 의외로 이런 감히 범접 못할 사람이 자신들과 같은 행동을 할 때 더 친밀감을 느끼며 열광한다. 다이애나는 이런 일련의 행동으로 일반인들로 하여금 자신의 가까운 친구나 이웃같이 느끼게 만들어버렸다. 기존의 왕족 중에서 지금까지 한 번도 보지 못한 인물형이 나타났으니 대중이 그녀에게 쏟는 애정은 상상을 초월할 정도였다. 다이애나는 다른 왕족들과는 달리 자신의 아이들에게도 정말 헌신적인 어머니였다.

영국 왕실이나 귀족들이 자신의 부모에게 직접적인 사랑을 받아본 경우는 참 드물다. 모유를 먹고 큰다는 것은 더구나 들어본 적이 없는 일이었다. 낳자마자 하녀가 데리고 가 따로 키우면서 유모 젖을 먹고 큰다. 엄마는 공식적인 행사나 파티 같은 바깥일에 바쁘고 교육이나 예의범절 같은 일은 집사들의 소관이다. 자식에게 살가운 애정 표현을 한다든가 응석을 받아주는 일은 아이를 망치는 길이라 생각해서 금기 사항에 속했다. 이렇게 아이들은 부모의 애정을 못 받고 엄격하게 키워진다. 초등학교를 들어갈 나이가 되면 상류층 아이들은 자립심을 키운다는 이유로 퍼블릭 스쿨이라 불리는 전통 명문 기숙 사립학교에 입학한다. 퍼블릭 스쿨이란 명칭은 대개 수도원 부속학교로 출발한 사립학교들이 일반 신자들의 자녀를 받는다는 뜻에서 유래했다. 즉 신학생이 아닌 일반인public을 받는다는 의미에서 퍼블릭이라는 말이 붙게 된 것이다.

다이애나는 이런 지금까지의 왕가나 영국 상류층의 전통과는 달리 자신이 직접 아이들을 키우고 재우고 모유 수유를 고집했다. 학교도 무늬만 사립인 학교에 보내어 왕자들이 어릴 때부터 세상 사람들과 함께하는 방법을 가르쳤다. 그녀를 아주 강하게 비판하는 사람들조차도 다이애나가 "아주 헌신적이며 상상력이 풍부하고 아이들에게 애정 표현을 주저하지 않는 엄마"라는 점은 인정했다. 동시에 "아이들에 대한 결정을 찰스나 왕가에 부탁한 적도 없었다. 아이들의 이름도 직접 골랐고 왕가 유모도 거절하고 자신이 선택했다. 학교, 옷, 외출 계획 등도 누구에게 맡기지 않았고, 가능하면 아이들 학교도 손수 데려다 주곤 했다. 본인의 사회 활동도 되도록 왕자들의 일정에 맞춰 정하곤 했다"고 영국 언론은 썼다. 이런 새로운 형태의 왕가의 모자 관계를 귀족 출신인 다이애나가 시작한 데는 본인의 아웃사이더적인 평민 취향도 한몫했지만 그녀의 왕실에 대한 반항의 표현이었다는 분석도 있다.

사실 다이애나는 특이한 사람이었다. 귀족이되 평민 취향이 진했고, 왕족이되 왕가에 속하지 않은 것 같았다. 평민들 속에 있을 때 그녀는 더 편한 것 같았고 더 빛이 났다. 이렇게 묘하게 경계선상에 위치한 그녀였기에 오래된 왕실 전통을 따르지 않아도 별 말썽이 없었다. 아웃사이더가 사정을 모르고 깨는 것이 아님을 누구나 알 수 있었기 때문이다. 만일 평민 출신인 왕세손비 케이트 미들턴이 그런 일을 처음으로 벌였다면 훨씬 힘들었을 터이고 더 어려웠을지도 모른다. 그래서 다이애나는 아주 기가 막힌 때에 고루한 영국 왕실을 바꾼 개척자였던 셈이다.

똑똑한 귀족은 싫다

아름다운 미인으로 안타깝게 요절한 '미인' 다이애나에 대한 이야기는 모두 미화될 수밖에 없다. 심지어는 그녀의 아둔한 두뇌마저도 세자빈이나 여왕이 되기 위한 최상의 조건이라는 말로 미화된다. 물론 이는 미화가 아니고 재미있자고 하는 말이긴 하지만.

다이애나가 세자빈, 특히 여왕이 되기 위해 갖추었던 최고의 조건은 미모, 좋은 집안 출신, 스캔들 없었던 처녀 시절 같은 것들이 아니라 그녀의 머리였다. '군림하되 통치하지 않는 군주제'인 영국 왕이나 왕비는 적당히 나쁜 머리가 필수 사항이라는 말이 있다. 통치하지도 않는데 괜히 똑똑해봐야 말썽만 일으킨다는 것이다. 그냥 짜주는 일정에 따라 얼굴로만 웃으면서 정해진 대로 테이프나 끊고 (영국 여왕이 매년 국회에서 읽는 시정 연설처럼) 써준 내용을 읽기만 하는 데는 좋은 머리가 필요 없다는 뜻이다. 그런 식으로 보면 다이애나는 여왕감으로는 최고였다.

당시 영국 고등학교를 졸업하는 학생들이 보았던 학력고사 O 레벨 시험에서 다이애나는 하나도 통과하지 못했다. 보통 10과목 선택해서 과목당 60점 이상만 맞으면 D로 통과가 되는 것이다. 공부 좀 한다는 한국 교민 자녀들은 10과목 전체가 A이고 그중 반은 A+를 받을 정도로 그리 어려운 시험이 아니다. 그런데 다이애나는 놀랍게도 단 한 과목도 합격을 못했다. 본인은 이것을 부끄럽게 생각하지 않고 TV에 나와 깔깔대고 이야기하면서 즐거워했다. 하긴 유럽 귀족은 전쟁을 업으로 하던 무인들이고 머리로 벌어먹을 사람들이 아니며 영국 귀족 집안 자식들이 공부 못하거나 공부하지 않는 것을 흉보는 분위기도 아니다. 그렇긴 해도 좀 심하긴 했다. 실제 영국에서 가장 귀족학교라는 이튼스쿨 졸업생 중 많은 숫자가 대학 진학을 안 한다. 먹고사는 일이 자신의 머리에서 나와야 하는 중산층이 아니니 그럴 만도 하다. 그래서 다이애나가 자신의 성적을 부끄러워하지 않는 게 전혀 이상한 일도 아니다.

반면에 찰스 왕세자는 보기보다 똑똑해서 세속적인 일에 대해 자주 발언하는 바람에 정치인들이 별로 좋아하지 않고 경계까지 한다. 왕자일 때 발언도 문제지만 왕이 되어서까지 그러면 그 무게의 차원이 달라 정치적으로 상당히 어려운 문제를 야기할 수 있다. 차제에 다음 왕은 다이애나 때문에 국민들로부터 미움을 받는 늙은 찰스보다는 젊고 산뜻한 윌리엄이 더 낫지 않나 하면서 영국 정치권 조야에서 계산기를 두드린다.

스캔들에도 세상은 그녀를 놓지 않았다

다이애나 사망 10주년이 되던 해인 2007년 8월 31일, 마침 나는 당시 다이애나가 신혼 생활과 이혼 후 살았던 켄싱턴 궁 정문 근처에 갈 일이 있었다. 정문에는 그녀의 기일이면 언제나 그렇듯 꽃들이 놓여 있었는데 그 옆에 걸린 제법 큰 현수막이 눈길을 끌었다. "여왕의 만수무강을, 다이애나여 영원하라. 찰스 왕과 카밀라 왕비는 절대 안 돼!" 이걸 보니 먹고사는 일에 매이지 않아 좋기만 할 것 같은 왕세자 찰스의 삶도 그리 쉬운 일은 아닌 것 같았다.

다이애나 빈이 살았던 켄싱턴 궁 앞에 수북이 쌓여 있는 추모 편지와 꽃다발

사실 찰스 왕세자 측으로 봐서는 억울한 면도 없지 않다. 수십 년을 이어 온 카밀라와의 사랑, 세상에 맞서서 정말 죽을힘을 다해 다시 찾은 그 사랑을 세상은 인정을 안 해주니 말이다. 만일 카밀라가 다이애나의 반만큼만 예뻤어도 둘 다 이혼을 겪으면서 끝내 찾은 첫사랑의 결합이니 하면서 이들의 사랑을 세상은 세기의 사랑으로 만들었을 것이다. 그러나 다이애나는 죽을 때까지 찰스를 사랑했고, 그녀의 바람은 단순한 맞바람이 아님을 영국인들은 안다. 찰스의 사랑을 얻기 위한 비원과 애원의 몸부림이었다는 것을 말이다. 때문에 찰스와 카밀라 당사자들에게는 지고지순한 오래된 깊은 사랑도 아주 오랫동안 국민의 눈총을 받을 수밖에 없다.

다이애나와 승마 교사 제임스 휴잇 사이의 스캔들이 처음 터져 나왔을 때 사람들은 남편이 바람피운다고 자식까지 둔, 장차 왕비가 될 사람이 맞바람을 피웠느냐고 욕을 했었다. 사정을 알고 보니 다이애나의 바람보다는 찰스의 바람이 먼저였다. 모든 전기 작가들이나 주변 인물들이 하는 이야기는 그녀의 모든 행동은 찰스의 사랑을 다시 돌이키기 위한 '잘못된 시도이거나 삐뚤어진 반항'이었다는 것이었다.

그녀는 결국 평생 어느 남자로부터도 제대로 된 사랑이나 보호를 받아본 적이 없다. 제임스 휴잇도 나중에 둘의 이야기를 신문사에 팔아먹고 책까지 냈다. 심지어는 다이애나와 주고받은 정말 사적인 64장의 편지를 1000만 파운드(200억 원)에 팔려고까지 했었다. 파키스탄 출신 심장전문의 하스낫 칸과의 관계도 상당히 오래가고 진지했다고는 하나 종교적으로나 사회적인 문제 등으로 부담을 느낀 칸 박사가 먼저 결별을 선언하고 떠났다. 그리고 바로 만난 것이 세계 최고 백화점 해로즈의 당시 주인이자, 설기현 선수가 있던 풀햄 축구클럽 소유주 모하메드 알 파예드의 아들 도디 파예드이다.

다이애나 측근들에 따르면 다이애나는 이들 모두를 이용했을 뿐 결코 사랑한 것은 아니라고 한다. 이혼 후 만난 남자 이 두 사람이 다 백인이 아니며 무슬림이었다는 점도 흥미롭다. 그들을 선택한 이유가 왕실을 모욕하기 위해서였다는 말이다. 영국 국교 성공회의 수장이자 차기 왕의 어머니가 무슬림의 아내가 된다는, 영국으로서는 도저히 용납할 수 없는 치가 떨릴 정말 해괴한 사태가 일어날 상황이었다. 자신의 온몸을 불사르며 벌이는 기가 막힌 자폭의 복수가 되었을 것임에 틀림없다. 그래서 계속해서 영국 정보기관에 의한 다이애나 살해설이 나오고 있다. 살해설을 그냥 넘기기에는 아직도 현장 상황에 의문스러운 점이 너무 많다. 현장에 있던 4명 중 유일한 생존자인 다이애나의 경호원은 정말 편리하게도(?) 기억상실증에 걸려 아직도 아무것도 기억을 못하니 말이다. 한때 일부 기억이 되살아난다고 증언도 하고 했지만 결국 나중에는 지어낸 이야기라고 뒤집고 말아 정확한 사고의 상황은 아직도 오리무중이다.

미인박명이라고는 하지만 그래도 그녀의 일생이 너무 불쌍해서인지 그녀가 떠난 지 벌써 16년이 넘었는데도 세상은 그녀를 놓아주지 않는다. 다이애나를 벌써 보내기에는 그녀는 너무 아름답거나 그녀의 일생이 너무 슬퍼서인가 보다. 분명 영국인의 시간과 기억은 다이애나 이전과 이후로 갈린다.

Keyword 12 : 찰스 왕세자

웨일스 공 찰스. 1948년 11월 14일생, 본명 찰스 필립 아서 조지. 엘리자베스 2세 여왕의 장남이자 왕위 제1계승자. 다이애나 스펜서와 1981년 결혼, 1996년 이혼, 2005년 다이애나와 결혼하기 전부터의 오랜 연인 카밀라와 결혼. 정치에 관여하지 않는 여왕과 달리 다방면에서 거침없는 발언과 활발한 활동을 보이고 있다.

찰스 왕세자의 왕위 계승을 의심하는 이유

    2012년 10월 말, 찰스 왕세자의 왕위 계승에 대한 의구심을 더욱 부채질하는 일이 일어났다. 영국 언론 여기저기에 찰스의 '검은 거미 편지Black Spider Letter'라는 제목의 기사가 많이 등장했다. 찰스의 글씨가 하도 악필이라 '검은 거미'란 별명이 붙었을 뿐, 기사의 초점은 찰스의 편지 공개 여부를 다룬 재판 결과에 맞춰져 있었다.

    찰스 왕세자가 2004년 9월 1일부터 2005년 4월 1일 사이에 당시 토니 블레어 정부 7개 부처에 편지 27장을 보냈다. 그 내용 공개를 요구한 언론과 이를 거부하는 정부와의 7년간에 걸친 지루한 재판의 결과로, 2012년 9월 16일 법원은 편지를 공개하라고 판결했던 것이다. 이에 맞서 왕실과 내각을 대표한 변호사 격인 도미니크 그리브 검찰총장이 공개를 다시 거부해 소동이 일어났다.

가디언 기자의 오랜 투쟁

중도·진보 신문인 《가디언》의 로브 에반스 기자는 2000년에 제정된 '정보공개법FoI · Freedom of Information Act'에 근거해 2005년 찰스 왕세자의 편지 공개를 정부에 요구했다. 하지만 정부는 줄기차게 이를 거부했다. 결국 법원으로 가서 4년간의 심리 후 결국은 공개하라는 판결이 나온 것이다.

법원은 판결 이유로 "왕세자가 정부 각 부처에 거의 매주 편지를 보내어 행했던 로비 활동으로 보이는 행동을 정부가 보호하는 것은 법의 지나친 확대 해석이며 적절하지도 않다"고 하면서 "왕세자의 개인적인 로비 활동은 합법적이지 못하고 그래서 보호받을 수 없다"고 했다. 판결문은 또 "찰스가 정치적으로 중립을 지키는 한 통신의 보호를 받을 수 있을 뿐이지 특정 정책에 대해 호불호 표시를 했다면 그 내용의 공개는 엄청난 공공의 이해에 관련된 문제이므로 반드시 밝혀져야 한다"고 분명하게 적시했다. 그러나 3명의 판사는 판결문 끝에서 "일반인들이 찰스 왕세자에 대해 강한 지지를 보내지만 우리는 '법정 선서 말 그대로 두려움이나 호의, 호감, 적의 없이 감정에 좌우되지 않고 이 판결을 했다'"고 법 판결문으로서는 아주 이례적으로 '개인적이고 정치적인 변명'을 달아 그 문구 자체가 세간의 화제가 되고 코미디언들이 패러디하기도 해서 한때 유행하기도 했다.

이렇게 해서 사건이 일단락되는 듯했으나 그리브 검찰총장은 자신에게 주어진 적법한 권한을 이용해 이 법원의 결정을 거절했다. 그 이유로 편지에는 왕세자의 "아주 확고부동한 개인적 신념을 너무나도 솔직하게 표현했기 때문에 공개되지 않아야 할 특별한 경우"라고 설명했다. 만일 지극히 개인적인 소견을 밝힌 편지 내용이 밝혀진다면 정치적으로 중립을 취해야 할 왕세자로서의 중립적 입장이 심각하게 훼손된다고 했다. 그렇게 되면 장래 왕이 되더라도 결코 왕으로서 일할 수 있게 명성 회복이 제대로 되지 않을 가능성이 커서 공개를 거부한다고 했다. 그리고 이렇게 법원의 명령을 거부해서라도 앞으로 일어날 헌법적인 위기를 피해 갈 수밖에 없다고 변명했다.

사실 그리브 총장의 변명은 어불성설이다. 만일 공개해서 왕세자로서의 정치적 중립성에 심각한 훼손이 오고 그래서 차후에 왕으로서 일할 수 없을 정도라면 찰스가 그렇게 하지 말았어야 한다. 그렇게 심각한 내용이라면 앞으로 왕이 되었을 때 찰스의 발언에 더 큰 무게가 실리는데, 선출되지 않은 왕의 개인적인 의견이 정치에 반영되지 않는다고 보장할 수 없는 사태가 벌어지기 때문이다. 그런데도 검찰총장과 총리를 비롯한 정부는 공개를 결사반대한다.

영국은 참 대단한 나라다. 만민이 평등하다는 세상에 영국 왕실은 분명 법 위에 서 있는 셈이다. 그리고 영국 국민도 대단하다. 그런 검찰총장의 의견을 대다수가 지지해도 별 논란이 없다. 그래서 이에 격분한 가디언 기자의 투쟁은 이에 그치지 않고 고등법원, 심지어는 대법원까지 일반인의 관심도 못 끄는 외로운 투쟁을 끌고 갈 태세다. 공개 신청부터 여기까지 오는 데만 7년이 걸렸는데, 대법원의 최종 결정이 날 때까지 또 얼마나 걸릴지 누구도 모른다.

사실 이런 종류의 재판은 이 경우가 마지막이다. 2011년 1월 19일 영국은 공공기관과 왕가, 특히 여왕, 필립 공, 그리고 왕위를 이을 후계자 1, 2위, 즉 찰스 왕세자, 윌리엄 왕세손 사이의 통신은 정보공개법으로부터 완벽하게 예외적인 지위를 누린다는 예외 조항을 신설했기 때문이다. 왕실은 공공기관이 아니라 초법적인 지위를 지닌다는 뜻이다. 원칙적으로 왕은 사람이 아니라 여권도 없고 왕이 타는 차는 번호판도 없으니 영국 법으로는 틀린 이치가 아니다. 원래는 납세 의무도 없으나 여왕과 찰스 왕세자는 자발적으로 내고 있다. 이 예외 조항은 당시 여론조사로 실권이 확실시되던 토니 블레어 정부의 왕실에 대한 마지막 선물로 여겨지고 있다. 왕실은 좌파 성향인 노동당에 큰 빚을 진 셈이다. 영국 왕은 이제 법 위에 서 있는 것이 아니라 이 법의 제정으로 법 안에 있는 셈이 되었다. 왕실에 관해서는 영국에는 좌우가 없다. 영국 국민뿐만 아니라 영국 여야 정치인들도 참 대단하다.

아무런 반향을 못 내긴 했지만, 정부의 거부 결정에 당사자 가디언은 물론이고 다른 보수 언론도 한목소리로 비판을 했다. 평소 중도 진보지이면서도 가디언보다는 사안에 따라 약간 보수적인 신문 《인디펜던트》는 "편지를 공개한다고 해서 찰스의 정치적 중립성이 훼손되지 않는다는 것은 영어를 하는 사람들이라면 누구나 잘 이해한다. 그 반대로 편지 공개를 막으면 찰스로 하여금 자신이 원하는 대로 부적절한 영향을 여기저기 미치면서도 정치적인 중립을 지키고 있다고 착각하게 만들 뿐이다"라고 비판했다.

보수적인 《더 타임스》도 공개를 지지하고 나섰다. 이 신문은 이유를 이렇게 밝혔다. "판사들이 원래 공개를 명하는 판결을 한 이유는 재판에 나온 증거들이 찰스가 자신의 지위를 이용해 정부기관들에 영향을 끼치려고 했다는 사실이 분명하게 드러났기 때문이다. 이는 공공의 이해에 지대한 관련이 있는 일이고 그래서 찰스가 어떻게 정부기관에 영향을 미치려 했는지가 반드시 선명하게 공개되어야 한다."

논란의 검은 거미 편지 내용은?

물론 영국 지식인 계층에서 공개 거부를 공개적으로 지지하는 사람은 소수에 불과하다. 당시 왕실에 관한 예외 조항을 직접 만든 법무장관이었고 현재 야당인 노동당 국회의원 잭 스트로는 이 소수에 속한다. 그는 이렇게 주장했다. "우리가 매주 목요일 여왕과 총리가 하는 대화 내용을 알게 되면 참 좋겠지만 그 내용은 대외비가 되어야 할 분명한 이유가 있다. 그와 마찬가지로 왕세자와 정부 부처 간 편지 내용이 대외적으로 공개되는 것은 바람직하지 않다." 왕실 이해에 관한 한 영국에서는 이렇게 평소 철학에 어긋나는 원칙도 거침없이 주장한다. 놀랍게도 잭 스트로는 상당히 좌파적 시각을 가진 지적인 노동당 현직 정치인이다.

국가수반을 선거를 통해 선출하고 왕실을 폐지하자고 주장하는 단체 '리퍼블릭'의 그레이엄 스미스는 "찰스가 정부에 로비한다는 사실은 이미 누구나 다 아는 비밀이다. 그가 무엇을 로비하는지와 그래서 변경된 정책이 무엇인지를 알아야 하는 것이 우리가 원하는 권리"라고 말했다. 소수 엘리트 독자를 대상으로 하는 고급지들과는 달리 타블로이드 대중지 《선》은 이 사건을 한 꼭지의 아주 작은 뉴스 기사로만 다뤘다. 선을 읽는 일반 민초들에게는 아무런 관심거리가 아니라는 말이다. 이렇게 영국에는 아무리 큰 사건도 한 가지 사건이 모든 국민의 관심 사항이 되어 모든 신문을 일제히 뒤덮는 일은 정말 드물다.

찰스가 이런 편지 문제로 논란의 중심에 선 것은 이것이 처음은 아니다. 그동안 찰스가 여기저기에 보낸 편지가 언론에 흘러들어 세간의 관심을 적지 않게 끌었다. 예를 들면 미국 대통령 선거를 맞아 토니 블레어 총리에게 보낸 편지에서 이렇게 썼다고 누설된 적이 있다. "미국인들은 왜 저런 길고 비싼 선거를 치르는지 모르겠다. 내가 알기로는 미국인은 '좋은 시절(대영제국 시절)'을 그리워하는 것 같은데 무지몽매하고 불쌍한 미국인들을 위해 영국 총리가 미국 대통령이 되면 어떨지 모르겠다. 만일 아무도 안 한다 하면 내가 할 용의도 있는데"라고 해서 이를 읽은 사람들을 포복절도하게 하기도 했다.

찰스에게 비록 정치적 실권이 없을지는 몰라도 왕세자로부터 그런 편지를, 그것도 친필로 쓴 편지를 받으면 아무도 감히 무시하지 못한다고 정부 인사들은 실토한다. 어떤 식으로든 배려를 할 수밖에 없고 정히 안 되면 어느 정도는 노력하는 시늉이라도 하고 만다는 말이다. 이런 식으로 받는 사람이 압력을 느끼니, 찰스의 편지가 로비성 편지가 아니라 사안에 대해 자신도 국민의 한 사람으로서 단순히 개인적인 의견을 표시한 것이었다고 할 수가 없음은 자명한 일이다.

노동당 정부 토니 블레어 전 총리도 일반인의 선입관과는 달리 처음에는 찰스의 편지에 대해 매우 호의적이었고, 이런 밀월이 상당히 오랫동안 유지

되었다. 그러나 나중에는 너무 심한 찰스의 개입으로 블레어 총리가 "우리를 미치게 만든다"고 불평할 정도였다. 그리브 검찰총장은 "왕세자가 정치적 중립을 지키는 일은 영국 정치 골격의 초석과 같은 것이고, 만일 왕세자가 정부의 일개 정책을 반대한다고 여겨진다면 이는 장래 왕으로서의 위치를 지키는 데 아주 심각한 위협"이라고 했다. 그러면서도 그는 찰스가 장관들에게 자신의 관심 사항을 언급하는 일은 장차 왕이 되기 위한 자습의 교육 과정 중 하나라고 봐야 한다고 변호했다.

간섭하는 왕세자 VS 움직이는 왕세자

찰스 자신은 이에 대해 "내가 만일 이런 일이라도 열심히 하지 않으면 전혀 쓸모없는 인간처럼 비칠 것이고, 그러면 사람들은 나를 그냥 플레이보이로밖에 보지 않을 것이다"라고 친지들에게 토로했다. 그는 자신을 "간섭하는 왕세자"라며 냉소적인 자평도 하지만 "움직이게 하는 왕세자"라고 불리길 더 좋아한다. "내가 이 자리에 태어난 데는 어떤 목적이 분명 있는 듯하다"고 2010년 BBC 방송에서 말하기도 했다. 그러면서 찰스는 "나중에 우리의 손자들에게 '그때 이 일에 대해 강력하게 개입하지 왜 가만히 있었느냐'는 소리를 듣고 싶지 않다"고 했다.

찰스는 왕세자로서의 가장 중요한 일 중 하나가 공공 부서와 개인적으로 소통하는 일이라고 했다. 그는 또 "만일 내가 우리가 같이 세상을 바꿀 수 있는 일을 지적하지 않고 넘어간다면, 나는 미래 세대에나 세상에 왕으로서의 임무를 다하지 않은 셈이 된다"고 말했다. 역사에서 '가장 오랜 기간(65년) 기다리는 왕세자'로서 그동안 축적된 풍부한 경험과 지혜를 낭비하지 않겠다는 뜻이다.

다수의 영국인들은 이런 찰스의 생각에 지지를 보냈다. 여론조사에서 과반의 의견이 미래의 왕 '찰스 3세'(아직 공식적으로 정해진 바는 없다)는 '활동적인' 왕이 되기를 바란다고 조사되었다. 그런 경험과 지혜를 왕이 되었을 때 전통적인 BBC 크리스마스 연설과 총리와의 목요일 접견에서만 피력하지 말라는 주문이다. 만일 찰스 같은 위치에 있는 사람이 이곳저곳 다니면서 사람들에게서 들은 의견을 정부부처에 전달하지 않는다면 그것도 이상한 일이 아니겠느냐고 영국 국민들은 생각한다.

65년째 기다리는 미래의 왕 찰스와 카밀라

찰스가 왕위에 올라 이런 식으로 정부 일에 일일이 입을 뗀다면 매주 왕과의 목요 미팅에서 총리는 악몽을 꾸는 것같이 아주 힘들 것으로 예상된다. 토니 블레어 총리는, 입을 다물고 살기로 유명한 엘리자베스 여왕과의 목요일 대화도 하기 싫어서 심지어 한때 영국에 있으면서도 일부러 목요 미팅을 빼먹기도 했다. 불경스럽다는 일반 여론이 악화되자 다시는 그런 일이 없을 것이라고 천명했고 그 이후에는 잘 지켰다. 영국에서 가장 큰 권력을 가진 현직 총리도 별 말이 없는 여왕 앞에 불려 가 상당한 스트레스인 모양인데 일일이 '간섭하는 왕' 앞에서는 어떨지 참 궁금해진다.

왕위 계승의 장애 요인이 되다

대의정치의 원산지인 영국의 정치 원칙은 입헌군주제를 유지하면서도 선출되지 않은 왕은 "재위하되 통치하지 않는다" 혹은 대처의 남편 데니스처럼 "보이긴 하나 존재하지 않는" 그냥 상징적인 존재여야 한다. 그렇게 영국 정치 골격이 짜여 있었는데 왕이 갑자기 자신의 의견과 생각을 밝히기 시작하고 그것이 언론을 통해 밖으로 새어 나오면 영국 정치는 걷잡을 수 없는 혼돈에 빠져들 수밖에 없다. 왕의 그 의견에 국민들이 동의해도 문제고 반대해도 문제이기 때문이다.

사실 영국의 왕이 일일이 정사에 개입하지 않는 전통은 상당히 오래되었다. 귀족과 국민과의 투쟁에 밀려 권리장전이니 하는 식으로 정치적 이유에 의해 영국 왕이 오래전에 실권을 내놓기도 했지만 동시에 역사적인 요인도 있다. 11세기 초, 프랑스에서 건너온 정복왕 윌리엄 이후 오랫동안 영국 왕궁 내에서는 프랑스어가 공식어였고, 영국 왕이 프랑스에 더 많이 가 있던 적도 있었다. 민중의 희망으로 항상 등장하는 사자왕 리처드는 10년이란 재위기간 동안 십자군 전쟁에 열중해서 6개월만 영국에 있었을 뿐이다. 더욱이 앤 여왕이 후사가 없이 죽고 나서는 독일 하노버 왕가에서 왕을 모셔 와 시작된 18세기 130년간의 4대에 걸친 조지 왕 시대에 총리와 내각에 의한 대의정치가 본격적으로 시작되었다. 조지 1세의 경우는 갑자기 불려 와 영어가 안되어 신민들과 프랑스어로 대화를 할 수밖에 없었고 영국에 있는 시간보다는 독일에 가 있는 시간이 더 많았다. 그 뒤에는 신경쇠약이 걸린 조지 3세도 있어서 조지 2세 때 처음 생긴 수상을 위주로 정치인들에 의한 정치가 본격적으로 시작되어 현재의 영국 왕의 정치적인 위치가 거의 정해졌다.

지난 60년간 엘리자베스 2세 여왕은 영국 정치인들에게는 더할 나위 없는 최고의 여왕이었다. 좌파적인 시각의 책 《한국전쟁》을 써서 한국에서도 유명한 좌파 언론인 맥스 헤스팅스마저도 "지난 60년간 여왕의 가장 큰 업적은 자신의 개와 말에 대한 생각 말고는 어떠한 자신의 생각도 밖에서 모르게 한 것이다. 그렇게 함으로써 국민으로 하여금 여왕에 대해 각자 마음대로 감상을 가지게 만든 것이다. 그녀는 문제를 일으킬 어떤 의견도 표현한 적이 없다"고 말할 정도다.

결국 영국 왕은 그림자처럼 존재해야 한다는 말이다. 이런 여왕과는 달리 모든 일에 간섭하고 그것이 자신이 가지고 태어난 '신성한 의무'라고까지 믿는 찰스 왕세자가 아주 위험하고 놀랍다는 것이 찰스를 바라보는 정치계의 견해다. 만일 장래 왕이 모든 사안에 대해 '깊은 신념과 개인적 믿음'을 가지고 이를 자신의 정치적인 위치를 생각하지 않은 채 '구세주 같은 사명감에 찬 확신을 가지고 솔직하게' 발언한다면 영국 정치인들은 상당히 어려운 사태에 직면할 수밖에 없다. 특히 그 왕의 생각이 일반 국민에 의해 상당한 지지를 받아 국민의 여론을 등에 업고 정부 정책이나 지배층이나 기득권층의 이해와 직접적으로 상충된다면 말이다.

지금까지 찰스의 언행으로 보아 분명 그럴 가능성이 농후하다는 것이 영국 조야의 공통된 의견이다. 이 문제는 찰스의 왕위 계승에 이혼이나 너무 늙어서 즉위하는 나이 문제 같은 잘 알려진 문제 말고 일반인들이 잘 모르는, 그러나 가장 중요하고 큰 장애 요인이 될 듯하다.

설상가상으로 찰스의 관심 분야는 상당히 넓다. 케임브리지 대학교에서 그가 전공한 건축·문화인류학·역사에서 볼 수 있는 것처럼 건축에서부터 도심 개발, 빈곤, 도시계획, 환경, 농업, 예술, 의료 및 약품(특히 동종의학 관련), 군대에 이르기까지 관심이 다양하다. 전통문화 복원과 수공예품 제작 기술 보존에도 많은 노력을 기울인다. 심지어는 찰스왕세자재단에서 서울 광화문 복원 프로젝트 다큐멘터리 제작을 후원하기도 했다. 다큐멘터리 시사회가 런던에서 열렸을 때 찰스가 직접 참석했다. 당시 나도 운 좋게 초대를 받아 지근에서 찰스를 본 적이 있다. 해당 분야에 대해서는 관심만으로 그치는 것이 아니라 연간 거의 1000통의 편지를 써 보낸다. 그래서 이를 아는 사람들은 그는 편지를 쓰는 것이 아니고 생산해낸다는 비아냥거림과 함께 찰스의 거처인 클래런스 하우스를 '편지 공장'이라고까지 부른다.

그래도 많은 사람이 찰스의 관심과 우려와 건설적 아이디어를 좋아한다.

심지어 1999년 영국을 방문한 장쩌민 당시 중국 국가주석을 위한 연회에 의도적으로 참석하지 않아 논란을 일으킨 동시에 국민의 박수를 받은 적이 있다. 당시 행동을 토니 블레어는 "바보스럽다silly"고 아주 심한 단어를 쓰면서 비난했지만, 많은 영국 국민은 중국의 인권침해 사례에 대한 찰스의 강력한 반대 의사 표시에 "용감하고 적절한 행동"이라고 응원을 보냈다. 토니 블레어 정부 내에서도 뭐라고 말은 대놓고 하진 못했지만, 사실 중국의 인권유린 사태에 대해 불만이 팽배해 있던 시점이었기 때문에, 의도하지 않은 아주 기막힌 전략이었다고 칭찬하는 말을 내각 내에서는 한다는 이야기까지 있었다.

영국 언론이 자신의 편지 문제로 시끄러울 때, 찰스 왕세자 부부는 당시 흠뻑 빠져 있던 동종요법homeopathy 센터에서 휴식을 취하기 위해 일주일 일정으로 인도로 갔다.

영어에서 '기인eccentric' 이라는 말은 좋은 뜻보다는 시대에 뒤떨어지고 몽상적이면서 냉정한 현실에 적응하지 못하는 특이한 사람을 일컬을 때 주로 쓴다. 영국 언론들은 대놓고 찰스가 '기인' 이라고 말한다. 찰스는 히피 세대다. 찰스의 기호나 행동에서는 어쩐지 히피의 냄새가 난다. 해서 왕궁이 아닌, 궁 밖에서 태어났으면 머리를 길게 기르고 마리화나를 피웠을 젊은 찰스를 상상하는 것이 그리 어렵지 않을 듯하다. 동종요법을 비롯한 대체의학에 쏟는 관심, 유전자조작 식품에 대한 신경질적인 혐오, 원자력발전에 대한 일관된 반대와 그린 에너지 같은 신생 에너지에 쏟는 지대한 열정, 자연 개발과 현대식 건물에 대한 무조건적인 비판을 보면 딱 히피다. 이런 찰스의 기인 같은 모습은 각 정부 기관이나 재벌들로 하여금 고개를 절레절레 흔들게 만든다.

이런 것 말고도 찰스가 왕이 되지 못할 이유는 많다. 그래서 영국을 위한 최선의 선택은 여왕이 한 10년은 더 버텨주고, 이후 대권을 윌리엄이 물려받는 일이라는 말이 공공연하게 나돈다.

| Keyword 13 : 로열 베이비 |

케임브리지 조지 왕자. 2013년 7월 21일생, 본명 조지 알렉산더 루이스. 왕위 승계 순위 2위 윌리엄 왕자와 케이트 미들턴 사이에서 태어나 태어나자마자 왕위 서열 순위 3위가 되었다.

로열 베이비를
둘러싼 수없이 많은
이야기들

2013년 7월 22일 월요일 아침 케이트의 진통 소식이 전해지면서 영국은 숨을 죽이고 로열 베이비의 탄생을 기다렸다. 언론은 월요일을 '해산의 월요일Labour Monday'이라고까지 명명했다. 작년 케이트의 임신 소식으로부터 시작된 로열 베이비 붐은 관심 없는 사람들이 보면 정신병이라고 할 정도로 영국을 화끈하게 달구었다. 지난 10개월간 영국 언론 어느 신문에 하루라도 로열 베이비에 대한 기사가 안 나오면 이상할 정도였다. 2011년 4월 이 부부의 세기의 결혼식을 시작으로 이듬해 6~7월에 열렸던 엘리자베스 여왕 즉위 60주년 행사, 런던 올림픽 축제에 이은 또 다른 경사이니 그럴 만도 했다. 로열 베이비 출산과 관련한 각종 보도를 보면 영국은 법석의 정도를 지나 거의 극성이라고까지 해야 할 정도로 흠뻑 빠져 있었다.

임신과 함께 별별 베팅이 시작되다

일단 태어날 아기의 얼굴은 이미 흥밋거리도 아니었다. 왕세손비 케이트 공작부인의 임신 소식이 전해지자마자 태어나지도 않은 아기의 얼굴 예상도가 나돌아 영국인에게는 이미 익숙한 얼굴이 되어버렸다. 그다음 사람들의 초미의 관심은 아기의 성별, 해산일과 이름이었다.

우선 아기의 성별은 영국 언론의 표현대로 영국 내에서 '가장 잘 보호되고 있는 비밀'이었다. 왕세손 비서실은 "부부가 아기의 성별을 알려고 하지 않아 모른다"고 말했지만 '이 부부가 분명 공주라고 알고 있는 듯하다'는 설이 파다했었다. 케이트 공작부인이 공식 일정 중 곰 인형을 전달받고 "내 따…"이라고 말실수를 알아채고 뒷끝을 흐리긴 했지만 이것이 세상에 번개처럼 퍼져 나갔다. 하지만 삼촌인 해리가 가까운 친구들에게 '남자 조카'라고 말했다는 풍문까지 돌아 혼선을 부채질하기도 했었다. 케이트의 배 모양과 심한 입덧을 근거로 아들이라는 말도 나돌았다. 하지만 도박업자들 사이에서는 딸이 정설로 되어 있었다. 케이트 공작부인이 공식 행사에 핑크 코트를 입고 나와 아기의 성별에 대한 힌트를 넌지시 준 것 아니냐는 설까지 분분했었다. 부부가 마지막 달 같이 외출해 아기 방 벽지를 골랐는데, 아기 성별을 예측할 수 있는 핑크나 블루 대신 베이지와 브라운 컬러를 골라 사람들을 안달 나게 하기도 했다.

세상이 로열 베이비의 성별에 관심을 가졌던 이유는 단순한 흥미 때문만은 아니었다. 만일 아기가 여자라면 영국 역사상 처음으로 태어나자마자 왕위 계승권 3위에 오르는 첫 공주가 태어난다는 역사적 의의를 갖는다. 지금까지 영국 왕은 왕위를 계승할 아들이 없는 경우에만 딸이 왕위 승계를 하는 남자 상속 제도였다. 하지만 2012년 말 영국 왕실은 이 오랜 전통을 깨고 앞으로는 성별과 관련 없이 첫 아기가 왕위 계승을 한다는 칙령을 발표했고 영국 상하원은 승인을 했다. 영국 왕위 계승에 드디어 진정한 남녀평등의 조치가 취해진 것이다. 아직 영연방 국가들의 국회 추인이 남아 있어 공식화가 되지 않았을 뿐 영국 내에서는 이미 법 절차가 다 끝나서, 만일 공주가 태어났었다면 영국 역사상 처음으로 태어나자마자 다음 대권이 확실한 공주였을 터이다.

이제는 늑장을 부리던 영연방 국가들도 별로 서두를 이유가 없는 듯하다. 현재 왕이 되기를 기다리는 3대가 다 남자이기 때문에 향후 100년간은 걱정할 이유가 없기 때문이다. 조지 왕자가 그때가 되어서 왕위를 이어받을 수 있게 영국 왕위 제도가 남아 있을지 알 수 없는 일이기도 하고. 영국 왕은 국교 성공회의 수장이기 때문에 성공회 신자와 결혼하지 않으면 왕위 계승권을 포기해야 한다는 300년 넘은 규정마저 2013년 안에 바뀔 전망이다. 이렇게 되면 영국 왕위 계승법은 완벽하게 현대화되는 셈이다.

로열 베이비 해산일은 7월 15일이 유력했다. 결국 일주일도 더 넘겨 늑장꾸러기 아기가 태어났다. 사람들은 "만일 딸이라면 할머니인 다이애나 왕세자빈의 생일인 7월 1일에 태어나면 더 좋을 텐데"라고 부질없는 희망을 이야기하곤 했는데, 그런 세상 사람들의 희망에는 아랑곳없이 아기는 자기 일정대로 세상에 나왔다. 도박업자들의 확률은 7월 30일과 31일 사이가 40분의 1이고, 7월 17일과 18일 사이가 9분의 1이라고 했었다. 만일 맞히면 앞의 숫자, 즉 자기가 건 돈의 40배와 9배를 각각 줄 예정이었는데 다 허사가 되어버렸다.

이름도 관심사였다. 평소 별로 튀는 행동을 하지 않는 신중한 윌리엄 부부라 분명 요즘 유행인 특이한 이름 내신 딸일 경우 전통적인 엘리자베스, 빅토리아, 메리 같은 이름을 쓸 확률이 높다고 예상했었다. 아들일 경우에는 조지, 찰스, 필립, 제임스가 거론되었는데, 이번에 결정된 조지는 워낙 인기가 높아 당첨 배당이 2

로열 베이비 탄생 후 들뜬 분위기

배밖에 안 되었다. 그래도 도박업자들은 손님들에게 당했다고 울상이었다. 어떤 경우에도 중간 이름에는 다이애나가 들어갈 확률이 100퍼센트라 했는데 틀렸다. 굳이 아이 이름에 다이애나를 넣어 비극적으로 죽은 할머니와 연계시킬 일이 없다고 여긴 듯하다는 추측이다.

아이의 이름은 중간자를 할머니 알렉산더를 넣어 조지 알렉산더 루이스라고 지어졌다. 아이의 아버지인 윌리엄의 풀 네임은 윌리엄 아서 필립 루이스이고, 삼촌 해리는 헨리 찰스 앨버트 데이비드다. 해서 지금 아이가 왕이 될 때 이름에 대한 추측도 무성하다. 조지 왕, 알렉산더 왕, 루이스 왕 어느 것이 될 것인가라고. 도박업자들은 2014년 태어날 아이의 이름 중에 조지가 1등을 차지할 것을 도박거리로 내걸었다. 영국인은 정말 못 말린다.

로열 베이비를 둘러싼 도박은 이것으로 끝나지 않았다. 사람들은 별것에 다 베팅했다. 심지어는 아기의 눈과 머리 색깔에까지 돈을 걸었는데, 엄마의 금발을 닮을 것이라는 예상과 함께 붉은 머리, 갈색 머리일 가능성까지 거론되었다. 붉은 머리보다는 갈색이 더 승률이 높다고 했다. 그런데 로열 베이비는 머리가 너무 없이 태어나서 아직 색깔을 모른다. 영국 언론은 어떤 경우에도 아기가 아버지 윌리엄처럼 서른 살도 되기 전에 반대머리가 되는 불운만 닮지 않으면 좋겠다고 기원한다.

도박의 대상은 아기의 대부 대모가 누가 될지는 물론, 어떻게 기다렸다 확인할지는 몰라도 아기의 장래 직업, 진학할 대학교까지도 포함된다. 정말 로열 베이비에 대한 사람들의 관심의 끝이 어디까지인지 모를 지경이다. 도박업자들은 무려 100여 개 국가에서 로열 베이비를 둘러싼 갖가지 도박에 돈을 걸고 있고, 특히 캐나다와 호주에서 아주 많은 베팅이 들어온다고 싱글벙글이었다. 워낙 많은 사람들이 도박에 참가를 해서 맞히기만 하면 상당한 금액이 지불될 것이라는 설 때문에 더욱 많은 사람들이 돈을 걸었다. 로열 베이비 출산일까지 도박에 건 돈이 무려 6000만 파운드(1020억 원)를 넘어설 것이라는 예측까지 나오고 있었는데, 진통이 시작되었다는 뉴스가 나가자마자 도박업자들의 전화는 불이 났다. 한 도박 업체는 뉴스가 나가고 수시간 내에 5만 건의 새로운 판돈이 들어왔다. 지방 어느 한 지점에서만 한 시간 동안 3만 파운드(5100만 원)가 쏟아져 들어왔다고 한다.

영국 경제에 안겨준 로열 베이비 효과

로열 베이비가 영국 경제에 주는 도움은 물론 이것으로 끝나지 않는다. 출산을 기념한 각종 기념품 판매뿐만 아니라 일반인들의 축하 파티에 쓰일 샴페인, 바비큐 숯까지, 아기 엄마 케이트 공작부인의 행동을 따라하는 '케이트 효과'와 비교되는 '로열 베이비 효과'가 영국 경제에 2억600만 파운드(4400억 원)의 수익을 가져올 것이라는 전망도 나왔다. 왕실도 이 특수에서 손을 놓고 있지 않았다. 기념품 판매 수입 전액을 왕궁 건물 유지비로 사용하는 로열컬렉션재단에서 여왕 근위병 복장을 본뜬 아기 외출복과 잠옷을 내놓고 5만 원 수집용 약통, 7만 원 컵, 8만 원 접시, 35만 원 한정품 컵을 아기가 태어나자마자 팔기 시작했다. 찰스 왕세자가 운영하는 하이그로브재단에서는 아기 신발까지 팔았다. 아기 외가인 미들턴 가문에서도 자신들의 비즈니스인 파티용품 판매 품목에 아기용품을 보탰다.

1050만 파운드(178억 원)가 든 여왕 즉위 60주년 행사 때도 25만 명의 외국 관광객이 기념식을 보기 위해 영국을 찾아 영국 경제에 4300만 파운드(730억 원)의 도움을 주었다고 소비자 관련 연구소는 말했었다. 거의 4배 장사를 한 셈이다. 왕위 제도가 가지는 신비감이 영국 관광을 비롯해 영국 경제에 큰 영향을 끼친다는 점은 부인할 수 없다.

가까운 시일 안에 케이트 친정에서 있을 베이비 샤워에 쏟아질 선물에 대한 예측도 무성했었다. 소위 말하는 '로열 베이비 효과'의 첫 승자에 대한 예측인 셈이다. 이를 영국 언론은 '의도치 않은 왕실 납품 증명 효과'라고 부르기 시작했다. 요람, 유모차, 자전거는 물론 심지어 아기 이유식까지 어떤 브랜드가 베이비 샤워에 등장했는지 아직은 안 알려졌지만 계속 세인들의 초미의 관심사가 되었다. 아기가 퇴원할 때 자동차에 설치한 아기 안전의자는 상품명과 가격이 잽싸게 밝혀졌다. 80파운드(13만6000원) 하는 브리탁스 베이비 세이프 의자였는데, 실제 윌리엄이 아기를 데리고 레인지로버를 타고 캔싱턴 궁으로 가기 위해 퇴원할 때 보니 정확하게 그 모델이었다. 아주 평범하고 소박한 실용적인 의자를 골랐다.

31세의 동갑내기인 윌리엄 부부를 영국 언론들은 '아주 소박한 커플down to earth couple'이라고 평해왔다. 그래서 친척이나 친구들의 선물이나, 윌리엄 부부가 준비한 아기용품이 터무니없이 비싼 통속적인 명품일 확률은 아주 낮을 거라는 추측이었다. 그렇다고 평민들이 사용하는 '마더케어' 같은 일반 아기용품점에서 사지는 않았을 터였다. 영국의 왕족, 귀족을 비롯한 상류층의 사고방식은 외부인으로서는 쉽게 이해되지 않는 측면이 있다. 그들은 '자신들만의 상점'에서 물건을 산다. 굳이 더 비싸지도 않고 특이한 것도 아니다.

케이트가 아기 출산을 대비해 쇼핑한 물품들을 보면 영국 상류층이 선호하는 브랜드들이다. 이런 브랜드를 파는 상점들은 대량생산도 하지 않고 분점도 잘 내지 않아 영국 밖에서는 거의 찾아볼 수 없다. 지금은 다이애나의 죽음과 관련이 있어 영국 상류층의 선호 대상에서 멀어진 '세계 최고급 백화점' 해로즈 백화점도 런던 본점만 있을 뿐 영국 전역에 분점이 하나도 없다. 귀족들이 애용하는 이런 상점들이 일반 상점과 다른 점이 있다면 대개 '왕실 납품증Roayl Warrant'이 있다는 점이다. 간판이나 포장지에 여왕이나 찰스 왕세자 문장이 포함된 고풍스러운 휘장이 들어 있다. 최근 케이트가 쇼핑한 것으로 알려진 '조 말론' 목욕용품, '아스프리' 장신구, '스미스슨' 사무용품, '버너드 소프' 벽지, '더 화이트' 가정용품이 그런 것들이다.

케이트와 조지, 세상의 관심 속에서

케이트는 시어머니 다이애나 왕세자빈이 아들 윌리엄과 해리를 낳은 런던의 세인트메리 병원에서 해산했다. 은퇴한 69세의 저명한 산부인과 전문의가 병원으로 다시 돌아와 해산 과정을 감독했다.

케이트의 해산 방법도 단연 화젯거리였다. 자연분만은 물론 제왕절개, 자기최면 유도 출산 방식 등 온갖 방안이 세인의 입방아에 오르내렸다. '케이트는 너무 우아해서 힘을 주어 아이를 낳는 일반적인 자연분만 방법too posh to push은 쓰지 않을 것'이라는 말이 나왔다. 훈련을 통해 호르몬의 분출을 유도하여 분만의 고통을 줄이는 자기최면 유도 출산 방법이나 제왕절개 방법을 쓸 것이라는 예상이 팽배했었다. 결국 최면 유도법으로 해산을 했다는 보도가 나왔으나 공식적인 발표는 아니다. 현재 영국에서는 4분의 1 정도의 아기가 제왕절개로 태어난다. 1990년에는 제왕절개 비율이 전체의 12퍼센트에 불과했는데 현재는 배가 늘어났다. 케이트도 이 유행을 따를 것으로 보인다고 했는데 자연분만이었다. 도박업자들이 틀린 것이다.

윌리엄 부부의 육아 방법에 관해서도 벌써 관심이 집중되고 있다. 전통적으로 영국 상류층 부모들은 자신들 손으로 직접 자식을 키우지 않았다. 보통 거버너governor라 불리는 집사와 유모가 아이들을 키웠다. 영국 상류층 부모와 자식 간에는 피붙이로서의 따뜻한 정보다는 냉랭함이 감돈다. 아버지는 워낙 일에 파묻혀 있어 평소에 얼굴 보기도 힘들고 간혹 보더라도 아주 엄격한 부자 관계일 뿐이다. 어머니도 파티와 자선 행사 등 외부 일에 얽혀 아이들을 보살필 틈이 별로 없다. 영국 상류층은 초등학교 때부터 아이를 엄격하게 키우기 위해서 기숙 사립학교에 보내거나 집사들을 통해 교육시킨다.

이런 전통적 육아와 교육 방식을 다이애나 왕세자빈이 깼다. 평민 주부가 집에서 입는 속이 다 비치는 긴치마에 민소매 티셔츠 차림으로 차를 직접 운전해 아이들을 유치원에 데려다 주는 모습은 세상 사람들에게 큰 충격을 주었다. 다이애나는 자신이 귀족 출신임에도 이렇게 평민처럼 행동해 국민으로부터는 열광적 환영을 받았다. 하지만 왕족과 귀족들은 이런 행동을 철없는 튀는 행동으로 보았다.

모든 것이 다이애나와 비교되는 평민 출신의 케이트는 다이애나처럼 굳이 튀는 행동을 해서 왕실과 귀족 계급의 눈 밖에 날 이유는 없다고 판단한 듯하다. 너무 왕족적이지도, 동시에 평민적이지도 않게 중도의 길을 걷고 있다. 예컨대 '칩-시크Cheap-chic 패션'의 대표 격인 '톱숍' 같은 중저가 브랜드 옷을 적당하게 입어 세간의 칭송을 받기도 했고, 때론 공식 행사에 영국 톱디자이너 알렉산더 맥퀸의 옷을 입고 나와 균형을 맞추는 센스도 보여주었다. 영국 역사상 처음으로 대학을 나온 왕비감으로서 케이트는 지금까지 보여준 현명한 처신처럼 왕세증손의 교육도 굳이 한쪽으로 치우친 방식을 택하지 않으리라는 예상이 지배적이다. 분명 다이애나보다는 전통적 교육 방식을 쓰면서 거기다 현대적 방법을 추가하지 않을까 하는 전망이다.

이렇게 세상의 온갖 관심을 받고 태어나는 아기의 일생이 행복할 것인지, 아니면 불행할 것인지를 놓고도 입방아가 만만치 않았다. 자신을 안티 로열이라고 부를 수도 없을 만큼 왕실 일 자체에 무관심하다는 한 《가디언》 기자는 '차라리 이 아이가 여자로 태어나지 말고 남자로 태어나면 얼마나 행운일까' 하는 동정 어린 시선의 글을 썼었다. 태어날 아기가 만일 공주라면 다이애나의 손녀가 되어 자신의 엄마 케이트 못지않게 평생 다이애나와 모든 것이 비교되는 운명에서 벗어나지 못할 것이라는 이유에서였다. 이 아기가 만일 공주라면 '왕족의 푸른 피'에 '부의 은수저'를 입에 물고 태어나는 데다 손에 '왕권의 옥쇄'까지 쥐고 태어나는 셈인데도 그리 행복하지 않을 거라는 말이다. 결국 기자의 소망대로 다행히 왕자가 태어났다.

> **Keyword 14 : 로열 워런트**
>
> 왕실 물건 납품 업체에 수여하는 증서. 엘리자베스 여왕, 남편 필립 공, 아들 찰스 왕세자의 심사로 선정되며, 세 사람의 자필 서명이 들어간다.

로열 워런트로 왕실과 이어지다

2013년 7월 22일 영국 왕세증손 조지 왕자가 공작부인 케이트 엄마 품에 안겨 아버지 윌리엄 왕세손과 같이 사람들 앞에 나타났을 때 진한 기시감을 느꼈다. 31년 전인 1982년 6월 다이애나 왕세자빈과 찰스 왕세자가 그들의 첫 아이 윌리엄을 안고 사람들 앞에 나타났을 때와 너무 흡사했기 때문이다. 세인트 메리 병원, 린도 병동, 물방울무늬의 푸른색 원피스, GH 허트 & 선 메리노울 유아 영세 포까지 똑같았으니 말이다. 특히 케이트의 드레스는 다이애나의 것과 너무 흡사해서 깜짝 놀랄 정도였다. 사람들도 디자이너 제니 패컴이나 케이트가 다이애나의 드레스를 염두에 두고 만들었는지 궁금해했다.

의도한 보증 선전, 로열 워런트

다이애나가 출산할 당시는 인터넷이란 것이 등장하지도 않았고 언론도 지금처럼 극성을 피우지 않았다. 해서 아기 윌리엄을 감싼 포대기나 속싸개가 누구 것이니 하는 법석도 없었다. 하지만 이번은 달랐다. 충분히 예상했던 대로 로열 베이비로 인한 '의도하지 않았던 보증 선전unintended endorsement' 이 난무했다.

아기를 첫선을 보일 때 케이트가 입은 옷부터 유아 영세 포, 속싸개 담요까지 모든 용품이 관심의 폭풍에 휩싸였다. 영국제 유아 영세 포는 해당 업체 제품을 왕가에서 오래전부터 써왔기 때문에 충분히 예상할 수 있었는데도 소위 말하는 '로열 베이비 전문가'들이 왜 관심 품목에서 놓쳤는지 모르겠다고 라디오 진행자들이 빈정거렸다. 또 모든 상품 선택에 영국산 제품을 최우선 순위에 두던 케이트가 왜 미국산 아기 속싸개 담요를 썼는지도 사람들은 궁금해했다. 영국 최고의 요리사 제이미 올리버와 미국 영화배우 제시카 알바가 사용했다는 담요를, 케이트와 가까운 누군가가 선물해서 쓴 것이라는 변명도 나왔다. 해당 업체들은 주문이 폭주해서 웹사이트가 마비될 지경이라고 입을 다물지 못한 채 싱글벙글했다.

영국 왕실은 이렇게 충분히 예상 가능한 '의도하지 않은 보증 선전'을 피하기 위해 아예 정식 제도를 만들어 '의도한 보증 선전'을 해준다. 소위 말하는 '로열 워런트'라는 제도이다. 엘리자베스 여왕, 여왕 남편 필립 공, 왕세자 찰스 3명이 자신들에게 물건을 납품하는 업체들을 심사해 자필 서명이 된 증서를 수여한다. 왕족에게 납품하는 업자들의 노고와 수고를 치하하는 의미로 시작되었다. 왕족은 어떤 물건을 쓰고, 무엇을 먹고 사는가 하는 일반인의 궁금증을 풀 수 있는 좋은 방법이기도 하다.

로열 워런트에 대한 우리말 해석은 정말 여러 가지다. 인터넷을 뒤져보니 '영국 왕실 어용달御用達, 왕실 물품 납품 업체 증서, 왕실 인증 브랜드, 왕실 보증서, 왕실 문양, 왕실 품질 보증서, 왕실 품질보증 훈장, 왕실 조달 허가증' 등 각양각색이다. 이 중 잘못된 것부터 골라보면 '왕실 인증 브랜드, 왕실 보증서, 왕실 품질 보증서, 왕실 품질보증 훈장'이 있다. 로열 워런트에 대한 잘못된 해석을 바탕으로 했기 때문이다. 로열 워런트는 왕족이 제품의 품질을 보증하는 것이 아니다. 단지 자신의 기호에 맞아 물품을 선택했고, 써보니 좋아서 계속 쓴다는 뜻이다. 해당 제품이 다른 제품들과 비교해서 품질이 더 뛰어나다는 보증이 절대 아니다. 그래서 가장 정확하게 원뜻에 접근하는 단어는 '왕실 물품 납품 업체증'이라고 해야 할 듯하다.

로열 워런트 문양

1155년부터 있었던 일들

이 제도는 아주 오랜 역사를 가지고 있다. '로열 워런트 소지자 협회The Royal Warrant Holders Association'의 웹사이트에 따르면 1155년 헨리 2세가 처음으로 이런 종류의 칭호를 수여했다. 현재와 같은 제도는 빅토리아 여왕의 삼촌 조지 4세에 의해 시작되었다. 헨리 8세는 백조와 학 같은 야생 조류를 돌보았다 해서 '왕실 봉사Serve the Court'라는 로열 워런트 칭호를 수여했다고 한다. 심지어 찰스 2세는 도검 제작자, 치아 치료사, 핀 제작자, 두더지 사냥꾼, 카드 제작자, 쥐잡이에게까지 왕실 업자라는 증명을 해주었다.

상인들이 자기들 상점과 사무용지에 로열 워런트 칭호를 부여받기 위해 애쓰기 시작한 것은 18세기 들어서이다. 이런 분위기에 본격적으로 불을 붙인 왕은 빅토리아 여왕이다. 그녀는 64년간 재위하면서 1000개가 넘는 로열 워런트를 남발했다. 이 제도를 만든 조지 4세보다 8배나 더 많다. 그때 처음 주어진 워런트 중 지금도 자격을 유지하고 있는 업체는 포트넘 & 메이슨 백화점, 슈웨페 음료, 트위닝 홍차다. 포트넘 & 메이슨 백화점이 1863년에 받았으니 딱 150년이다. 이렇게 100년도 더 넘은 워런트가 많다.

로열 워런트는 물건을 제공하는 상인이나 수공업자에게만 수여된다. 변호사, 회계사 같은 전문가들이나 직업 중개업자, 파티 플래너, 미디어 혹은 식당, 펍, 극장 같은 경우는 해당이 안 된다. 왕궁에 직접 물건을 대야 하기 때문에 워런트 소지자들의 상점들이나 공장들은 대개 왕궁 근처에 많다. 5개 협회 지부도 다 왕궁 근처에 있다.

지금까지 로열 워런트는 850개의 회사와 개인에게 수여되었는데, 이 중 외국 회사는 몇 개 되지 않는다. 그중에서 삼성전자가 가전제품, 특히 스마트 TV로 2012년 로열 워런트를 획득했다. 로열 워런트를 신청하기 위해서는 지난 5년간 왕실에 물건을 납품한 실적이 있어야 한다. 왕실청에 신청을 하면, 궁내 장관Lord Chamberlain이 위원장인 로열하우스홀드 워런트 위원회가 추천 여부를 정한다. 이런 절차를 밟아 최종적으로 해당 왕족이 서명을 한다. 최종적인 결정은 순전히 왕족 개인이 하는 셈이다.

물건은 반드시 왕족이 개인적으로 사용해야 하는 것은 아니다. 궁을 방문하는 손님들을 위해 납품된 것도 해당된다. 예를 들어 시가나 담배의 경우는 1999년 건강 문제로 로열 워런트 대상 품목에서 취소됐지만 그전에도 왕족이 피운 것은 아니다.

로열 워런트를 받았다는 사실은 해당 회사나 개인으로 봐서는 영광이고 특혜다. 왕족이 사용하는 물건이니 품질은 더할 나위 없다고 보증이 되는 셈이다. 영국 왕실이 사용하니 영국 상류층도 사용할 것은 분명하다. 결국 영국 최고의 물건 중 하나가 되는 셈이다. 물론 해당 왕족이 무조건 이 업체의 물건만 사용해야 한다는 의미는 아니다. 동시에 업체가 왕족에게서 특혜를 받았으니 물건을 무상으로 증여해야 한다는 의미도 아니다.

로열 워런트 신청은 매년 5월 말에 마감되는데, 매년 20~30개 업체가 탈락하고 그 숫자만큼이 새로 선정된다. 세계 최고급 해로즈 백화점의 경우 소유주 모하메드 알 파예드의 여러 가지 스캔들과 그의 아들 도디와 다이애나의 사망 사건 등에 얽혀 오래전 로열 워런트를 잃어버렸다. 해서 백화점 외부 벽에 자랑스럽게 걸려 있던 워런트 상징을 내리는 사진이 영국 언론을 장식한 적도 있었고, 워런트 지정 취소 후 워런트가 불길하다고 소유주 알 파예드가 직접 태웠다는 기사도 나왔다.

영국 여왕, 필립 공과 찰스 왕세자 3명 모두의 로열 워런트를 가진 업체는 재규어, 랜드로버 자동차를 비롯해 바버(아웃도어 용품), 하차드(서점), 제너럴 트레이딩(일상용품) 등 8개 업체이다. 이외에도 오스틴 리드, 닥스, 지브스 & 혹스같이 알려진 의류업체부터 전혀 안 알려진 각종 물건 수공업자들까지 다양하다. 이런 업체들은 왕실물품납품업자협회 웹사이트(www.royalwarrant.org)에 보면 상세하게 나온다.

로열 워런트를 살피면 상류층 생활상이 보인다

로열 워런트가 영국에만 있는 것은 아니다. 현재 왕위 제도가 있는 네덜란드, 벨기에, 덴마크, 스페인, 모나코, 스웨덴에도 있다. 심지어 왕 제도가 오래전에 없어진 러시아, 헝가리에도 아직 남아 있다. 어떤 경로를 거쳐 누가 주는지는 알려져 있지 않지만 해당 업체들은 자신들이 과거 왕족들로부터 워런트를 받았다고 선전을 한다. 일본, 태국에도 있고 바바리아, 프로이센같이 완전히 없어진 나라의 것도 있다. 브라질처럼 왕위 제도가 있었는지 불분명한 나라에도 있다.

이런 워런트 업체들을 살피다 보면 영국 상류층의 생활상이 어렴풋이 보인다. 영국 상류층이 이용하는 브랜드나 상점들은 소위 말하는 하이스트리트 명품들이 아니다. 사치의 대명사인 이탈리아나 프랑스제 디자이너 명품은 들어 있지 않다. 영국의 오래되고 전통 있는 업체들이 수공업 수준으로 만드는 제품이 주를 이룬다. 특히 신사 의류의 경우는 런던 시내 세빌로 거리의 맞춤 양복점들이 대부분이다. 이 양복점들은 신사 양복만이 아니고 오랫동안 왕족이나 귀족들의 공식 행사용 제복도 만들어왔다. 거래 손님의 몸 치수와 옷본을 가지고 있기 때문에 몸무게의 변화가 없으면 굳이 상점에 와서 옷을 맞출 필요가 없다. 옷감 견본 북을 우편으로 보내고 그중에서 고르면 1차 재단을 해 기술자가 들고 집으로 가 두 번 가봉을 한 뒤 제작한다. 거의 사이즈에 변화가 없는 신발은 더더욱 쉬운 편이고 식품 같은 것은 굳이 주문하지 않아도 정기적으로 알아서 배달이 된다.

대개의 업체들은 수공업 형태를 취하기 때문에 지점도 없다. 또한 주문이 밀려도 절대 생산량을 늘리지 않는다. 주문이 밀리면 결국 손님을 오래 기다리게 한다는 말인데, 그때 오랜 단골 고객을 새로운 고객보다 우선순위에 둘 것임은 굳이 따져보지 않더라도 알 수 있다. 나 역시 한국 업체의 요청으로 워런트 업체와 몇 번 접촉을 해본 적이 있지만 빤하게 비즈니스의 기회가 있는데도 생산량을 늘리지 않는다는 자신들의 원칙을 변경하지 않아 결국 거래를 성사시키지 못한 경험이 있다.

로열 워런트로 전통을 즐기는 사람들

왕족이 먹고 마시고 입는 상품이라고 일반인의 접근이 전혀 불가능한 것은 아니다. 그리고 그런 물건들이 일반 상점에서 파는 것과 엄청나게 차이가 나는 것도 아니다. 단지 일반인들이 협회 웹사이트를 보고 해당 업체에 주문을 해도 이런저런 이유로 물건을 손에 넣기가 쉽지 않을 뿐이다. 단순히 수요가 공급을 못 따라서일 수도 있고, 해당 업체가 단골이 아니면 물건을 안 주기 때문일 수도 있다. 더욱이 영국 일반인들은 왕족이 쓰는 물건이라고 우르르 몰려가 주문하지도 않는다. 현재 붐이 일고 있는 로열 베이비 품목들을 주문하는 사람들도 대다수는 외국인일 것이라고 생각한다.

워런트 물품들의 특징을 한마디로 표현하면 '단순하고 순수하다'라고 할 수밖에 없다. 디자인이 화려하지 않고 품위가 있으며 유행과 상관이 없어 오랜 세월 변하지 않는다. 일례로 영국 남자의 패션은 참 어렵다. 영국 남자는 멋을 부리고 옷에 신경 쓰는 티를 내지 않으면서 은근하게 멋을 부려야 한다. 남자가 너무 패션에 민감하거나 눈에 띄는 옷을 입고 다니면 은근히 왕따를 당하거나 게이로 오해받기 십상이다.

영국 세빌로 거리의 옷은 원래 허리가 들어가서 몸에 딱 맞는 형태였다. 소매는 좁고 길이를 짧게 만들어 와이셔츠 끝이 조금 보여야 하는 식이었다. 여유 있게 만들어진 넉넉한 이탈리아 스타일 양복이 세계에서 유행할 때도 영국 신사들은 작은 옷을 억지로 입은 듯한 영국식 양복을 입고 다녔다. 이렇게 영국인들은 남이 뭐라고 하건 자신들의 것만으로 살아왔다. 할아버지가 차던 시계를 차고 아버지가 읽던 신문을 보면서 어릴 때 먹던 브랜드의 소시지와 잼을 먹으면서 산다. 로열 워런트 업체들은 왕족만이 아니라 이렇게 전통을 즐기는 영국인들을 대상으로도 장사를 한다.

로열 워런트가 있는 일반 상품들처럼 영국은 슈퍼마켓도 계급에 따라 가는 곳이 다르다. 자신의 계급 수준이 아닌 슈퍼마켓에 가면 왠지 주눅이 들고 불편한 느낌이 든다고 한다. 일반인이 가는 슈퍼마켓이 테스코, 아스다, 모리슨 같은 곳이고 세인즈버리는 그보다는 조금 고급이다. 웨이트로즈와 막스 & 스펜서는 중산층 이상이 식품을 사러 가는 곳으로 되어 있다. 그중에서도 웨이트로즈는 자신들의 정책을 바꾸지 않고 일관되게 영국식 장사를 하는 곳으로 유명하다. 1904년에 설립되어 현재 시장점유율(4.9퍼센트) 6위의 슈퍼마켓이다. 시장점유율을 높이기 위해 광고를 한다든지 저가 품목을 개발해 내놓는 식의 마케팅은 하지 않는다. 품목도 식품 이외에는 거의 취급하지 않는다. 철학 자체가 '좋은 음식이 싸기까지 할 필요는 없다' 는 식이어서 식품 품질도 좋고 품목도 잘 골라놓아 중산층 이상의 손님이 조금 비싸도 감수하고 사 간다. 매출 총액 대비 유기농 식품 비율이 가장 많은 슈퍼마켓이기도 하다.

품격을 지키는 왕실의 상업 활동

'더치 오리지널Duchy Original' 이라는 상표의 제품들은 특히 공급이 달려도 생산을 늘리지 않는다는 영국식 장사 철학에 투철하다. '더치 오리지널' 은 찰스 왕세자가 1990년 설립해서 2010년 웨이트로즈에 인수되기 전까지 자신이 거의 직접 운영하다시피 한 식품 회사이다. 자신의 행동 신조인 '자연', '환경', '보존' 과 유기농업에 대한 관심이 찰스 왕세자로 하여금 급기야는 장사에 직접 개입하게 만들었다. 검은색 바탕에 황금색 왕관과 방패 옆에 '공작' 이란 뜻의 'Duchy' 가 새겨진 상표는 아주 강렬한 인상을 준다. 유기농법 생산 품목, 방목 축산물 같은 지속 가능성을 고려한 농산물과 친환경을 염두에 두고 생산한 제품들을 주로 취급한다.

찰스 왕세자는 영국 남서부 지방 콘월 공작이기도 하다. 때문에 더치 오리지널은 공장 지대나 대도시가 없어 깨끗하고 맑은 콘월 지방에서 자라고 키운 농축산물을 원료로 많이 사용한다. 찰스 스스로 자신이 평소 즐겨 먹는 식품이라고 강조를 해왔다. 웨이트로즈가 인수하기 전에는 맥주, 과자, 육류 등을 비롯해 200여 종을 생산했는데 너무 친환경적이고 유기농 관련 식품이라서 맛이 별로 없다는 평이 많았다.

그래서인지 더치 오리지널은 오랜 기간 적자를 보다 2010년 웨이트로즈에 인수되었다. 당시의 세평은 찰스의 더치 오리지널이 추구하는 철학과 순수 영국 회사 존 루이스의 자회사인 웨이트로즈가 찰떡궁합이라는 식이었다. 웨이트로즈는 종업원 지주회사여서 회사 이익이 주주에게 가는 것이 아니라 '파트너'라 불리는 종업원들에게 돌아간다. 그러니 찰스로서도 마음에 쏙 든 매각 대상이었을 듯하다.

찰스 왕세자의 세상사에 대한 적극적인 개입은 이런 유기농법, 친환경뿐만이 아니다. 대체의학과 대체약품을 영국 국가의료보험제도NHS: National Health Service에 포함시키고자 하는 노력도 보통이 아니다. 심지어는 1993년 자신이 직접 대체의학 관련 단체(Foundation for Integrated Health)를 만들어 활동하기도 했다. 직원의 횡령 문제로 폐쇄되긴 했지만 찰스 왕세자는 대체의학과 약품의 강한 후원자로 남아 있다. 찰스는 감기, 소화, 우울증에 효과가 있는 약초로 만든 대체의약품을 더치 오리지널 상표로 만들어 시장에 내놓기도 했다.

찰스 왕세자의 상업적인 시도는 이뿐만 아니다. 자신의 별장인 하이그로브의 텃밭에서 생산되는 채소를 파는 가게도 열었다가 실패했다. 이후 다시 하이그로브란 이름으로 별장 근처 아름다운 시골 마을 테트버리에 일상용품 판매 가게를 냈다. 온라인 숍(highgoveshop.com)에도 상당히 다양한 상품들이 있다.

왕실의 상업 활동은 찰스 왕세자만 하는 건 아니다. 왕실 수집 미술품을 보관, 관리, 전시하는 로열 컬렉션(royalcollectionshop.co.uk)도 다양한 상품을 내놓고 있다. 대개가 기념품들인데, 최근의 로열 베이비 붐 때문인지 유아용품을 본뜬 물건도 많다. 상품이 워낙 다양하고 가격도 물건에 비해 별로 비싸지 않다. 언뜻 보면 여왕 문장이 화려하게 들어가 있어 왕실에서 직접 사용하는 것처럼 보여 관광객들에게 인기가 높다.

톨러런스와 실용 사이

Keyword 15 : 상극의 것들

젠틀맨과 훌리건, 귀족과 서민, 의회 민주정치와 왕정, 전통의식과 반문화…. 상반되는 것들이 어울려 영국을 이룬다.

상극의 것들이
조화를 이루다

영국은 양극성의 사회다. 전혀 어울릴 것 같지 않은 것들이 혼재해 있다. 젠틀맨과 축구 훌리건은 한때 영국인의 유명한 대명사였다. 의회 민주정치가 세계에서 가장 발달했으면서도 국민의 70퍼센트가 왕정을 찬성한다. 미니스커트, 펑크, 비틀즈 같은 반反문화의 발상지이면서 아직도 수백 년 된 전통의식을 권위와 위엄으로 가득 찬 예복을 입고 애지중지하며 지킨다. 봉건시대가 언제 적 이야기인데 오늘도 일상 순간순간에서 계급의 존재를 느껴야만 한다. 계급에 따라 영어의 억양과 단어, 심지어 먹고 마시고 보는 TV 프로그램마저 달라 완전히 서로 외국인같이 느끼는 사람들이 한나라 안에 같이 산다. 그러면서도 '계층 간 괴리감'이나 '국민적 위화감'이니 하는 말이 전혀 안 나오는 묘한 나라가 영국이다. 동시에 존재할 수 없을 상극인 것들이 역작용을 하는 것이 아니라 자연스럽게 조화를 이루고 상호 보완을 해서 차라리 다양한 사회적 스펙트럼을 만들어내는 순작용을 하는 특이한 나라이다.

엉뚱하고 못나고 이상해도 오리지널 아이디어

영국은 사립학교를 통해 몰개성화된 관리자형의 지도자를 만들어냈다. 근엄하게 행동하고 냉철하게 판단하는 '기득권 제도 인간형' 들은 결코 기존의 관념을 뒤집는 새로운 가치를 만들어내지 못한다. 현존하는 제도나 가치를 보존하고 관리할 뿐이다. 영국에서 새로운 가치를 만들어내는 계층은 항상 서민들이다. 그들에게는 지켜야 할 것이 없어 기존의 가치에 얽매이지 않고 자유로워서 새로운 시도에 용감하다.

현재 영국 문화를 끌고 가는 이들은 모두 노동자 계급을 비롯한 서민의 자식들이다. 패션계에는 미니스커트를 디자인한 메리 퀀트, 비비안 웨스트우드, 폴 스미스가 있고 화가들로는 루시안 프로이트, 데미안 허스트, 프랜시스 베이컨, 데이비드 호크니가 있다. 이들은 이민자, 광부, 자동차 기술자, 말 사육사의 아들이다. 비틀즈, 롤링스톤스로 시작되어 스웨이드, 블러, 오아시스, 스톤 로지스, 펄프, 라디오헤드, 콜드플레이로 이어 내려오는 세계인이 사랑하는 '브릿 팝Brit Pop' 도 모두 서민의 자녀들이 만들어왔다.

한국 교육의 목표가 '남보다 뛰어나게' 라면 영국 교육은 '남과 다르

코벤트 가든의 거리 공연. '남과 다르게' 주체적으로 길러진 아이들이 새로운 것들을 만들어낸다.

게'이다. 영국에서 아이 둘을 키워서 대학교까지 마치게 하고 보니 영국과 한국 교육의 차이가 보인다. '남과 다르게'라는 말은 남과 다른 너만의 생각으로 새로운 것을 만들어내라는 말이다. 모방이나 인용이 아니라 오리지널한, 즉 독창적인 생각이어야 한다. 영국에서 살면서 많이 듣는 말 중 하나가 '오리지널 아이디어'이다. 오리지널 아이디어는 어딘가에 있는, 혹은 언젠가 있었던 말이나 생각이 아니다. 아무리 엉뚱하고 못나고 이상한 아이디어라도 지금까지 한 번도 없었던, 본인이 만든 오리지널 아이디어라면 높게 쳐준다.

스스로 찾고 연구하고 만들어라

영국인은 어릴 때부터 자신이 자료를 찾아보고 연구해서 과제를 만드는 과정을 중요하게 가르친다. 일찍부터 이런 훈련을 해온 영국인이 모든 일에 결과뿐만 아니라 과정이 더 중요하다고 여기는 것은 당연하다. 이런 영국 교육이 결과만으로 평가받아온 한국 유학생들을 곤혹스럽게 만든다.

한국에서 온 지 얼마 안 된 아는 학생이 거의 울면서 전화를 해 왔다. 영국의 유명 패션스쿨 첫 학기 과제를 받아 들었는데 도대체 무엇을 하라는 말인지 모르겠으니 좀 도와달라는 것이었다. "영어가 어려워서 그러느냐"고 했더니 "그게 아니라 과제를 설명하는 말이 거의 철학 논문 같다"고 했다. 스페인 천재 건축가 안토니 가우디의 건축물에서 영감을 얻어 옷 한 벌을 디자인해서 제출하라는 숙제였다.

과제를 설명하는 종이를 받아 보니 정말 문자 그대로 영국 대학에서 에세이라고 부르는 수준의 한 편의 짧은 철학 논문이었다. 가우디 건축물을 철학·미학·심리학적인 면에서 분석해 설명한 내용이었다. 한국에서 이미 명문 대학 패션학과를 졸업하고 온 학생이었음에도 이런 과제물은 처음이었다. 왜 이런 식으로 접근을 해야 하는지조차도 이해를 못하는 듯했다. 그래서 교수의 의도를 내가 아는 대로 설명했다.

"이 과제를 내준 교수는 참 친절한 사람이다. 그냥 소설 한 편을 써 오라고 하지 않고 주인공의 성격과 등장인물의 인적 구성과 심리적 관계까지 잘 설명해주면서 너보고 써 오라고 한 것이다"라고 하며 소설을 예로 들어서 한참을 설명했다. 학생이 알아들었다고 고개를 끄덕였으나 확신은 없어 보였다. 시간이 한참 지나서 학생으로부터 다시 전화가 왔다. 나름대로 최선을 다해 만들어 간 과제가 접수도 안 되었다고 울상이었다. 자초지종을 듣고 보니 학생은 나름대로 가우디에 관한 책과 건축물 사진도 보고 해서 아이디어를 얻어 멋지게 옷 한 벌을 디자인해 제출했다. 과제를 받아 본 교수는 이 디자인이 나오게 된 과정에 대한 설명이 전혀 없이 그냥 옷 디자인 하나만 달랑 만들어 왔다고 질타했다고 한다.

교수가 말하는 과정이란 왜 이런 모양의 단추를 달았고, 그 단추 색깔은 왜 반드시 그 색이어야 하는지에 대한 세세한 설명을 하라는 뜻이었다. 옷의 소매가 왜 이런 식인지, 소매와 몸체의 색깔이 다른 이유 등 모든 것을 기록으로 남겨야 한다는 말이었다. 교수는 이렇게 미주알고주알 쓰게 함으로써 학생으로 하여금 모든 면을 기록해 남기는 버릇과 모든 과정을 체계적으로 생각하게 하여 마지막 결론을 추론해내는 방법을 처음부터 제대로 가르쳐주고자 했을 뿐이다. 어디선가 본 듯한 남의 아이디어를 가지고 와 적당히 변형해 자기 것인 양 포장해 내놓지 못하게 모든 생각과 과정을 기록하라고 요구했다. 그렇게 하나하나 생각을 종이에 나열해놓고 짚어가다 보면 자기만의 새로운 아이디어를 자신 손으로 만들어낼 능력이 자연스럽게 생긴다는 뜻이었다.

한 번도 이런 식으로 교육을 받아본 적이 없는 학생으로서는 처음에는 도저히 이해가 불가능했고 적응하기가 어려워서 많이 힘들어했다. 결국 졸업하고 가면서는 정말 처음으로 제대로 된 공부를 했다고 토로하면서 자신의 졸업을 자랑스러워했다.

노력하는 소수 서민과 안분지족 다수 서민의 공존

이렇게 영국 교육은 그냥 남의 지식을 읽고 배워서 머릿속에 얼마나 빨리 많이 집어넣고 그다음에는 그 지식을 정해진 시간 내에 틀리지 않게 종이 위에 풀어놓느냐는 문제에 집중하지 않는다. 부단하게 자신의 아이디어를 생각해내고 그 아이디어를 이용해 새로운 것을 만들어보고 실패하면서 배워가는 과정이 공부라고 여긴다.

공부의 내력을 일일이 기록하게 하면 인터넷에서 남의 자료를 찾아 적당하게 조합해서 과제를 제출할 수가 없다. 이렇게 가르치기 때문에 영국의 직업기술학교의 교육 수준도 정규 대학교에 비해 결코 떨어지지 않는다. 직업교육이라고 손으로 하는 기술만 배우는 곳이 아니고 기술의 바탕을 이루는 이론 교육도 단단하게 공부한다. 사립 중고등학교에서 관리자형 지도자 교육을 시킨다면 공립학교와 직업기술학교에서는 이렇게 이론까지 갖춘 창조적인 기술자들을 키워내는 셈이다.

영국 서민을 하나로 묶어 일반화해서 말할 수는 없다. 만일 요즘 보수당이 가르는 식으로 하면 '노력하는 서민'과 '노력하지 않는 서민'으로 갈라야 한다. 불행하게도 어려운 환경에서 힘들게 자신을 연마해 새로운 창조를 하는 영국 서민은 아주 극소수이다. 문제는 대다수의 영국 서민층이 너무 안분지족하다 못해 아예 자신이 타고난 처지에 젖어 벗어날 노력을 전혀 하지 않는다는 데 있다.

영국 사회는 모든 것이 주어지는 사회 안전망이 워낙 잘되어 있어서 태어날 때부터 익숙한 삶의 수준이 굳이 노력해서 얻지 않아도 유지된다. 영국인 누구도 결코 다 알 수 없을 만큼의 많은 사회복지 혜택이 있다. 이렇게 너무 많은 것이 주어지다 보니 사람들은 노력하지 않는다. 사람은 환경에 쉽게 적응하고 거기에 익숙해지면 그것을 굳이 바꾸려 하지 않는다. 임대 서민 아파트에서 태어나 자란 서민의 자식은 거기가 자신의 세계다. 가족과 친구들도

영화로도 유명한 서민들이 모여 사는 노팅힐 지구

다 거기 살고 있는데 왜 다른 곳으로 이사 가야 하느냐고 묻는다. 전망이 더 좋고 좀 더 큰 아파트에 가서 외롭게 살기보다는 전혀 불편을 못 느끼는 임대 서민 아파트가 더 좋다. 자신이 태어날 때부터 살아온 임대 서민 아파트가 낡고 지저분해도 만족하면서 살아간다.

요즘 영국에는 모든 사회복지 혜택을 '당연히 받아야 할 권리 entitlement culture'라고 여겨 끝없이 요구만 하는 생각을 바꿔야 한다는 복지 개혁이 강력하게 추진되고 있다. 동시에 서민이 왜 그렇게 무기력하게 되었고 자신의 삶을 바꿔보고자 하는 '영감inspiration'을 안 갖는지에 대한 논의도 한창이다.

영국 서민의 이런 무기력함은 원래 유명하다. 대물림되는 가난과 무지를 벗어날 방법이 분명 주어져 있는데도 전혀 노력하지 않고 자신이 태어난 그대로에 만족해 살아간다. 사실 영국에서는 서민이 신분이나 처지를 바꾸기 위해 노력할 경우 그에 대한 제도적 뒷받침은 정말 놀라울 정도로 잘되어 있다. 그런데도 영국 서민층은 자신이 태어난 수준에 만족하면서 살아간다. 소위 말하는 '아메리칸 드림'이나 '신분 상승'의 욕망이 전혀 안 보인다. 고등학교까지 의무교육이라 책 한 권 따로 살 일이 없다. 대학은 최근까지 수업료가 없었고 생활비까지 융자해주었다.

2012년 신학기부터 신입생의 학비가 거의 외국 학생들이 내는 수준으로 올라 학생들 불만이 여간 아니나 사실 이는 지금 당장 내는 것도 아니다. 생활비와 마찬가지로 융자를 해주었다가 졸업 후 취직이 되어 연봉이 1만5000 파운드(2600만 원) 정도 되면 그때부터 조금씩 갚아나가면 된다. 만일 그런 수준의 연봉을 평생 못 벌면 안 갚아도 되는 돈이다.

물론 사회 첫발을 거의 4만 파운드(6800만 원)나 되는 빚을 어깨에 지고 진출하는 셈이라 안타깝긴 하지만, 그래도 공부하고 싶은 사람은 공부할 길이 있다. 세상이 잘못되어, 부모를 잘못 만나 공부를 못했다는 원망이나 핑계가 나올 수 없게 되어 있다. 충분한 길이 열려 있는데도 자신이 못나서, 공부하기 싫어서, 게을러서 안 한 것임을 잘 알기 때문이다. 그래서인지 영국인은 학력에 대한 불만도 열등감도 크지 않고 사회계층 간 위화감도 별로 없다. 잘 사는 사람들에 대해 크게 배 아파하지도 않는다.

영국 서민이 이렇게 무기력하게 된 데에 대한 분석은 상당히 많다. 현세에서 자신의 처지에 크게 불만 가지지 말고 열심히 교회 믿으면 내세에는 잘 산다고 가르친 지배자 논리의 기독교 문화 때문이라는 분석부터, 영국 특유의 국민 중우 교육 때문이라는 설명까지 다양하다. 심지어는 영국 특유의 사회적 관습도 크게 작용한다고도 한다. 아무리 노력해도 '계급의 사다리'를 오를 수 없으니 아예 처음부터 포기한다는 것이다. 기껏 올라가 신분 세탁을 한들 결코 계급 차이를 넘어서 상류사회는 물론 중산층 계급에서마저도 영원히 진정한 일원이 될 수가 없음을 너무 잘 알기 때문에 아예 시도 자체를 안 한다는 말이다.

영국에는 계급이 다른 젊은 남녀가 결혼해서 겪는 갈등을 다룬 영화가 많다. 옛날 빅토리아 시절 이야기가 아니다. 지금도 분명 있다. 영어에 '올려 하는 결혼marry up' '내려 하는 결혼marry down' 이란 말이 있을 정도다. 그만큼 아직도 사회적 계급 이동이 어렵다. 그래서 굳이 힘들게 자신의 처지를 바꾸려 노력하지 않는다.

다른 측면에서 보면 영국은 이미 너무 잘 짜인 사회라 아무리 서민들이 노력해도 당대에는 크게 성공하기 어렵다. 기업 쪽으로 봐도 영국에는 서민 출신으로 미국처럼 크게 성공한 스타 기업가가 별로 없다. 겨우 버진 그룹 총수 리처드 브랜슨과 인기 TV 프로그램 〈아프렌티스Apprentice(수련생)〉의 사회자 알란 슈거가 대표적 '험블 오리진humble origin(낮은 계급 출신)'일 정도다.

영국 지식인 중 일부는 서민의 무기력에 대한 이유와 설명과 분석을 구차한 변명이라고 질타하기도 한다. 시도도 해보지 않고 아예 포기해버리고는 말도 안 되는 핑계로 자기만족을 하는 이솝 우화의 〈여우와 신포도〉 이야기라는 말이다.

다들 이렇게 영국 서민의 무기력을 말하는데, 나는 영국 서민이 자신이 타고난 환경을 바꾸려 노력하지 않고 주어진 그대로 살아가는 삶의 자세를 과연 '무기력'이라고 평가해야 하는지에 대해서 의문이다. 물론 나도 고등학교 졸업생의 80퍼센트가 넘는 비율이 대학 진학을 할 정도로 온 국민이 신분상승에 목숨을 걸고, 과로사하면서라도 승진해야 하고 악착같이 돈을 벌어야 하는 나라에서 와서 그런지 영국 서민의 느긋한 삶의 자세가 가소로울 때가 많다. 기술이 좋아서 자신을 찾는 사람들이 많아 일이 밀리는데도 하루 일당만큼의 돈만 벌면 더 이상 일을 안 하는 배관공, 방금 폐점을 해 아직 안에 있으면서도 문을 안 열어주는 슈퍼마켓 종업원, 주말 저녁에 일하면 일당을 3배나 받는데도 일 안 하겠다는 종업원들을 보면 도대체 어떻게 인생을 살아야 하는지가 상당히 헷갈린다. "돈 더 벌면 뭐하냐. 난 지금 집에 가서 씻고 저녁 먹고 펍에서 친구들과 우리 클럽의 축구 시합을 봐야 한다"고 바삐 가는 이 영국인의 행복 기준을 내가 과연 평가할 자격이 있는지 모르겠다. 영국 서민들을 보면 옛날 우리 선비들의 삶의 자세가 생각난다. '안분지족安分知足'과 '안빈낙도安貧樂道'.

Keyword 16 : 이국의 런던

다양한 출신 나라, 다양한 국적, 다양한 문화…. 세계적인 국제도시 런던이 더 국제적으로 바뀌고 있다.

건축물, 정책, 인구구성, 문화…
런던은 더 이상
영국이 아니다

'런던에 싫증이 난 사람은 인생에 싫증이 난 사람이다' 라는 말은 너무나 유명하다. 하지만 여기에는 '런던에는 인간이 삶에서 즐길 수 있는 모든 게 있다' 는 말이 뒤따름은 잘 알려져 있지 않다. 영어사전 편찬자로 유명한 새뮤얼 존슨Samuel Johnson(1709~1784)이 1777년에 한 이 말은 아직 유효하다.

런던의 매력은 다양성에 있다. 300여 개의 언어가 사용되며, 런더너의 58퍼센트가 외국 출생이라 할 정도로 인종도 다양하다는 건 그중 하나에 불과하다. 내가 잘 쓰는 말인 '런던은 하루에는 다 봐도 한 달 만에는 다 못 본다'도 런던 볼거리의 다양성을 가리킨다. 그만큼 런던은 많은 얼굴을 갖고 있고, 볼 것도 많고 할 것도 먹을 것도 많다.

런던을 방문하는 외부인은 흔히 런던이 변하지 않는다고 한다. 그러나 런더너들은 런던이 얼마나 역동적으로 움직이고 시시각각 변화하는지 잘 안다.

런던은 얼핏 보기에는 죽어 있는 듯 침체된 것처럼 보이나 런던만큼 역동적인 도시도 사실 드물다. 세계 어디를 다녀봐도 런던만큼 고층 빌딩 공사 크레인이 도시 공중에 많이 떠 있는 곳도 드물다. 특히 금융가가 있는 시티 쪽은, 다이애나와 찰스가 결혼했던 세인트폴 대성당의 거대한 둥근 돔 지붕 옆으로 고공 크레인이 무슨 〈스타워즈〉 영화의 로봇들처럼 많이 서 있다.

런던의 역사가 시작된 고대 로마 점령 시절까지 거슬러 올라가면 시티의 역사는 거의 2000년이 되고, 시티의 건물들 나이는 400~500년은 보통이다. 그 사이로 새로운 건물이 올라가고 있어 하루가 다르게 시티의 스카이라인이 바뀌고 있다.

마천루 들어서고 옛 건물 바뀌다

시티에 있는 건물들 모두가 오래된 것은 아니다. 얼핏 봐서는 역사가 있는 듯한데 알고 보면 아주 최근에 지어진 것도 많다. 한때 뉴욕이나 프랑크푸르트에 밀리던 런던이 1986년 영국 금융 규제 완화 조치인 '빅뱅Big Bang' 이후 다시 세계 금융 중심지로 뜬 다음 계속되어온 시티 지역의 부동산 붐 때문이다. 시티와 전혀 어울릴 것 같지 않던 스위스 재보험 공사 건물도 이젠 명물로 자리를 잡았다. '거킨Gerkin'이라는 별명으로 불리는 이 건물은 '어린 오이' 모양을 닮았다. 템스 강 건너 런던브리지 옆에 2012년에 완공된 어마어마하게 높은 직삼각형의 310미터 87층 높이 건물도 모양 그대로 이름마저 '더 샤드The Shard', 즉 유리 조

2012년에 완공된 더 샤드

각이다. 전통적인 예술 감각으로 보면 너무 위압적이라 런던과 전혀 어울릴 것 같지는 않다. 그래도 결국은 여기저기에 계속 지어지는 마천루군들과 어울려 새로운 런던을 이룰 것임은 의심의 여지가 없다.

런던의 고질병인 사무실 난을 해결하기 위해서 이렇게 새로운 건물만 들어서는 것은 아니다. 옛 건물을 수리하고 교묘하게 증축해서 많이 사용하기도 한다. 영국 건축 자재 중에는 새것보다 더 비싼 중고 자재들이 많다. 예술적 가치가 있는 아르데코 시대 창틀, 수백 년 된 실내 벽난로나 참나무 벽 널 판oak wall panel이야 말할 것도 없고, 심지어는 재생 벽돌마저 인기다. 이 벽돌로 건물 외부 장식을 하면 '오래되어도 새것 같고, 새것도 오래된 것처럼' 이라는 한국 의류 브랜드의 선전처럼 금방 지어졌는데도 주위의 고색창연한 건물과 잘 조화를 이루게 된다.

런던 사람들은 오래되어 여러 가지로 불편해도 아예 허물어버리고 다시 짓지 않는다. 필요하면 바깥 외벽만 남겨놓고 실내를 완전히 고치든지 대로변 쪽 벽 한 면만 보존하고 나머지는 완벽하게 다시 짓는 방식을 취한다.

새로운 건물들로 하루가 다르게 바뀌는 시티

그렇게 해서 전혀 변하지 않을 것 같은 런던도 가만히 보면 계속해서 바뀌고 변한다. 런던은 가만히 앉아서 옛날의 영광만 뜯어먹고 사는 게 아니다. 런던은 살아남기 위해 부단히 움직이고 변한다.

풀어지는 런던 건축 허가의 원칙

런던은 수요에 비해 건물 면적이 턱없이 부족해 임대료가 아주 높고 가게 프리미엄이 말도 못할 정도로 비싸다. 특히 식당과 호텔 부족은 런던을 세계에서 관광하기에 가장 비싼 도시로 만들었다. 거기에 더해 영국 특유의 건축 허가 규정은 식당과 호텔 부족을 부채질해왔다.

런던의 건축 허가 요건은 머리가 절레절레 흔들어질 정도로 까다롭다. 각 건물은 용도가 지정되어 있고 그 용도를 바꾸고자 하면 반드시 정당한 사유가 있어야 한다. 예를 들면 상점 용도의 가게를 식당으로 바꾸는 과정은 영국인 말마따나 '아이 하나 키우는 것만큼' 힘들다. 몇 년 전까지만 해도 런던 시내에서 기존 식당 옆에 새 식당을 허가받기가 원천적으로 불가능했다. 주택가, 사무실, 상가, 식당, 기타 편의시설 등 다양한 용도의 건물이 일정한 면적 내에 적당히 어우러진 균형 잡힌 시가지를 원했기 때문이다. 그래서 영국에는 먹자골목이나 자동차 부품 가게 골목 같은 전문적인 상가가 별로 없었다.

요즘 보면 이런 원칙이 무너지고 있는 듯한 느낌을 받는다. 기존 식당 바로 옆에 새 식당이 들어서고 있는 모습이 런던 어디서나 보인다. 런던의 엄격했던 건축 규정이 시대의 요구에 따라 바뀌고 있는 것이다. 새로운 음식에 보수적이던 영국인들도 이제 외국 음식의 맛을 알게 되었고 동시에 용감해지기 시작했다. 거기에 맞추어 식당이 쉽게 새로 생길 수 있게 런던 각 구청들마저 규제를 완화하기 시작했다. 경제가 어려워져 문을 닫는 상점들을 살릴 수 있는 방법을 찾다 보니, 찬밥 더운밥 가릴 상황이 아니라는 공감대가 하늘이 두

다양한 용도의 건물이 적당히 어우러진 센트럴 런던

쪽이 나도 움직이지 않던 런던 시청이나 구청을 바꾸기 시작한 때문이다. 옛날보다 상가 건물을 식당 용도로 바꾸기가 쉬워졌고, 런던 올림픽을 계기로 런던의 많은 사무실 건물들이 호텔로 개조되었다.

템스 강변 고급 아파트촌이 주거 전통을 바꾸다

런던의 호텔비는 정말 깜짝 놀랄 정도로 비싸다. 런던 시내에 호텔을 지을 땅도 없고 기존 건물을 부수고 고층 호텔을 짓는 것은 언감생심이다. 영국에서는 신축 건축 허가를, 특히 호텔이나 사무실 건축 허가를 내줄 때 가장 크게 고려하는 것이 교통량 유발 문제이다. 새 건물로 인해 추가 발생될 교통량이 기존 도로망의 한계를 넘어서면 허가가 나지 않는다.

요즘은 이런 원칙도 무너지는 것 같다. 시내 한복판에 엄청난 교통량을 유발시킬 마천루가 들어서고 있다. 결국 시대의 필요에 따라 원칙을 유연하게 굽히면서 다른 방식으로 문제를 풀어가겠다는 것이다. 시내로 진입하는 자동차 수를 줄이기 위해 하루 2만 원에 해당하는 혼잡세를 부과한다든지 주차비를 살인적으로 올려 감히 차를 가지고 시내에 출근을 하지 못하게 하는 식이다. 운전자를 공공의 적으로 만들어 조절하지, 고용을 창출하고 세금을 내는 사무실이나 관광객을 불러들일 수 있는 호텔을 허가하지 않는 우를 더 이상 범하지 않겠다는 것이 런던 시청의 정책이다.

전통적으로 영국인은 고층 건물을 좋아하지 않는다. 굳이 대도시에 모여 사는 것을 좋아하지도 않았고, 인구에 비해 가용 면적이 넓은 국토가 있어 그럴 필요도 없었다. 2차 세계대전 직후 온 세계가 아파트 건축에 열광할 때도 영국인은 아파트라고는 무주택 서민층을 위한 임대 아파트를 지었을 뿐이었다. 그러나 이제 이마저도 바뀌고 있다.

템스 강변에 들어서기 시작한 고급 아파트들은 런던의 주거 원칙을 바꾸어버렸다. 아파트는 더 이상 서민용이 아니다. 도시에서 태어나 살아서 시골 전원생활을 전혀 모르거나 출퇴근을 싫어하는 여피들은 더 이상 뒤쪽으로 아담한 정원이 딸리고 앞에 차를 주차할 수 있는 영국 전통의 주택을 고집하지 않는다. 시내 한복판을 가로지르는 템스 강변 양쪽에 새로 지어진 겨우 방 2개에 거실 하나의 고급 아파트는 그들의 아버지들이 평생 벌어서 장만한 교외 주택 두세 채 값이다. 이제 아파트는 부의 상징으로 바뀌고 있다. 그래서 템스 강변을 따라 신흥 부자촌이 지어지고 있다.

서민 나가고 외국인 들어오다

이렇게 바뀌는 이유 중에는 런던 시민의 구성이 바뀌고 있다는 점도 있다. 어느 나라 수도나 마찬가지지만 영국인 사이에서 "런던은 더 이상 영국이 아니다"라는 말이 나돈다. 하긴 프랑스 사람들도 "파리지앵은 프랑스인이 아니다"라고 아주 오래전부터 말하긴 했다. 런더너의 반 이상이 영국인이 아니고, 런던 부동산 중 외국인 소유가 수년 전에 이미 50퍼센트를 넘었다는 통계가 있다. 아파트가 익숙한 부자 외국인들에게는 강변 아파트가 더 익숙할 수도 있다는 말이다. 외국인에게 있어 영국이라는 나라는 참 편리하고 매력적이다.

세계 어느 나라 신흥 부호들에게도 자식 영어 교육은 영국에 부동산을 사야 할 최상의 이유이다. 전통적으로 영국을 종주국으로 여기는 인도나 파키스탄 같은 과거 식민지 국가들과 아프리카를 비롯해 동구와 동남아부터 이제는 남미의 신흥 부자들에 이르기까지 영국과 런던은 아주 매력적인 나라이고 도시이다. 런던은 빈민가가 없는 거의 유일한 세계적 도시이고, 치안이 확보되어 있어 야간 외출에 전혀 문제가 없다. 인종차별을 거의 느끼지 못할 정도로 국제화가 되어 있는 곳도 런던이다.

런던 부동산 가격은 세계적 하락세에도 떨어져본 적이 없어 투자 측면에서도 매력적이다. 외환 규제가 없어 재산 이동이 자유롭고, 세계적 상점들이 다 있어 쇼핑의 천국이라는 점과 각종 문화 혜택이 어느 도시보다 풍부한 것도 외국 부호들의 유인 요인이다. 자신들의 나라와는 달리 정치가 안정되어 있다. 더군다나 외국인에 대한 규제가 심한 다른 유럽 국가들과는 달리 비자 없이 자동차 구입, 운전면허 획득, 심지어 부동산 구입과 소유까지 아무런 제한이 없는 이 나라는 참으로 매력 있다. 그래서 런던의 부동산은 외국인에 의해 점령되고 있고, 그들을 위해 시내 한복판에 천문학적 가격의 아파트가 옛날 건물을 부수거나 개조해서 지어지고 있다. 지난해 4월 완공해 분양을 한 런던 최고 중심의 해로즈 백화점과 하이드파크 사이의 최고급 호화 아파트의 펜트하우스는 2500억 원에 팔렸고, 같은 아파트의 원룸은 120억 원에 분양되었다.

영국의 대표적 우파 신문《더 선》의 표현대로 '외국인들의 습격'은 이런 호화판 부동산 투자에서만 나타나는 것이 아니다. 런던 곳곳에 이민자들의 공동체가 형성되고 있다. 런던 남서부 뉴몰던에 유럽 최대의 한인 타운이 자리

잡은 것은 이제 한국에서뿐만 아니라 영국인 사회에서도 유명하다. 이런 식으로 런던 곳곳에 외국인 공동체가 형성되어 런던의 문화를 바꾸고 있다. 런던 동부 그리니치 지역에는 베트남인, 올림픽이 열린 동부 지역 웨스트햄 근처에는 인도인 · 파키스탄인 · 방글라데시인, 공항으로 가는 서부 런던 해머스미스 지역에는 폴란드인, 윔블던 테니스 대회가 열리는 인근 레인즈파크에는 남아공, 북부 런던에는 유대인과 일본인 등 곳곳에 이민 공동체가 자리 잡고 있다. 예전에는 인도 출신만 빼고는 대개 그냥 영국인들 사이에 섞여 살았으나 언제부터인가 런던에 외국인들이 눈에 띄게 많이 사는 지역이 생겨나고 있다. 자신들만의 식품점과 식당을 비롯해 신문까지 발행하면서 각지에서 자기 색깔을 가지고 살아가기 시작하면서 런던의 모습도 많이 바뀌고 있다.

런던의 부동산 가격이 급등하고 나서 생기는 파장으로, 런던이 꼭 필요로 하는 기본 전문 기능직key workers 종사자들이 살 집이 없어지고 있다는 문제를 들 수 있다. 경찰, 소방수, 앰뷸런스 기사를 비롯한 의료 관련 기능직, 청소부 같은 노동계급의 집이 없어져 문제다.

영국의 주택지를 보면 참 이상한 현상을 발견할 수 있다. 한 동네에 크고 작은 집들이 나란히 한골목 안에 골고루 섞여 있다. 같이 살면 위화감을 느낄 그런 크기의 집들이 이웃을 하고 살아가게 배치되어 있다. 이것이 런던에 슬럼이 없는 이유라고도 이야기한다. 한곳에 좋은 집만 모아놓고 다른 한곳에는 가난한 집들만 모아놓으면 슬럼화를 부추긴다는 말이다.

런던에 있는 정부 기관들은 대對의회 기능과 외교 관련을 빼고 나면 별로 남는 것이 없을 정도로 정책적 업무만 다루는 기능 부서만 남아 있다. 서류를 다루거나 하는 기관은 거의 지방으로 분산되어 있다. 지방에 있는 정부 공무원들이 런던으로 발령을 받으면 런던 수당이란 것을 받는다. 그만큼 런던이 물가와 임대료가 비싸 같은 봉급으로는 도저히 살기가 힘들다는 말이다. 영국 공무원들은 런던 수당을 주는데도 런던 근무를 반기지 않는다. 그만큼 런던은 집값이 천정부지로 오르고 물가도 다른 곳에 비해 비싸서 살 곳이 못 된다는 게 영국인들의 인식이다. 대신 런던은 외국인들의 소유가 되어가고 있다.

펍 말고 바, 홍차 말고 커피

런던의 변화는 이런 외형적 면모에서만 나타나는 것이 아니다. 런더너들의 삶의 기본이 달라지고 있다. 예를 들면 영국 전통 펍이 문을 닫고 있다. 펍은 언제나 영국인 삶의 중심이었고 공동체의 공회당이었다. 동네 사람들이 퇴근 후 모여 술도 한잔하면서 하루의 피로를 풀고 동네일도 논의하고 친구도 만들고 사랑하는 사람도 만나는 동네 사랑방과 같은 곳이었다. 이제 이런 펍들이 손님이 없어 문을 닫는다. 펍을 무너뜨려 주택을 지은 사례가 내가 사는 동네만 해도 지난 10년간 열 곳이 넘는다.

젊은이들에게는 전통적 분위기의 펍보다는 새로운 형태의 카페나 바가 훨씬 더 인기다. 더군다나 런던을 이루는 외국 출신들에게 펍은 자신들 삶의

런던의 인기 카페 체인 '카페 네로'

중심이 아니다. 이웃과 안면이나 말을 트는 것이 자연스러운 일이 아닌 외국인은 펍에 가서 모르는 사람들과 어울리기보다는 같이 일하는 동료들이나 가까운 친지들과 분위기 있는 카페나 바에서 조용히 한잔을 하는 편이 더 좋다고 느끼기 때문이다.

이런 변화는 런더너들이 쉬러 가는 장소뿐만이 아니라 이른바 '마시는 문화'에서도 변화를 감지할 수 있다. 전쟁 중에도 티타임을 가지기 위해 잠시 휴전을 할 정도로 홍차는 영국인들에게 중요한 생활의 일부였다. 그런 영국인이 커피를 마시기 시작한 지도 한참 되었다. 내가 처음 영국에 온 30년 전에는 커피를 마시려면 맥도날드나 KFC를 찾아가야 가능할 정도였는데 이제는 런던 시내 어디서고 고개만 돌리면 커피집이 있다. 가정이나 사무실에서는 홍차를 마시는지 몰라도 밖에서는 이제 홍차를 마시지 않는 듯하다. 밀크를 탄 홍차를 마시지 않는 영국인과 펍에 가지 않는 영국인을 과연 더 이상 영국인이라고 부를 수 있을지는 여기서 상당히 오래 살아온 나도 잘 모르겠다.

| Keyword 17 : 다문화 정책 |

1981년 흑인 폭동 이후 큰 자극을 받아 다른 인종, 다른 민족, 다른 국적인들까지 끌어안고 살기 위해 만든 정치경제, 사회, 문화 시스템. 너무 배려한 나머지 그들이 영국인 사회에 섞이지 못하는 부작용이 나타나고 있다.

섞이지 못한 지극정성의 다문화주의

유럽 백인들의 우월 의식은 오래된 것이라 뿌리가 깊다. 그럼에도 그동안 유럽인들이 인종차별 혐오나 다문화 포용, 혹은 민족 간 융합에 신경을 쓴 것은 기독교 정신에 기초를 둔 이유도 있고, 산업혁명 때부터 궂은일을 할 외국 노동자를 자기 나라로 불러들인 자신들의 죗값을 자각한 탓도 있었다. 그래서 그렇게 달갑지는 않으면서도 다문화주의를 끌어안으려고 노력해왔다. 특히 1981년 남부 런던 브릭스턴 지역에서 발생한 흑인 폭동 이후 영국 사회와 정치는 아주 큰 변화를 겪으며 다문화주의로 급격히 기울었다.

그 이후 영국은 다문화주의와 관련된 많은 조치를 취했다. 캐머런 총리의 말처럼 "수많은 정부 기관들이 특별히 중요하지도 않은 정보를 포함한 모든 정보를 수많은 언어로 번역해 사람들에게 제공함으로써 그들로 하여금 영어를 전혀 배우지 않고도 일상을 영위해갈 수 있게 부추겼다"고 후회할 정도로

복지 혜택 축소에 항의하는 소수민족 출신 영국인

다문화주의를 품으려고 노력했다. 각국에서 오는, 자신들과 아무런 연관도 없는 각국의 정치 망명자들을 심사 기간 몇 년간 국민의 세금으로 먹이고 재웠다. 지금도 상당한 숫자의 탈북자가 이런 혜택을 받고 있다. 심지어는 무슬림 사원에서 신자들에게 기독교를 적으로 하여 성전聖戰을 선동하는 극단주의 성직자들에게마저 양심의 자유를 이유로 도움을 주었다.

다문화주의에 대한 지원은 이뿐이 아니었다. 이민자 사회가 자신들의 전통 축제를 위한 시설 사용 혹은 자금 지원을 요청하면 지방정부는 다른 것을 희생하더라도 우선적으로 지원했다. 심지어 반反영국적 단체일지라도 이민자 단체라는 이유만으로 지원금을 요청해도 거절하면 안 될 정도였다. 이민자 자녀들을 대상으로 하는 특수학교들은 영국의 학제를 굳이 따르지 않고도 독립적인 운영이 가능했고, 물론 교육 보조금까지 나왔다.

그런데 이런 학교들이 영어나 영국 문화를 가르치지 않고 자신들의 언어와 문화, 종교만 가르쳐 주류 사회와 담을 쌓게 만드는 원인을 제공한 것도 사실이다. 영국에서 태어나 이런 곳에서 고등교육을 받고 자란 이민 2세대가 2011년 7 · 7 런던 자폭 테러의 주범이라는 사실로부터 영국인들은 자신들이 정성을 들인 다문화주의가 실패라고 자각하기 시작했다.

다문화주의 실패론이 주목받다

다문화주의 실패에 대한 이야기는 사실 그 이전부터 시작되었다. 2010년

10월 앙겔라 메르켈 독일 총리의 '다문화주의 실패론'에 대한 발언에 이어 데이비드 캐머런 영국 총리는 2011년 2월 5일 더 강한 톤으로 같은 이야기를 했었다. 미국 힐러리 클린턴 국무장관까지 참석한 뮌헨 국제안보회의에서다. 당시 캐머런 총리는 "영국에서 다문화주의는 실패했다. 더욱 강력한 대응이 필요하다"고 말했다.

그때를 더듬어보면, 런던의 근교 도시 루턴Luton에서 영국의 대표적인 극우 행동 단체 영국수호동맹EDL 회원 3000여 명이 시가행진을 벌였다. 캐머런 총리의 발언 후폭풍은 매우 거셌는데, 야당은 캐머런이 아예 극우 단체의 행동 강령을 대신 써준 셈이라고 비난했다. 무슬림들은 싸구려 정치 점수 몇 점을 얻으려고 영국 사회를 갈가리 찢으려 한다고 반발했었다. 극우 쪽에서는 드디어 캐머런이 자신의 고향을 찾아오고 있으며 '그가 한 말이 우리가 하고자 하는 바로 그 말'이라고 반색을 하면서 반겼다.

캐머런과 메르켈의 다문화주의 사망 공동 선언에 바깥세계는 놀랐는지 모른다. 하지만 영국에 사는 내게는 새롭게 놀랄 일이 아니었다. 그동안 유럽 각국에는 집시 추방, 학교를 비롯한 공공장소에서의 무슬림 의상 부르카 착용 금지, 이슬람 사원 첨탑 건설 운동 반대가 있어왔다. 특히 '신사의 나라' 영국에서조차 미국 9·11 사태 이후 종교 증오 범죄가 600퍼센트나 증가한 것을 보면 유럽의 우풍右風은 이제 미풍이 아니라 태풍의 단계로 들어선 듯했다.

따지고 보면 다문화주의 실패론에 대한 연고권은 캐머런에게 있다. 2005년 야당 당수로 취임한 지 얼마 안 되는 시점에 그는 다문화주의 실패론부터 먼저 이야기했다. 그해 7월 7일 런던 자폭 테러로 범인 4명을 포함한 56명이 죽고 700여 명이 다친 뒤였다. 그러고는 총선에서 집권이 눈에 보이기 시작하던 2년 뒤 2008년, 그는 2011년의 발언과 단어 한두 개만 다른 다문화주의 실패론을 다시 주장했다. 그때는 집권당 당수가 아니어서 그렇게 언론의 주목을 받지는 못했다. 하지만 총리로서의 2011년의 발언은 반향이 달랐다. 영국 국민에게 보수당 정책은 원래 반反이민적이어서 놀랄 일도 아니라고 할 수 있지만, 자신의 정책에 어긋나는 단체에는 예산을 주지 않겠다면서 정책 수행자로서 구체적인 방향까지 제시한 터라 주목받지 않을 수 없었다.

인종차별 금기 발언까지 해야 했던 이유

외국 출신 이민자에 대한 정치인을 비롯한 영국인의 그동안의 태도는 참 어른스러웠다. 한때 세계 각처의 식민지를 경영하던 대국으로서 이민자를 대하는 노하우가 보통이 아니었을 것이다. 나는 행운인지 몰라도 영국에서 30년을 살면서 피부로 직접 인종차별을 느껴본 적은 한 번도 없다. 마음속으로야 인종차별을 할 수도 있는 일이지만 어찌되었건 당사자가 못 느끼게 생각 속에만 담아두고 마는 영국인의 자제력에는 감탄을 금할 수가 없다.

책임 있는 영국인, 특히 정치인이 공사의 자리를 막론하고 인종차별 발언을 할 경우 정치적 자살뿐 아니라 인격 파산도 동시에 각오해야 한다. 인종차별을 혐오하는 사람들은 물론이고, 은연중 인종차별을 하는 사람들 역시 "그런 것을 꼭 입 밖으로 내야 했느냐"는 힐난을 받으며 "같이 일을 도모하지 못할 경솔한 사람"이라는 취급을 받게 마련이다. 그동안 영국의 이런 사회적 합의도 참 놀라웠고 이것이 영국을 좋아하는 요인의 하나가 되기도 했다.

어른스럽다는 말은 능청스럽다는 말과 통한다. 속내야 어떻든 그래도 유럽 국가들 중에서 제도권 정치인들이 대놓고 인종차별 이야기를 하지 않는 나라 중 하나가 영국이다. 그런 영국에서 거의 인종차별에 가까운 발언이 봇물을 터뜨린 것처럼 막 쏟아져 나온다는 것 자체가 사실 놀랄 일이다. 그것도 제도권 밖의 정치인이 아니라 현직 총리의 입을 빌려서 말이다.

캐머런은 다문화주의 실패를 강조하면서 단호하게 말했다. "버밍엄 모스크에서 누군가 9·11 사태를 유대인이 기획한 음모라고 한다면 그것은 결코 용납되어서는 안 된다고 반드시 말해야 한다. 우리가 백인에 의해 인종차별이 이루어지는 것을 용인해서는 안 되듯이 다른 사람에 의해 극단적인 행동이 자행되는 것도 허용해서는 안 된다. 결코 받아들일 수 없는 일들이 백인이 아닌 사람들에 의해 자행되었을 때 지금까지 솔직히 말해 우린 그들이 잘못되었다고 말하기를 너무 조심스러워했고 심지어는 두려워하기까지 했다. 우리가 다문화 그룹에 보조금을 주는 관행을, 더불어 같이 살아가는 방식을, 동시에 우리나라로 사람들이 들어오는 방법도 바꾸어야 한다. 지금까지와는 완전히 다른 사고가 필요하다."

이를 보면 보수당의 정책이 더 달라질 것이 분명하다. 사실 누군가를 희생양으로 삼아 어려움을 극복하는 것이 동서고금의 정치인들 생리이긴 하다. 외부의 적을 찾아서 위기를 극복해야 하는데 그런 적을 찾을 수 없을 때는 내부에서라도 없는 적을 만들어내는 것이다.

물론 지금 유럽에서 일어나고 있는 일들이 전적으로 그렇다는 것은 아니다. 따지고 보면 유럽의 극단 이슬람주의자들의 행패가 유럽인으로 하여금 공존하기 어렵다는 느낌을 받게 한 것이 사실이다. 네덜란드에서 살해된 영화감독 테오 고흐를 비롯해, 이슬람 예언자 무함마드를 희화했다는 이유로 살해 위협을 받아 거의 30년 동안 밤낮으로 경찰 보호를 받고 사는 영국 작가 샐먼 루시디 같은 유명인을 굳이 예로 들 필요도 없다. 일반 무슬림인들, 특히 여자들에게 가해지는 비인간적인 처우에 대해서는 양식 있는 유럽인 누구나 공분을 느낀다. 여동생이나 딸이 비이슬람 신자를 애인으로 두어 집안의 명예를 더럽혔다고 자행하는 명예 살인, 비인간적인 여성 할례, 미성년의 어린 여자아이를 얼굴도 모르는 남편과 결혼시키기 위해 강제로 납치하다시피 끌고 가는 행위 등은 그들의 문화권에서는 당연한 일인지는 몰라도 자신들이 몸담고 사는 유럽 나라들의 가치관과 문화 전통을 완전히 무시하는 것이다.

미국을 시발로 한 금융 위기 때문에 유럽 각국 정부는 긴축재정을 펼 수밖에 없다. 특히 노동당으로부터 정권을 인수한 영국 보수당 정부는 금융 위기가 자신들이 저지른 일이 아니라는 대의명분이 있어 현재 아주 강력한 드라이브를 걸고 있다. 그러나 삶에 찌든 일반 국민들로서는 여기저기서 불만이 나와 쌓이게 마련이다. 그래서 찾은 희생양이 다문화주의인 측면도 있다. 주류 문화와 융화를 거부하고 자신들만의 성을 쌓고 살아온 행태 때문에 그들을 내부의 적으로 돌리기에 안성맞춤인 것이다.

인심은 곳간에서 난다고 했는데 영국 인심이 각박해진 것도 어제오늘 일이 아니다. 非유럽 이민자에 대한 쿼터가 생긴 지도 상당히 되어 한국 식당이 한국 요리사를 못 구해 어려움을 겪기 일쑤다. 굴지의 한국 기업 런던 지사장이 비자를 못 받아 몇 달씩 부임이 늦어지는 일은 이제 이야깃거리도 못 된다.

외국인도 살기 좋은 나라에서 외국인에게 까다로운 나라로

내가 영국에 온 1980년대 초 영국은 어수룩하다 못해 구멍투성이였다. 친절과 관용이 철철 넘치는 나라였다. 외국에서 온 여행자도 몸이 아파 병원에 가면 정말 묻지도 따지지도 않고 치료해주었다. 신분증 보자는 소리는 물론 의료보험증마저 보여줄 필요가 없었다. 심지어는 중병에 걸려 수주일 입원한 환자가 퇴원해도 돈은 물론 서류 1장에 서명하는 일도 없었다. 그것은 영국 국민이건 외국 여행자이건 마찬가지였다. 병원과 의사는 환자를 치료하면 되었지 그런 행정적인 절차를 왜 자신들이 따져야 되느냐고 병원은 말했었다. 그래서 외국, 특히 개인 의료보험이 없으면 해산 비용이 어마어마한 미국의 임산부가 영국에 오는 일이 비일비재했다.

학교에서도 마찬가지였다. 자녀를 입학시키러 가면 '여권 갖고 와라' '비자가 있냐 없냐' 고 전혀 묻지 않았다. 빈자리가 있으면 아무런 서류 1장 없이 받아주고 학용품에 점심까지 주면서 가르쳐주었다. 학교는 배움을 원하는 학생들을 가르치는 곳이지 그 학생의 비자 소지 여부는 학교가 따질 일이 아니라는 뜻이었다. 정작 자신의 조국이라는 한국에 돌아가서 아이를 입학시키려니 제출해야 할 서류가 수십 가지라고 화를 내면서 부탁하는 전화가 한국에 귀국한 친지로부터 걸려 오던 시절이었다. 이제 그런 시절은 영국에서는 영원히 지나간 것 같다. 자격 있는 사람만 치료해주고 가르치겠다는 것이다. 정말 이제는 어디서나 아주 까다롭게 따진다.

Keyword 18 : 영국 폭동

경찰의 총격으로 흑인이 사망한 사건이 발단이 되어 2011년 8월 잉글랜드에서 일어난 소요 사태.

폭동이 되어버린
하룻밤의
일탈

2011년 8월, 세계 언론은 '영국 폭동 U.K. Riot'이라는 단어를 써가면서 어마어마한 일이 영국 전역에서 일어나고 있는 것처럼 보도했다. 결론부터 말하면 이건 정말 흥분할 일이 아니었다. 영국 폭동도 아니고 엄밀히 말해 잉글랜드 폭동이었다. 잉글랜드 이외의 지역, 즉 스코틀랜드나 웨일스에서는 아무런 소요가 없었다. 잉글랜드 내에서도 일부 대도시들에서만, 그것도 시내 중심 상가에서만 문제가 발생했다. 특히 런던의 경우는 시내 한복판이 아니라 소득이 낮고 비행 청소년들이 많은 외곽 지역에서 집중적으로 일어났다. 일부 상점이 일찍 폐점하는 정도를 제외하면 런던의 다른 지역에서는 일상생활이 정상적으로 영위되었다.

무자비한 살인이 자행되고 약탈이 만연하는 상황이 연상되는 게 폭동이라고 한다면 이것은 폭동도 아니었다. 5일간 이곳에서 일어났던 이 일은 폭동이 아니라 '동시다발적인 잉글랜드의 소요 사태'였다.

폭동 아닌 폭동

먼저 흑인이 경찰의 총격으로 사망한 게 발단이 되면서 일견 흑인 폭동 비슷하게 비쳤으나 이 소요 사태는 분명 인종 문제가 아니었다. 물론 29세 네 아이의 아버지 마크 더건의 사망에 항의하는 평화적인 가족 시위를 경찰이 험하게 다룬 데서 사태가 시작된 것은 사실이다. 그러나 그 이후 폭력 사태로 발전된 것은 이와 직접 관련이 없다. 오히려 상황이 심각해지자 더건의 가족은 이번 사태가 자신들과는 아무런 상관이 없다는 점을 애써 강조했다. 그냥 주변의 말썽쟁이들이 기회를 틈타 약탈을 자행한 것이고, 경찰의 대응이 늦고 미약함을 틈타 전국적으로 모방 범죄(영국 언론에서는 copycat crime이란 단어를 쓴다)가 동시다발적으로 발생한 것이라고 한다면 사태를 너무 과소평가한 것인가. 어떤 이는 당시 사태를 '쇼핑 폭동'이라고까지 폄하했다.

폭동이라면 주동 세력과 주장하는 바가 있어야 하는데 지난 소요 사태는 이게 없었다. 상점 유리창을 부수고 들어가 눈에 보이는 대로 들고 나온 것이 전부였다. 아무런 이유 없이 자기 동네의 상점을 파괴하고 약탈하며 건물에 방화를 해 그렇지 않아도 소득도 낮고 실업률도 높은 지역사회를 파괴했다. 폭도들 중 하나가 "너무 많이 가진 자들에 대한 반항Against those who has too much"이라고 외친 것을 비꼬아서 "그래서 우린 우리의 것을 그들이 못 훔쳐 가게 파괴한다So we destroy what we have to prevent they steal from us"라는 인터넷 포스터가 인기를 얻을 정도였다. 이렇게 아무런 정당한 구호도 못 가진, 조금 과격한 집단 좀도둑질에 불과한 것으로밖에 볼 수 없다.

사망자도 지난 소요의 발단이 된 더건 이외에는 자신들의 가게를 지키려다 도난을 위해 진열창으로 돌진한 자동차를 미처 피하지 못해 사망한 버밍엄의 터키인 3명이 전부였다. 크로이던에서 총격으로 사망한 사람은 자동차 안에서 앉은 채로 총을 맞아 이번 사태와는 무관하다고 이야기된다. 영국 정부가 내놓은 사태 수습 예산이 2000만 파운드(360억 원)에 불과하다는 것을 봐도 마찬가지다.

지난 소요 사태의 주역도 우리가 지레짐작하듯 빈민가의 흑인 청소년들이 아니었다. 체포된 폭도들의 흑백 비율은 거의 비슷했다. TV 화면에 비친 약탈 장면만 봐도 백인이 더 많으면 많았지 어떤 특정 인종에 국한되지 않았다. 체포된 소요 주역의 연령을 봐도 15~20세가 33퍼센트, 20~24세가 36퍼센트, 25~29세가 13퍼센트, 30~34세가 11퍼센트, 35~39세가 2퍼센트, 40~44세가 5퍼센트였다. 결코 철없는 소수민족 10대들의 소요 사태가 아니었다.

이민자 소수민족은 이번 사태의 가장 큰 피해자다. 폭도들이 턴 가게들은 문제의 중심 지역에서 어렵게 생업에 종사하는 착실한 이민족, 특히 인도 계열의 가게들이었다. 앞에서도 언급했듯이 버밍엄 사망자 3명도 이민 온 터키인들이었다. 특히 런던 올림픽이 열렸던, 영국의 대표적 저소득·고실업 이

폭동으로 폐허가 된 거리

민족 지역인 웨스트햄에서는 소요 사태가 전혀 일어나지 않았다. 유럽 각국에 팽배한 다문화주의 실패에 대한 이민족들의 불만 토로가 이번 사태의 배경이 아니었던 것이다.

어딘지 익숙한 철없는 폭도들

어떤 언론은 데이비드 캐머런 총리가 이끄는 영국 보수·자민 연립정부의 긴축재정에 대한 불만이 소요 사태로 나타났다고도 한다. 하지만 예산 절감으로 인한 고통은 아직 안 나타난 상태였다. 그다음 해나 되어야 해당 서민이 느끼게 될 미래의 일이었을 뿐이다. 실업으로 인한 젊은이들의 불만 때문이라고도 이야기하지만 소요 사태로 체포된 폭도들 중 실업 상태인 비율은 그렇게 높지 않았다. 모두들 그들이 실업자라고 추측을 하지만 이번 사태가 일어난 시간이 주말 저녁이었다는 점을 감안하면 굳이 그들이 할 일이 없어서 폭동을 일으켰다고 짐작하는 것은 모든 정황을 보아 옳지 않았다.

실제 영국의 젊은 세대 실업 문제를 우리의 경우와 비교해 들여다보면 이런 소요 사태의 이유가 될 수도 없다는 점이 명확하다. 영국 젊은이의 약 20퍼센트가 실업 상태라고 이야기되지만 내가 봐서는 이들에게 직업이 없는 것이 아니라 직업을 안 찾는 것이 아닌가 할 정도로 영국의 취업 프로그램은 다양하다. 특히 지난 소요 사태의 피해 중심지로 지목받는 런던의 소매 업계는 청소년들이 취업하기 적당한 곳이지만 일손이 달려도 쓸 마땅한 인력이 없다고 난리다.

물론 영국도 서비스 업종이라 스트레스가 심하고 임금도 단순노동 임금이라 그렇게 높지 않아 고등교육을 받은 젊은이들은 당연히 회피한다. 그러나 지난 사태의 주역들의 교육이나 기술 정도로 보아 이보다 더 적당한 직업은 없다. 그러나 해당 젊은이들은 이런 서비스 업종에 취업하지 않으려 한다.

런던 시내 식당의 종업원 중 원어민 영어를 하는 영국 젊은이들은 정말 찾기 어렵다. 또한 영국 호텔에서 일하는 직원들 중에도 영어가 제대로 통하는 경우는 참 드물다. 거의가 다 외국인 특히 유럽 젊은이들로 채워져 있다. 병원은 더하다. 영국 병원에서 영국인 간호사들은 나이 든 간부 간호사들 빼고는 거의 이민족 출신이다. 결국 영국 젊은이들의 실업은 기술은 없으면서 험한 일은 하기 싫어하는 거의 자발적 실업 수준이라면 너무 심한 비판인가?

영국은 고등학교 졸업 후 취업하는 데 도움을 주는 각종 기술 연수 프로그램이 아주 다양하게 준비되어 있다. 이런 무료 프로그램에서 교육을 받는 기간 동안에는 당연히 실업 수당이 나온다. 연수 후 구직 기간에도 물론 수당이 나온다. 한국 젊은이들과 비교하면 너무 좋은 환경이랄 수밖에 없다.

소요 사태 당시 폭도라고 불리던 청년들을 보고 나는 용어가 좀 심하지 않나 하는 생각까지 했다. 이들은 무시무시한 무기를 손에 들고 지나가는 사람을 무작위로 막 해친 것이 아니다. 사전 준비 없이 몰려나와 주위에 보이는 쓰레기통을 굴려 길을 막고 벽을 부숴 벽돌을 경찰에게 집어 던졌을 뿐이다. 그러곤 아무런 이유 없이 쓰레기통과 차에 불을 지르고 손에 잡히는 아무것이나 들어 상점 유리창을 부수고 훔쳤다. TV로 이 보도를 보던 중 웃음을 참을 수 없었던 것은 깨진 상점 유리창 구멍 앞에 가지런히 줄을 선 모습이었다. 영국인은 혼자서도 줄을 선다는 말처럼 이들은 도둑질할 때도 줄을 섰다. 그러곤 손에 옷 한두 벌씩 들고 만면에 웃음을 띤 채 자랑스럽게 나오는 모습은 흡사 주말에 친구들과 시내에 나왔다가 한탕 즐기는 모습에 지나지 않았다.

하원에서 캐머런 총리는 폭도들의 행동에 대해 "다른 말 할 것 없이 분명한 범죄 그 자체"라고 강조하면서 끝까지 쫓아가서 반드시 체포하고 그에 상응하는 처벌을 받게 하겠다고 여러 번 강조했었고 또 그렇게 했다. 1년 뒤의 재판 결과를 보면 '악동들의 주말 기행'을 영국 사회는 그냥 넘기지 않고 끝까지 밝혀 처벌했다.

약탈당한 건물 안을 살펴보고 있는 어린 '폭도'

사태가 일어난 지 2년 정도 지났다. 냉정하게 돌아보면, 과연 영국 사회 전체가 그 정도의 소요 사태로 그렇게 놀라고 노여워하고 흥분할 정도였는가 하는 의문이 든다. 물론 이들이 저지른 행위가 동시다발적으로 전국에 번져 국가 비상사태의 위기로까지 몰아가는 듯한 것은 사실이었다. 하지만 영국인들에게는 이런 '악동들의 주말 기행'은 결코 놀라운 일이 아니었다.

대다수 도시들의 중심가는 주말이면 홍역을 치른다. 술에 취한 청소년들이 저지르는 악행은 이미 일반화되어 있고 이런 문제가 TV에 등장한 것은 결코 하루 이틀의 일이 아니다. 이를 다루는 영국 경찰의 태도가 그렇게 심각했던 것도 아니었다. 경찰서에 데리고 가서 '그들의 안전'을 위해 술이 깰 때까지 가두어두었다가 아침이면 공식적인 주의를 주고 풀어주거나 몇 번을 반복하면 '반사회적 행동ASB: anti-social behaviour'이라고 규정지어 시내 중심가 출입금지 명령을 내리는 정도였다. 시내 중심가의 상점들이 주말을 지내고 주변 오물을 치우는 일에 넌더리를 내는 것도 일상적이었다. 상점 진열장의 유리가 깨지는 일 역시 다반사라 경찰에 신고도 안 하고 보험회사에 신고해서 수리하는 것이 보통이었다.

TV 보도로 본 영국 경찰의 소요 사태 대응 모습은 한심할 정도였다. 화염병과 돌멩이가 난무하고 대창과 쇠막대로 무장한 시위대를 조직적이고 효과적으로 진압해내는 한국 경찰을 보아온 나로서는 특히 그랬다. 영국 경찰에게는 물대포도, 곤봉도 없었고 군중 해산에 효력이 기가 막힌 페퍼포그는 더더욱 없었다. 그저 방패와 헬멧이 전부였다. 거기다가 경찰 인력의 20퍼센트만 소요 사태 진압 기초 훈련을 받았고, 사태가 시작된 당시에는 여름휴가 등을 이유로 12퍼센트만 도로를 순찰하고 있었다. 더군다나 영국 경찰은 2009년 주요 20개국 G20 런던 정상회담 당시 과잉 진압에 의한 사망 사고 발생에 대한 법적책임 문제로 홍역을 치른 바 있어, 필요 이상으로 위축되어 있었던 것은 아닌가 하는 추측도 나왔다.

TV로 보면 초기에 경찰이 강력하게 진압만 했으면 가볍게 끝났을 정도로 폭도 세력은 크지 않았다. 경찰이 초기 대응을 정말 잘 못해 일을 상당히 크게 키운 셈이 되었다. 실제 폭도들이 나중에 언론에 토로한 바를 보면 경찰은 생각보다 무력해서 온 도시가 자신들 손아귀에 있는 듯한 기분을 즐겼다고 했을 정도였다.

각계각층에서 해석이 쏟아져 나오다

나는 당시 소요 사태를 단순히 '악동들의 주말 기행' 혹은 '쇼핑 폭동'이라고 폄하했지만 사람들은 벌써 입에 거품을 물고 사태의 원인에 대해 늘어놓았었다. 그중 몇 가지 살펴보면 이렇다.

첫째로 그들은 그 원인으로 복지제도 의존 심리와 소외 계층 심리를 들었다. 소외 계층에 항상 그냥 주어진 복지 혜택이 이들의 버릇을 잘못 들여 자신들은 사회의 제도 잘못으로 피해를 늘 당하고 있으니 '무엇이든지 요구해도 된다는 논리의 문화'가 만연해 있다는 것이다. 때문에 이들은 자신들이 무슨 짓을 해도 누구도 딴죽을 걸지 못할 것이라고 생각한다.

다음으로는 부성의 결여, 긴축재정, 경찰력의 약화, 인종차별을 든다. 이 중 마음에 가장 와 닿는 것은 '영국 사회 특히 저소득층 청소년들 사이에 팽배한 소비주의 심리가 기회를 만나 만개했다'는 말이다. 이번 사태는 청소년들이 평소에 갖고 싶었던 물건을 기회가 닿아 군중심리로 훔친다는 생각 없이 모두들 하니 죄의식 없이 그냥 들고 나온 것이다. 당시는 잡힐 거라는 걱정도 안 했고 혹시 잡히면 어떻게 된다는 생각도 없이 저지른 것이다. 그냥 주말 분위기에 휩쓸려서 그랬다.

둘째 날부터 전국에서 일어난 모방 범죄는 좀 다르다. 그 전날 런던에서 일어난 쇼핑 폭동을 본 문제 청소년들이 소셜 네트워크, 특히 트위터·페이스북을 이용해 조직적으로 모여 일을 벌인 것이다. 물론 여기에서도 인종차별이니 실업에 따른 불만 표출이니 하는 정치적인 슬로건은 전혀 없었다. 그냥 런던처럼 우리도 모여서 한탕하자는 일탈의 한 장場이었을 뿐이었다.

이렇게 가볍게 시작했기 때문에, 분명 폐쇄회로 TV가 작동하고 있는데도, 얼굴도 가리지 않고 만면에 웃음을 띤 채 자랑스럽게 물건을 들고 나오는 장면을 연출하게 된 것이다. 그 수많은 폭도 중에서 하필 내가 걸리겠냐는 생각에 말이다. 보통 때는 이런 일을 하라고 떠밀어도 못할 좀팽이들조차 폭도들 사이에서는 으쓱해서 앞으로 닥칠 사태에 대한 별 생각 없이 일을 벌였다.

거기에 기름을 부은 또 다른 요인이 조직폭력배 문화와 랩 등으로 대변되는 젊은이들 사이의 유행이다. 그중 하나가 한국의 청소년들 사이에서도 유행하는 '모자 달린 운동복 상의'다. 이번 폭동 사태의 주역은 이 옷을 입고 후드를 뒤집어쓴 소위 말하는 후디hoodi들이었다. 후디라고 반드시 다 비행 청소년들은 아니다. 갱스터랩을 들으면서 결코 자신은 그 가사 내용에 동조하는 것은 아니라고 말하면서도 이번 사태와 같은 일이 닥치면 자신도 모르게 순간적으로 동조하는 것이 감수성 강한 젊은이들이다.

소요 발생 지역을 보면 또 다른 흥미로운 사실도 발견할 수 있다. 거의가 다 소득수준이 낮고 실업률이 높고, 특히 프리미어 리그 축구팀으로 유명한 지역들이다. 토트넘, 버밍엄, 리버풀, 맨체스터, 웨스트브로미치, 울버햄프턴 이 그곳들이다. 물론 축구 팬들을 폭도들과 단순히 연관 지을 수는 없다. 하지만 지금은 비록 힘을 잃어 조용하지만 과거 세계적으로 유명했던 영국 축구 훌리건들의 본거지가 이번 사태의 중심지였다는 점은 결코 예사롭지 않다.

지난 소요 사태에서 가장 유머스러운 장면을 찾는다면 지금은 권력에서 물러난 마흐무드 아흐마디네자드 이란 대통령의 코미디 같은 난데없는 개입이었다. 그는 시민들의 평화로운 행동을 영국 정부가 유혈 진압하고 있으니 세계가 중단을 요구해야 하고 유엔이 개입해야 한다는 촌극을 벌여 세계의 웃음거리가 되었다.

오른쪽으로 향하는 정부 정책들

1977년 토니 블레어 정부가 들어서면서 직업도, 기술도, 집도 없고 심지어 장래에 대한 희망마저 없는, 주류 사회로부터 완전히 단절된 소외 계층을 '대처 정부의 소외계층Thatcher's underclass' 이라 이름 지었다. 엄청난 예산이 이들을 위해 투입되었으나 별로 성공적이지 못했다. 이런 제도를 주도하는 관료들을 향한 소외 계층의 반감과 경계는 결과를 더욱 나쁘게 했다. 그래서 나온 이야기가 '야망이 항상 성공을 만들어낼 수는 없다' 였다. BBC의 한 논평은 이런 과거의 노동당 정부의 실패는 아이러니하게도 이제 보수·자민 연합 정부의 상반된 정책으로 나타나고 있다고 지적했다. 그 정책은 소외 계층에 동정과 선의만을 가지고 무조건 퍼주는 게 아니라 그들에게도 '책임 있는 행동' 을 요구하는 것이다.

영국 정부는 소요 사태 이후 이런 정책을 더욱 강하게 밀어붙이고 있다. 소요 사태는 영국 국회 연간 정기 휴가 기간 중 일어났다. 긴급하게 열린 임시국회에서 캐머런 총리는 지금까지 영국 총리 입에서는 나올 수 없었던 말들을 뱉어냈다. 그중에는 범법자의 '공공임대 주택으로부터의 퇴거', '실업수당을 비롯한 각종 혜택 중지'가 포함되어 있었다. 캐머런 총리가 '국가 비상시의 트위터 및 페이스북 등 소셜 네트워크 중지', '범법자 청소년 부모들에게 책임 벌금' 등 이루어지기 힘든 문제를 언급할 때는 이성을 잃은 것이 아닌가 하는 의심이 들 정도였다. 캐머런 총리는 또한 이번 사태는 책임 의식, 부모의 감독, 엄격한 가정교육, 제대로 된 예절, 철저한 도덕감의 완전한 결여로 야기된 것이라는 견해에 동의한다고도 강조했다.

런던 폭동은 흐트러진 사회질서를 다잡고 사회 분위기를 오른쪽으로 돌리고자 하는 보수·자민 연립정부로서는 좋은 기회였다. 울고 싶은데 뺨 때려준 격이 된 셈이었다. 그동안 만지작거리기만 하던 많은 강경한 보수적인 정책이 소요 사태를 계기로 수립되었고, 학교교육을 비롯해 사회제도도 많이 바뀌었고 아직도 바뀌는 중이다. 특히 사태가 조금 가라앉자마자 즉시 하원에서 경찰 예산 삭감을 되돌릴 것을 요구하는 의견이 여야 의원 모두에게서 나왔다. 어렵게 긴축재정 쪽으로 가닥을 잡은 정부로서는 돌이킬 수 없다고 주장했었지만, 결국 경찰에 대한 예산 삭감은 명목상으로는 줄인 것처럼 하면서 결국 실질적으로 되돌렸다.

소요 사태 이후 영국의 임시국회를 보면서 인상적이었던 것은 총리와의 질의응답에서 총리나 내각에 여당 야당이 직접적인 책임을 묻는 질문이 거의 없었다는 점이다. 경찰의 늑장 진압이나 소방관들의 비효율적인 대응에 대한 비난도 없었다. 오히려 여야 의원 모두 그들의 수고와 희생에 대한 치하로 일관했다. 사태 수습에 전념해야 할 일선 행정 공무원을 불러다놓고 일갈하면서 자신들의 정치적 목적을 달성하는 모습도 볼 수 없었다. 더욱 놀라운 것은 사태를 혼돈시키는 양비론도 없었다는 점이다. 여야가 일치해서 폭도들의 행동은 분명한 범죄이고 지탄받아 마땅하다고 간단하게 규정지었다. 소외 계층의 문제 등 잡다한 원인에 관한 소모적 논쟁도 일절 없었다. 일단 비상사태에서는 여야가 입을 맞춘 듯 이견을 내놓지 않고 사태 해결을 우선시하는 평소와는 다른 모습을 보여 상당히 인상적이었다.

이 사태 때문만은 아니지만 그 이후 영국 사회는 많은 변화를 겪고 있다. 사회제도는 더욱 보수적으로 바뀌고 있다. 1960년대 이후 자유사상liberalism에 의해 꾸준히 추진되어오던 많은 사회제도는 종언을 고하고 있다. 예를 들면 보수당 집권 이후 이미 부분적으로나마 허용된 학교에서의 체벌이 현재 상당히 많이 강화된 것이 그중 하나다. 뿐만 아니라 영국 사회에서 지금까지 거의 들어보지 못했던 '부성의 결여'를 비롯해 '가정 해체' '결손가정'이란 빅토리아시대에서나 들었을 법한 단어가 언론과 정치인의 입에서 새삼 등장하고 있다. 경제적으로 어려운 시절을 맞아 유럽 대륙뿐만 아니라 영국에는 우풍이 더욱 거세지고 있다.

| Keyword 19 : 제로 톨러런스 |

프랑스 못지않은 톨러런스의 나라 영국 사회에서 톨러런스가 조금씩 사라져가고 있는 현상.

제로 톨러런스가 고개를 들다
-영국 폭동 그 이후 이야기

    2011년 8월 전대미문의 소요 사태를 경험한 영국 언론들은 딱 1년 후 2012년 8월의 시점에서 그 사건을 돌아보았다. 언론들은 소요 사태 100일을 특집으로 다루었고, 법원은 당시 체포되었던 폭도들의 최종 재판을 마무리 짓고 있었다.
    언론들은 법원이 과거와는 달리 중형을 내리는 경향이 있다고 평가했었다. 그 판결 중에서 몇 개가 특히 눈길을 끈다. 상점 유리창을 깨 물건을 훔치고 경찰차에 벽돌을 던져 2년의 실형을 선고받은 18세 소녀 첼시 아이브의 경우가 그중 하나다. 뛰어난 육상 선수 겸 2012년 런던 올림픽 홍보 대사 중 한 사람이었던 첼시는 잡힌 이유가 특이하고 그녀가 받은 판결이 특히 중형이라 언론의 주목을 받았다.

지극히 평범한 시민들이 전과자로

첼시는 어머니가 TV에서 딸이 경찰차에 벽돌을 던지는 것을 우연히 보고 경찰에 알리면서 체포되었다. 그녀의 어머니는 당시의 심정을 "아주 고통스러웠다"고 표현했다. 그러나 "딸이라도 타인의 재산 특히 경찰차를 파괴하는 행동을 보고는 신고하지 않을 수 없었다"고 했다. 2년의 형기가 어린 딸에게는 엄청나게 무섭고 힘든 경험이겠지만 이제 딸도 그것이 자신을 위해 가장 좋은 선택이었고 그렇게 해야 더 이상 나빠지지 않을 것이라는 점을 인정했다고 했다. 서로 사랑하고 아낀다는 것을 이해했고 서로 용서한다고도 했다.

사실 딸을 굳이 신고한 어머니의 행동을 과연 어떻게 받아들여야 하느냐를 둘러싸고 논란이 있었으나 전반적으로 옳은 결정이었다고 동의하는 분위기였다. 그 정도의 범죄에, 그것도 아직 완전한 성인이라고 볼 수 없는 나이의 소녀에게 내린 2년이란 형에 대해서 너무 심한 것이 아니냐는 여론도 강했다. 평소 같으면 지역사회 봉사형을 받고 말았을 경범죄에 내려진 중형은 영국 전체에 팽배한 '제로 톨러런스Zero Tolerance(무관용)' 정책에 의한 것으로 볼 수 있다.

23세의 니콜라 로빈슨은 3파운드 50펜스, 우리 돈으로 겨우 7000원도 안 되는 물 몇 병을 유리창이 깨진 상점 안으로 들어가 들고 나와서 6개월 실형을 선고받았다. 유죄를 인정했고 전과가 없었는데도 말이다. 또 데이비드 베스위크라는 청년도 친구가 훔친 평면 TV를 받아 자신의 차 트렁크에 보관한 죄로 18개월의 형을 받았다. 물론 그도 전과는 없었다. 평소 같으면 이런 범죄는 그냥 사회봉사형에 처해질 정도지 이렇게 실형을 받지는 않는다.

한 법관은 "이 정도 중형을 받는 것이 놀라운 일은 아니다. 대형 공공질서 파괴 소요 사태에 참여한 경우는 다른 때 그가 혼자서 이런 범죄를 한 것과 같은 형을 받으리라고 기대해서는 안 된다"고 특별히 중형의 이유를 설명했다. 대형 소요 사태일 때는 이처럼 중형을 언도해서라도 법치를 세우는 것이

시위 현장의 후디 청년. 영국 폭동의 주역은 폭도가 아니라 후디들이었다.

법의 목적이라는 것이었다. 영국 법관들의 판결 경향을 보면, 법은 국민으로 하여금 공공질서를 파괴하지 않고 평화롭게 살기 위한 방법의 하나로 만들어졌다는 점을 강조하는 듯했다. 그래서 소요 사태에서는 평소에 내리던 판결과는 달리 갑작스러운 일벌백계의 중형도 정당화될 수 있다는 말이었다.

소요 사태 이후 진행되어온 이른바 폭도들에 대한 판결을 보면서 영국 사회는 경악에 빠진 게 사실이었다. 도저히 폭도가 될 수 없고 폭도라고 부를 수 없는 사람들의 모습을 보고 충격에 빠진 것이다. 폭도라는 어마어마한 이름이 붙은 사람들이, 통상 그런 일을 저지를 것으로 간주되는 '모자가 달린 운동복 상의 후디를 입은 소수민족의 실업 청년들' 이 아니었기 때문이다. 열다섯 살 소년이 스물다섯 살 청년을 도와 200년 된 가구점에 불을 내고, 런던 근교에 테니스 코트까지 있는 대저택을 가진 영국 대기업 임원의 딸이 친구들과 약 1000만 원어치 전자 제품을 훔쳤다가 걸렸다. 그녀는 영국에서 네 번째로 좋은 공립학교 출신에다 영국에서 열 번째 명문 대학에서 영어와 이탈리아어를 전공하는 학생이었다. 그런 행동을 할 이유가 전혀 없는 신분으로, 이번 사건 전까지는 품행 좋은 모범 학생이었다.

청소년 법정 피고인석 난간 높이에도 다다르지 못하는 열한 살짜리도 자신에게 아무런 쓸모도 없는 7만 원짜리 쓰레기통을 가지고 나오다 잡혔다. 손톱을 물어뜯으며 재판을 받은 이 소년에게 어머니는 법정에서 심하게 화를 내며 야단을 쳤고 훈계방면되는 아들의 목덜미를 잡아 차로 데리고 가는 모습이 신문에 나왔다.

전혀 전과가 없는 순박한 듯한 31세의 초등학교 보조교사의 이해가 되지 않는 방화, 착실하게 살아가던 32세 우체부의 약탈, TV 하나 훔친 죄로 재판을 기다리다 시험을 못 쳐 결국 진급을 못한 대학생, 신발 두 쪽을 상점에서 훔쳐서 들고 나와 보니 두 쪽 다 왼쪽이라 길거리에 버렸는데도 잡혀 실형 6개월을 받은 청년…. 모두들 평소 행동과는 달리 갑자기 이해할 수 없는 일들을 저지른 지극히 정상적인 사람들이다. 어떤 변호사는 "실제 도둑질 전문가들은 이미 다 도망갔고 잡힌 사람들은 '선수'가 아니어서 느리고 제대로 얼굴을 못 숨겨 잡혔으니 선처를 해달라"고 변론을 했었다.

9·11 사태 이후 중형 판결이 대세가 되다

이들은 순간적인 물욕이나 일탈의 충동을 못 이겼다고 볼 수 있다. 보도에 따르면 TV를 들고 나온 소년의 방에는 이미 그보다 더 좋은 TV가 있었고, 운동화를 들고 나온 소년의 발에는 훨씬 고가의 유명 상표 신발이 신겨져 있었다. 심지어 물 몇 병을 들고 나오다 걸린 서른세 살의 로빈슨은 그때 특별히 목이 말랐던 것도 아니었다고 한다. 그런데도 이들은 소요 사태에 적극적으로 가담한 셈이 되어 중형을 받았다.

영국 법정, 특히 이런 종류의 경범을 다루는 치안 법정은 전문 판사가 아닌 지역 유지들이 재판장을 맡는다. 동네 초등학교 교장, 신부, 목사, 회계사, 혹은 평소 동네 사람들의 존경을 받는 '견문이 넓은 사람well informed citizen'이 담당한다. 경범죄, 특히 청소년 범죄의 95퍼센트를 담당하는 이 제도는 동네일은 동네 사람들 손으로 해결해야 한다는 취지로 14세기부터 시작되었다. 배심원 없이 3명의 판사가 법원 서기의 도움을 받아 판결한다. 그래서 영국의 판사가 술에 취해서 재판을 했다는 등 말도 안 되는 판결이 종종 외신에 등장하는 것도 이런 이유 때문이다. 소요 사태 재판에 대한 가이드라인이 나와 있는데도 일관성 없는 판결이 나왔던 것도 이 제도 때문이라는 말이 있기도 하다.

하지만 9·11 사태 이후 제정된 테러방지법 등에서 보듯 영국 법정의 일벌백계 중형 흐름이 최근 몇 년간 이어져왔다. 예컨대 이슬람 웹사이트에 영국 무슬림들을 상대로 칼을 들어 성전을 펼치자면서, 이라크 전쟁에 찬성한 영국 의원을 공격하고 살해하자고 선동한 보험회사 IT 기술자가 12년 형이라는 중형을 선고받았다. 그는 재판을 받는 과정에서 "순간적인 충동을 이기고 그런 글을 올리지 말았어야 했다"고 후회했으나 중형을 선고받았다.

이번 폭동에서도 페이스북을 통해 자기 동네에서 폭동을 하자고 선동한 청년이 1심에서 4년 형을 선고받았다. 아무도 모이지 않아 폭동이 실제 이루어지지 않았음에도 중형을 선고받은 것이다. 실행되지도 않은 폭동 선동에 4년 형은 너무 가혹하다면서 항소를 했으나 고등법원은 기각했다. 폭동을 선동하기 위해 비록 집들을 찾아다니지는 않았지만 정보통신 기술을 이용한 선동 행위를 가볍게 여기는 것은 큰 잘못이고, 그가 의도했던 행위는 매우 심각한 범죄를 야기할 수 있었다는 것이 판결과 기각의 취지다.

과거와 같은 법의 관용과 이해를 기대하기에는 이미 영국 사회가 테러와 실업과 이민과 경제난 같은 산적한 문제에 너무 지쳐 있다. 거기다가 생각지도 않았던 폭동까지 터져 나왔으니 일벌백계식의 중형은 이미 돌릴 수 없는 대세가 된 것이다.

충격, 경악, 수치의 일주일

영국인들이 2년 전 여름, 영국 폭동을 겪고 느낀 것은 충격과 경악과 수치인 것 같다. 폭동이 어느 정도 잦아든 그 주 마지막 날 《가디언》은 '영국을 뒤흔든 지난 일주일' 이란 제목의 사설을 실었다. 사설은 한 독일 잡지가 런던 폭동을 아프리카 모가디슈의 것과 비교한 기사를 소개했고, 남아공의 한 웹사이트가 아프리카 연합이 영국의 질서 회복을 위해 인도주의적 도움을 줄 준비가 되었다고 놀린 것을 예로 들면서 작금의 폭동을 분석했다.

평소의 영국인 같으면 쳐다보지도 않았을 정말 듣도 보도 못한 잡스러운 조롱을 마음에 두고 거론했다는 것은 그만큼 수치를 느꼈다는 것이다. 미개국에서나 일어날 줄 알았던 약탈과 방화를 수반한 폭동이 자신의 나라에서 일어났다는 데 그들은 충격을 받았다. 또 도저히 그럴 수 없는 사람들이 폭동에 참가했다는 데 경악을 금치 못했는데, 그들이 그런 일을 할 수 있게 될 때까지 사회가 모르고 있었다는 데서 더욱 수치를 느낀 것이다. 자신들이 베개에 머리를 눕히고 편안히 잘 수 있다고 믿었던 세상이 이렇게 쉽게 그것도 전혀 그럴 것 같지 않던 평범한 이웃 사람들에 의해 무너질 수 있다는 데 대한 심리적 공황 상태도 심각했다.

영국인들은 준법 사회와 무법 사회 사이에 아주 얇은 판밖에 없다는 사실을 이번에 새삼 깨달은 것 같다. 아무리 급해도 절대 열리지 않던 여름휴가 기간 동안에 임시 국회가 열리고 해외에서 휴가 중이던 총리와 런던 시장이 가족들을 두고 돌아올 수밖에 없을 정도였다. 웬만한 일에는 호들갑을 떨지 않는 영국 사회가 호들갑 떠는 모습을 처음 보았다. 좌우, 여야 할 것 없이 모두 질서를 잡는 것이 무엇보다 우선이라고 입을 모았다. 하여 좌파 성향의 말만 하고 글만 쓰던 인사들마저도 평소의 색깔을 버리고 범죄자들을 무조건 소탕하라고 난리를 쳤다가 나중에 언론의 비아냥거림을 받기도 했다.

특히 영국인들과 영국 사회는 이 폭동이 지금까지 말로만 존재하던 현대

사회의 각종 새로운 요인들이 일으킨 새로운 형태의 폭동이라는 점 때문에도 더욱 충격을 받았다. 1981년 런던 남부 브릭스턴에서 시작해 전국으로 번진 폭동은 소수 인종들이 겪던 인종차별과 실업 문제가 맞물린 주동자들의 조직화된 소요 사태였다. 이유 있는 반항이었던 셈이다.

이후 영국은 거국적으로 소수민족을 위한 대책을 마련해서 실행했고 그 이후로 특별히 큰 문제가 더 이상 발생하지 않았다. 영국의 가장 큰 소요 요인이라 여겨지던 소수민족 정책이 나름대로 자리를 잡았다고 안심하고 있다가 이번에 전혀 예상치 않았던 쪽에서 사태가 터진 것이다. 몇 년이 지나야 정부 백서가 나오겠지만 현재까지 나온 전문가들 의견으로는 이 폭동은 소수민족이나 실업 같은 지금까지 알려진 기존의 사회문제가 야기한 게 아니라는 것이다.

실제 통계를 보면 이번 폭동 주도 청년들은 흑인 46퍼센트, 백인 42퍼센트로 인종별로 큰 차이가 없다. 폭동 참가자들의 나이를 보면 10~17세까지의 미성년자가 26퍼센트나 되고 21세 미만으로 확대하면 52퍼센트나 차지한다. 10대가 아닌 20~30대 폭동 참가자들도 전체의 43퍼센트나 차지하고 40대마저 6퍼센트나 약탈과 방화 등에 참여를 했다.

영국 사회는 철없는 10대가 반, 철이 들었어야 할 청년 및 어른이 합쳐서 나머지 반을 이루어 폭동을 일으켰다는 것을 무엇보다도 더 충격적으로 받아들였다. 돈 없고 못 배운 소수민족의 철없는 청소년들이야 그렇다 치더라도 멀쩡한 집안과 신분의 백인 어른 아이 할 것 없이 순간적으로 미쳐서 날뛴 하룻밤의 일탈에 빠진 것이 놀랍고 수치스럽다는 것이다.

앞서 등장한 첼시의 어머니는 "우리 가정은 식구들이 둘러앉아 식사를 할 수 있는 식탁도 있고 저녁 식사 후 식구들이 모여 앉아 인기 TV 프로그램을 보면서 대화를 나눌 따뜻한 리빙룸도 있다"면서 울먹이기도 했다. 소위 말하는 3D 가정(결손 가정family dysfunction, 이혼 가정family divorce, 아버지 부재 가정

family dad-less)이나 3F 가정(부권 부재 가정family father absent, 해체 가정family breakdown, 결손가정)이 아니라는 것이다. 어찌 보면 그들이 폭동에 참가해 약탈 행위를 한 것은 물욕이 아니었을지도 모른다. 첼시의 경우 자신의 페이스북에 '그날 저녁의 기분은 하늘을 날 정도로 최고였다'는 글을 올렸다. 결국은 범죄를 저지른다는 의식도 없이 일탈과 탈선과 해방의 쾌감을 위해 타인의 건물에 침입하고 재산을 약탈하고 경찰차를 파괴하는 죄를 아무 생각 없이 저질렀다.

보통 때 범죄와는 거리가 먼 청소년들이 순간적으로 범죄를 저질렀다는 것은 그만큼 사회가 병들었다는 이야기일 수 있다. 또 이렇게 병든 사회와 청소년들은 앞으로 그만큼 치유하기 어렵다고도 볼 수 있다. 영국 여론은 또다시 이런 일이 일어나지 않도록 할 만큼 사회가 충분한 교훈을 얻었는지에 대한 진지한 논의로 무성했다.

작년 한 해 동안 공공 부문에서 75만 명의 실업자가 발생했다. 청소년 관련 예산 지원도 대폭 축소되었다. 각 동네의 청소년 클럽, 실업 청소년들의 취업 상담이나 기술 교육을 담당하던 동네 기술학교, 이미 취직을 해 있다가 늦게나마 대학 진학을 결심한 가난한 가정 학생들의 학업을 도와주던 기관들은 전적으로 국가 예산에 의지해서 운영되어왔었다. 이런 기관들이 문을 닫기 시작해서 청소년들은 이제 갈 곳도 없다. 설사 어렵게 대학에 들어가도 국가의 재정 악화 때문에 대학 학비가 3배나 올라버렸다. 정말 영국의 젊은이들은 지금 어떻게 살고 있는가? 지난 사태가 정말 탐욕과 일탈로 인한 것이었다면 다음에 올 폭동은 진정한 분노와 폭력이 수반된 제대로 된 폭동일 것이라 하면 너무 겁을 먹는 것인가?

> **Keyword 20 : 애국심**
>
> 영국인에게 입에 올리기 촌스러운 단어였던 말. 2012년 런던 올림픽을 계기로 드러내놓고 하게 된 말.

금기어
애국심을
말하다

    정말 운 좋게도 2012년 런던 올림픽 개막식 입장권을 손에 쥐게 되어 대망의 개막식을 보는 영광을 갖게 되었다. 이건 보통 일이 아니었다. 좀 심하게 과장하면 세계 40억 인구 중에서 런던 올림픽을 현장에서 보는 7만1000명 중 1명이 된 어마어마한 일이 일어났다. 내 자리 입장권의 액면가는 2012파운드, 한국 돈으로 무려 342만 원이었다. 게다가 앞에서 여섯 번째 줄이었다. 입장하는 선수들 얼굴은 물론 '총알 탄 사나이' 우사인 볼트의 표정까지 볼 수 있는 자리였다. 사람이 살다 보면 이런 행운도 있나 보다. '가문의 영광'이라고 하면 너무 지나친 호들갑일까?

    런던의 지하철에서 내려 개막식이 열리는 올림픽파크 주경기장 입구 쪽으로 가니 '표가 필요합니다', '표 사겠습니다', '표 파세요'라고 쓰인 팻말을 들고 있는 사람들이 보였다. 암표상이 아니라 표를 사겠다는 사람들이었다. 표를 사고 싶어 하는 간절함을 느낄 수 있었다.

궁금하기도 하고 이 사람들은 도대체 얼마까지 웃돈을 얹어줄 각오를 하고 있는지도 궁금하고 해서 한 노부부에게 표를 보여주며 "얼마에 사겠느냐"고 물었다. "당연히 액면가를 주겠다"는 답이 망설임 없이 돌아왔다. 평생 가격 협상을 해온 장사꾼의 직감적인 판단으로 이 사람들에게 상당한 웃돈을 요구해도 살 것 같다는 감이 왔다. 50퍼센트? 100퍼센트? 최소한 50퍼센트는 더 받을 수 있다는 확신이 느껴졌다. 순간 머릿속이 복잡해졌다. 이걸 팔아 여름휴가비에나 보탤까 하는 강한 유혹을 느꼈다. '이 돈이면 2주짜리 크루즈 여행을 갈 수 있는데', '세 시간의 즐거움보다는 2주일의 기쁨이 낫지 않을까' 하는 계산이 머릿속을 어지럽혔다. 순간 '아니다! 크루즈는 돈이 있다면 언제든지 갈 수 있지만 런던 올림픽 개막식은 하루뿐이다. 오늘이 지나면 돈이 있어도 결코 볼 수 없다'는 생각이 섬광처럼 스치면서 표를 팔라는 노부부에게서 등을 돌렸다.

내 판단이 옳았다는 결론을 내리는 데는 많은 시간이 필요치 않았다. 개막식 내내 내 판단이 옳았음을 새록새록 느끼면서 정말 대단한 개막식을 현장에서 봤다.

가장 영국적이었던 개막식

런던 올림픽 개막식은 지금까지의 개막식과는 비교가 안 될 만큼 특이했다. 영국인만이 낼 수 있는 아이디어로 가득했다. 다른 올림픽 개막식이 군대 열병식이었다면, 런던 올림픽 개막식은 영국 역사와 문화와 예술과 삶을 담은 한 편의 영화였다. 개막식 총감독 대니 보일이 영화감독이니 어찌 보면 당연했다. 2009년 영화 〈슬럼독 밀리어네어〉로 아카데미 감독상을 거머쥔 대니 보일은 개막식을 한 편의 영화처럼 만들겠다고 공언한 바 있다. 대니 보일은 "중국 베이징 올림픽의 조직적인 면과 규모를 어떻게 넘어설 것인가가 지난 4

년간의 가장 큰 도전이었다"고 말했었다.

개막식을 보면 그의 의도는 분명히 성공했다는 것을 알 수 있었다. 개막식 날 현장에서 들은 환성과 감탄은 개막식이 성공작이었다는 것을 말해주었다. 베이징 올림픽 개막식이 장이머우 감독과 일사불란한 군중이 만들어낸 작품이었다면, 대니 보일의 런던 올림픽 개막식은 한 편의 서사시 같은 기록영화였다. 영국의 농경사회가 산업사회로 바뀌고 현대로 들어서는 전 과정이 다큐멘터리 형식을 빌려 묘사되었다.

영국의 근대 역사가 한 편의 영화에 다 담겨 있었다. 영국이 가진 온갖 문화와 예술 유산이 빠짐없이 망라된 듯했다. 너무 많은 것을 보여주려다 보니 산만하고 정리되지 않은 듯 보이긴 했다. 미국 신문 《워싱턴포스트》와 경제 월간지 《포브스》는 "런던 올림픽 개막식은 지겹고 지루한 개막식이었다"고 평가절하고, (런던의 마지막 올림픽이 지금부터 68년 전인 1948년이었음을 비꼬아서) "앞으로 68년 동안 영국이 올림픽을 다시 개최하게 허락해서는 안 된다"고까지 악평을 했다.

한 편의 영화 같았던 2012 런던 올림픽 개막식

이 기사에 달린 영국인의 댓글은 "사고가 단순한 미국인에게는 생각과 이해가 필요한 런던 올림픽 개막식보다는 군대 사열 같은 행렬에 일사불란한 매스게임처럼 손발이 딱딱 맞는 베이징 올림픽 개막식이 더 마음에 와 닿았을 것이다"라고 비꼬았다. 그런 때문인지 영국 신문 《더 타임스》 기자는 최악의 올림픽 개막식으로 서울, 베이징과 함께 미국 LA 올림픽을 꼽기도 했다.

영국 언론은 미국 언론의 혹평에 대해 "지적 수준의 결여로 인한 영국 문화 몰이해"라고 쏘아붙였다. 미국 언론 기사에서 빅토리아시대 영국 최고의 엔지니어였던 이점바드 킹덤 브루넬을 에이브러햄 링컨 미국 대통령으로 착각하고, 《이상한 나라의 앨리스》에 나오는 인형들을 '섹스 인형'으로 봤으니 미국 기자의 무식함에 영국 언론이 기가 막힐 만도 했다. 런던 올림픽 개막식은 영국 문화를 아는 사람들에게는 최고였다. 그러나 《워싱턴포스트》나 《포브스》의 기자처럼 영국 문화를 잘 모르면 상당히 지겨울 수 있다는 점도 인정해야 공정할 것 같다.

런던 올림픽 개막식이 왜 가장 영국적이었는지 이제 해석을 시작해보자. 시작은 상당히 지루했다. 특히 TV로 중계되지 않은 장면들이 그랬다. 개막식장 운동장에 잉글랜드의 초원과 농장, 마을이 아주 예쁘게 만들어져 있었다. 그 앞에 마부가 수레를 끌고 있고, 목장 나무 담에 기대어 서서 담소를 나누는 남녀가 있었다. 수레는 수십 바퀴를 돈 듯했고, 남녀의 대화는 한 시간처럼 느껴졌다. 왜 그 장면이 필요했는지 지금도 이해가 되지 않는다. 그러고 나서 코미디언이 등장해 개막식에 대한 설명을 하는 데 다시 30분 이상 걸렸다.

개막식이 시작된 이후에는 속도가 빨라졌다. 목장과 집들과 전원 마을이 굴뚝이 등장하는 산업혁명 시대로 바뀌었다. 관중석 사이로 수천 명의 드러머들이 북을 치고 내려오고 운동장 안으로 작업복을 입은 수천 명의 남녀가 쏟아져 들어왔다. 조명은 어둡고 음악은 선동적이고 분위기는 우울하고 음산했다. 아름답고 평온했던 전원에 암울한 산업도시가 나타난 것이다.

평화롭게 살던 농경사회에서 순식간에 몰인간화·몰개성화의 산업사회, 도시사회로 바뀌는 비극을 나타내는 듯했다. 순간 울컥했다. 이런 장면들로 이번 개막식이 영국에서 정치적인 문제가 되었다. 영국의 한 보수당 국회의원은 "대니 보일 감독은 원래 사회주의적 시각으로 영화를 만드는 사람이다"라며 "노동당은 가만히 앉아서 손도 까딱 안 하고 최고의 선전을 했다"고 비꼬았다. 영국 신문《더 타임스》도 개막식 대본이 대니 보일 감독의 친구인 극작가 프랭크 코트렐 보이스의 작품이라는 점을 들어, 사회주의적이라는 데 동의했다. 런던 올림픽 개막식에서 산업화 시대에 이어 영국 국립의료보험 NHS을 상징하는 수백 개의 침대가 등장하고 그 위에서 뛰노는 어린이들,《해리 포터》의 작가 조앤 롤링이 영국 동화《피터 팬》을 읽은 것도 교묘하게 사회주의 시각을 선전했다는 평을 받았다.《피터 팬》은 산업혁명 초기에 쓰인 영국의 대표적 문학작품으로, 사회적 병폐가 쏟아져 나올 때 병든 사회를 치료하고 유토피아를 꿈꾸었던 사회주의적 작품으로 알려져 있다.

어쨌든 2천700만 파운드(459억 원)을 들인 개막식은 다양한 영국을 보여주었다. 86세의 여왕이, 영국의 대표적 문화 콘텐츠 '007 시리즈'의 주인공 제임스 본드와 함께 '본드걸'로 등장한 깜짝쇼를 최고로 치는 사람도 있다. 연초에 영국 타블로이드 신문《더 선》이 '여왕이 개막식 출연을 위해 제임스 본드와 영화를 찍었다'는 내용의 기사를 보도했을 때도 사람들은 여왕이 제임스 본드와 함께 영화에 직접 출연하리라고는 생각도 못했다. 거기다가 헬리콥터에서 영화 속 여왕이 입은 옷과 똑같은 분홍색 옷을 입은 스턴트맨이 속옷을 다 보이면서 뛰어내리고 그 순간 여왕이 개막식장에 깜짝 등장하는 장면을 볼 것이라곤 정말 상상도 못했다. 근엄한 여왕님의 의외로 귀여운 면에 영국 국민은 물론 세계가 깜짝 놀랐다.

영국 언론은 개막식 초기 반기문 유엔 사무총장, 세바스찬 코 런던 올림픽 조직위원장, 자크 로게 국제올림픽조직위원장의 연설 때 관중의 박수가 나온

점도 개막식의 성공을 논하는 데 중요한 요인이라고 지적했다. 사실 영국인들은 유명 인사의 연설 중간에 박수 치는 법이 별로 없다. 물론 다양한 국적의 관중이 있긴 했지만 그래도 7만1000명의 관중 대다수는 영국인이었을 터다. 그만큼 런던 올림픽 정신이 영국인들에게 와 닿았다는 말이다.

개인적으로 이 개막식이 이전 올림픽들의 개막식과 가장 크게 다른 점은 유머라고 본다. 엄숙하고 진지하기만 했던 개막식에 세계인의 공통 언어인 유머를 가미한 것은 영국인만이 할 수 있는 일이다. 엄숙하게 의식을 행하기로는 영국인을 따라올 국민이 없다. 동시에 영국인은 엄숙한 일을 풍자와 해학으로 푸는 데 일가견이 있는 사람들이다. 올림픽 개막식이라는 엄숙한 행사를 영국이 가진 가장 엄숙한 존재인 여왕을 희화시키면서 유머로 확 풀어 즐거운 파티로 만들어버렸다. 영국의 국민 코미디언이자 세계적으로 인기를 끈 영국 코미디 〈미스터 빈〉의 주인공 로완 앳킨슨이 올림픽 육상 종목을 소재로 다루어 1981년 미국 아카데미 시상식에서 작품상을 받은 영화 〈불의 전차〉를 패러디하고 오케스트라를 지휘하게 한 것 역시 관중의 큰 호응을 받았다.

개막식엔 영국이라는 복잡한 사회를 이루는 문화, 역사, 예술적 요소들이 모자이크처럼 섞여 들어갔다. 영국의 대문호 셰익스피어와 찰스 디킨스, 영국 대표 소설 《이상한 나라의 앨리스》, 《캡틴 후크》, 《메리 포핀스》 등 어린이 동화가 등장했다. 음악도 의외의 조합이 많았다. 영국 국가처럼 불리는 헨델의 음악이 나오는가 하면 개막식 피날레 공연으로는 살아 있는 영국 팝의 전설 비틀즈의 폴 매카트니가 등장했다. 개막식 중간중간 등장하는 각종 음악 구성에서도 팝이 차지하는 비중은 어느 개막식보다 높았다. 클래식 음악은 개막식 전체를 통틀어 딱 한 번 나왔는데, 그마저도 중간에 '미스터 빈'이 등장해 엄숙한 분위기를 가볍게 전환해버렸다.

개막식에 반드시 등장하는 국가수반이나 개최 도시 시장을 등장시키지 않고 대신 유엔의 반기문 사무총장을 연설하게 한 것이 의외였다. 올림픽은 개최국만의 것이 아니라 세계인의 축제라는 점을 배려했다고 봐야 할 듯하다.

개막식 감독이 등장해 연설한 것도 특이했다. 대니 보일은 개막식에 담긴 자신의 생각을 이렇게 표현했다. "세계 속에서 우리(영국)는 우리가 차지할 새로운 위치를 익히고 있다. 100년 전 우리는 모든 것이었다. 그리고 그사이에 변화가 있었다. (중략) 우리는 세계 속에서 자신이 차지하는 위치를 알아야 한다. 그것은 좋은 일이기도 하다."

런던 올림픽 개막식 직후 독일의 한 신문은 "영국은 95퍼센트의 외국인 시청자들에게 영국의 화장하지 않은 얼굴을 보여주고 싶어 한 듯하다"고 평했다. 대니 보일은 개막식을 통해 100년 전 세상의 모든 것을 지배한 듯했던 제국주의 시절의 영국이 아니라 겸손하게 자신의 자리를 배워가는 영국을 보여주었다. 혹은 '저 혼자 잘난' 영국이 '친근한' 영국을 보여주고 싶었던 건 아닐까. 영국인이 이미 변했기 때문에 개막식을 그런 식으로 표현했는지는 모르지만 올림픽을 통해서 상당히 낯선 영국인의 모습들을 많이 보았다.

냉소적인 영국인들 자국 올림픽에 흥분하다

영국인은 원래 잘 흥분하지 않는다. 특히 국가적인 큰 행사에 냉담하다. 런던 올림픽도 사실 예외는 아니었다. 올림픽이 열리기 전만 해도 영국 언론은 온통 비관적인 톤으로 올림픽을 다뤘다. 6월 내내 내리던 비를 주제로 한 우울한 전망을 시작으로 올림픽 유치 시 국민에게 제시한 예산보다 3배나 늘어난 올림픽 경비, 개막식 며칠 전에야 알아차린 올림픽 보안 문제, 마지막 순간까지 마음을 못 놓게 했던 런던 교통난 등은 그렇지 않아도 투덜거리기 좋아하는 영국인들에게 좋은 이야깃거리였다. 투덜거리고 냉소하고 깐죽거리는 아주 전형적인 영국인 그리고 영국 언론의 모습이었다.

그런데 일단 올림픽이 시작되자 분위기가 차츰 바뀌기 시작했다. 올림픽을 여는 첫날 저녁 모든 사람의 상상을 벗어난 개막식 프로그램을 본 이후부터 변화가 감지되었다. "영국인만이 만들 수 있는 올림픽 역사상 최고의 개막식"이란 표현은 흥분한 영국 언론의 평 중에서도 상당히 점잖은 편에 속했다. 심지어는 "전대미문의 예술적인 개막식이고 인류는 더 이상의 개막식을 보기 어렵다"는 신문 기사의 제목은 이것이 과연 겸손을 덕목으로 하는 영국 신문인가 할 정도였다.

하루 이틀이 지나면서 개최 전 머리를 아프게 하던 걱정거리가 지나친 걱정이고 기우에 불과했다는 사실을 알고부터는 무드가 완전히 바뀌기 시작했다. '그것 봐! 우리는 할 수 있다니까!' 라는 식의 기사가 신문에 등장하기 시작했다. TV 아나운서의 목소리 톤도 한 옥타브는 올라간 듯 진짜 축제를 중계하는 투였다. 그 전까지 아주 걱정하는 얼굴로 조용조용하게 말하던 아나운서가 말이다.

가장 큰 걱정거리였던 테러에 대한 불안도 군까지 동원한 철통 보안으로 사그라졌다. 뿐만 아니라 교통난도 '질 라인ZIL Line(옛 소련의 정치국 간부들이 타고 다니던 대형차 질ZIL만이 다닐 수 있던 모스크바 중심 도로 중간의 특수 차선)'이라 불리던 '게임 레인'을 거의 개방해도 문제가 없었다. 런던 시민들 중 4분의 3이 런던을 벗어나 여름휴가를 갔다는 확인되지 않은 보도도 있었다. 동시에 런던을 꽉 메우던 관광객마저도 예년의 3분의 1밖에 안 들어와 런던 중심은 거의 죽은 도시 같았다. 여름 세일 기간, 그것도 토요일에 해로즈 백화점 바로 옆 거리 주차장이 비어 있는 것을 볼 수 있을 정도로 런던은 올림픽 경기장 말고는 거의 비어 있다시피 했다.

그러면서 좀처럼 불붙지 않던 영국 선수들의 금메달 행진이 제대로 시작되자 영국인들은 완전히 변하기 시작했다. 영국인들이 성공적인 올림픽을 자신하는 순간 영국 선수들이 금메달을 따기 시작했다. 영국 선수들의 경기가 열리는 각 경기장은 영국 국기인 유니언잭의 물결로 도배되기 시작했다.

사실 올림픽이 안방에서 열리기는 했지만 영국 선수단의 메달 획득은 과거 성적과 비교해보면 놀라울 따름이었다. 영국인도 자국 선수들이 거둔 성적을 믿기 어려워할 정도였다고 한다. 런던 올림픽에서 영국은 541명의 선수가 29개의 금메달을 포함해 65개의 메달을 따서 전체 3위의 성적을 이루어냈다. 19개의 금메달을 포함해 47개의 메달을 딴 베이징 올림픽이 이전까지는 가장 좋은 성적이었는데, 정말 엄청난 발전이었다. 2012년 올림픽 성적을 영국이 1위를 기록했던 1908년 런던 올림픽의 성적과 비교해서는 안 된다. 당시 영국은 2위 미국의 메달 숫자(47개)의 3배가 넘는 146개(금메달 56개 포함)의 메달을 땄다. 하지만 당시 올림픽 참가 선수의 3분의 1이 영국 선수였다는 점을 감안하면 이번에야말로 '제대로 된 올림픽'에서 올린 가장 좋은 성적이라 할 만하다.

2012년 런던 올림픽은 사실 영국인들이 자랑스러워할 만하다. 통계로만 봐도 성공적이다. 개막식은 세계적으로 10억 명이 지켜봤고, 특히 영국 시청자의 90퍼센트인 5700만 명이 시청했다. 그해 방영된 TV 프로그램 중 가장 시청률이 높았다. 미국 애틀랜타 올림픽 당시의 자국 내 시청률 40.7퍼센트와 비교하면 엄청난 성공을 거둔 셈이다.

더군다나 날씨마저도 올림픽을 도와주었다. 올림픽 기간 런던에는 한 번도 제대로 비가 내린 적이 없었다. 완벽한 날씨였다.

'우리가 과연 할 수 있을까?'에서 "영국이 해냈다"로

런던이 올림픽을 세 번 개최했다고는 하나 따지고 보면 제대로 된 올림픽은 이번이 처음이었다. 1908년의 첫 번째 런던 올림픽은 원래 로마에서 열리기로 되어 있었으나 폼페이 화산 사태를 핑계로 이탈리아가 포기하는 바람에 영국이 별 준비 없이 받아 런던에서 열렸다. 두 번째인 1948년 올림픽은 2차 세계대전의 전후 복구가 제대로 되기도 전에 열려 '내핍 올림픽Austerely

런던 거리 유니언잭의 물결

Olympic'이라는 오명을 얻었다.

이 올림픽도 개최권을 따냈던 7년 전과 비교하면 열악한 상황에서 개최되었다. 개최권을 따낸 후 터진 미국의 서브프라임 모기지 사태로 인한 세계적인 경기 불황과 최근의 유로 존 위기 때문에 많은 사람들이 올림픽의 성공적 개최에 의문을 제기했던 것이 사실이다. 어느 지방지는 "런던 올림픽은 사실 영국 역사상 가장 큰 사건"이라며 "이보다 더한 사건은 거의 1000년 전의 로마인의 침공과 1, 2차 세계대전 말고는 없었다"는 분석까지 내놓았다. 개막식을 감독한 대니 보일의 말마따나 "세상의 모든 것이었고 해가 지지 않는 대영제국" 시절 이후 처음 세계의 중심에 서는, 문자 그대로 대사건이었던 셈이다. 그래서 상당수 영국 언론은 영국이 이런 큰 행사를 큰 사고 없이 망신 안 당하고 제대로 치러낼 수 있는지를 심각하게 거론했었다.

오히려 영국 밖의 사람들은 '그래도 영국이 올림픽 정도는 충분히 개최하리라' 믿어 의심치 않았지만 정작 영국인 자신들은 올림픽의 성공적 개최 여부를 정말 심각하게 걱정했었다. 언제부턴가 영국인들은 찌들어 주눅 들어 있다는 말을 듣고 있다. 모든 일에 비관적이고 자신을 과소평가하는 식이다. 마조키스트처럼 자기 비하나 자학을 은근히 즐기는 것이 아닌가 의심이 들 정도다. 전혀 걱정할 이유가 없는 듯한데, 괜한 호들갑이라는 짜증이 들 만큼 사전에 난리를 친다. '오버킬overkill(과잉 조치)'이라 할 정도로 너무 야단을 떨어 겁을 주는 바람에 런던 시내를 죽은 도시처럼 만든 교통난 걱정이 그런 예에 속한다.

이런 우려와 조바심 내는 준비 끝에 성공적인 올림픽을 이끌어내서인지, 올림픽 기간 중 TV를 비롯한 영국 언론에서 가장 많이 들을 수 있었던 말이 '영국인임이 자랑스럽다'는 것이었다. 인터뷰를 하는 일반 영국인들은 성공적으로 개최되고 있는 올림픽과 영국 선수들의 선전에 놀라움과 자랑스러움을 동시에 표현하면서 반드시 "영국인이어서 자랑스럽다"는 말로 인터뷰를 끝맺었다. 그런데 이 말을 뒤집어 보면 평소에는 그런 생각을 못했었다는 말이기도 하다. 자신이 일을 벌이고 있으면서도 자신이 하는 일이 미심쩍었으나 이제 해놓고 보니 자신들이 대견스럽다는 말로도 들린다. 데이비드 캐머런 총리마저도 그런 기분인가 보았다. 영국 대중예술의 진수를 온통 동원해 최고 축제의 한마당을 보여준 폐막식에서 캐머런 총리는 "영국이 해냈다Britain delivered!"고 선언했다. 이어서 "우리는 우리의 실력이 어느 정도인지를 세계에 보여주었고, 우리 자신에게는 우리의 능력이 어느 정도인지를 일깨워주었다"며 자랑스러워했다.

금기어 애국심을 말하는 사람들

어쨌든 올림픽 이후 영국인들의 태도가 바뀌었다. 성공적인 올림픽 개최와 자국 선수들의 선전을 계기로 터져 나온 '영국인임이 자랑스럽다'는 말이 빈말이 아니라는 분위기가 느껴진다. 2010년 윌리엄 왕세손과 케이트 왕세손비의 결혼식이 치러질 때부터 대거 등장하기 시작한 영국 국기 유니언잭도 어느 때보다 많이 보인다. 나의 30년 영국 생활 중 요즘처럼 많은 유니언잭을 본 일은 솔직히 없었다. 내 자식들은 모두 영국에서 초등 교육부터 받았지만 영국 국가 〈신이여 여왕을 보호하소서〉를 제대로 부를 줄 모른다.

사실 영국인만큼 애국심이란 말에 복합적 반응을 보이는 민족도 내가 알기로는 없다. 영국인, 특히 영국 지식인들에게 국기와 국가로 상징되는 애국심은 '멀리할 수도, 가까이할 수도 없는' 아주 골치 아픈 '불가근불가원不可近不可遠'의 존재다. 애국심이란 단어를 들으면 거의 신경질적 거부 반응을 보이는 경우가 대부분이다. 무슨 그런 촌스러운 단어를 입에 올리느냐는 듯한 반응이다. 그런 말을 하는 사람들의 마음속에 애국심이 없다는 뜻은 아니다. 단지 그런 말을 감히 입에 올리는 것 자체가 금기라는 말이다. 애국심이라는 단어가 대화 중에 어쩌다 나오면 그냥 쑥스럽게 웃으면서 무시하는 듯한 반응이 보통이다. 그건 마음속에 가지고만 있거나, 자기네끼리만 있을 때 주위를 둘러보고 쉬쉬 하면서 하는 말이지 개념 있는 지식인이 내놓고 화제로 삼을 이야깃거리는 아니라는 뜻이다.

그런데 런던 올림픽을 계기로 자기네들끼리 있을 때 속으로 하던 말들을 드러내놓고 하기 시작했다. 어려운 경제난 속에서도 성공적으로 치러낸 올림픽과 기대 이상의 메달로 얻은 위안 때문인지 영국인답지 않게 이상한 민족적 자신감이 생긴 듯하다.

물론 이런 현상은 올림픽의 성공적 개최와 영국 선수들의 호성적만으로 시작되지는 않았다. 2010년 보수당 정부가 들어서면서 불기 시작한 보수주의 때문이라고 하면 너무 과민 반응이 아니냐고 나무라겠지만, 분명 민족주의 분위기는 그때부터 시작되었고 올림픽을 계기로 옳다구나 하고 기승을 부리게 되었다고 정리해도 될 듯하다. 이런 관점에서 보면 "세상의 모든 것이던 영국이 과거로부터 변화된 현재의 자기 자리를 찾아가는 겸손한 영국인의 모습을 통해 세계인에게 친근히 다가가고자 했던" 개막식 감독 대니 보일의 의도는 실패로 돌아갔다. 가진 것도 없으면서 과거의 영광에서 못 헤어나고 허장성세로 나대던 영국을 꾸짖고자 했는데 혹 때려다 더 큰 혹을 단 격 같다.

자긍심 위에 먹구름

런던 올림픽을 통해 영국민들의 자긍심은 높아졌을지 모르지만 현실은 그렇게 만만치 않다. 가장 큰 축제는 끝났다고 하나, 또 하나의 축제 '2012 런던 패럴림픽'이 시작도 하기 전에 이미 영국은 '모닝 애프터Morning After(파티 다음 날) 통증'을 느끼기 시작한다고 당시 영국 언론들이 찬물을 끼얹었었다. 올림픽 성공을 계기로 경기 불황의 악순환을 깨야 한다고는 하지만 말처럼 쉬운 일이 아니었기 때문이다. 늘어져 있는 술병을 치우며 파티 경비를 계산할 경황도 없이 밖에서 불어온 냉기는 너무 찼다. 그리스의 유로 존 탈퇴가 당시에는 당장 발등에 떨어진 뜨거운 불덩이였다. 그리스가 탈퇴를 하면 영국에 1000억 파운드(180조 원)의 경제 손실이 발생하고, 그 결과 영국 경제에 −7퍼센트의 영향을 가져온다는 톱기사가 언론에 실렸다.

 누가 어떤 정책을 펼쳐도 지평선 위에 떠 있는 먹구름은 당장 쉽게 가실 것 같지 않았다. 윌리엄 왕세자 결혼식에서 시작해 엘리자베스 2세 여왕의 다이아몬드 주빌리와 올림픽으로 이어져온 파티가 거창해 숙취의 고통은 더욱 심하리라고들 예상했다. 파티로 잠시 잊고 있던 고통스러운 냉엄한 현실을 직시해야 했기 때문이다. 더군다나 인심은 곳간에서 나오듯 경제 사정이 나쁘면 민족주의의 판도라 상자가 열리게 마련이다. 하필 올림픽을 계기로 애국심이 고취되는 시기가 영국을 포함한 유럽이 2차 세계대전 이후 가장 경기가 나쁜 시기라는 점이 참 공교로웠다. '다문화주의 포기', '이민을 비롯한 각종 비자 규제' 등은 이미 전면적으로 시행 중이었다. 구미 선진국이 코에 내걸던 최고 가치 '톨러런스tolerance(관용)'도 배가 고프면 있을 턱이 없다.

 이렇게 예상했던 걱정이 기우가 아님이 드러나기 시작했다. 과거에는 영국 정치 지평에서 보이지도 않던 군소 정당 중 하나인 '영국독립당UKIP: U.K. Independent Party'의 약진은 놀라울 정도였다. 심지어 일부 지방선거에서는 보수, 노동 양당도 제치고 제1당으로 오르는 기염을 토하기도 했다. 이후 2015년 총선에서 국회 의석을 차지할 당이 되리라는 점은 지금 누구도 의심하지 않는다. 발등에 불이 떨어진 당은 보수당이다. 거의 모든 영국독립당의 지지자가 보수당에서 나왔기 때문이다. 정말 난국에는 보수를 지나 극우 정당이 득세를 하는 것이 진리인가.

> Keyword 21 : 2012 런던 올림픽

런던 올림픽 준비 3대 정신. 첫째, 지속 가능성. 둘째, 사후 시설 관리. 셋째, 지역사회 포용. 올림픽이 끝난 후에도 이 3대 정신이 지켜지고 있다.

영국식 실용의 끝,
런던 올림픽

2012년 런던 올림픽을 1년 반 정도 남긴 시점에서 나는 귀한 경험을 했다. 런던 올림픽 공식 가이드 교육에 참가한 것이다. 내가 정회원으로 되어 있는 영국 국가 공인 관광가이드협회Blue Badge Guide가 런던올림픽조직위원회LOCOG: London Organizing Committee of the Olympic Games, 올림픽조달청ODA: Olympic Delivery Authority, 올림픽시설관리회사OPLC: Olympic Park Legacy Company 와 공동으로 교육을 한 것이다.

한마디로 말해 교육을 받고 나서 런던 올림픽을 보는 눈이 완전히 달라졌다. 솔직히 말해 교육을 받기 전까지는 대다수의 영국인처럼 런던 올림픽에 그리 좋은 인상을 가지고 있지 않았다. 안 그래도 어려운 경제 사정에 무려 93억 파운드(16조7400억 원)나 들여서 대회를 치른다는 것이 지독하다고 말할 정도로 알뜰한 영국인에게는 못마땅한 일이었다. 하지만 9일간의 교육 뒤

나는 완전히 달라졌다. 나를 포함한 모든 가이드들의 태도가 부정에서 긍정 정도가 아니라 거의 감동으로 바뀌었다. 런던 올림픽 준비 유관 기관들이 가이드들을 런던 올림픽 소개를 위한 첨병으로 세뇌시키기 위해 이 교육 프로그램을 만들었다면 정말 대단한 성공을 거둔 것이다. 매일매일 별 사람을 다 만나는 관광 가이드들은 닳고 닳아 무슨 일에도 거의 감동하지 않는다. 특히 냉소적인 비아냥거림이 국민정신이라는 영국인 동료 가이드들은 특히 더 심하다. 그런데 그들이 더 감동했고, 열렬한 런던 올림픽 선전원이 되었으니 교육 성과가 대단하다고 하지 않을 수 없었다.

이런 극적 반전은 유치 단계부터 올림픽 관련 시설 건설 과정에 이르기까지 일관되게 지속된 런던 올림픽 정신에 감동을 받았기 때문이다. 교육 내내 등장한 런던 올림픽 준비 3대 정신 '지속 가능성Sustainability, 사후 시설 관리 Legacy, 지역사회 포용Inclusion'은 반하지 않을 수 없을 만큼 훌륭했다. 런던올림픽조직위원회IOC 등 세 기관의 실무 책임자들은 "올림픽 유치전 심사를 한 IOC 위원들도 이 정신에 반한 것이 분명하다"며 강의 중 자랑을 한도 없이 늘어놓았다. 자신들의 유치 노력이 다른 도시에 비해 특별히 다른 점이라면 이 3대 정신을 제시하며 논리적으로 설득했기 때문에 이미 두 번이나 올림픽을 개최한 불리한 조건에서도 유치에 성공했다는 것이다.

유치 목적부터 실용적이었다

런던은 2005년 싱가포르에서의 2012 올림픽 개최지 결정 당시만 해도 파리, 마드리드, 뉴욕, 모스크바 등 다른 후보 도시에 비해 결코 유리하지 않았다. 런던은 1908년과 1948년 이미 두 차례 올림픽을 개최한 데다 어려운 국가 경제, 부족한 숙소와 경기장 시설을 비롯해 비싼 물가, 복잡한 교통 상황으로 경쟁 도시 언론들로부터 집중포화를 받았다. 거기다가 국민과 언론의 냉소적인 태도까지 가세해 대단히 불리한 점수를 받을 것이라는 예상이 압도적이었다. 그런데도 런던은 난관을 극복하고 결국 세 번째로 올림픽을 개최하는 첫 도시가 되었다.

당시 영국 정부나 런던 시가 올림픽 개최를 간절히 원한 것은 산업혁명 이후 런던에서 가장 낙후된 동부 지역을 일거에 재개발하는 방법이 올림픽밖에 없다는 단 하나의 이유 때문이었다. 물론 올림픽을 치르면 그 지역뿐만 아니라 런던을 포함한 영국 전체가 각종 경제, 문화, 정치적인 이득을 본다는 것은 말할 나위도 없었다.

전통과 격식을 중요시하는 보수적 성향 때문에 언뜻 보기에 위신과 체면을 가장 앞세울 것 같은 영국인은 가까이서 보면 정말 실질적이고 실용적이다. 남에게 보이는 겉모습이나 체면 때문에 헛되이 돈을 쓰지는 않는 영국인의 기질상 어마어마한 예산이 드는 올림픽 유치 경쟁도 치밀한 계산을 하고 뛰어들었을 것이라고 짐작은 했다. 그래도 막상 런던 올림픽 준비의 세세한 부분을 알게 되니까 런던 올림픽에 얽힌 모든 것이 더 이상 영국인다울 수 없다는 생각과 함께 이들의 철저한 손익계산에 평소에 잘 못 느끼던 두려움마저 느끼게 되었다.

올림픽 개최 후 '엘리자베스 여왕 올림픽 공원Queen Elizabeth Olympic Park'으로 이름이 바뀐 올림픽 공원은 런던 스트라트포드 지역 5개 구Borough에 걸쳐 위치하고 있다. 영국 전역에서 가장 높은 실업률, 가장 낮은 소득, 전국 평균에 비해 다섯 살이나 낮은 수명, 열악한 교육 수준, 110개 언어가 사용되는 다국적 이민자들, 그러나 아주 젊은 주민들. 이것이 이 지역을 가장 잘 묘사하는 말이다. 그런데 이런 사회적 치부가 런던 올림픽 유치 성공의 가장 중요한 요인 중 하나였다니 정말 역설적이라고 해야 할지, 제안서 자체가 기가 막혔다고 해야 할지 모르겠다.

이 지역은 대표적 공장 지대였다. 1844년의 런던 건축법에 의해 런던 시

경계 안에 공장을 건축할 수 없게 되자 시 경계 밖인 이 지역에 각종 공장들이 들어섰다. 증기선 시대 영국의 중심 항구이던 도크랜드가 인접해 있어 공장 지대로서는 더할 나위가 없었다. 그러나 이런 이유로 이 지역은 2차 세계대전 중 독일 공군으로부터 가장 심하게 공습을 받아 폐허가 되었다. 설상가상으로 컨테이너 화물 수송 시대가 밀어닥치면서 범선과 증기선 중심의 낡고 오래된 도크랜드는 항구로서의 기능을 잃었다.

도크랜드와 함께 이 지역은 2차 세계대전 후 제대로 회복도 못해보고 줄곧 쇠락의 내리막길을 걸어 낙후 지역으로 남아 있었다. 무너지고 폐허가 된 건물들 사이로 빈 공장이나 창고들만이 즐비했다. 환경이라는 개념이 전혀 없던 시대에 조성된 공장 지대가 100여 년 이상 지속되어왔기 때문에 토지나 인근 수로의 오염은 말도 못할 정도였다. 그러나 이러한 대회 유치에 가장 불리한 지역적 요인 역시 다시 유리하게 만들어놓은 것이 이번 런던 올림픽 유치 과정이었다.

1980년 모스크바와 1984년 로스앤젤레스 올림픽 육상 금메달리스트인 세바스찬 코Sebastian Coe 경이 이끈 런던올림픽유치위원회는 다른 유치 희망 도시에 비해 가장 불리한 이 두 가지 요인, 즉 낙후된 지역사회와 오염된 지역 환경을 올림픽을 통해 개선하겠다는 점을 분명히 강조하는 전략을 택했다. 매번 규모가 커지기만 해 일부 부자 나라만이 개최할 수 있게 되었다는 비난을 받아온 올림픽을 그 이전 대회와 비교해 절반의 비용으로 치르겠다고 제시한 것도 또 하나의 유치 성공 전략이었다. 이렇게 현대 올림픽이 지향해야 할 방향과 정신에 딱 맞는 방안을 제시하며 IOC 위원들에게 점수를 딴 결과 런던은 최종 경쟁 도시 파리를 근소하게 제치고 54 대 50의 승리를 따냈다.

환경을 배려한 지속 가능성까지

그러면 런던은 자신들의 유치 약속을 어떻게 지켰는가? 우선 유치 성공의 가장 큰 비밀 중의 하나인 '지속 가능성' 측면부터 살펴보기로 하자. 항공 사진으로 촬영한 개발 전 올림픽 공원 2.5제곱킬로미터는 그야말로 빈 공장과 창고와 잡초, 그리고 물고기 한 마리도 살 수 없이 오염된 수로로 이루어진 폐허 지대였다. 건설을 책임진 올림픽조달청 ODA의 첫 번째 임무는 도저히 어떻게 해볼 수 없는 흙을 되살리는 일이었다. 이 프로젝트 매니저인 사피나 샤리프는 "옛날 같으면 그냥 (오염된 흙을) 파서 트럭에 실어 어딘가에 가져다 버리면 될 일이었지만, 이젠 정말 그런 생각조차 할 수 없는 시대이니 정화를 하는 방법밖에는 다른 방법이 없는 일"이라고 했다.

정화 방법은 진짜 우직하기 짝이 없었다. 200만 톤의 어마어마한 양의 흙을 파 컨베이어벨트를 통해 옮겨 가면서 우선 돌을 골라내고 동시에 거대한 자석으로 금속 물질을 따로 모은다. 그런 다음 흙을 물로 씻어낸다. 물론 물로만 해결이 안 되는 오염 물질이 흙에 포함되어 있으면 화학약품을 써야 하는데, 이것이 다시 오염의 원인이 될 수 있어 새로 개발된 생화학적 방법으로 처리했다. 오염된 흙을 씻은 물도 이런 방법으로 정화해서 수로로 내보낸다. 소개 영화에서 보면 프로젝트 관계자들은 "인류 역사상 가장 큰 그리고 우직한 토양 정화 작업이었을 것"이라며 실소하면서 자랑스러워했다. 흙 정화 작업과 동시에 인근 수로와 호수의 물 2000만 갤런도 정화했다.

런던올림픽유치위원회는 올림픽 공원 부지 안 200여 채의 건물 철거 과정에서 나온 폐자재 80퍼센트를 재활용하겠다고 제안서에서 약속했지만 실제 그 비율을 90퍼센트로 높였다. 건물을 철거할 때 폭약으로 일거에 처리하면 쉬운데 일일이 철거 크레인을 사용했고 일부는 손으로 처리하기도 했다. 폐자재는 다시 올림픽 공원 내 건물 자재로 사용되었다. 많은 건물, 특히 창고 건물 20여 채를 온전하게 철거하여 다른 곳에서 재조립해 사용했다.

부지 정리 뒤 경기장과 선수촌을 건설하는 데 쓰이는 건축 자재는 50퍼센트 이상을 에너지 절약형 운반 수단인 철로와 수로를 이용해 운반하겠다고 유치 제안서에서 약속했는데 실제 이 수치도 57퍼센트로 끌어올렸다. 이 지역은 원래 중공업 지대였기 때문에 인근에 오랫동안 사용하지 않은 많은 철도와 수로가 있다. 이를 수리 보완해서 효과적으로 이용한 것이다.

환경을 고려한 배려는 이뿐만이 아니었다. 선수촌을 주경기장과 각종 주요 경기장이 있는 올림픽 공원 안 근거리에 건설해 선수들은 걸어서 경기장으로 이동할 수 있었다. 모든 경기 입장권을 당일 런던 교통 이용권으로도 사용할 수 있게 해 전 관객이 대중교통을 이용할 수 있었다. 올림픽 공원 안에는 일반 관람객용 주차장은 아예 존재하지 않는다. 심지어 단체 관람객이 사용하는 버스 주차장마저 없다. 6000대의 자전거를 둘 수 있는 공간이 유일한 주차장이라 부를 수 있는 시설이다. 철저한 대중교통 이용 원칙은 공사 현장에도 적용되었다. 1만2000명의 노동자들도 대중교통을 이용해 출퇴근할 정도였다. 런던 올림픽은 이런 환경에 대한 고려를 위해 처음부터 세계적인 환경 전문 컨설팅 회사의 도움을 받아 제안서를 작성했고, 공사 진행 과정 각 단계에서도 항상 자문을 구했었다.

대회와 관련된 협력 업체나 후원 업체에 요구한 환경 관련 항목도 거의 책 한 권 분량이다. 자세히 살펴보면 기념품 판매를 위한 포장재의 제한 및 권고 사항을 비롯해 일회용 플라스틱 봉지와 사은품 제공 시의 일회용품 금지, 심지어는 관련 자료 제작 시 가능하면 흑백으로 만들되, 불가피하게 컬러 인쇄를 할 때는 배경 위 글씨 사용을 제한하도록 하는 등 아주 세세하다. 대회 중 공원 안에서 나오는 모든 쓰레기는 절대 매립용으로 사용하지 못하게 했다. 수거된 모든 쓰레기는 70퍼센트 이상을 재활용, 재사용하거나 퇴비화할 수 있게 했다. 코카콜라는 캔이나 플라스틱 병의 재활용을 위해 대회 기간 런던 시내에 250개의 재활용 수거 통을 제공하겠다고 했다. 이런 식으로 협력 업체들에도 환경 고려 사항을 준수할 것을 요구했다.

절약과 실용의 올림픽 건축물들

이제 건축물로 눈길을 돌려보자. 여기에 런던 올림픽이 과거 올림픽에 비해 절반의 예산으로도 개최를 할 수 있었던 비밀이 숨겨져 있다. 주경기장을 예로 들어 보자. 대개 주경기장은 대회의 가장 큰 행사인 개막식과 폐막식, 그리고 마라톤 결승전을 비롯해 인기 종목인 육상이 치러지기 때문에 관중석이 많아야 하고 올림픽의 위세를 과시하기 위해서라도 거대하게 짓게 마련이다. 그러나 시합이 끝나고 나면 육상 경기장 외에는 다른 용도로 사용하기가 거의 불가능하다. 이런 난점을 극복하기 위해 런던 올림픽 주경기장은 경기가 치러지는 경기장 부분을 파서 지상보다 낮게 만들고 그 주위에 원형으로 관중석 2만5000개를 설치했다. 그리고 그 윗부분에 폐가스파이프를 이용한 철 구조물로 5만5000석의 임시 관중석을 만들었다. 이 임시 관중석은 대회를 치르고는 철거해버릴 예정으로 설계되었다.

주경기장은 그래서 올림픽 역사상 가장 가벼운 경기장이라고 런던올림픽 조직위원회 측은 자부했다. 주경기장 전체의 무게가 베이징 올림픽 주경기장

주경기장. 비용 절약을 위해 바깥벽을 만들지 않아 철골이 그대로 드러나 있다.

의 3분의 1에 불과했다. 철 구조물을 가릴 바깥벽을 만들지 않아 경기장은 공사 중인 건물처럼 보였다. 하지만 철 구조물을 가리는 바깥벽 설치에 드는 14억 파운드를 아끼기 위해서 바깥벽은 아예 만들지 않았다. 주경기장 안에서 이루어지고 있는 대회가 중요한 것이지 외관이 왜 중요하냐는, 영국인의 실질주의 정신이 극도로 구현된 현장이라고 보면 된다. 이런 철학은 경기장 건물 곳곳에서 볼 수 있다.

세계적으로 유명한 이라크 출신 여성 건축설계가 자하 하디드가 설계한 수영장 건물 아쿠아틱 센터는 원래 관중석 2500석 건물의 건물로 설계되었다. 그러나 올림픽을 위해 건물 바깥 양쪽에 날개 같은 1만5000의 임시 관중석을 만들어 도합 1만7500석의 대형 관중석이 탄생했다. 이 임시 관중석 역시 올림픽 이후에는 철거해버려 관리의 부담을 줄일 계획이었다. 만일 나중에 관중석이 더 필요하게 된다면 이 임시 관중석은 다시 간단히 설치할 수 있다.

수영장 내부 곳곳에서도 절약과 실용 정신이 묻어난다. 수영장 내부에서 사용한 물은 화장실 변기 물로 다시 사용된다. 이 건물뿐만 아니라 올림픽 공

실용에 초점을 맞춰 건축 중인 경기장

원 내의 모든 건물은 에너지와 물 사용 등에 신경질적일 정도로 절약 원칙을 지켰다. 화장실 소변기에는 일단 물을 사용하지 않는다. 수도도 아무리 많이 틀어도 물이 조금씩 졸졸 흐르게만 했다. 이렇게 아주 작은 것부터 절약과 친환경 정신이 깃들어져 있다.

사이클링 경기가 벌어졌던 벨로드롬도 이런 원칙에서 벗어날 수 없다. 기초공사에는 올림픽 공원 조성 시 수거한 폐자재로 만든 콘크리트를 사용했다. 철제 케이블로 그물처럼 짜인 지붕은 보통 구조에 비해 무게가 4분의 1밖에 되지 않는다. 사전에 지붕 전체를 짜서 올리기만 했기 때문에 설치에 일주일밖에 안 걸렸다. 자연광을 최대한 통과하게 만들어 인공조명이 필요 없게 했고, 100퍼센트 자연 환기가 가능하게 했다. 빗물을 모아 사용할 수 있게 해 보통 구조물에 비해 물 사용을 70퍼센트까지 줄일 수 있게 했다.

올림픽 공원에서 가장 혁신적인 구조물은 농구 경기장이다. 완전히 발상의 전환을 한 건물이다. 쉽게 말하면 이것은 거대한 흰색 조립식 천막이다. 올림픽 공원 내 경기장 중에서 가장 많은 경기가 열린 이 경기장은 임시 구조물이었다. 더군다나 천막을 비롯한 모든 구조물이 런던올림픽조직위원회 소유가 아니라 외부업자들의 것이었다. 천막은 천막대로, 관중석은 관중석대로 주인이 따로 있었다. 런던올림픽조직위원회의 주문에 의해 설치되었다가 대회가 끝나 철거되었고 그런 뒤 다른 용도에 사용될 예정이다. 현재 확정된 일정에 따르면, 2014년 브라질 월드컵 대회에서 사용될 예정이다. 기타 경기는 런던 시내 각 곳에 산재한 기존 경기 시설물을 이용해 치러진 것도 이런 맥락에서 보면 이해가 간다.

사상 최초 시설 관리 회사의 등장

이제 역대 어느 올림픽에서도 찾아볼 수 없었던 올림픽파크시설관리회사

OPLC의 기능에 대해 알아보자. 올림픽 공원 설계도 시작하기 전에 이미 OPLC가 만들어졌다. 런던올림픽조직위원회와는 독립적으로 활동하도록 상업적인 주식회사 형태로 만들어진 것도 철저히 계산적인 영국 특유의 정신의 발로다. 올림픽 공원 설계 과정에서부터 개입해 대회가 끝난 뒤 시설물의 유효적절한 사용을 고민해 국가나 지방정부의 부담을 줄이자는 게 이 회사의 목적이었다.

런던 올림픽의 총예산은 총 93억 파운드였다. 이 중에 60억 파운드가 건설 비용을 비롯한 일반 예산이었고, 13억 파운드가 예비비였으며, 20억 파운드가 대회 보안 경비 및 OPLC의 활동 예산이었다. 올림픽 공원은 OPLC 소유이기 때문에 그 사후 관리를 이 회사가 맡게 되었다. 이 중요한 회사의 사장이 관료나 정치인 출신의 영국인이 아니고 미국인 앤드루 앨트먼인 것도 특이했다. 앨트먼은 워싱턴 D.C.의 재개발 계획과 로스앤젤레스 올림픽을 흑자로 만드는 데 성공적인 기여를 해서 런던 올림픽에 초빙되었다.

올림픽이 시작도 안 한 시점에서 벌써 영국 신문 지면에는 프리미어 리그 축구팀인 토트넘과 웨스트햄이 올림픽 주경기장을 차지하려고 목소리를 높인다는 기사로 가득 차 있었다. 결국 엘리자베스 올림픽 공원이 있는 동네 축구 클럽 웨스트햄이 인수를 했다. 런던 올림픽의 주 상징물을 없앤다는 것은 말이 안 된다는 여론에 설왕설래하다가 결국 웨스트햄이 인수해서 2016년 좌석 수를 훨씬 줄인 5만4000석의 축구장을 만들 예정이다.

올림픽을 개최한 어느 나라나 올림픽 후 주경기장 때문에 골치를 앓는다. 사용은 거의 할 수 없으면서 유지 경비만 많이 들어서이다. 영국은 결국 주 상징물이고 뭐고 필요 없이 돈 안 들이는 것이 낫다고 결정했다. 가장 영국적인 방식이다. 이미 올림픽을 치른 베이징과 시드니에 가보니 두 도시 다 올림픽이 열린 지 수년이 지났는데도 아직 시설물을 어떻게 사용해야 하는지에 대한 아무런 계획이 없는 것 같더라는 앨트먼의 인터뷰 기사가 났다. OPLC는 올림픽에 사용된 돈을 올림픽 시설을 매각하거나 이용해서 70퍼센트는 회수한다는 계획이었다. 이 계획은 1년이 지난 지금 거의 달성되고 있다. 올림픽에서도 단순한 숫자놀음이 아닌 실제 흑자를 낼 수 있다는 좋은 선례를 런던 올림픽이 만들어낸 셈이다.

흑자 대회를 지향했던 런던 올림픽이 역대 올림픽과 다른 점은 무엇보다 대회 예산에서 찾아볼 수 있었다. 일단 93억 파운드에서 200만 파운드가 모자라는 대회 예산은 2000년 시드니, 2004년 아테네에 비해서도 적고, 2008년 베이징 올림픽에 비하면 거의 절반 수준이다. 런던올림픽조직위원회는 알뜰 살림을 살겠다고 처음부터 결심하고 매번 늘어나기만 했던 올림픽 대회 개최 예산을 적게 잡았다.

기업 후원에서 왕실 대여까지

예산 내의 대회 개최를 위한 궁여지책으로 우선 올림픽 공원 내의 많은 시설물들이 기업의 후원으로 지어진 점을 들 수 있다. 런던 올림픽 상징탑인 아르셀로 미탈 오비트Arcelor Mittal Orbit(아니시 카푸르Anish Kapoor 디자인)는 이름에서 볼 수 있듯이 세계적 철강 그룹 아르셀로 미탈이 1600만 파운드(288억 원)를 후원했다.

육상 경기 때 바람의 영향을 줄이기 위해 주경기장 외곽 벽 위를 둘러싼 길이 900미터, 폭 20미터의 천 설치비도 다국적 화학 그룹 다우Dow가 후원자로 선정되었다. 다우케미컬은 1984년 인도 보팔 화학 공장 사고로 3787명을 죽인 유니온카바이드를 병합한 회사이다. 때문에 겨우 700만 파운드(12억 6000만 원)를 줄이기 위해 다우케미컬로부터 후원을 받아야 하느냐는 시비가 일기도 했다. 런던올림픽조직위원회는 다우는 보팔 공장 사고와 직접적 관련이 없고 당시 충분한 보상이 이루어졌기 때문에 큰 문제가 없다고 애써 변명했다. 다우 측도 경기장을 휘감을 천의 어디에도 자신들의 로고나 이름은 넣지 않을 것이며, 경기 전이나 후에도 그런 요구를 하지 않겠다고 다짐해서 들 끓는 여론을 잠재웠다.

영국이 얼마나 대단한 나라인지는 왕궁마저 돈을 벌기 위해 대여한다는 사실을 보면 안다. 2011년에 결혼한 윌리엄 왕자 부부가 신혼살림의 단꿈을 꾸던 켄싱턴 궁의 일부를 대회 기간 중 러시아올림픽조직위원회에 빌려주었다. 마침 켄싱턴 궁 바로 옆에 러시아 대사관이 있으니 러시아에게는 더할 나위 없는 위치였다. 긴축재정으로 인해 줄어든 왕가 예산을 보전하기 위해 궁마저 빌려준 것이다. 대단하다고 해야 할지 혀를 차야 했던 일인지 정말 모르겠다.

런던 올림픽으로 낙후된 지역이 살아나다

마지막으로 런던 올림픽이 지역사회 재개발에 끼친 영향을 살펴볼 차례다. 이 지역은 런던 어느 지역보다 낙후되었고 경제 수준으로 보나 교육 정도로 보나 결코 미래가 밝지 않았다. 올림픽 경기장 건설이 직접 지역 경제에 도움을 주었다. 올림픽 경기장 건설을 하는 당시 건설 공사장 직원 1만2000여 명 중 약 4분의 1이 이 지역 주민이었다. 그중 약 절반 정도가 이 공사 이전에는 실업자들이었다. 동시에 3000여 명이 이 공사 현장에서 기술을 처음으로 배웠다고 하니 이들에게는 올림픽이 기술자로 새로운 인생을 살아갈 기회를 제공해준 셈이었다.

이는 올림픽 공원 건설 현장의 숫자만을 예로 든 것이다. 올림픽 공원 주위를 돌아보면 곳곳에 전에 보이지 않던 아파트나 상업 건물 건축 공사장이 보인다. 특히 영국 전체에서 가장 크다는 웨스트필드 쇼핑몰이 14억 파운드(2조5200억 원)의 건설 비용을 들여 건평 17만 제곱미터 규모의 건물을 지었다. 이 건물이 개장되어 연간 400만 명의 소비자가 32억 파운드(5조7600억 원)를 쓸 것이라는 예상이었다. 진짜 '노다지'가 올림픽 때문에 이 지역으로

엘리자베스 여왕 올림픽 공원. 이 공원 건설로 지역사회가 살아났다.

굴러들어 온 셈이었다. 이뿐만이 아니다. 시간당 최대 12만 명의 관람객을 수송할 지하철역과 기차역도 1억2500만 파운드(약 2280억 원)를 들여 완전히 탈바꿈시켰다. 오랜만에 오는 사람은 역을 잘못 내렸나 할 정도로 달라졌다.

OPLC는 올림픽을 계기로 지역 서민들에게 주택을 아주 유리한 조건으로 분양했다. 올림픽 공원 선수촌 아파트 2800채 중 거의 반에 가까운 1300여 채가 서민용으로 돌려졌다. 거기다가 같은 목적의 1300여 채가 대회 이후 추가로 지어져 분양될 예정으로 건축이 진행되고 있다. 또 올림픽을 기점으로 향후 25년간 2만2000여 채가 민간 투자 등으로 더 지어질 예정이라고 한다. 올림픽 공원 선수촌 내에 지어지는 학교 시설이나 아쿠아틱 센터를 비롯해 경기가 치러졌던 각종 시설도 대회 이후 지역 주민에게 개방해 사용될 예정이다. 그뿐만이 아니다. 폐허 같은 공장 창고만 있던 곳에 4000여 그루의 나무, 7만4000종의 각종 식물, 30만 종의 습지식물이 심어지고 6만 개 이상의 전구가 설치된 공원이 2013년 여름 개장되어 지역 주민을 기쁘게 하고 있다. 애초에 세워졌던 이런 모든 계획은 계획으로 끝나지 않고 현재 진행되고 있다. 런던 동부 지역은 더 이상 런던의 치부가 아니다.

| Keyword 22 : 국가의료보험제도 |

영국이 낳은 과학자 스티븐 호킹을 살린 영국의 의료보험제도. 고도의 무상 치료로 유명한 이 시스템이 시대의 변화에 맞서 경쟁과 수익이라는 과제에 도전하려 하고 있다.

그래도 우리는
국가의료보험제도에
만족한다

잉글랜드 중부 스태퍼드 병원에서 2005년과 2008년 사이에 최소 400명, 최대 1200명의 환자가 영국 언론 표현대로 '필요 없이' 사망한 사건이 일어났다. 영국 국가의료보험제도 개혁 과정에서 과도한 경비 절감으로 인한 부적절한 치료가 원인이 되어 일어난 사건이었다.

2년여에 걸친 정부 조사 끝에 나온 공식 자료는 100만여 쪽에 달하는데, 그 내용을 보면 어떻게 이런 일이 벌어질 수 있는지 경악을 금치 못하게 한다. 간호사 부족으로 환자 가족이 환자의 약 관리부터 치료와 검사를 위한 이동도 책임져야 했고, 마실 물이 없어 환자가 꽃병의 물을 마셔야 했던 것은 생명에 직접 위협이 가해지지 않는 '작은 일'에 속한다. 거동을 못하는 환자가 침대에서 그대로 용변을 봐야 했고 몇 주 동안 목욕을 하지 못했다. 화장실 청소가 안 돼 환자나 가족들이 손수 청소를 하고 피가 말라붙은 붕대를 직

2005~2008년 400~1200명의 환자가 사망한 것으로 밝혀진 잉글랜드 중부 스태퍼드 병원

접 갈아야 했다. 제일 기가 막힌 일은 자격이 없는 응급실 안내원이 환자 상태를 보고 치료 완급을 결정했다는 것이다. 심지어는 어린이 환자의 심장박동 모니터 기계를 관리하기 귀찮다고 전원을 뺄 정도였다. 이런 정부 보고서도 죽은 환자 가족들이 들고일어나서 만든 환자가족협의회의 수년에 걸친 투쟁 끝에 나온 것이다.

환자를 둘러싼 NHS 미스터리

영국 교민들 사이에는 NHS와 관련해 회자되는 말 하나가 있다. '영국 병원은 죽을 환자는 무슨 수를 쓰든지 살려놓는데, 별것 아닌 병으로 들어간 환자는 죽어 나온다.' 특이한 병이나 심각한 병은 최고의 기술진을 동원해 어떻게든 살려놓는데, 가벼운 병은 순서를 기다리다가 병이 도져 죽거나 간단한 수술 경험조차 없는 의사가 맡아 망친다는 말이다. 실제 내 주위에도 간단한 맹장 수술을 잘못해 몇 주를 고생하다 나온 사례가 있다. 뉴몰던 한인 타운 식당 주인의 손가락 절단 사건은 유명하다. 요리하다 기계에 잘린 손가락을 들고 달려온 주방장을 병원은 응급조치도 안 해주고 계속 "기다리라"는 말만 했다. 주방장은 안 되겠다 싶어 손가락을 얼음 상자에 담아 오후 비행기로 한국에 들어가 성공적으로 치료하고 왔다는 이야기로, 여기서는 더 이상 화젯거리가 아니다.

나도 한 시간이면 끝날 심혈관 확장 수술을 하기 위해 병원에 입원해 한 달을 기다린 경험이 있다. 심혈관 확장 수술은 전신마취도 필요 없는, 수술이라기보다는 시술이라고 해야 할 정도의 간단한 수술이다. 그런데도 한 달을 입원 대기했다. 통증이 있어서 치료를 해야 하는 것도 아니고 상태를 지켜봐야 하는 병도 아니었다. 그냥 수술 순서를 기다리며 안 그래도 모자라는 병상 하나를 차지하고 무작정 기다렸다. 나중에 수술이 이뤄진 병원에 이송되어 가보니 새로 잘 지은 병실은 비어 있었고 수술 기계는 놀고 있었다. 수술 의사가 부족해 벌어진, 실소를 금치 못할 블랙코미디였다. 게다가 내 담당 의사는 영어 발음으로 봐서 동남아에서 온 지 얼마 안 되는 젊은 의사였다.

한 달을 고생한 내 심혈관 수술의 경우 '빠른 길'이 있긴 했다. 개인보험을 들지 않은 상태에서 2000만 원의 수술비를 부담하면 바로 다음 날 수술이 가능하다고 했다. 그런데 이 방식으로 수속을 밟다가 의사로 있는 친지의 자녀가 "그렇게 자비를 들이지 않아도 얼마 안 돼 수술을 받을 수 있을 것 같다"고 권한 게 화근이었다. 이 말을 믿고 자비 수술을 중단한 결과 한 달을 기다리는 고생을 한 것이다.

상위 8퍼센트는 개인 건강보험으로 사립 병원행

물론 처음부터 "한 달을 기다려야 한다"는 말을 들은 건 아니었다. 처음에는 "일주일" 하더니만 하루 이틀 "기다리라"는 말이 늘기 시작했다. 하도 진전이 없어 "퇴원해서 기다리면 안 되느냐"고 하자 "그렇게 되면 순서가 더 밀린다"는 것이었다. 나중에 이 이야기를 들은 한국의 의사 친구는 "생명을 건 모험을 할 정도의 금액이 드는 병도 아닌데 왜 그랬냐"고 힐난을 했다.

나는 당시 경험 이후 적지 않은 금액을 매달 내면서 개인 의료보험을 들고 있다. 사실 따지고 보면 개인 보험이라고 해서 별다른 의료진이 수술을 하는 것도 아니다. 공립 병원 일부를 '사립 병원 지역'으로 만들어 사용하거나 인근에 따로 작은 규모의 사립 병원을 운영하면서 개인 보험 환자들에게 편의를 주는 정도다.

이 대목에 이르면 짐작하겠지만, 영국의 의료 제도에 대해 일반적으로 잘못 알려져 있는 사실이 많다. 영국 의사는 모두 공무원이 아니고 모든 병원이 공립도 아니다. 영국에도 영리 의료재단들이 운영하는 대규모의 사립 병원이 있어 개인 보험 환자들을 받는다. 영국에서 런던 시내 할리 스트리트에 자신의 개인 전문 의원private specialist health clinic을 가지고 있으면 성공한 의사로 취급받는다. 할리 스트리트의 전문의는 당연히 진료비도 엄청나게 비싸다.

재미있는 사실은 이런 전문의들 역시 공보험인 NHS를 위해서도 일한다는 점이다. 때문에 영국의 공립 병원이나 사립 병원은 사실 의료 수준의 차이는 없는 셈이다. 그래도 사람들은 비싼 보험료를 내고 굳이 사립 병원을 이용한다. 그 이유는 내 경험에서 보듯 바로 시간과 서비스의 문제 때문이다. 개인 보험으로 돈을 지불하면 사립 병원에서 즉시 진료, 수술이 가능하고 더욱 쾌적한 개인 병실이 제공되는 등 차별된 서비스를 받을 수 있다.

공립 병원의 순서를 기다리기 싫어하고 더 좋은 서비스를 받고자 하는 상위 8퍼센트의 사람들은 개인 건강보험을 들어 사립 병원을 이용한다. 지금 영국의 의료 개혁을 주도하고 있는 데이비드 캐머런 총리를 비롯한 정치인이나 의료계의 지도급 인사들은 공립 병원이 아니라 개인 보험을 들고 사립 병원을 이용한다. 그럼에도 영국인들은 이에 대해 '국민적 위화감' 등의 비난을 퍼붓지 않는다. 사립학교에 자녀를 보내는 사회 지도층에 대해 반감을 가지지 않는 것과 같다. 외부인들로서는 이해하기 쉬운 일은 아니지만 이것이 오랜 계급사회인 '영국의 신비'이고 영국인은 그렇게 산다.

영국의 가정의는 게이트키퍼?

영국 의료 제도에 대해 또 하나 잘못 알려진 사실은 일반의GP: General Practitioner라고 불리는 가정의home doctor의 신분이다. 이들도 엄격히 따지면 공무원이 아니라 이제 자영 사업자로 분류해야 한다. 이들은 영국 의료 제도의 첨병으로 각 동네에 개인 의원을 내고 운영을 책임진다. 영국에서 GP를 통하지 않고는 2차 진료 기관(종합병원이나 전문의)으로 가는 것은 불가능하다. 개인 보험이 있어 사립 병원으로 가고자 해도 일단 자신을 담당하는 동네 GP에게 증세를 설명하고 전문의를 추천받아야 한다. 그래서 GP를 '게이트키퍼Gatekeeper(수문장)'라고 부른다. 2차 진료 기관으로 가는 환자가 여기서 거의 걸러진다는 말이다.

과거 환자들은 주소에 따라 반드시 그 지역 GP에게 가서 등록을 해야 했다. 당시 GP는 월급을 받는 공무원 신분이었다. 대처 정부 이후 꾸준히 진행된 의료 제도 개혁으로 이제 환자들이 GP도 선택하고 수술 병원도 고를 수 있는 시대가 왔다. 하지만 동네 GP의 환자로 등록하기도 쉬운 일은 아니다. 대도시 근처에는 인구에 비해 GP 숫자가 적고 일단 등록을 해도 실제 의사를 만나기가 어렵다. 내가 사는 한인촌의 경우 의사 면담을 위해 3~4일을 기다리는 건 보통이다. '걸어 들어가서 진료받는 의원Walk in Clinic'이 없지는 않으나 대개 도시 한복판에 있고 교외 주택지에는 없다. 그래서 가정의를 보기 위해 약속하고 기다리다 보면 감기 몸살 같은 웬만한 병은 낫게 마련이다. 하긴 가정의를 봐도 열이 나고 몸이 아파 죽겠는데 겨우 처방해주는 약이 해열제이거나 "그냥 집에 가서 비타민C 많이 먹고 푹 쉬라"는 말뿐이다. 그래서 나온 말이 '감기 몸살은 병원 가면 일주일, 안 가고 약 먹으면 7일 있으면 낫는다'이다. 한국처럼 감기 몸살, 배탈 정도로 병원에 가서 주사 한 방 맞고 낫는 일은 영국에서는 상상할 수 없다. 내가 영국에 와서 산 30년 동안 주사를 맞은 일은 예방접종이 거의 전부가 아닐까 싶다.

이런 가정의 제도의 장점도 없지는 않다. 가정의 제도는 개인 가족의 병력을 환히 꿰는 의사를 두어서 더욱 밀착형의 진료를 하고 일반 환자가 어느 전문의에게 가야 할지 모르는 경우 도와준다는 의미로 시작된 제도다. 그렇다 보니 전문의나 종합병원으로 경증 환자가 몰리는 현상은 확실히 걸러주고 있다. 실제 가정의에게 오는 일반 환자 중 90퍼센트는 전문의 도움이 전혀 필요 없다는 통계도 있다. 한국 같았으면 무조건 전문의나 종합병원으로 달려갔을 터인데도 말이다.

그럼에도 불구하고 NHS

나도 수년 전 한쪽 귀가 잘 안 들리는 듯해서 전문의 진찰을 받으려 했을 때 개인 보험이 있는데도 3주가 걸렸다. 한국 같으면 거리에 즐비한 이비인후과 병원에 그냥 걸어 들어가 바로 의사를 만나면 될 일인데도 영국에서는 그렇게 걸렸다. 가정의 만나는 데 일주일, 가정의가 전문의에게 편지 써서 보내는 데 일주일, 그리고 전문의가 약속 잡아 통보해주어 만나는 데 일주일이 걸렸기 때문이다. 물론 그 사이 개인 보험 회사와는 전문의 진료를 위한 절차도 밟아야 한다. 만일 개인 보험이 없는 일반 환자가 이런 위급하지 않은 병 때문에 전문의를 만나려고 하면 정말 얼마나 걸릴지는 '하느님도 모른다'는 말이 나올 정도다. '치질 수술은 3년, 편도선은 5년'이란 말이 괜히 나온 것이 아니다. 요즘은 간단한 백내장 수술마저도 생활에 심각한 지장이 있다는 진단이 나오기 전까지는 수술을 안 해주어 어려움을 당한 사례가 있다.

물론 일각을 다투는 심장마비 같은 병은 앰뷸런스가 차들 사이를 날아가

다시피 해서 살려놓는다. 그런데 이 스태퍼드 보고서를 보면 이런 화급한 환자조차 전혀 자격이 없는 접수원이 잘못 판단해 치료를 늦춰 사망에 이르게 했다. 이 같은 어처구니없는 사례들을 보면 '기다림에 익숙하고 줄 서는 데 불만이 없는 영국인의 품성'이 일을 더 키운 것이 아닌가 하는 생각도 든다. '어렵더라도 호들갑 떨지 말고 참고 견디라Stiff upper lip'는 영국인이 어릴 때부터 지겹도록 들어온 생활철학이다. 해서 가족의 생명이 일각에 달려 있는 순간에도 영국인은 호들갑 떨지 않고 병원을 믿고 마냥 기다린 것이 아닌가 해서 하는 말이다.

그렇다면 영국의 NHS가 정말 언론과 세인들의 집중 포화를 맞을 정도로 엉터리이고, 밑바닥부터 모조리 뜯어고쳐야 할 만큼 형편없는 서비스를 제공해왔는가? 결론부터 이야기하면 나는 '아니다'에 한 표를 던지고 싶다. 한국 의료보험과 영국의 NHS 둘 중 하나만 고르라면 나는 서슴없이 영국 NHS를 고를 것이다. 그 이유를 나의 또 다른 경험을 통해 이야기하고자 한다.

둘째 아이가 겨우 말을 한두 마디 배우던 나이에 밤새 고열에 시달린 적이 있다. 해열제를 먹여도 열이 내리지 않아 날이 밝자마자 가정의에게 뛰어갔다(지금도 아동의 경우는 예약 없이 가도 순서 기다리지 않고 바로 가정의를 보게 해준다). 열을 재어보고 눈을 까뒤집어본 가정의는 바로 영국 풍토병인 뇌막염으로 진단했다. 의사는 얼굴이 하얘지면서 "즉시 종합병원에 연락을 취해놓을 터이니 차가 있으면 앰뷸런스도 기다리지 말고 바로 가라"고 조치를 해주었다. 워낙 가까운 거리에 종합병원이 있었으니 앰뷸런스 기다리는 5~10분 사이에 도착할 수 있기 때문이었다. 그만큼 의사가 서둘렀다는 말이다.

종합병원에 도착했을 때 응급실은 이미 아이를 맞을 준비를 다 해놓고 우리를 기다리고 있었다. 보증인, 보호자가 있어야 하는 입원 수속도 없었고 여기저기 보내서 검사부터 받아오게 하는 절차도 없었다. 가정의의 1차 진단을 기초로 바로 다음 단계의 진찰과 치료가 동시에 시작되었다. 그 이후 3일간 아이는 혼수상태에서 깨어나지 못했다. 아이가 의식을 회복한 다음 의사 3명과의 면담에서 치료가 두세 시간만 늦었어도 균이 뇌로 침투해 뇌성마비를 일으켰을 것이라는 이야기를 들었다. 정말 신속하고 체계적인 영국 NHS의 덕을 톡톡히 본 셈이다.

더욱 놀랄 일은 퇴원할 때였다. 치료비 정산은 물론 아무런 서류 절차도 없었다. 그냥 "퇴원해도 좋다"는 의사의 말이 전부였다. 영국에 간 지 얼마 되지 않던 때라 그때의 감동은 강력한 문화 충격 바로 그것이었다. 당시 아이가 입원하고 있던 병실에는 간병인은 물론 보호자마저도 옆에서 잘 수가 없었다. 혼수상태에 빠진 아이를 두고 집에 오는 심정은 정말 참혹했다. 간호사는 "당신들이 여기서 할 일은 없으니 우리한테 맡기고 집에 가서 좀 쉬라"고 간곡히 권유했다. 30년 전 한국의 고압적이던 간호사들만 보다가 친절과 미소가 몸에 밴 영국 간호사들의 헌신에 받은 감동 역시 잊을 수 없다.

아이가 퇴원하기 전 집에 방역 팀이 찾아와 소독하고 가족 전원에게 주사와 약을 주었다. 뇌막염 2차 감염을 막는 조치였다. 동시에 사회보장 상담원이 가정 방문을 해 집 안 구석구석을 살펴보고 갔다. 말은 안 해도 집 안의 위생 상태와 제대로 아이를 키우는지를 검사한 것이다. 아이는 이후 거의 5년에 걸쳐 후유증 검사를 정기적으로 받았고 아무런 문제없이 잘 자라주었다. 사후 관리도 철저해 검사 때가 되면 병원에서 먼저 알아서 약속을 잡아 통보를 했다.

비록 심장마비 위험을 감수하면서 병원에서 한 달을 기다리게 만든 NHS지만 이렇게 큰 빚을 지고 나니 처음부터 끝까지 흠을 이야기할 입장도 아니고 그럴 이유도 없다. 세상 이치가 원래 잘된 일은 화제가 안 된다. 신문에는 NHS의 엄청난 실수 이야기만 등장했지만 그건 정말 사람이 개를 물어 기사가 된 경우라고 생각한다. 여론조사를 봐도 병원 입원 환자 92퍼센트, GP 환자 87퍼센트, 외래환자 78퍼센트가 자신들이 받고 있는 치료에 만족하고 있다고 한다. 영국 국민은 크게 불만이 없다는 말이다. 만일 내게 가장 이상적인 의료보험제도를 들라고 한다면 서민들은 영국식을, 부유층에게는 한국식을 선택하게 하는 방법이다.

인류가 만든 최고의 의료 제도 NHS를 수술하다

영국의 NHS 제도는 전 국민에게 전액 무상 의료 혜택을 주자고 시작한, 좀 과장해 '인류가 만든 최고의 의료 제도'라고 일컬어져왔다. 1948년 전후 복구와 함께 클레멘트 애틀리 총리가 이끄는 노동당 정부와 사회주의 지식인들이 보편적 인류애의 견지에서 당시 야당과 의료 업계의 엄청난 반대를 무릅쓰고 밀어붙인 야심작이다. 당시 비번 보건장관은 "우리는 이제 도덕적으로도 세계 최고"라고 자랑스럽게 외쳤다.

NHS가 영국 작가 A. J. 크로닌이 쓴 《성채The Citadel》라는 소설로부터 시작되었다는 말도 있다. 의사였던 크로닌이 당시 의료 혜택을 못 받는 서민들의 실상을 소설에서 잘 묘사해 일으킨 국민적 공감이, 반대를 넘어서는 데 큰 도움을 주었다는 것이다. NHS는 초기의 반대와 우려와는 달리 창설 이후 영국 내에 잘 정착되어 한국을 비롯한 온 세계가 배워 갔고, 더 이상의 무상 의료 제도가 없다고 할 정도였는데, 60년이 넘으면서 문제점이 드러나 시대에 맞게끔 대대적인 개혁이 필요할 때가 된 것이다.

스태퍼드 보고서는 NHS 개선 방안 300가지를 제시하고 있는데, 특히 NHS 내 직원들의 도덕심 결여에 대해 많은 부분을 할당하고 있다. 보고서는 NHS 내의 경영층, 의사, 직원 모두가 환자의 치료나 처우보다는 자신들의 권익 추구에 더 열심이라고 지적했다. NHS 문제를 예산 부족 문제로만 봐서는 한쪽밖에 보지 못한다는 것이다. 지금 NHS가 처한 어려움의 중심에는 예산 부족보다는 구성원의 의식 문제가 더 크다는 말이다. 현재 영국 NHS에 속한 직원은 118만 명에 이른다. 단일 조직으로는 세계적으로 중국 인민군, 인도 철도청, 미국 슈퍼마켓 체인 월마트, 미군을 포함한 미국 국방부 다음의 다섯 번째 가는 규모다. 그런데 보고서는 이 118만 명 중 제대로 자신의 직업에 대해 자부심을 가진 직원이 없다고 꼬집는다. 특히 스태퍼드 병원에는 그런 직원이 없어 언론의 지적대로 '제도적 맹점 때문에 제도적 살인'이 자행되었다는 것이다.

사실 NHS는 공기관화하면서 목적도 의욕도 사명감마저도 사라져버렸다. 그들에게 환자는 도움을 필요로 하는 아픈 사람이 아니라 주어진 일의 하나일 뿐이다. 사립 병원들은 그나마 이윤이라는 동기 때문에라도 환자에 대한 서비스를 강화하고 개선했다. 거기다가 사회는 NHS를 그냥 놔두지 않았다. 보건부 장관의 국회 발언에 따르면 NHS 소속 병원들은 회의와 서류 더미에 싸여 죽을 지경이라고 했다. 최고의 의료 교육기관을 겸하는 한 병원 원장의 경우 한 주 일과 시간 내내 외부 회의에 참석하느라 내부 일은 거의 볼 수 없을 지경이라고 했다. 거기다 무려 60개에 이르는 NHS 감독 기관에 보고하고, 허가받고, 승인을 받아야 한다. 제러미 헌트 보건장관은 병원들에 가해지는 회의 참석과 보고서를 3분의 1로 줄이겠다고 약속했다.

스태퍼드 보고서가 나오기 전부터 영국 정부는 개혁의 의지를 분명히 하고 NHS의 비영리 재단화를 이미 추진하고 있었다. 현재 진행되고 있는 NHS 개혁의 원칙은 한마디로 선택과 경쟁이다. 환자들에게 병원 선택의 권리를 돌려주고 병원끼리 경쟁을 유발시켜 살아남을 노력을 하라는 취지다. 대처 정부가 적자투성이의 정부 공기업을 민영화해서 영국 경제를 살린 방법을 캐머런 총리가 이제 영국에 마지막 남은 최고의 거대 공기업 NHS에 도입해 난관을 뚫어보겠다는 뜻이다.

앞으로 영국의 모든 공립 병원은 보건부로부터 직접 감독을 받지 않는 비영리 공익 재단으로 바뀐다. 이런 개혁을 거쳐 2년 내에 NHS는 200억 파운드의 예산을 줄여야 한다. 이는 현재 전국 NHS 예산의 20퍼센트에 해당한다. 게다가 모든 영국인은 어른 아이 할 것 없이 한 사람당 연평균 2000파운드의 의료보험비를 세금 형태로 내는데, 영국 의료보험이 부담하는 경비는 1년에 1인당 약 3000파운드다. 결국 어디선가에서 1년에 1000파운드라는 돈이 나와야 한다. 경기가 좋을 때는 세금으로 걷으면 됐는데 이제는 그렇지 못한 게 현실이다. 결국 줄이는 방법 말고는 다른 길이 없다. 그러기 위해서는 병원들의

온실에서 벌판으로 내몰린 영국 보건의료 노동자들의 총파업

통폐합, 응급 시설 폐쇄를 비롯한 구조 조정이 불가피하고 모든 NHS 직원은 새로 고용계약을 해 연봉을 삭감당해야 한다.

지금까지 정부 보조라는 온실에서 공무원 신분을 보장받던 NHS 직원들도 이제는 찬바람 부는 '경쟁과 수익'이라는 벌판으로 내몰려야 한다. 이익이 남지 않으면 법인 자체가 존재할 수 없고, 이익을 남기려면 치료 잘해서 환자를 더 끌어들이고 경비를 합리적으로 절감해야 한다. 그렇게 해서 더 이익을 많이 남기면 그 돈을 다시 투자해 더 좋은 시설을 갖춘 병원이 되는 것이다.

영국이 낳은 세계적인 과학자 호킹 박사는 NHS의 고도의 무상 치료가 없었다면 자신은 절대 살아남지 못했을 것이라 단언했다. 만일 원가를 생각하는 이윤 추구의 의료 기관이었다면 자신에게 주어진 최고의 의료 혜택은 가능하지 않았을 것이라는 말이다. 영국은 이제 한 번도 해보지 않은 엄청난 도전을 해야 할 판이다.

| Keyword 23 : 영국 총리 관저 |

영국의 행정수반 총리가 일하고 사는 곳. 자리와 다르게 있는 곳은 작다.

다우닝 가 10번지, 총리 관저는 작다

 '좋은 일을 하면 복을 받는다'라는 말은 이런 경우를 두고 하는 것인가 보다. 지난 2013년 1월 말 평창에서 열렸던 지적장애인을 위한 스페셜 올림픽 참가 영국 팀 통역 자원봉사를 한 덕에 런던 '다우닝 가 10번지' 영국 총리 관저에 초대를 받아 다녀왔다.

 다우닝 가는 아무나 가는 곳이 아니다. 다우닝 가는 현재 총리가 사무실로 쓰고 있는 건물인 데다 워낙 집이 좁아 일반인을 위한 투어 코스가 없다. 차라리 엘리자베스 여왕이 사는 버킹엄 궁전은 여왕이 휴가 간 8~9월 두 달 동안 일반에 유료로 공개되지만, 다우닝 가 10번지는 그런 기회조차 없다. 정말 공식 업무 아니면 특별한 초대를 받아 가는 것 말고는 다른 방법이 없다. 이런 연유로 다우닝 가 방문 기회를 영국인들조차 '필생의 투어Tour of Once in a Life Time'라고 부른다.

너무나 단순하고 작은 총리 관저

우리 일행이 초대를 받은 날은 그 전 주말 대처 전 총리가 세상을 떠나 장례식 준비로 바쁠 때였다. 해서 혹시 초대가 취소되지 않을까 하고 염려도 했다. 다행히 한 시간에 걸친 방문은 예정대로 진행되었다. 의전실 직원이 나와서 정문에서부터 자세한 설명을 해주었다.

영국 어디를 가도 사전에 여권 번호 같은 인적 사항을 신고하는 경우를 보지 못했는데, 총리 관저 방문을 앞두고는 수주 전에 여권 번호, 주소를 제출했다. 이런 자료를 받아 신원 조사를 하는 모양이었다. 다우닝 가 10번지 앞을 지나면서 수도 없이 보았던 삼엄한 보안 철책 안을 조금은 긴장한 마음으로 들어섰다. 운전면허와 명단 확인, 공항 소지품 검사대만큼 엄한 검색 절차를 거쳐 유명한 검은 벽돌집 앞에 섰다. 1980년대 중반 국교도 없던 당시, 상사 주재원 신분으로 도저히 가볼 수 없을 것 같았던 소련 모스크바 붉은 광장에 처음 섰을 때와 같은 정도의 감동이 일었다.

관저는 런던 시내에서 흔히 볼 수 있는 별다른 외부 장식이 없는 단순한 형태의 18세기 조지 시대 타운하우스 형태이다. 화려한 디자인과 다양한 장식의 19세기 빅토리아시대 건물과는 판연히 다르다. 당시 영국을 휩쓸던 청교도 정신이 듬뿍 담긴 듯한 절제미의 극치를 이룬 건물 형식이다. 외관으로는 도저히 일국의 총리 관저라고 볼 수 없다. 원래 일반인의 집으로 지어진 건물을 관저로 쓰기 때문에 어찌 보면 당연한 일이다.

330년 전 영국 역사에서 유일한 공화정을 이끌었던 올리버 크롬웰의 스파이로 불린 조지 다우닝이라는 사람이 부동산 투자를 목적으로 지은, 거의 집 장사 집 같은 건물이 현재의 총리 관저다. 이 건물은 1732년 조지 2세 국왕이 초대 총리이자 재무상이었던 로버트 월폴에게 하사하면서 총리 관저로 쓰이게 되었다.

관저를 다녀온 방문기에 보면 집 안에 들어가니 생각보다 넓었다고 한 사

총리의 관저라고 하기에는 너무 초라한 관저

람이 많은데 나의 첫인상은 그 반대였다. 일국의 수상 관저 치고는 궁색하고 '정말 좁기는 좁구나' 하는 느낌이었다. 조금 큰 크기의 일반인 집에 들어간 기분이었다. 대저택의 기본인 높은 천장도 없이 그냥 가정집과 비슷한 수준이고, 거실도 일반 여염집보다 작은 아담한 크기였다. 다우닝 가 10번지 총리 관저라고 보통 사진에 나오는 검은 3층 건물 중 현관 바로 위 2·3층이 총리와 가족이 사는 공간인데, 현관의 크기로 짐작해 아무리 커도 165제곱미터(약 50평) 아파트를 넘지 않는 크기일 것 같았다.

　데이비드 캐머런 현 총리는 10번지 거주 공간이 너무 좁아서 재무장관과 살림집 공간을 바꿔 바로 붙어 있는 옆집인 11번지 재무장관 관사에서 가족과 함께 살고 있다. 이는 가족이 많은 토니 블레어 전 총리도 마찬가지였다. 다우닝 가 사진을 보면 10번지 왼쪽 건물이 11번지이며, 그다음 붉은 벽돌 건물이 12번지 하원 원내총무 관사이다. 서열로는 분명히 부총리나 외무장관이 재무장관보다 앞서는데도 다음 총리 후보 1순위인 재무장관이 총리의 옆집에 산다. 그리고 보면 토니 블레어(3남1녀 중 막내), 고든 브라운(2남 모두)을 비롯해 캐머런 현 총리(2남2녀 중 막내)까지 최근 총리 3대가 다우닝 가에서 재직할 때 자식을 보았다. 영국 총리의 나이가 젊어지고 있음을 알 수 있다.

다우닝 가 10번지 현관으로 들어가 4~5미터 길이의 복도를 지나면 총리 집무실이 있는 5층 건물로 연결된다. 10번지 뒤에 있던 두 집을 합치고 증축해서 만든 건물로, 크고 작은 방 100여 개에서 200여 명의 직원들이 근무하는 영국 정치의 심장부이다.

내각의 캐비닛 룸에서는 어깨가 닿는다

복도를 지나 총리 집무실 건물로 들어서서 오른쪽으로 돌면 유명한 '총리들의 계단'이 나온다. 총리가 실제 근무하는 2층으로 올라가는 이 계단 왼쪽 벽에는 역대 총리들의 서명이 밑에 들어간 A4 크기의 액자가 걸려 있다. 사진이 나오기 전 총리의 얼굴은 판화로 만들어져 있고 그 이후는 흑백사진들

'총리들의 계단'. 역대 총리들의 사진이 계단 벽에 걸려 있다.

이다. 이색적인 것은 컬러사진을 찍을 수 있었던 시기임에도 모두 흑백사진이라는 점이다.

총리들의 계단 가장 높은 곳에 고든 브라운 직전 총리 사진이 붙어 있다. 그 바로 밑에는 토니 블레어와 존 메이저 총리의 사진이 아래위로 나란히 걸려 있다. 만일 현재의 캐머런 총리가 물러나면 그의 초상화가 가장 높은 곳을 혼자 차지하고 브라운 총리부터 그 전 총리들의 사진은 차례로 하나씩 밀려 내려갈 것이다. 전임 총리들의 수가 늘어나면 조금씩 자리를 좁혀서 단다. 일국의 총리 사진들이 좁은 계단 벽에 옹기종기 붙어 있는 모습은 앙증스럽다 못해 귀엽다는 느낌마저 들었다. 영국의 첫 총리 로버트 월폴(1730)부터 고든 브라운 총리(2010)까지 280년 동안 거쳐 간 58명의 총리 얼굴이 다닥다닥 걸려 있었다.

계단을 올라가서 첫 번째 방문한 방이 모두의 관심이었던 캐비닛 룸 Cabinet Room이었다. 영국 내각이 매주 목요일 국무회의를 여는 곳이다. 방 중간에 긴 회의용 탁자가 놓여 있을 뿐 별다른 장식도 없는 아주 사무적인 분위기의 방이었다. 캐비닛 룸에 들어서면 또 한 번 작은 크기에 놀란다. 영화나 드라마, 특히 영국 최고의 정치 드라마 〈예스 프라임미니스터〉에서 보던 방보다 훨씬 작아 보였다. 길이 12미터, 폭이 5.7미터 남짓이라 계산해보면 68.4제곱미터(20.7평)에 불과했다. 탁자 외에 거창한 가구는 없고 '총리 책장 Prime Minister's Library'이라고 불리는 책장 2개만 놓여 있었다. 책장은 전통적으로 퇴임하는 내각 각료들이 총리에게 기증하는 책으로 채워진다. 물러가는 섭섭하고 서운한 마음에 '내가 주는 이 책 보고 공부 좀 하라'는 뜻으로 주기 시작한 것이 전통으로 굳어졌다는 말이 있다.

회의용 탁자는 보통 '보트' 혹은 '영국 관' 형태라고 불리는데, 중간이 튀어나오고 양쪽 끝이 좁아지는 모양이어서 중간에 앉은 총리가 굳이 몸을 앞으로 빼지 않더라도 양쪽 끝의 사람들이 다 보이게 설계되어 있다. 회의용 탁자는 1950년대에 바뀌었지만 탁자 앞에 놓인 참나무 의자들은 윌리엄 글래드스톤 총리(1868) 때부터 쓰던 것이라 하니 145년이 넘은 물건들이다.

영국 내각은 21명에서 23명의 월급 받는 장관을 둘 수 있는데, 총리를 비롯한 정식 내각 구성원 숫자 23명의 의자가 탁자를 둘러싸고 있었다. 총리가 앉는 의자만 양쪽 팔걸이가 달려 있다. 크기는 다르지 않았다. 총리 의자는 항상 반 정도 뒤로 물러나 있다. "워낙 방이 좁아 의자와 의자 사이가 넓지 않기 때문에 총리가 먼저 들어가 앉기 쉽게 빼놓는다"는 게 안내인의 말이었다. 얼마나 좁게 다닥다닥 앉는지를 한마디로 대변하는 말이었다.

회의용 탁자 가장 끝이 아니라 중간에 총리가 앉는 것도 이채롭다. 실제 국무회의를 하는 사진을 보면 각료들이 서로 딱 붙어 앉아 어깨가 거의 닿을 정도이다. 그래서 권위를 가진 엄숙한 회의라기보다 격식 없이 머리를 맞대고 동아리 모임을 하는 듯한 모습이다. 원래 내각의 서열에 따라 자리가 정해져 있다고 하나 많은 경우 이를 무시한다고 한다. 예를 들면 다른 일이 있어 불참하는 각료 자리는 총리 가까이에 모여 앉기 위해 비워놓지 않고 당겨서 앉게 되는데, 그 각료가 회의 중간에 참석하더라도 자기 자리를 찾아가지 않고 끝의 빈자리에 앉을 수밖에 없다는 것이다. 또는 전통에 따라 서열과는 관계없이 내각 재직 기간이 긴 각료에게 신임 각료가 총리와 가까운 자리를 양보하는 경우도 있다고 한다. 올해 초 엘리자베스 여왕이 역사상 처음 참석한 내각회의 때는 어떤 각료가 어느 자리에 앉는지를 표시한 종이 팻말이 놓여 있기도 했지만 자신들끼리 모이는 회의 때는 자리 표지가 없다.

다우닝 가에서 가장 감동적이었던 경험은 캐비닛 룸의 총리 의자에 앉아본 일이다. 한껏 과장해 한때 해가 지지 않는 대제국이었던 대영제국의 일인지하 만인지상의 총리 자리에 감히 앉아본 것이니 가히 가문의 영광이라고 할 만하다. 총리 의자뿐만 아니라 내각회의를 하는 장관들 의자에 방문객이 앉아볼 수 있고, 심지어 앉아보라고 권하기까지 한 안내인의 태도는 내 감동을 더해주었다.

어떻게 현재 내각회의를 하고 있는 의자에 앉아보라고 할 수 있는지 현장에서뿐만 아니라 다녀와서도 오랫동안 의문이었다. 안내인 독단으로 그렇게 하지 않았을 것임은 분명하다. 그렇다면 수상 관저에서 전부터 그렇게 허용했다는 말인데 그것이 놀랍지 않은가? 물론 따지고 보면 영원히 보존해야 할 기념물도 아니다. 현재도 계속 쓰고 있는 물건인데 방문객이 좀 앉아보게 하기로서니 뭐가 대수냐고 할 수 있지만 곰곰이 따져보라. 발상의 전환이 있지 않고는 가능한 일이 아니다. 영원히 보존해야 할 물건이 아닌지도 생각해봐야 한다. 지난 145년 동안 유명한 윈스턴 처칠을 비롯해 36명의 수상이 그 자리에 앉아서 영국의 역사를 좌지우지했으면 대단한 기념물이 아닌가. 신주 모시듯이 어딘가에 가져다놓고 관람을 시켜도 될 듯한 역사적인 물건이다. 그렇게 생각하지 않더라도 청와대 회의실 안의 대통령 자리를 이 사람 저 사람이 장난으로 앉아본다고 생각해볼 수 있을지를 생각해보면 내 의문이 이해가 갈 것이다. 정말 영국이니까 가능한 일이다.

총리 관저에는 총리 사무실이 없다

총리 관저에서 가장 친근하게 다가왔던 방은 화이트 룸이다. 고급 저택의 고상한 거실 같은 차분한 분위기가 느껴지는 방이다. 그래서인지 영국 총리가 외국 수반을 만나는 공식 일정의 긴장을 늦추기 위해 주로 이 방에서 여유롭게 차를 마시면서 사람들과 여담을 나눈다. 캐머런 총리는 이곳에서 버락 오바마 미국 대통령과 친분을 쌓았고, 마거릿 대처 전 총리도 로널드 레이건 미국 대통령을 이 방에서 만났다. 벽난로 앞에 45도 각도로 놓인 크림색 천으로 된 2개의 안락의자, 나도 오바마와 레이건이 앉았던 그 자리에 당연히 앉아보았다. 그 뒤 벽에는 영국의 국민화가 윌리엄 터너(1775~1851)의 그림이

공식 일정 중 여담을 나누는 곳 화이트룸

걸려 있다. 그림 한 폭의 가격이 약 2000만 파운드이니 이 방은 최소한 700억 원짜리다.

다우닝 가에 가서 알게 된 가장 놀랍고 흥미로웠던 사실은 '총리 관저에 총리 사무실이 없고 책상도 없다'는 것이었다. 새로 취임한 총리가 자신이 원하는 곳에서 일을 보면 그곳이 총리실이 되는 식이다. 그러나 총리 책상이 따로 없다는 건 좀 이해하기 어려웠다. 개인 소지품과 서류를 넣어둘 수 있는 서랍 달린 개인 책상까지 없다는 말이다. 그런데 사실 가만히 생각해보면 집무 공간에서 몇 발자국만 떼면 거주 공간이 있다. 굳이 개인 소유물을 둘 책상이 있을 이유가 없다. 영국 총리가 만지는 모든 서류는 공적인 것이니 개인 서랍에 따로 보관할 일도 없다. 개인적인 시간이 필요하면 위층 개인 서재에 올라가면 된다. 별다른 집무실이 없다는 데는 총리가 방에만 틀어박혀 시간을 보내지 말라는 뜻도 깃들어 있는 듯하다.

영국 국회는 상시 국회라서 총리는 국회에서 대부분의 시간을 보내야 한다. 굳이 관저에 사무실이 필요 없을 수도 있다. 필요하다면 아무 사무실에나 들어가 앉아서 서류 보고 결재하면 된다. 총리가 앉아서 일을 보면 그곳이 바로 총리 집무실이 되는 셈이다.

대처 전 총리는 버킹엄 궁과 세인트 제임스 파크가 보이는 전망 좋은 스터디 룸에서 일을 보았다. 지금 그 방 벽난로 위에는 대처 총리의 유화 초상화가 걸려 있다. 2009년 11월 자신이 직접 개봉한 초상화이다. 이 방에서 많은 서류를 검토하고 결재했고, 1982년 1만3000킬로미터 떨어진 포클랜드 섬으로 항공모함을 보내는 결단을 내렸다. 안내인 말로는 이 방 이름이 곧 '대처 룸'으로 바뀔지도 모른다고 했다.

영국 총리 관저가 궁색한 이유

총리 관저는 '공식과 비공식이 묘하게 섞인 건물'이라는 느낌을 준다. 총리의 집무실, 총리 가족의 가정, 총리가 내빈을 접대하는 영빈관의 세 가지 기능을 동시에 하기 때문이다. 하지만 그런 집 치고는 다시 말하지만 너무 작다. 총리 관저에서 20년을 산 윌리엄 피트 전 총리는 이 건물에 대해 '초라하고 궁색하다shabby and destitute'라고까지 혹평했다.

사실 화이트 홀 스트리트 좌우에 총리 관저와 나란히 이어져 있는 국방성, 외무성, 재무성 같은 건물들은 외관과 내부 모두 총리 관저에 비해 화려하고 웅장하다. 그런데도 이런 건물에 궁색하게 들어 있는 이유에 영국 정치의 묘미가 깃들어 있다. 부자가 대를 이어 총리를 한 귀족 출신의 피트 총리로 봐서는 자기 집의 10분의 1도 안 되는 관저에 기가 막혔을 수도 있다. 물론 이 건물이 비좁기는 하지만 그가 일갈했듯이 정말 비루할 만큼 초라하지는 않다. 실내장식을 보면 초라하지도 화려하지도 않은 수준이다. 영국인이 가장 좋아하는 '정말 있을 만큼만 있고 넘치지도 모자라지도 않은 정확한 중

용의 수준'이라 할 수 있다.

영국 총리 관저가 이렇게 궁색한 이유를 영국인 특유의 합리주의나 절약 혹은 전통 중시로만 보면 너무 쉬운 해석이다. 여기에는 여러 가지 요인이 복합적으로 뒤섞여 있다고 봐야 한다. 영국은 입헌 왕정 국가이다. 그래서 국가 수반은 왕이고 총리는 행정수반이다. 하지만 이건 현대에 들어와서의 이야기고, 역사적으로 보면 왕정 국가의 '집사장執事長'이고 특히 왕의 돈을 관리하는 '재무대신First Lord of Treasury'이 바로 총리의 위상이었다. 왕의 살림살이나 돌보던 집사장, 특히 돈을 만지는 이가 사는 집이 크고 화려할 수는 없는 것 아닌가? 아랫사람으로서 맡은 업무를 수행하는 데만 충분하면 된다. 다우닝 가 대문에는 아직도 총리의 원래 직책 'First Lord of Treasury'가 새겨진 매일 닦아서 반짝거리는 놋쇠 명판이 자랑스럽게 붙어 있다.

영국 총리 관저가 평범해야 할 이유는 하나가 더 있다. 영국 총리 자신도 국민들이 사는 집과 다를 바 없는 집에서 산다는 것을 보여주고 싶어서이다. 영국 총리는 다우닝 가 10번지 대문 앞에 섰을 때 가장 친근하게 비친다. 평범한 여염집 대문 앞에 서서 관저를 방문한 보통 사람들과 사진을 찍거나 격의 없이 대화하는 모습을 보여줄 때 영국 국민은 친근감을 느낀다. 동네 아저씨가 이웃집 사람과 집 앞에 서서 환담을 나누는 모습은 영국에서 아주 자연스러운 모습이기 때문이다.

총리 관저가 궁색해진 또 다른 이유로 영국 총리의 독특한 위상을 이야기하지 않을 수가 없다. 영국에서는 총선에서 한 당이 과반을 차지하는 순간 그 당의 대표가 총리로 된다. 만일 집권 여당이 아니고 야당이 과반 의석을 확보하는 순간이라면, 관저 앞에 대기하고 있던 야당 그림자 각료들이 정문으로 밀고 들어왔을 때 현직 총리는 관저에서 일단 떠나는 절차를 밟아야 한다. 다음 날 다시 와서 개인 물건을 찾아가더라도 이날은 일단 관저를 떠나야 한다. 총리 식구들 역시 아무리 길어도 하루 이틀 사이에는 관저를 비워주어야 한다. 토니 블레어 노동당 대표에게 패한 보수당 존 메이저 전 총리의 부인 노르마는 이것을 "아주 비인간적인 전통inhuman tradition이고 반드시 바뀌어야 한다"고 비판하기도 했다. 아무리 전통적인 제도라고는 하지만 어떻게 선거에 졌다고 전혀 준비도 없이 곧바로 살던 집을 비워주어야 하는가하는 불만이었다.

에드워드 히스(1970~1974 재임) 총리의 경우를 보면 이런 비판을 이해하지 못할 바도 아니다. 지리라고는 전혀 생각하지 않고 조기 총선을 했는데, 여론조사와는 전혀 다르게 선거에 패한 그는 거의 관저에서 쫓겨나다시피 했다. 당시 휴대전화도 없던 시절이라 관저 밖 길거리 공중전화에서 친구에게 하룻밤 재워달라고 부탁한 후 택시를 타고 친구 집에 갔다는 이야기가 지금도 회자된다. 이미 선거에서 졌기 때문에 총리 관저 전화를 쓰면 규칙에 어긋나는 일이고, 현직 총리가 아니기 때문에 전용 차를 이용할 수 없었다는 것이다. 게다가 히스 전 총리는 독신이었기 때문에 런던에 집도 없어 당장 잘 곳이 없었다.

그런데 노르마 부인이 간과한 점이 하나 있다. 영국 총리는 국민이 투표로 선출하는 자리가 아니어서 절대 임기가 보장되지 않는다는 사실이다. 총선에서 지지 않더라도 대표 자리를 빼앗기면 즉시 비워주어야 하는 곳이 총리 관저이다.

영국 총리의 위치를 가장 잘 표현하는 말이 'First among equal' 이다. '같은 지위에 있으나 대표' 라는 말이다. 동료 국회의원들이나 내각의 장관들과 같은 자격이지만 단지 대표한다는 뜻이다. 결국 동료 국회의원들이 선출했으므로 그들과 전혀 다를 바 없다. 국회의원 누구라도 당내 의원총회를 거쳐 국회의원 과반수를 차지한 집권 여당의 당수로 선출되면 국민의 승인 없이 즉시 총리가 될 수 있다. 결국 총리는 언제든지 갈아치울 수 있는 소모품이라는 말이다. 그래서 총리나 총리의 가족은 관저를 언제든지 비워줄 준비를 하고 살아가야 한다는 말이고, 그런 총리가 사는 집인데 거창할 필요가 없다는 무언의 정치 철학이 있는 것 같다. 총리 관저의 총리 의자에 앉아볼 수 있는 것도 그런 의미의 연장에서 해석하면 이해하는 데 조금 도움이 될까?

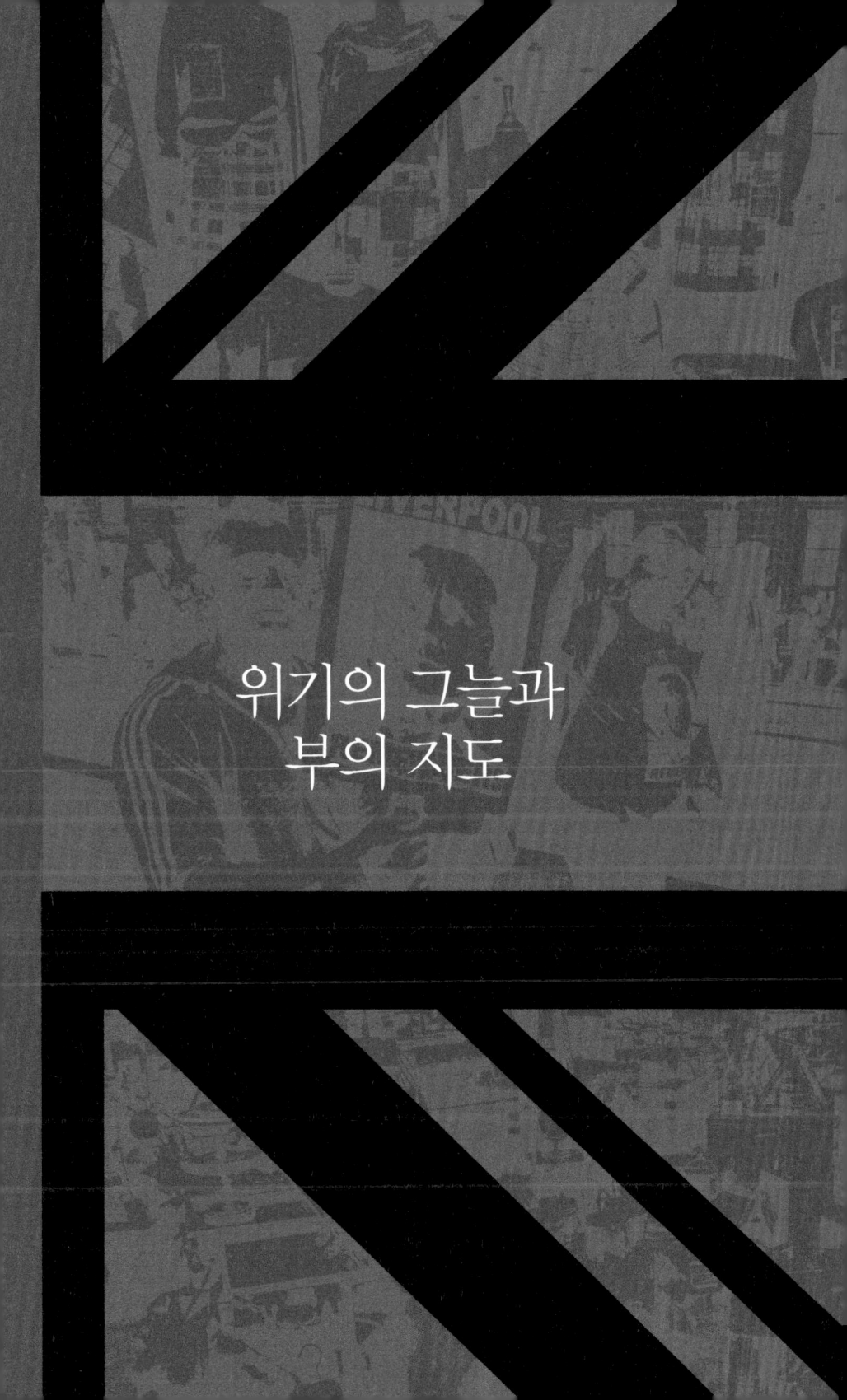

위기의 그늘과
부의 지도

| Keyword 24 : 사라진 영국병 |

휴가와 병가와 실업수당을 즐기던 영국인의 영국병. 대처 집권 후 사라져가던 이 병이 근래 들어 더 희미해지고 있다.

불경기로
영국병이
사라지다

영국 실업자 규모가 갈수록 커져 16~64세 인구의 8퍼센트가 실업자인 것으로 파악되고 있다. 데이비드 캐머런 총리가 이끄는 보수당 정부의 긴축재정이 시행되어 공공 부문에서 실업자가 막 쏟아져 나오기 시작했다. 2011년 한 해에만 300만 명의 새로운 해고자가 늘어났다. 거기다가 160만 명을 넘어선 구직자 실업수당을 받는 인구도 날이 갈수록 늘고 있다.

영국 직장인의 어려움은 이제 극에 달한 분위기다. 직장인의 3분의 2가 월급이 줄었거나 동결되었다고 한다. 공공 부문이 특히 더 심해 월급이 4분의 3가량 깎였다. 더군다나 직장인의 거의 반에 가까운 수가 책정된 휴가를 모두 사용하지 못한 것으로 드러났다. 이들은 자신의 휴가 일수를 50퍼센트에서 많게는 75퍼센트까지나 사용하지 못했다고 한다. 전혀 사용하지 못한 사람도 10퍼센트에 달했다. 불경기를 맞아 실직, 감원이 빈번해지면서 노동자들이 자리 비워 감원 대상에 오르는 것을 피하고 충성하는 것처럼 보이기 위해 휴가를 안 간 것이다. 거기다가 동결되었거나 삭감된 월급으로는 오르는 물가를 감당할 수 없어 휴가를 가기가 부담스러웠던 것도 원인이다.

통계를 보면 영국인들은 유럽에서 가장 근무 시간이 긴 것으로 정평이 나 있다. 일은 안 하면서 휴가만 즐기고 걸핏하면 병가 내고 실업수당만으로도 충분히 생활이 영위되던 대처 총리 이전 시절의 '영국병'은 사라진 지 오래다.

대학 나와봤자…

특히 심각한 것은 가장 열심히 일해야 할 청년층 실업인구가 100만 명을 넘어선 지 벌써 오래되었다는 것이다. 한창 일할 젊은이 10명 중 1명이 실업자다. 이 비율은 특히 고학력으로 갈수록 늘어난다. 대학 졸업자 중 15퍼센트가 무직, 24퍼센트가 '불완전 고용'이다. 불완전 고용이란 쉽게 말하면 자신의 기술이나 학력에 맞는 직업을 못 구하고 저임금 직업에서 일하고 있다는 말이다. 이렇게 보면 대학을 나온 고학력인의 거의 40퍼센트가 직업을 못 구하고 있다는 뜻이다. 기술이 없어 직업을 못 구하는 것이 아니다. 일자리가 정말 없다는 말이다.

2007년 영국 대학을 졸업한 5만여 명을 조사한 결과 거의 28퍼센트가 아직까지도 풀타임 직업을 구하지 못한 것으로 나타났다. 그중에서 약 20퍼센트는 대학 학위가 취업에 크게 도움이 안 된다고 생각했다. 대학 학위가 전혀 쓸모가 없다는 반응도 거의 7퍼센트에 이르렀다. 또 11퍼센트는 대학 학위는 든 돈에 비해 별 가치가 없다고 생각한다고 한다. 더욱이 작년부터 학생이 부담하는 학비가 3배나 오르고 실업자는 더 쏟아져 나올 전망이고 보면 대학 학위의 값어치는 더욱 떨어지고 있다. 그래서 젊은이들의 삶은 점점 더 척박해지고 있다. 특히 대도시의 경우 지난 20년간 집값이 많게는 5배, 평균 3배 이상 정도 올라 미혼자는 혼자 월급만으로는 셋방도 구하기 어렵다. 신혼부부가 부모의 도움 없이 자기 집을 가진다는 것은 이제 상상도 못할 정도이다. 그래서 요즘 젊은이들은 독립하지 못하고 부모님 집에서 사는 것이 일반적인 추세다.

늘어가는 저가 상점과 실업 위로 카드

전 제품을 1000원 이하로 파는 1000원 상점이 한국에도 많이 있듯이 영국에도 1파운드(약 1700원) 상점이 근래에 많이 늘었다. 서민 동네가 아니고 중산층이 사는 런던 근교 고급 주택지에도 중저가 브랜드 가게들이 전통 고급 상점들을 밀어내고 들어서고 있다. 아무리 좋고 싸도 발걸음을 잘 하지 않던 영국 중산층마저 이제는 이런 중저가 브랜드 상점이나 할인 생필품 가게로 눈을 돌리기 시작했다는 증거다. 이런 1파운드 상점 중 가장 성공한 체인인 '파운드월드'는 영국 전역에 120여 개 상점을 운영하고 있는데, 앞으로

할인 판매가 일상이 된 런던 시내 상가

기존 가게보다 규모가 작은 취급품 1000개 정도의 편의점 스타일의 분점을 동네마다 열겠다는 계획이다. 다른 모든 소매업들은 어려움을 겪고 있는데 유독 이런 저가 생필품 상점들 매출만 증가하고 있다.

장사꾼은 참 별것도 다 만들어 판다. 불난 집에 부칠 부채도 만들어 판다고나 할까? 실업을 위로하는 카드까지 등장했다. 이런 카드가 있는지를 문의하는 전화에서 아이디어를 얻었다고 한다.

영국인만큼 카드를 많이 쓰는 사람도 없다. 성탄이나 입학, 졸업, 승진, 전근 등의 경우는 물론이고 나이와 관계에 딱 들어맞는 생일 축하 카드 등 카드의 다양한 종류에 참 별것도 다 만들어낸다는 실소를 금하지 않을 수 없다. 그래도 실업 카드까지 등장하는 것을 보고는 참 대단하다는 생각이 든다. 억척 상혼에 졌다는 생각마저 든다. 실업의 아픔을 위로하고 용기를 북돋워주는 용도로 본다면 반드시 있어야 할 것 같은 카드이긴 하지만, 실제 이런 카드를 받으면 위로가 될까 하는 의구심도 생긴다. 카드의 문구나 디자인에서 위로를 받기보다는 자신의 실직을 주위의 누군가가 관심을 가지고 위로해주기 위해 마음을 썼다는 사실 자체에서 위안이 될 법도 하다.

가정생활이 바뀌다

불경기의 여파는 비참한 양상으로 번지고 있다. 전국에서 구조된 유기견이 2011년 한 해 동안 무려 12만 마리나 된다고 한다. 사람보다 개를 더 사랑한다는 영국인들이 이렇게 많은 개를 내다버리는 것을 보면 정말 살기가 어렵긴 어려우나 보다. 하긴 영국에서 개 한 마리 키우는 비용은 먹이, 각종 예방주사, 보험료 부담 등으로 인해 거의 갓난아이 키우는 만큼이나 부담이 된다.

경비를 줄이기 위해 자녀들의 방학 기간이 아닌 학기 중에 휴가를 다녀온다는 학부모들의 수도 전체의 무려 절반에 가깝다. 원래 사람들이 몰리는 학교 방학 기간과 학기 중 여행 경비는 거의 2배 이상 차이가 난다. 그런데 이렇게 학기 중에 자녀를 데리고 휴가를 다녀오면 보통 학교가 부모에게 벌금 100파운드(18만 원)를 부과한다. 하지만 그 금액이 휴가비 절약에 비해 턱도 없이 적고 그나마 28일 안에 내면 반을 깎아주니 절약의 유혹을 못 이기고 학기 중 휴가를 다녀오는 가족이 증가 추세라는 웃지 못할 이야기도 나온다.

너도 나도 국민의 힘

이렇게 늘어놓고 보니 참 구차하고 비참한 이야기만 골라 한 듯하다. 그러나 이것이 가감 없는 영국의 현실이다. 사방을 아무리 둘러봐도 빠져나갈 구멍이 도저히 보이지 않는다. 그나마 챙겨놓았던 국가 비상 자금은 몇 차례에 걸친 은행 구제 금융으로 다 고갈되었다. 캐머런 총리가 실토하듯이 정부 재정 상태는 G20 국가 중 가장 나쁘다. 그렇다고 손 놓고 가만히 있을 수는 없다는 듯 영국 조야 정치인들은 참 기발한 아이디어를 꺼내 들고 국민의 눈치를 살피고 있다.

보수당은 캐머런 총리가 선거 전부터 꺼내 든 '빅 소사이어티Big Society' 정책의 수행 자금과 중소기업의 소생을 도울 '빅 소사이어티 은행' 자본금으로 시중은행 휴면 계좌에서 잠자고 있는 돈 150억 파운드(약 270조 원)를 빌려 쓰겠다고 한다. 부도덕한 거대 은행이 맘대로 이용하고 있는 주인 없는 돈을 빼서 좋은 일에 쓰면 일석이조가 아니냐는 논리다. 그러나 영국이 집안에 돈의 씨가 마르자 이제 집에서 굴러다니던 아이들 돼지 저금통까지 뒤지는 듯해서 보기가 딱하다.

캐머런 총리가 이 정책의 좋은 효과를 생각하느라 흥분해서 아침잠을 설친다는 빅 소사이어티의 주요 골자는 별것이 아니다. 시민사회가 중앙이나 지방정부가 갖고 있던 각종 권한을 이양받아 자신들의 지역 문제를 심의하고 결정하게 하자는 정책이다. 또 자원봉사자들을 교육하고 훈련시켜 사회봉사 기구를 만들어 재정 적자 축소로 인한 행정의 틈을 메운다. 전국 4개 도시에서 우선 이런 시도를 해보고 결과를 봐서 전국적으로 확대해나가겠다는 야심 찬 계획을 갖고 있다. 이에 대해 노동당은 국가는 돈도 없고 힘도 없어서 이제 국민이 모든 것을 각자 해결하라는 것이니 돌려서 말하지 말고 그냥 쉽게 'DIY Do It Yourself 정책'이라고 솔직하게 부르라고 조롱한다. 이제 부모(국가)가 더 도울 능력이 없으니 자식(지방)들은 자립해 알아서 살아가라는 뜻이다.

노동당은 그에 반해서 한때 당을 흥분의 논쟁 도가니로 몰아넣었다가 정책 주창자의 극우적 발언으로 수면 아래 내려가 있는 '블루 레이버 Blue Labour'에 대한 미련을 아직 못 버리고 있다. 구청 임대주택에 살면서 교수를 하던 백면서생 출신 모리스 글래스먼 의원의 정책이다. 에드 밀리밴드 노동당 대표의 정치철학 스승이라 불리는 그는 밀리밴드의 눈에 들어 졸지에 상원 의원이 되었다.

블루 레이버는 좌파 학자나 정치인들이 피식 웃고 말 '종교·국가·가족 Faith·Flag·Famil이 사회의 근간이 다시 되어야 하고, 상부·상조·단결 Reciprocity·Mutuality·Solidarity이 노동당의 정책이 되어야 한다'는 것이다. '축구 클럽, 교회, 노동조합 같은 자발적 단체 구성원들의 정치 참여를 유도하고 부드러운 보수주의 small conservative 요소가 가미된 사회주의를 정책으로 삼아 1945년 이전의 노동당 뿌리로 돌아감으로써 노동자와 중산층의 지지를 다시 얻어 수권 정당으로 태어나야 한다'는 것이 주요 논지이다. 글래스먼은 지난 10년간 이미 '런던 시민 London Citizen'이란 단체를 만들어 공공 부문 노동자들의 권익을 위한 시민운동을 해왔다.

보수·노동 양당에서 갑자기 들고 나온 정책의 공통점은 결국 '국민의 힘 people power'이다. 한마디로 말해 모두들 국민의 힘만이 이 난국을 타개할 수 있다고 국민들에게 어쨌든 도와달라는 간곡한 읍소를 하거나 더 능동적으로 나서서 사태를 해결하자고 부드러운 강요를 하는 공통점을 보인다.

그런데 문제는 이런 정책이 양당의 기존 노선과는 너무 많이 달라 모두들 상당히 헷갈려 한다는 점이다. 더군다나 난무하는 정치 신조어들을 보면 더 정신이 없다. 원래 블루는 보수주의 혹은 자본주의 색깔이고 레드는 사회주의나 진보의 색깔인 것이 통념이다. 그런데 블루 레이버(보수주의 노동당)는 뭐고 프로그레시브 컨서버티브Progressive Conservative(진보 보수당), 그보다 더 나간 레드 컨서버티브(사회주의 보수당)는 또 뭐냐는 것이다. 전통적 보수주의 냄새가 물씬 나는 정책을 노동당이 채택하자고 난리고, 그에 맞서 보수당은 자신들의 지지 기반 계층의 눈 흘김을 뒤로하고 노동당 유권자들을 향해 추파를 던지느라 정신이 없다.

| Keyword 25 : 버블 붕괴 |

쉴 새 없이 위로만 춤추던 부동산 가격이 2007년 이후 한순간 거품처럼 꺼진 현상. 평소와 달리 가계 부채도 소비도 흥청망청하던 영국인에게 다시 변화가 일어나고 있다.

버블이 붕괴한 후 영국은

2012년 연말의 이야기이다. 연말인데 연말 같지가 않았다. 전혀 흥청거리지 않고 평소처럼 차분했다. 책상 위에 쌓이는 크리스마스카드 숫자도 예년에 비해 많이 줄었다. 크리스마스트리 밑에 놓인 이웃이나 친지들의 선물 박스도 많지 않았다. 상점 쇼윈도에도, 골목길 주택 창문에도 크리스마스 장식이 예년에 비해 간소해지고 초라해졌다. 1년 매상의 40퍼센트를 올린다는 선물의 크리스마스 시즌인데, 12월 중순에 들어서자 벌써 세일을 시작했다.

어둠이 내려앉은 쓸쓸한 크리스마스 밤거리

곳간에서 후한 인심 나온다

하긴 버블이 터지기 전 영국은 전혀 영국 같지 않았다. 멈출 줄 모르던 부동산 가격 상승 덕분에 차분하던 영국인도 모두 들떠서 흥청망청이었다. 덕분에 서민들마저도 주머니에 돈이 돌아, 그전에는 돌아보지도 않던 고가의 명품을 몸에 두르는 '채브문화chav culture'에 빠져들기도 했다. 어쨌든 거품이 꺼지고 냉혹한 현실로 돌아온 지금이 훨씬 더 영국 같다. 풍족하지는 않아도 자존심을 지키면서 위엄 있던 꼬장꼬장한 청빈한 양반 같은 영국인이 더 영국인 같다는 말이다.

단지 영국 사회에 관용이 많이 사라진 점만이 아쉬울 뿐이다. 자동차 경적 소리부터 이민 문제, 여행자 치료에 이르기까지 사회에 넘쳐나던 관용이 사라지고 있다. 이전에는 신호 대기 등에서 파란불이 들어와도 뒤차 운전자들이 1분은 족히 기다려주었으나, 그래도 대다수가 기다려주지만, 10초도 못 기다리고 경적을 울리는 경우가 상당히 많아졌다. 수년 전만 해도 여행자가 아프면 영국 병원은 정말 묻지도 따지지도 않고 치료해 보냈다. 지금은 입원을 하지 않는 응급 환자 말고는 치료를 안 해준다. 공립학교에서는 체류 비자 여부와 상관없이 외국인 학생들을 가르치고 학용품도 주었다. 이제 이런 후한 인심은 정말 역사책에나 나오는 일이 되어버렸다.

지난 몇 년간 영국인은 사실 힘들게 버텨왔다. 그렇게 버텨왔는데도 계속 경기가 더욱 나빠진다니 서민들의 한숨 소리에 땅이 꺼질 지경이다. 2012년 하반기 조지 오스본 재무장관의 추가 경정 예산안 발표에 따르면 2015년부터는 줄어들기로 되어 있는 재정적자 축소가 2018년이나 되어야 가능하다고 한다. '아니 그럼 2018년까지 계속 이런 식으로 숨만 쉬고 살아야 해?'라는 비명이 여기저기서 들렸었다. '입술 꽉 물고 견디기'로 해석되는 영국인의 장기 'Stiff Upper Lip'도 이제 한계에 달한 듯하다. 이러다가는 2차 세계대전 당시 구호인 '닥치고 그냥 버티기Keep Calm and Carry On' 단계로 들어가야 할 듯하다. 영국인의 최고 인기 표어가 가장 실감나는 시절이다. 동네마다 늘어나는 빈 점포, 전당포, 중고 물건 위탁 판매점, 1파운드 숍을 보면 영국 서민의 어려움을 굳이 말 안 해도 알 수 있다. 그래서 영국 서민들은 손쉬운 위안에 빠진다.

동네마다 우후죽순처럼 늘어나는 북메이커bookmaker라는 눈가림 단어를 쓰는 경마와 축구 같은 스포츠 승부에 돈을 거는 전국 8500개의 공인 도박장, 국가 발행 복권, TV를 켜면 5분마다 나오는 도박 선전, 이제는 거액을 들여 서민들이 즐기는 프로 축구 스폰서로까지 진출한 인터넷 도박 등의 사행산업들이 그런 것들이다. 어려운 삶에 지치고 피곤한 서민들의 한 번에 팔자를 고치려는 꿈을 노려 성업하고 있다. 영국인 16세 이상 73퍼센트가 어떤 형태로든 도박을 해봤고, 2011·2012 회계연도에 55억 파운드(9조9000억 원)를 도박 업체들이 거둬들였다. 복권도 지난 6개월 동안 35억2800만 파운드(6조3000억 원)어치를 팔아 8.1퍼센트 성장했다.

보수, 자민 추락하고 노동, 영국독립 비상하다

영국인의 짜증은 집권 보수, 자민 양당이 무서울 정도로 추락한 데서도 나타났다. 야당인 노동당은 2012년 5월 지방의회 선거에서 무려 823석을 빼앗아 오는 것을 시작으로 11월에 실시된 두 번의 국회의원 보궐선거에서 6개 선거구를 석권했다. 그중 11월 29일 실시된 보궐선거 3석의 투표 결과는 영국 정계를 충격으로 몰아넣었다. 로더햄 지역구만 예로 들면 노동당이 46.2퍼센트로 승리하고 보수당은 5.42퍼센트로 5위, 자민당은 2.11퍼센트로 8위를 했다. 워낙 노동당 강세 지역이라 보수당이 노동당에 뒤진다고 놀랄 일은 아니다. 문제는 2등이다. 지금까지 거의 존재감이 없었던 영국독립당이 21.79퍼센트로 2위를 차지해 영국을 깜짝 놀라게 했다.

정말 영국 정치 지평이 바뀌는 전조가 아닌가 하고 논란이 분분했다. 엄청난 강진이 오기 전에 오는 미진이 분명하다는 호들갑이 호들갑 같지만은 않았다. 영국독립당의 지지자는 거의가 보수당 지지자이다. 보수당으로서는 땀이 날 지경이다. 최근 영국 한 여론조사에 따르면, 연립정부 소속인 보수당 28퍼센트와 자민당 9퍼센트를 합쳐도 야당인 노동당의 지지율 39퍼센트에 못 미친다. 또 영국독립당이 14퍼센트의 지지를 차지해 자민당을 밀어내고 3위 당으로 깜짝 등장했다. 변화는 항상 작은 것으로부터 시작되는데, 유럽연합EU 탈퇴와 반이민 정책을 앞세운 영국독립당의 약진이 심상치 않다.

누가 집권해도 기적이 일어나지 않는 한 별수 없는 상황인 걸 알면서도 사람들은 분을 풀 희생양을 찾게 마련이다. 그래서인지 2012년 한 해 전국에서 무려 20만 건이 넘는 인종차별 범죄가 일어났다. 늘어나는 실업의 이유를 외국에서 유입되는 이민자들 탓으로 돌리는 모습이다. 보수당 정부는 자신들이 영국으로 유입되는 이민자 숫자를 4분의 1로 크게 줄였다고 자랑처럼 말한다. 불법 이민자도 아니고 합법 이민자 감소를 자신들의 주요 치적이라고 내세우고 있는 형편이다. 평소 이민에 대해 소극적인 호의를 표시하던 노동당마저도 이제 이민 규제 정책으로 돌아섰다.

안으로 부는 고립과 폐쇄의 국수주의 바람

이런 사회 분위기는 반이민 정서로만 끝나는 것이 아니다. 다국적기업들의 절세 소동으로부터 시작된 외국 제품에 대한 반감이 이제 '영국산 구매 Buy British' 운동으로까지 번질 전망이다. 중도좌파 신문 《가디언》의 조사에 따르면, 66.5퍼센트의 영국인들이 영국제라는 이유가 물건 구매 결정에 영향을 끼치냐는 질문에 '예스'라고 대답했다. 이런 기류를 틈타 영국 제조 업체들도 원가 면에서 조금만 유리하면 외국에 제조 공장을 두던 과거의 정책을 재빠르게 바꾸고 있다. 로컬 소싱local sourcing(국내 생산) 혹은 니어 소싱near sourcing(인근 지역 생산)을 외치면서 영국으로 생산 라인을 회귀하고 있다.

섬나라라는 안전지대에 살아와서 그런지 영국인들은 외부로부터의 피해에 상당히 민감한 편이다. 무슨 일이 있어도 스스로를 지킬 수 있다는 자신감에 금이 가면 영국인들, 특히 서민들은 맹렬하고 치열하게 반발한다. 지금이 그런 상황이다. 전에는 물건 싸고 질 좋으면 그만이었는데 이제는 물건의 국적까지 따지는 시대가 오고 있다. 비록 물건값이 좀 비싸지더라도 국산을 사겠다는 말은 그만큼 사람들의 관용이 엷어지고 여차한 경우에는 국수주의로 갈 수 있다는 말이다. 결국 인심이란 곳간에서 나온다. 살기 어려워진 영국인들이 그런 유혹에 빠지는 것을 나무랄 수는 없다.

이렇게 영국인의 관용과 자존심은 이제 바닥을 향해 맹렬하게 내려가고 있다. 2013년에 유별나게 영국인임이 자랑스럽다고 이야기하는 사람이 언론에 많이 등장했다. 영국인은 원래 애국은 종교처럼 마음속으로 하는 것이지 코에 걸고 하는 것은 아니라고 했다. 그래서 영국인은 '애국심은 불한당들의 마지막 피난처이다Patriotism is the last refuge of a scoundrel(새뮤얼 존슨)'라는 식으로 애국심을 입에 쉽게 올리는 것을 금기시했다. 그런 영국인들이 유난히 애국심을 강조하는 것을 보면서 진짜 자신들의 처지가 심상치 않다고 느끼기 시작한 것이 아닌가 하는 생각이 든다.

EU에는 가입해도 통화는 따로 써서 EU 통합에 엉거주춤 발 하나만 들여놓았던 영국인. 지난 유로 위기는 자기 일이 아니라고 나 몰라라 해서 유럽인의 미움을 받는 영국인. 그런 영국인들이 이제는 살기가 어렵다고 섬나라 사람 특유의 품성대로 사람 안 만나고, 돈 안 쓰고, 집 안에만 틀어박혀 자기네들 것만 쓰고 살겠다고 한다. 정말 국수주의를 곁들인 고립과 폐쇄를 담은 우향우 바람이 안으로만 점점 더 거세게 불 것 같다. 그것도 아주 거칠게.

Keyword 26 : 경제 3중고

소득 감소, 복지 축소, 세금 인상. 세계적인 경제 위기로 영국인에게 그 옛날 세계대전만 한 위기가 닥쳤다.

경제 3중고의 쓰나미가 덮치다

2012년 1년간 영국 언론에서 가장 많이 볼 수 있었던 단어는 정부 예산과 관련한 'austerity', 즉 내핍, 절약이었다. 이 단어는 주로 국가 부도가 난 그리스나 거의 부도 직전에 가 있는 스페인, 이탈리아, 포르투갈 같은 지중해 라틴 국가들의 예산에 관한 기사에서 많이 사용되었다. 그러나 사실 이 단어는 그런 나라에만 해당되는 단어가 아니다. 짐짓 태연한 척하는 영국도 해당되는 말이다.

영국 보수·자민 연립정부도 눈덩이처럼 불어나는 재정 적자를 메우기 위해 100억 파운드(약 18조 원)의 예산 지출을 어디선가 줄여야 살아남을 수가 있다. 아니면 그만큼의 세금을 어디선가에서 더 징수해야 하는데, 이런 불황기에 증세라니? 말이 안 되는 상상이다. 결국 허리띠를 졸라매는 일을 하고 있는데 '풍선 효과' 때문에 영국 정부는 머리가 아프다. 여기를 줄이면 저기서 비명이 나오고 저기를 줄이면 여기서 비명이 나오는 탓이다.

소외계층 복지에 칼질이 시작되다

그중 참혹한 것 몇 가지만 살펴보자. 그동안 영국은 25세 이하 젊은이 중 무직자와 저소득자에게 집값 보조를 해주거나 임대주택을 제공해왔다. 원래는 개인 상황에 따라 소형 아파트나 원룸을 지원해주었지만, 국가 재정 상황이 나빠진 수년 전부터는 원룸을 공동으로 쓰거나 일정 금액 이하의 방에 주거해야만 지원해주는 것으로 바뀌었다. 그래도 거기에 소요되는 예산이 연간 20억 파운드(약 3조6000억 원)나 된다. 이제는 더 이상 이런 보조를 유지할 수 없어 완전히 없애겠다고 한다. 캐머런 총리는 아예 노골적으로 수입이 없어 방값을 낼 능력이 안 되면 '집에서 살아야 한다' 고 딱 잘라서 말했다.

이런 젊은이들 사정에 밝은 사람들은 정부 보조가 절실한 청년들은 "가고 싶어도 돌아갈 집이 없거나 돌아갈 수 없는 이유가 있다"면서 가슴 아파한다. 아예 부모가 없거나, 있다고 해도 들어갈 방이 없거나 혹은 사이가 나빠서 돌아갈 수가 없다는 말이다. 결국 주택 보조를 완전히 없앤다면 지금도 하루가 다르게 늘어나고 있는 노숙자 수가 '비약적으로 늘어날' 수밖에 없다고 자선 기관들은 아우성이다. 영국이 워낙 다급해서 복지국가의 가장 큰 원칙 중 하나인 '국민 누구에게나 살 집을 제공한다' 는 '주택 안전망' 을 걷어내는 최악의 사태가 온 셈이다.

이들 못지않게 어려운 상황에 처할 사람들은 어린아이가 있는 미혼모들과 이혼녀들이다. 지금까지 영국 사회는 아버지가 부양할 능력이 없는 경우 이들에게 아이가 커서 자립할 때까지 집과 생활비를 지원해주었다. 오래전부터 이 제도의 부작용을 우려한 보수주의자들 사이에는 말이 많았다. 이런 식으로 했기 때문에 무분별한 10대 미혼모들이 생겨났고 무책임한 남자들이 국가가 보살펴주겠지 하면서 가족을 팽개쳤다는 말이다. 더 이상 줄일 곳이 없는 영국 정부는 이제 이런 혜택마저도 없앨 계획이다.

무노동 복지 수당으로 아이 키우지 마라

칼질은 거기서 그치지 않는다. 아이들 우윳값이라 부르던 '아동 수당child benefit'에까지 손을 대려고 하고 있다. 수입 규모에 관계없이 영국 가정의 모든 아이들에게는 일주일 단위로 돈이 나온다. 큰 금액도 아니다. 첫째 아이는 20파운드30펜스(3만6540원), 둘째부터는 13파운드40펜스(2만4120원)이다. 얼핏 보면 적은 듯해도 아이 네댓 명분이 되면 서민 가계에 꽤 도움이 되는 금액이다. 거기에 더해 아이들이 많으면 주택수당을 비롯해 다른 복지 혜택도 누진적으로 많아진다. 이렇게 아이들이 많은 부모는 자녀들이 커서 성인이 될 때까지 거의 일을 안 해도 먹고, 아니 '잘 먹고' 살 수가 있었다. 이제는 이런 혜택을 3명까지로 제한하겠다고 한다. 일하지 않고 큰 가족을 가지려 하지 말고 일하면서 큰 가족을 가지라는 뜻이다.

사정상 정식 전업 직업을 가질 수 없다면 파트타임으로라도 일을 해야 한다. 공원 청소, 구청 탁아소, 도서관 같은 곳에서의 일community work이 그것이다. 이 정책은 보수당 유권자 사이에는 94퍼센트, 심지어 야당인 노동당 유권자 사이에서도 59퍼센트나 지지를 얻었다. 영국 보수·노동 양당 지지자 사이에서 공히 높은 비율로 찬성이 나온 이유는 우파 영국 언론이 '부끄러움을 모르는 족속shameless bunch'이라 부르는 사람들 때문이다.

2013년 4월 말 캐머런 총리는 새해 예산을 런던 근교의 상품 상자가 가득 찬 물류 창고에서 노동자들을 앞에 두고 발표했다. 그러면서 계속 강조한 말이 정부의 새 예산이 국민들에게 어려움을 많이 요구하는 내용을 담고 있더라도 '열심히 일하는 당신들에게는 손해가 가지 않도록 하겠다. 일하지 않고 먹고살려는 사람들에게는 정당함이 무엇인지 보여주어야 한다'였다. 이제 세상은 가진 자와 못 가진 자 사이의 갈등이 아니라 일하는 사람과 일 안 하려는 사람 사이의 투쟁으로 만드는 듯싶다. 특히 일하지 않고 복지 수당만을 챙기는 이들이 대개 외국 이민자들이라는 점이 영국인들의 분노를 유발한다. 더구나 이들은 무슬림 국가에서 온 저소득층 이민자들이 대부분이다.

영국인은, 놀면서 자신들이 낸 세금으로 편하게 자식 키우며 살지 말라고 이제 이들에게 말한다. 유럽 국가 중에서 드물게 영국의 인구가 느는 이유는 이민으로 인한 숫자 증가도 있지만 이런 이민자들의 다출산에서도 기인한다. 그래서 토종 백인 영국인 사이에서는 이러다가 기독교인 돈으로 무슬림 인구를 키워 결국 영국이 무슬림 국가가 되는 것이 아니냐는 걱정이 팽배해 있다. 연전에 영국 언론인 멜라니 필립스가 쓴 《런더니스탄Londonistan》(2006)이라는 책이 그런 우려를 절절하게 그려내 베스트셀러가 되었다.

군비마저 줄이다

야당인 노동당은 보수당이 보수당의 전통적 지지층이 아닌 노동당 텃밭인 저소득층의 복지에만 손을 댄다고 비난한다. 저소득층이나 이민자들은 어차피 보수당 지지층이 아니므로 표 떨어질 걱정하지 않고 예산 절약을 할 수 있다는 말이다.

물론 예산 절약은 이런 사회복지 부문에만 해당되지는 않는다. 예를 들어 영국이 강대국이라는 국가 체면과 과거의 영광 그리고 외교적인 영향력 유지를 위해 능력 이상으로 유지해오던 국방비마저도 이제 줄이고 있다. 기존 예산에서 7.5퍼센트를 줄인 335억 파운드(약 60조3000억 원)를 2012년 국방예산으로 잡았었고, 그래서 3만 명의 군인이 일자리를 잃었다. 이런 식으로 나가면 영국은 10년 내에 쓸 만한 항공모함이 하나도 안 남는다고 아우성이다. 또 이

영국 노동운동의 새로운 흐름을 만들고 있는 영국노동조합회의 TUC의 시위모습

런 식으로 줄이면 전체 영국군 수가 8만2000명으로 줄어들게 된다. 나폴레옹 전쟁 이후 가장 적은 수라고 국방 관계자들은 비명을 지르고 있다. 그러면서 "만일 캐머런이 이 불안한 시기에 국방의 의무를 다하지 못하면 '제3의 죄인 3rd guilty man'이 될 것이고 그렇게 되면 그가 경제나 재정에서 아무리 잘해도 절대 국민이나 역사가 용서하지 않을 것"이라고 거의 협박에 가까운 비판을 한다('제3의 죄인'이란 2차 세계대전 전 독일 히틀러에게 휘둘려 제대로 국방의 의무를 다하지 못해 국가를 전쟁의 소용돌이로 몰아간 볼드윈과 챔벌린 총리 두 사람 이후 세 번째라는 뜻이다).

이렇게 집권 이후 줄이고(예산), 자르고(인원), 늘리기(세금)만 하면서 고양이 목에 방울만 달아온 캐머런 총리의 인기는 당연히 바닥이다. 동서고금을 막론하고 쓴소리만 하는 사람은 누구도 좋아하지 않는다.

전쟁 배급 시절만큼 절약하는 영국인들

지금 영국인 삶을 표현하는 데는 정말 '아끼고 줄이고 안 쓰고'라는 말 말고는 다른 방법이 없다. 원래 영국인의 유전자 안에는 앞에서 든 세 가지가 다 들어 있다. 내 이웃들은 겨울에 아무리 날씨가 쌀쌀해도(영국의 겨울은 춥다고 할 수는 없다. 평균 온도가 섭씨 10~15도이니 쌀쌀하거나 좀 차다는 단어가 가장 적합하다) 난방을 상시 틀어놓지 않는다. 침대에 들기 바로 전 30분, 아침에 일어나기 전 한 시간 정도가 최대한이다. 평소에는 집에서도 스웨터를 겹쳐 입고 무릎 위에 담요를 덮고 TV를 본다. 그러니 겨울 난방비가 우리 집의 3분의 1밖에 안 나온다.

이렇게 평소에도 절약하고 살던 영국인이 이제는 거의 자신들의 말로 하면 "2차 세계대전 중 배급받던 시절만큼 절약" 한다. 자동차 기름도 평소에는 가득 넣고 다녔으나 요즘은 반만 넣고 다니는 차들이 늘었다. 기름을 많이 넣으면 그만큼 자동차 무게가 늘어 연비가 나빠져서이다. 유기농 식품 판매량도 반으로 줄었다. 식당도 아주 싸거나 아주 비싼 집들만 장사가 되고 중간 가격의 식당은 매상이 작년에 비해 3분의 1이 줄었다. 식당에 가도 물을 사 먹지 않고 수돗물을 달라고 해서 마신다. 주로 노인들이나 아주 바쁜 직장인들이 이용하던 슈퍼마켓 식품 배달 서비스도 20퍼센트 이상 줄었다. 배달비를 추가로 내야 하기 때문이다.

영국 언론은 중산층의 고통을 '삼중고 triple whammy'라고 부른다. 소득 감소, 복지 축소, 세금 인상이다. 특히 영국을 먹여 살리던 교육받은 중산층의 고통이 더욱 크다. 연봉은 제자리걸음이고 물가는 오른다. 설상가상으로 은퇴를 대비해 투자한 주식은 반 토막이면 좋은 성적일 정도로 떨어져 실질 재산이 줄었다. 언제나 오르기만 하던 집값을 염두에 두고 은퇴 시기에 맞춰 집을 팔아 주택 융자 mortgage 갚고 남는 돈으로 노후 설계를 했는데 집값이 전혀 오르지 않아 계획했던 은퇴 시기에도 차질이 생겼다. 그나마 영국 집값은 다른 나라들과는 달리 본전은 할 정도여서 다행이긴 하다. 이렇게 되니 영국인의 꿈인 조기 은퇴는 고사하고 한창 돈 들어갈 40~50대 중산층은 직장 유지도 걱정할 판이다.

정부 연금 수혜 연령이 늦어진 것도 악재이다. 철 밥통같이 영원할 것 같던 BBC 같은 공기관들이나 대기업의 회사 연금도 줄어들어 조기 은퇴는 이제 과거 좋은 시절에나 꾸던 꿈일 뿐이다. 더군다나 경기를 살리기 위한 낮은 이자율로 인해 주택 융자 상환금이 적어진 것은 당장 가계에는 도움이 될지 모르나 상대적으로 금융기관들이 지급하는 개인연금 금액이 줄어버렸다. 그래서 '잘나가던 중산층이 더 힘들 것이다' 라는 말이 나온다. 별다른 곳에 투자할 줄 몰라 단순히 은행에 적금만 부은 하류층의 상태가 더 좋다는 말이다. 특히 젊은 전문가 그룹이 힘들다. 그들의 자산 62퍼센트가 주식 같은 금융자산과 집에 투자되어 있어서다. 원숭이가 나무에서 떨어진 격이다.

이런저런 이유로 영국인의 스트레스는 이제 건강을 해칠 정도가 되었다. 특히 영국 중산층 전업주부에게서 나타나는 '간접 스트레스'로 인한 건강 이상은 아주 심각할 정도다. 최근 영국 정형외과협회의 발표에 의하면 조사 대상자 2000명의 가장 큰 걱정이 매일매일의 돈 문제였고, 그중 4분의 1이 남편의 실직 걱정으로 힘들다고 했다. 주위의 친구들이나 이웃 가정들이 주 수입원인 가장의 실직으로 인해 고통을 겪는 것을 보면서 자신에게도 같은 일이 일어날 수 있다는 염려 때문이었다. 그래서 피조사자의 3분의 1이 두통, 긴장, 허리와 어깨 통증을 호소하고 있는 것으로 나타났다. 이런 현상은 영국 경제가 악화되기 시작한 2010년부터 특히 많이 나타나기 시작했다고 조사 결과는 말한다.

원래 영국인의 유전자 안에는 '아끼고 줄이고 안 쓰고'의 삶의 지혜 외에도 모든 일을 사전에 '걱정하고, 투덜대고, (그래서 철저히) 준비하는' 유전자도 있어 그나마 부도 지경에 이른 다른 유럽 국가들과는 달리 사정이 좀 낫다. 그러나 오래전에 철저히 준비한 노후 대책도, 국가의 재정 상태도 미증유의 금융 사태를 맞아 이제는 슬슬 바닥을 드러내는 듯해서 영국인은 불안하고 두려워 몸에 병까지 난다. 결국 그들은 다시 불굴의 정신 '입 꽉 다물고 견디기'로 돌아가고 있다.

| Keyword 27 : 내핍 DNA 생존법 |

영국인의 핏속에는 아끼고 안 쓰면서도 차분하게 잘 살아가는 놀라운 유전자가 있다. 그 힘으로 영국인은 어떤 위기 상황이라도 지혜롭게 극복한다.

영국인의 내핍 DNA 생존법

2013년 2월 22일, 세계적 신용 평가사인 무디스가 영국의 국가신용 등급을 '드디어' 기존의 최고 등급인 Aaa에서 Aa1으로 강등시켰다. 영국은 이 일로 상당한 충격에 빠졌다. 그러나 사실 따지고 보면 '드디어'라는 말이 놀랍지 않을 정도로 영국의 신용등급 강등 가능성은 워낙 오래전부터 거론되어 왔었다. 심지어 어떤 언론은 '우리가 아직 박탈 안 당했었나? 놀랍네!'라고 자학해서 독자들을 웃겼다. 많은 사람들이 "아니 영국이 아직까지 3A 지위를 누리고 있었단 말이야? 미국과 프랑스도 벌써 강등됐는데?"라고 진심으로 놀라워했다. 그들을 더더욱 놀라게 하는 것은 영국이 1978년 3A 등급을 획득한 이후 지금까지 한 번도 등급 하락을 겪은 적이 없다가 이번에 '처음'으로 강등되었다는 점이다.

3A 국가 엘리트 클럽 퇴출 이후

평소 한국 신문에는 이상하게 영국 경제에 대한 걱정과 우려에 대한 기사가 많다. 한국에서 온 친지들이 그런 기사를 보고 "영국 경제가 정말 그렇게 어려우냐"고 물으면 나는 "너나 잘하세요!"라는 농담 반 진담 반의 대답을 하곤 했다. 그리고 "미국에 제일 많이 투자한 국가가 어딘지 아느냐?"는 질문을 던져본다. 십중팔구 일본, 독일 등을 거론하지 영국을 후보로 내세우는 경우를 못 봤다. 놀랍게도 영국이 미국에 가장 많이 투자한 국가다. 한국의 전경련(전국경제인연합회) 격인 CBIConfederation of British Industry(영국산업연맹)의 2012년 8월 발표를 보면, 영국의 대미 투자는 미국에 들어간 전체 외국 투자금의 17퍼센트를 점한다고 한다. 이는 2012년만의 일이 아니고 과거 수십 년간 계속되어온 현상이다. 영국 은행이 미국 서브프라임 사태 때 회복 불능의 타격을 받은 이유도 미국 금융시장에 너무 많이 투자한 탓이 제일 크다. 미국에 투자한 50대 외국 회사 중 영국 회사가 9개나 된다.

유럽 국가에 투자된 영국 자본도 미국보다 더하면 더했지 덜하지 않다. 유럽 휴양지, 특히 지중해 연안 휴양지 대다수를 영국 회사가 개발했다면 사람들은 놀란다. 영국이 그동안 온갖 어려움을 겪었는데도 발 빠른 국제 신용평가사들이 영국의 3A 지위에 손을 안 댔던 이유가 이런 데 있다. 영국이 가진 국부가 '부자가 망해도 3대는 먹고살 정도는 되었기 때문'이라는 말이다. 그런데 영국이 이제 그 '부자 3대 재산'을 다 까먹고, 3A 국가 엘리트 클럽에서 퇴출당하는 치욕을 겪었다.

무디스가 영국 정부의 신년 예산도 기다려보지 않고 서둘러 발표한 3A 박탈 조치는 사실 영국으로서는 좀 억울할 수도 있다. 영국 경제는 나쁜 면도 많지만 좋은 면도 많다. 이자(영국은행 기본이율 0.5퍼센트)는 정말 더 이상 낮출 수 없을 만큼 낮고, 고용은 2970만 명으로 1971년 이후 최고이며, 인플레(2013년 1월 기준 2.7퍼센트)도 낮다.

영국은 1978년 3A를 획득한 이후 수도 없는 어려움을 겪으며 신용등급 강등 위기를 겪었으나 잘 버텨왔다. 1978년 말과 1979년 초에 걸친 '불화의 겨울Winter of Discontent'(노동당 정부와 공공 부문 노동조합 간 임금 협상 결렬로 일어난 전국적 파업), 그리고 들어선 대처 보수당 정부 때의 포클랜드 전쟁(1982), 석탄 탄광 노동자 파업(1984~1985), 1980년 불황, 1990년 불황, 최근의 영국은행 붕괴, 5년에 걸친 유로 존 통화 문제 등 영국이 겪어온 위기를 꼽자면 끝이 없다. 심지어는 '유럽의 병자The Sick Men of Europe'라고 불리는 불명예를 당하는 중에도 영국 경제는 3A를 유지해왔다. 더군다나 국민 총소득 대비 국가 부채가 86퍼센트에 불과해 그리스(160퍼센트), 아이슬란드(99퍼센트), 이탈리아(120퍼센트), 미국(102퍼센트) 등과 같이 취급하는 게 부당하다는 지적도 있다.

오스본 장관은 현 정부 경제정책 중 신용등급 3A 유지는 최우선의 과제이고 충분히 지킬 수 있다고 강조해왔다. 신용평가 기관들이 영국의 이 '숨은 힘'을 계속해서 과거와 같이 인정해줄 것으로 믿었던 듯하다. 그러나 무디스는 오스본 장관의 순진한 믿음을 저버리고 말았다.

안 쓰고 안 입고 안 먹으니 마이너스 성장

내가 사는 뉴몰던 한인 타운은 런던 시내에서 차가 막히지 않으면 차로 30분 걸리는 거리에 있는 런던 서남쪽의 교외다. 저녁 시간에 런던 시내에 약속이 있어 나가려면 퇴근 차량의 흐름과는 반대라 한산해야 함에도, 평소에는 교외에서 런던 시내로 식사 약속이나 공연을 보러 가는 차량 때문에 보통 한 시간은 걸렸다. 그런데 언제부턴가 저녁 시간대 시내로 향하는 차량의 숫자가 완전히 줄었다. 며칠 전 오랜만에 약속이 있어 시내로 나가는데 길이 하나도 밀리지 않은 30분 만에 도착했다. 런던 시내 식당과 극장 매상이 30퍼센트 떨어졌다는 통계를 실감했다.

식당들의 반값 세일은 더 이상 놀랄 일이 아니다. 동네 중심가의 '1파운드 가게', '상시 할인매장'도 이미 일상적인 모습이다. 원래 검소한 영국 서민이지만 이제는 선택이 아니라 어쩔 수 없이 '아끼고 줄이면서 어려운 시기를 넘겨야 한다frugally sustainable'는 말이다. 이렇게 사람들이 안 쓰고, 안 입고, 안 먹으니 당연히 공장의 생산량도 줄 수밖에 없다. 영국 경제는 2012년 4분기에 0.3퍼센트 마이너스 성장했다.

영국 경제에는 일반인들이 쉽게 이해할 수 없는 현상이 한두 개가 아니다. 은행에는 1000억 파운드(170조 원)가 예금되어 있는데 은행은 위험부담 기준에 모자란다고 주택 대출을 안 해준다. 보통의 경제 지식으로는 도저히 이해가 안 된다. 이자는 318년 영국 중앙은행 역사에서 가장 낮은데 사람들은 집을 안 산다. 그래서인지 주택 건설도 바닥이고 주택 보급률은 70퍼센트에 불과하다. 물론 이자율이 낮아서 대출로 집을 산 800만 명의 집주인은 아주 큰 혜택을 받고 있지만 동시에 평생 저금을 금융기관에 맡기고 거기서 나오는 연금으로 생활하는 은퇴자들은 죽을 맛이다. 그래서 영국의 여행업이나 식당 등은 제일 고객들이던 노년층 손님이 줄어 아우성이다. 버블 경제 때는 연 이자가 10퍼센트가 넘었는데 요즘은 겨우 1~2퍼센트니 노인들이 돈을 쓸 수가 없다.

지난 3년간 계속된 낮은 은행 예금 이자율로 예금자들이 날린 이자소득이 무려 760억 파운드(129조 원)나 된다는 통계도 있다. 집값이 오르지 않으니 사람들이 집을 안 사고, 집을 안 사니 집을 안 지어 건설 경기가 나쁘다. 이렇게 저렇게 물고 물려서 경제를 움직이는 견인차가 전혀 안 움직이는 셈이다. 어디서부터 풀어야 할지 정책 입안자들 머리가 참 아플 듯하다.

입 다물고 일단 따르기

그런데 이상한 일은 또 있다. 사정이 이런데도 영국인들이 정부에 불만을 공개적으로 드러내지 않는다는 사실이다. 여론조사를 해봐도 정부의 재정 적자 해소를 통한 국가 부채 삭감 노력은 계속되어야 하고, 그래서 현 정부의 정책 기조를 지지한다는 답이 나온다. 실제 복지 혜택이 줄어든 서민들이 몰려가 "도대체 얼마나 더 참고 버텨야 하는가?"라고 항의라도 할 만한데 그런 움직임도 없다. 그러고 보면 영국인들은 제대로 항의 한마디 할 줄 모르는 바보인지, 아니면 세상 사정에 너무 밝아 정부로서도 더 이상 어떻게 할 방법이 없고 지금 정책이 최선이라고 믿고 있는 건지 도저히 모르겠다.

서민들이 겪는 어려움이 얼마나 같지는 모르지만 영국인에게 이런 정도의 내핍 생활은 사실 따지고 보면 새로운 일이 아니다. 유명한 '내핍의 시대 Age of Austerity'는 이미 2차 세계대전 이후에도 있었다. 1945년과 1951년 사이 2차 세계대전 복구를 위해 모든 경제력을 동원하면서 어쩔 수 없이 모든 국민이 내핍 생활을 했다.

그렇게 해서 영국 경제가 다시 살아나긴 했지만, 피곤을 느낀 국민이 정부를 갈아치운 게 영국의 현대 정치사다. 어려울 때 자신들을 이끈 지도자를 내핍 시기가 지나고 나면 더 이상 보고 싶어 하지 않는 전통이 있는 것이다. 지금도 다음 선거에 보수당의 승리는 거의 난망하다는 전망이 벌써 나오고 있고 여론조사에서도 그렇게 나온다. 이제 얼마 안 남은 다음 총선까지 가시적인 성과가 나와야 하는데, 현재의 영국 경제는 전혀 그런 사인이 보이지 않는다. '영국인은 입으로는 불평을 말하지 않아도 선거 때 표로 정권을 심판한다'는 말이 틀린 말이 아님이 다음 선거에서도 증명될지 두고 봐야 할 듯하다.

사실 영국인에게 '흥청망청의 거품 시대 high spending spree bubble age'는 익숙하지 않다. 원래 영국인의 핏속에는 아끼고 안 쓰고 사는 유전자가 존재한다. 그래서 그런지 내 주위의 영국인은 어려움이 닥쳐도 차분하다. 속으로는 어떻게 느끼고 생각하는지 몰라도 요즘의 어려움을 이야기해보면 어깨만 들썩일 뿐이다. 아무리 친하다 해도 타인에게 자신의 어려움을 구체적으로 말하기 꺼

도시 곳곳 어디서든 볼 수 있는 앤틱 시장. 집 안의 별의별 물건들이 다 나와 있다.

려서 그런가라고 생각할 수도 있으나 다그쳐 물어보면 그런 것도 아니다.

영국인은 "언제는 어려움이 없었느냐?"고 묻는다. 또 "내가 불평불만을 한다고 해서 당장 문제가 해결되는 것도 아니고 정부도 나름 최선을 다하고 있는 듯한데 내가 한마디 더 보탠다고 달라질 일도 없다"고 한마디 한다. 그러면서 다음 총선을 입에 올리며 "결국 현 정권의 심판은 투표로 하면 되지 않겠는가?" 하면서 입을 닫는다.

무디스가 이번에 등급 강등을 하면서도 영국의 신용 상태를 그나마 '안정적stable'이라고 평가한 이유는 영국 정부가 정치적인 어려움을 무릅쓰고 지탱하는 '긴축재정 유지와 적자재정 해소 노력'을 높이 샀기 때문이다. 과연 영국 정부가 정치적 어려움을 얼마나 더 버틸 수 있을지는 국민의 여론에 달려 있다. 아직까지 영국인 입에서 '못 살겠다 갈아보자'라는 말이 공개적으로 나오지 않는 것을 어떻게 해석해야 할지는 판단이 어렵다. 영국인들이 가만히 있는 이유가 정부의 노력을 높이 사는 영국인의 슬기로움 때문인지, 아니면 영국인 특유의 '입 다물고 버티기' 때문인지는 더 두고 봐야 할 듯하다.

만일 영국 국민이 조용한 이유 중 하나가 정부 지도자들의 노력을 믿고 참고 기다려주는 것이라면 영국 국민은 참 대단하다는 생각도 해본다. 영국 정책을 쥐고 흔드는 여야 지도자들은 하루하루 고통을 감내해야 하는 서민들의 아픔을 이해할 계급의 사람들이 아니다. 현 정부 내각 각료 22명 중 겨우 4명만 공립 중고등학교를 나왔다. 서민의 이익을 대변한다는 야당 노동당의 그림자 내각 멤버 31명 중에도 공립학교를 나온 사람은 9명뿐이다. 이들이 나온 사립학교는 초등학교부터 1년 학비가 서민 4인 가족의 1년 생활비와 맞먹는다. 자신들과는 다른 세계에서 살아왔고 살고 있는 이들이 이끄는 대로 믿고 영국인들은 선거 전까지는 입 다물고 일단 따르려는가 보다.

어려운 시기를 견뎌내는 영국인의 지혜

언젠가 영국 신문에 '승자의 저주winner's curse'라는 단어가 나온 적이 있다. 미국을 필두로 프랑스, 영국 등 2차 세계대전 승전국은 모두 어려움을 겪고 있는데, 패전국 독일은 통독의 부담마저 이겨내고 세계적 경제 난국에서도 승승장구하고 있음을 빗댄 말이다. 유로화 문제를 혼자 짊어지고 분투하는 독일이 없었으면 EU는 어떻게 됐을까 싶을 정도로 지금 유럽은 어렵다.

지금까지 영국이 그나마 3A를 유지해온 데는 유럽과 어느 정도 거리를 유지한 것이 도움이 되었다는 아전인수의 평가도 힘을 얻고 있다. '견제와 균형check and balance'은 영국의 오랜 기본 외교정책이다. 역사적으로 영국은 자신들을 한 번도 유럽의 일원이라고 생각본 적이 없다. 항상 유럽을 통틀어 하나의 단위로 보고 자신들은 유럽 전체와 동등한 다른 한 단위로 인식해왔다. 유럽이 힘을 합치면 자신들에게 불리하다며 유럽 국가들을 이간질하고 그 사이를 줄타기함으로써 합종연횡을 거듭했다. EU에도 아주 늦게 가입했고 가입 협상도 아주 잘해 EU에서 회원국에 주는 최고의 혜택을 받고 있다.

그러면서도 아직 유로화를 쓰지 않고 버티고 있다. 회원국으로서의 의무는 제대로 하지 않으면서 온갖 혜택은 받아먹는다고 EU 국가들 사이에서는 정말 거의 '왕따' 수준이다. 지금도 계속되고 있는 유로화 사태 수습도 자신들은 유로 국가가 아니라며 '나 몰라라' 해버려 재정적 부담을 덜고 있다. 영국의 여론은 유로화 가입을 하지 않아 그나마 영국이 이만큼이라도 살아남았다는 투다. 그래서 지금은 좀 가라앉았지만 2015년 총선이 다가오면 EU 탈퇴가 다시 정치 이슈화가 될 듯하다.

얼마 전 동네 신문에 재미있는 글이 실렸다. '어려운 시기를 견뎌내는 지혜 네 가지'라는 글인데, 정말 영국인다워 무릎을 쳤다. 평소에 영국인들이 자신들에게 어려운 상황이 닥치면 언제나 되뇌던 말들을 정리해놓은 것이다.

Keep calm and carry on!
(흔들리지 말고 차분하게 하던 일 계속하자!)

Ready to go the extra mile!
(전보다 더 많은 노력을 할 준비를 하자!)

Do not surrender!
(절대 굴하지 말자!)

Accept the need to make sacrifices!
(많은 것을 포기해야 함을 받아들이자!)

이보다 더 영국인의 인생철학을 축약해놓을 수는 없을 듯하다.

| Keyword 28 : 세금 전쟁 |

세금을 충실히 걷으려는 영국 정부와 꿋꿋이 합법적 세금 탈루의 길을 가는 영국 기업, 절세가 미덕이라는 다국적기업 사이의 고도의 밀고 당기는 싸움.

나라 안팎으로
줄줄 새는
세금과의 전쟁

지금으로부터 400년도 더 넘은 1597년 런던 비숍스게이트 구청 세금 기록에 작가 윌리엄 셰익스피어의 세금 체납 사실이 나온다. 5파운드 가액價額의 부동산 거래를 하면서 5실링의 세금을 체납했다는 내용이다. 당시 5파운드라면 지금 돈으로 약 1000파운드(180만 원)이고 5실링이라면 30파운드(5만4000원)밖에 안 된다. 이미 경제적으로 성공해 템스 강 남쪽에 극장까지 갖고 있던 셰익스피어가 돈이 없어 세금을 안 냈다고는 볼 수 없다. 기록을 보면 셰익스피어가 자기 소유 극장이 있는 템스 강 남쪽으로 주거지를 옮겼는데도 결국 세무서 직원이 새 집까지 쫓아가자 할 수 없이 세금을 낸 것으로 되어 있다. 천하의 셰익스피어도 세금은 정말 내기 싫어 어떻게든 피해보려고 했던 모양이다.

영국에서 사업을 하는 사람들은 누구나 느끼지만 아침에 배달된 우편물 중 누런색 재생 봉투가 보이면 걱정과 함께 짜증이 난다. 소위 말하는 '재생 봉투의 공포fear of recycled envelopes'다. 관공서에서 주로 재생 봉투를 쓰는데 특히 국세청에서 오는 유인물은 예외 없이 이런 색이다. 불안을 느낄 무슨 특별한 사안이 없는데도 일단 국세청에서 오는 편지는 반갑지 않다. 대개의 경우 자신들의 업무 설명이나 소개이긴 하지만 예기치 않던 세금이나 서류 제출을 요구할 때가 있기 때문이다. 일단 세금 조사가 시작되면 추징세는 돈으로 막는다 해도 준비와 대응에 진이 다 빠진다. 그런데 2012년 말 이 국세청 발 재생 봉투가 엄청나게 날아올 듯한 전운이 영국 전역에서 느껴졌다.

역외권 절세로 줄줄 새는 부자들의 세금

2012년 말 영국의 가장 큰 이슈는 세금 체납과 세금 납부 회피였다. 언론에 세금이라는 단어가 안 나오는 날이 거의 없을 정도였다. 주된 표적은 부자와 다국적기업이었다. 우선 촌철살인의 사회비평으로 영국인의 사랑을 받아온 코미디언 지미 카가 공적公敵으로 떠올랐다. 트위터 팔로어만 200만 명인 이 스탠드업 코미디의 대가는 역외권offshore을 이용한 절세 방법을 통해 작년에 350만 파운드(63억 원)의 수입을 올리고도 수입의 1퍼센트만 세금으로 냈다고 해서 비난을 받았다. 지미 카는 언론의 융단 폭격에도 "세금 전문가 말을 듣고 그렇게 하긴 했지만 지금 생각하니 실수를 한 것 같다"라고만 했을 뿐 세금을 더 내겠다는 말은 하지 않았다.

지미 카로서는 억울할 수도 있다. 자신이 대표로 욕을 먹고 있지만 영국 세법의 허점을 이용한 역외권 절세는 많은 유명 인사가 오래전부터 애용해왔다. 역외권 절세란 영국 근해의 행정 자치 섬들(저지 섬, 건지 섬, 만 섬)에 등록된 회사들로 수입을 돌려 소득세를 줄이는 방법이다. 이 섬들은 영국령이긴 하지만 외교, 국방을 제외한 행정은 영국 정부의 관리를 받지 않는 독립

자치령이다. 이 역외권 섬들은 세금 특혜가 대단해 많은 회사들이 이곳에 본사를 두고 있다. 서류상으로만 존재하는 '페이퍼 컴퍼니'들이 하도 많아 관광 외에는 이렇다 할 산업이 없지만 등록비 수입만으로도 먹고살 정도라고 한다. 이런 역외권 절세를 애용하는 유명인은 맨체스터 유나이티드의 축구 스타 웨인 루니를 비롯해 부지기수고, 이런 식으로 유명인들과 기업들에 의해 역외권으로 빠져나가는 세금이 연간 250억 파운드다. 자신들의 영토 내에 이런 식으로 자국 기업들이 세금을 합법적으로 '탈루할 수 있는 길loophole'을 열어놓은 영국도 참 별나다.

다국적기업들의 무자비한 절세

또 다른 측면에서 여론의 지탄을 받고 있는 영국 내 다국적기업들의 이야기를 해보자. 아무리 그들이 영국 법이 허용하는 한도 내에서 절세를 했다고 해도 영국에서 활동하는 한 이런 무자비한 절세 방법은 좀 심하기는 했다. 특히 비난의 중심에 선 스타벅스는 영국에 진출한 이후 지난 14년간 겨우 860만 파운드의 법인세만을 냈다고 한다. 전국 700개 체인점에서 지난 3년간 12억 파운드의 매출을 올리고도 2009년 5200만 파운드, 2010년에는 3400만 파운드 적자를 냈다고 신고해서 법인세를 한 푼도 내지 않았다. 법인세는 이익이 있어야 내는 세금인데 자신들은 아직도 제대로 된 이익을 내는 단계가 아니라는 것이 스타벅스의 주장이었다. 이런 스타벅스에 좌파 언론《미러》지는 'ASBO'라는 딱지를 붙이기도 했다. ASBO는 주말 폭주를 즐기며 영국 전역의 시내 중심을 무정부 상태로 만드는 말썽쟁이 젊은이들의 '비사회적 행위Anti Social Behaviour Order'를 이르는 말이다.

물론 스타벅스가 세금을 전혀 안 낸 것은 아니다. 부가세, 지방세 등의 명목으로 매년 2500만~3000만 파운드를 영국에 납부했다. 스타벅스는 "직·

런던 스타벅스. 영국 내 700개 체인점을 둔 스타벅스는 무자비한 절세로 지탄을 받았다.

간접 고용 효과 등을 따지면 영국 경제에 기여하는 바가 거의 1년에 8000만 파운드나 된다. 비난은 억울하다"는 입장이었다. 하지만 그들을 향한 일반인의 분노는 사그라지지 않았다. 결국 스타벅스는 여론의 압력을 견디지 못하고 향후 2년간 매년 1000만 파운드의 세금을 내겠다고 자세를 낮췄다.

여론의 화살을 맞은 것은 스타벅스뿐만이 아니었다. 아마존도 영국 내에서 2011년 45억 파운드의 매출을 올리고도 법인세를 겨우 100만 파운드만 냈다고 해서 난리였다. 특히 2010년에는 33억 파운드의 매출을 올리고도 적자가 났다고 법인세를 한 푼도 안 낸 사실이 밝혀져 매를 맞았다. 세금을 덜 내기 위해 모든 이익을 룩셈부르크의 자회사로 빼돌렸다는 사실도 드러났다. 《미러》는 대놓고 "아마존을 이용하지 말라"고 충동질했다. 대신 9300만 파운드의 매출을 올리고 1000만 파운드의 세금을 낸 영국회사 'WH 스미스'나 '워터스톤' 같은 업체를 이용하라고 독자들에게 권했다. 영국 일간지 《데일리 메일》도 "이번 크리스마스 선물을 고를 때 아마존보다는 영국 슈퍼마켓인 '테스코'가 훨씬 저렴하다"고 친절하게 쇼핑 노하우까지 가르쳐주면서 '아마존 보이콧'을 부추겼다.

　영국에 진출한 다른 다국적기업들도 더하면 더했지 별로 낫지 않다. 구글도 작년에 영국에서 26억 파운드의 매출을 올리고 세금으로 600만 파운드밖에 안 냈고, 페이스북도 작년에 2000만 파운드의 매출을 올리고도 겨우 23만 8000파운드의 세금만 냈을 뿐이다. 이베이 역시 8억 파운드 매출을 올렸는데 세금은 120만 파운드만 냈다. 《데일리 메일》은 이러한 다국적기업들을 몽땅 싸잡아 "자료 찾을 때는 구글 쓰지 말고 위키피디아를 쓰고, 스타벅스 커피 마시지 말고 영국 기업 코스타 커피 마시고, 책은 아마존에서 사지 말고 워터스톤 온라인에서 사고, 이베이에서 물건 사고팔지 말고 그냥 프리사이클 웹사이트를 이용하라"고 애국심에 호소하기까지 했다.

　세금을 제대로 안 내는 다국적기업들이 모두 미국 회사들이라는 점도 여론을 들끓게 했다. BBC 웹사이트에는 "우리 영국 기업들이라고 그런 (절세) 방법을 몰라 순진하게 세금을 다 냈겠는가"라는 한 독자의 댓글이 달렸고, 이 댓글 아래 "'미국은 세금의 나라이고, 특히 과세 회피를 위해 세워진 나라(로렌스 J. 피터)'라서 미국 기업의 절세 기술은 유별날 수밖에 없다"는 빈정거림이 따라붙었다. 미국 독립이 정치적 큰 이념이나 이유가 있어서가 아니라 수입 홍차에 부과되는 세금에 대한 반발로 촉발되었음을 비꼬는 말이다.

　하지만 이들 미국계 다국적기업들로서는 억울한 측면도 없지 않다. 앞에서도 이야기했지만 이들이 영국 경제에 기여한 바는 법인 소득세 문제를 빼면 아주 크다. 부가세, 지방세, 직원 소득세, 고용 효과 등을 따지면 영국으로서도 결코 손해 보는 장사는 아니다. 이들 회사로서는 "지금까지 가만히 잘 있다가 왜 이제 와서 마녀사냥 식으로 몰아붙이느냐"고 불만이 많을 듯하다. 이들은 "탈세도 부도덕하지만 필요 없이 많이 내는 것은 더 나쁜 범죄"라고 말한다. 기업은 '가능하면 이익을 많이 내고 절세하고 그 돈으로 투자를 많이 해서 미래에 대비하고 주주들에게 더 많은 이익을 돌려주는 것이 최고의 미덕'이라는 미국 기업의 전형적인 철학이 배어 있는 말이다.

뛰는 정부 위에 나는 과세 회피

사실 이런 다국적기업들의 절세 노력은 요즘 들어서 사회적 기여도와 평판을 중시하는 영국 기업들도 관심을 쏟는 사안이다. 영국의 작은 마을 어디를 가도 볼 수 있는 '부츠'라는 기업의 예를 들어보자. 약품을 주로 팔면서 생필품도 같이 파는 부츠는 전형적인 영국 기업이지만 서류상으로는 스위스 회사로 되어 있다. 절세를 위해 스위스로 본사를 옮겼기 때문이다. 영국의 국기인 크리켓 국가대표팀 유니폼 왼쪽 가슴에 로고가 새겨진 '브리트 보험'도 본부를 네덜란드로 옮겼다.

영국의 대표적인 이동통신사 '보다폰'도 마찬가지다. 보다폰은 여전히 본사를 영국 버크셔에 두고 있지만, 2012년 한 해 150억 유로의 이익을 면세 지역인 룩셈부르크로 빼돌렸다고 해서 논란이 일었다. 영국 국세청은 2002년부터 보다폰의 이익 빼돌리기를 문제 삼아 보다폰과 조사를 겸한 협상을 해왔다. 작년에 타결된 협상에서 보다폰은 8억 파운드의 세금은 즉시, 4억 5000만 파운드의 세금은 향후 5년에 걸쳐 내기로 합의를 했다. 전문가들은 보다폰이 협상을 잘해 60억 파운드는 내야 할 세금을 그 정도로 막았다고 입을 모았다. 결국 영국 국세청이 거대 기업에 당했다는 비난이다.

보다폰 협상도 영국 여론에 불을 질렀다. 노동당 소속 마거릿 호지 의원은 이 협상을 지켜보면서 "이러다 대기업들에게 세금은 정말 '의무적'인 게 아니라 내기 싫으면 안 내도 되는 '자발적인' 것으로 바뀔 위험한 형편에 빠진다"고 비판했다. 호지 의원은 데이비드 하트네트라는 영국 국세청 차관급 국장 한 사람이 내부 절차도 제대로 밟지 않고 자의로 보다폰, 골드만삭스 같은 거대 기업들과 협상을 해서 세금을 줄여주었다고 지적하면서 이같이 말했다.

영국인들은 이제는 국세청마저도 "강자에게 약하고 약한 자에게 강하다"는 의구심을 표하면서 한탄을 한다. 호지 의원은 세금을 제대로 내는 기업에는 우수 납세자 마크를 부여하고 세금 회피 기업들과는 정부 관급 계약을 하지 말자는 제안까지 한다.

이런 모든 일은 결국 영국이나 EU의 세법이 기업이나 개인으로 하여금 세금이 낮은 곳을 찾아 돈을 이동시키는 데 아무런 제한을 두지 않는 데서 비롯된 것이다. 이처럼 세금이 낮은 곳을 찾아 세금을 줄이는 걸 두고 과세 회피라고 한다. 일견 '절세'와 비슷한 듯하나 분명 다르다. 절세는 정말 적법한 절차 안에서 세금을 줄이는 것이지만, 과세 회피는 불법은 아니나 소위 말하는 꼼수를 써서 세금을 줄인다는 의미가 강하다. 물론 절세나 과세 회피는 세금 포탈, 세금 부정, 탈세 등과는 분명 다르다.

현재 유럽 어느 나라 법으로도 이런 다국적기업이나 개인들의 '적극적인 세금 회피'를 막을 방법은 없다. 법의 맹점을 이용한 대기업들의 절세 기술이 워낙 발달해 유럽 각국 정부들로서는 대응할 방법도 없다. 그래서 '어르고 달래고 윽박지르고 매달려서라도' 일부 세금이라도 받아야 유리하다는 말이 나올 수밖에 없는 형편이다. 짐 싸서 다른 나라로 가버리면 그나마 거둬들이던 다른 세금과 거기서 일하던 영국인은 어떡해야 하는지 대책이 없기 때문이다.

강권과 회유의 세금 전쟁

영국 정부는 2012년 말 추가 경정예산을 발표하면서 몇 가지 조치를 취했다. 그중에서도 가장 전격적인 것은 법인세율을 21퍼센트로 내려 서유럽 국가들 중 가장 낮게 만든 것이다. 이 조치를 발표하면서 오스본 재무장관은 "영국은 비즈니스를 위해 열려 있다"고 선언했다. 세금을 올려서는 세수를 늘릴 수도 없고 기업들을 압박해 쫓아내는 역효과만 발생하니, 차라리 세금을 내려 나가는 기업을 잡아 끌어들여 세수를 올리는 것이 여러 면에서 더 낫다고 판단한 것이다.

지난 2년간 영국의 법인세 수입은 60억 파운드나 줄었다. 불경기로 기업 이익이 준 탓도 있지만 비현실적으로 높은 법인세와 소득세가 이유였다. 그래서 영국 정부는 법인세 인하와 함께 개인소득세 상한선도 50퍼센트에서 40퍼센트로 내렸다. 부자들이 소득을 국외로 이동시켜 세수에 끼친 손실이 전년에 비해 5억 파운드나 늘어난 현실에서 세율을 10퍼센트 포인트 내리더라도 소득이 빠져나가는 것을 막는 게 더 이익이라는 판단을 한 것이다.

물론 영국 정부도 마냥 항복하는 모양새로 부자들을 달래는 것만은 아니다. 추가 경정예산 중에는 탈세 방지 인력 보강을 위해 국세청에 배정한 7700만 파운드가 포함되어 있다. 일단 영국 정부는 조세 피난처들에 숨어 있는 자국민들의 은행예금을 추적해 추징하기 시작했다. 영국 국세청은 스위스 은행에 예금을 예치해 탈세를 한 영국인 6000명에 과세를 해서 50억 파운드를 추가로 걷겠다고 선언했다. 스위스뿐 아니라 유럽의 리히텐슈타인 공국에 예치된 영국인 예금자들에게도 벌금과 세금으로 30억 파운드를 걷었고, 2011년에는 은행에 장기간 잠자고 있는 휴면계좌를 뒤져 5억 파운드를 찾아 국고로 환수하기도 했다. 영국 정부는 세금을 증액하지 않고 이렇게 저렇게 살아갈 방법을 찾고 있다. 이제 영국은 쌀독 밑바닥까지 긁고 있다.

현재 영국 정부는 외국에 돈을 빼돌린 슈퍼리치super rich들이 벌금과 세금을 내면 특별히 형사처벌은 하지 않겠다는 방침을 세웠는데 이를 두고도 말이 많다. 소액의 세금을 탈세한 중소기업에는 벌금은 물론 교도소행을 판결하면서 그보다 수백 수천 배를 탈세한 비양심적인 슈퍼리치들을 용서하다니 말이 되느냐는 것이다. 그러나 세금은 추징하되 형사처벌은 하지 않겠다는 영국 정부의 방침은 고육지책으로 나온 결정이다. 만일 이들을 전부 형사처벌하겠다고 하면 이들 중 대다수가 국적을 포기하거나 거주지를 다른 나라로 옮기는 것도 불사할 것이 뻔하다. 그렇게 되면 영국 정부로서는 달걀 몇 개를 빼 먹으려고 달걀을 낳는 닭을 죽이는 셈이 된다.

세금 소동을 겪으면서 영국에서 처음 보는 일이 참 많다. 일단 영국에서 30년간 살면서 요즘처럼 '비도덕적immoral', '도덕적으로 잘못된morally wrong' 이란 말이 자주 쓰이는 걸 본 적이 없다. 법이나 논리로 세금 회피를 단죄할 방법이 없으니 평소에는 잘 쓰지 않는 도덕이라는 말을 새삼 꺼내든 것이다. 돈과 법으로 말하는 현대 사회에 도덕과 비도덕이 웬 말인지 모르겠다.

좀처럼 흥분하지 않고 매사에 합리적으로 의연하게 대처하는 영국인들이 일시에 감정적으로 바뀌는 것도 처음 봤다. 정치인들이 부추긴 탓도 있지만 언론까지 가세해 반反외국 기업 캠페인을 벌이는 광경도 놀라웠다. 언론이 다국적기업들 상품과 서비스 불매운동을 부추기고, 나아가 세금을 제대로 내는 라이벌 영국 기업 이름을 추천한 경우도 처음이다. 마음에는 안 들지만 적법하게 영업을 해서 절세를 한 기업을 윽박질러 돈을 뜯어내듯이 세금을 내게 하는 것도 처음 봤다. 곳간에서 인심 난다지만 기업을, 특히 외국 기업들을 마녀사냥 식으로 몰아붙여도 괜찮을지 의심스럽기만 하다.

> **Keyword 29 : 부의 지도**
>
> 영국 신문 《선데이타임스》가 발표한 '2013년 영국 부호 순위'를 여러 각도로 읽어 종합한 것. 이전 해 순위와 비교해 보면 영국 사회의 변화까지 읽을 수 있다.

변화하는 영국 부의 지도

1989년부터 매년 영국 부호의 순위를 매겨온 영국 신문 《선데이타임스》가 '2013년 영국 부호 순위'를 발표했다. 이에 따르면 영국 10대 갑부 중 9명이 외국인이고 부호 중에는 자수성가형이 늘어난 것으로 드러났다.

2013 영국 부호 순위 안 천 명을 말하다

부호 순위 상위 100명 중 무려 39명이 외국 출신이다. 특히 10대 부호 중 1명을 제외한 나머지 9명이 외국 출신이다. 1위와 2위, 5위 등 3명은 구소련 출신이고 3, 4위는 인도 출신이다. 1위인 알리셔 우스마노프는 우크라이나 출신으로, 광산과 투자를 통해 133억 파운드(약 22조6233억 원)의 부를 쌓았다. 현재 러시아 제일의 휴대전화 사업자이고, 영국 프리미어 리그 아스날 축구팀의 대주주이기도 하다. 2위는 렌 블라바트닉으로 러시아인이며 투자·음악·미디어 회사를 통해 110억 파운드(약 18조7110억 원)의 재산을 가지고 있다.

3위는 인도인 금융 재벌 힌두자 형제(106억 파운드)이고, 4위는 철강 재벌 락시미 미탈 가문이다. 미탈은 지난해까지 8년간 1등을 내리 하다가 철강업이 극심한 불경기를 겪으면서 올해에는 자산 총액 100억 파운드를 기록했다. 그는 박지성의 전 소속 팀이자 윤석영의 현 소속 팀 퀸스파크레인저스QPR 구단의 대주주다. 5위는 영국 프리미어 축구 클럽인 첼시 구단주이자 러시아 출신 석유 재벌인 로만 아브라모비치(93억 파운드), 6위는 노르웨이 출신 존 프레드릭슨 가문(88억 파운드), 7위는 유대인 부동산 부호 루이벤 형제(82억 파운드), 9위는 이탈리아계 스위스인 어네스토 베르타렐리 부부(74억 파운드), 10위는 하이네켄 맥주로 유명한 네덜란드 카발호 부부(70억 파운드)다. 올해 영국 부호 10위권에 영국 태생은 8위를 기록한 부동산 부호 웨스트민스터 공작 1명뿐이다. 웨스트민스터 공작 가문은 1677년부터 부동산 부호였다.

2013년 영국 부호 순위 톱 10

순위	이름	사업	재산(파운드)	출신
1	알리셔 우스마노프	러시아 철강 회사 '메탈로인베스트' 총수, 아스날 축구 구단 대주주	133억	러시아
2	렌 블라바트닉	'워너뮤직' 오너	110억	러시아
3	스리찬드·고피찬드 힌두자 형제	'힌두자 그룹' 총수, 원유, 금융	106억	인도
4	락시미 미탈 가문	'아르셀로미탈' 총수, 철강	100억	인도
5	로만 아브라모비치	'첼시' 축구 구단주, 원유	93억	러시아
6	존 프레드릭슨 가문	유조선 선박 왕	88억	노르웨이
7	데이비드·사이먼 루이벤 형제	부동산, 인터넷 사업	82억	유대계
8	웨스트민스터 공작	부동산 회사 '그로스베너 그룹' 총수	78억	영국
9	어네스토·커스티 베르타렐리 부부	의약	72억	이탈리아
10	샤를렌 드 카발호 부부	하이네켄 맥주 오너	70억	네덜란드

자료: 선데이타임스

이렇게 보면 이제 영국은 명실공히 다국적 국가가 된 셈이다. 영국은 세계 부호들의 선호 국가가 되어 다양한 국적의 부호들이 런던에 몰려와 살고 있고, 이로 인해 런던의 고급 호화 주택은 세계적 부동산 침체에도 가격이 계속 오르고 있다. 이들이 영국에 와 살면서 세금을 내는 이유는 영국 정부가 친기업과 친부호 환경을 만들었다는 뜻이기도 하다. 영국의 소득세 상한은 40퍼센트이고 법인세는 21퍼센트로 유럽 국가 중 매우 낮다. 세계 부호들의 영국 이주는 대세인 듯하다.

올해 상위 100명에 든 영국 출신 61명 중 41명은 자수성가한 경우고, 20명만 유산 상속자다. 자수성가형 41명 중 순수 영국인은 과반이 안 된다. 이렇게 외국인 그리고 자수성가형이 영국 유산 상속 부호보다 많아진 현상은 부의 대물림에 반대하는 '신노동당'의 토니 블레어 총리가 정권을 잡은 1997년 이전에 일부 나타났다. 1997년 통계를 보면 상위 500명 중 155명(31퍼센트)만 유산 상속자였다. 한 가지 놀라운 점은 지금 영국 인기 TV 프로그램 〈아프렌티스〉의 사회자인 인도 출신 앨런 마이클 슈거가 당시 쟁쟁한 유산 상속자들을 제치고 4억3200만 파운드로 15위를 했다는 사실이다. 당시로서는 귀한 자수성가형 부호였다. 그는 25년 동안 재산을 2배밖에 못 늘려 올해 98위로 겨우 100위 안에 턱걸이했다.

아직 여성들의 부 창출 기회는 적은 듯하다. 1989년에는 상위 100위 중 3명의 자수성가 여성 부호가 있었다. 세계 최대 규모의 안경 체인 스펙세이버의 메리 퍼킨스, 친자연환경 화장품 보디숍의 아니타 로딕, 역사상 가장 영국적인 패션 디자이너라 불리는 로라 애슐리 패션의 로라 애슐리가 그들이었다. 올해에는 그중에서 메리 퍼킨스만 97위로 100위 안에 살아남았다. 자수성가형 여성 부호로는 소설 《해리 포터》의 작가인 조앤 롤링이 5억6000만 파운드로 156위를 지키고 있다.

여성 부호의 수 자체는 늘었다. 1989년 첫 조사 때 100위 안에 든 여성은 오로지 엘리자베스 여왕뿐이었다. 올해는 9명이 이름을 올렸다. 118명의 여성이 1000명 안에 들었고 그들의 부 총액은 553억 파운드다. 그러나 이 118명 중 본인 손으로 부를 이룬 여성은 소수에 불과하다. 배우, 가수, 스포츠 스타 등 대중 인기인이 아니면 거의 이름을 올리지 못했다. 그들 중 대부분은 남편과 재산을 공유해서 명단에 올랐거나 유산 상속이나 이혼을 해서 재산을 받은 경우

자수성가형 여성 부호 조앤 롤링

다. 118명 중에는 15명의 유산 상속, 5명의 이혼녀가 있다. 이혼녀 5명 중 4명이 동유럽 모델 출신인 것도 흥미롭다. 영화계도 수입이 좋은 듯하다. 캐서린 제타 존스와 남편 마이클 더글러스, 기네스 팰트로와 가수 남편 크리스 마틴, 헬레나 본햄 카터와 영화감독 팀 버튼 커플이 공동 재산으로 올라 있다. 우마 서먼도 이름을 올렸다.

엘리자베스 여왕은 순위가 많이 떨어졌다. 1989년 첫 조사에서는 52억 파운드로 1위였으나 올해는 개인 재산 3억2000만 파운드로 여성 부호 순위 33위, 전체 순위로는 268위를 기록했다. 여왕은 1993년 기준이 바뀔 때까지 계속 1위였다. 그녀의 이름으로 계산되던 왕실 재산이 국가 소유로 바뀌자 확 떨어진 것이다. 만일 왕실 재산 78억 파운드와 개인 재산 3억2000만 파운드를 합치면 여왕의 순위는 8위로 껑충 올라간다. 그래도 이제는 1등이 아니다.

1998년도 그랬지만 2013년 통계도 영국의 부 창출은 역시 전통적인 부동산, 토지, 건설업에 있음을 말해준다. 제조업은 2위였는데 2005년부터 제조업 부호가 금융 부호들에게 2위 자리를 물려주기 시작했다. 부호 1000위 중 제조업 부호는 2004년 120명에서 이듬해에 107명으로 줄어들었다. 금융은

세계적 금융 위기로 숫자가 떨어졌다가 올해 다시 올라와 194명이나 된다. 제조업도 다시 숫자가 늘어 195명이 1000명 안에 들었다. 여전히 건설업, 부동산, 토지 등에서는 10명이 늘어 222명이다. 아직도 영국에는 미국형의 IT 부호가 드물다.

올해 통계에서 재산이 가장 많이 줄어든 부호는 지난 8년간 1위에서 올해 4위로 떨어진 락시미 미탈 가문으로, 무려 27억 파운드가 줄어들었다. 하락 2위는 카자흐스탄 국적의 고려인 블라디미르 김으로 14억9300만 파운드가 줄어든 5억3000만 파운드를 기록했다. 순위는 지난해 32등에서 165등으로 내려앉았다.

부자라고 다 같은 부자는 아니다. 영국 2013년 부호 10위권의 재산 총 합계는 934억 파운드로 부호 1000위까지 총합계 4500억 파운드의 20.7퍼센트에 달한다. 그러나 이런 부호들도 영국 밖을 나가면 힘을 별로 못 쓴다. 영국 최고 우스마노프도 유럽에 가면 14위이고 세계로 나가면 35위밖에 안 된다.

영국 스포츠 부호 1위 데이비드 베컴

영국 상위 200명의 2013년 부의 총액은 3182억 파운드로 영국 전체 국부 7조3000억 파운드의 4.4퍼센트다. 이 자산 총액은 1989년 380억 파운드에 비하면 25년간 무려 8.37배로 늘었다. 또 영국 부호 1000명 전체의 부 총액 4500억 파운드는 영국 국부의 6.2퍼센트에 불과하다. 작년 한 해 동안 1000명의 영국 부호들은 이 어려운 환경에서도 354억 파운드의 재산을 늘렸다. 전년에 비해 8.5퍼센트 증가했다. 이 금액은

1989년 상위 200명의 총재산 380억 파운드와 거의 비슷한 금액이다. 해가 갈수록 그만큼 부의 축적이 크다는 말이다. 이는 영국만의 현상이 아니다. 2013년 세계 50위 부호들의 총재산이 1046조 파운드로, 1년 전보다 무려 23퍼센트나 늘었다.

계급사회가 변하고 있다

《선데이타임스》가 발표한 영국 부호 순위에는 1위부터 1000위까지 부의 규모, 전년 대비 변동 사항을 비롯해 간략한 개인 이력까지 나온다. 찬찬히 보고 있으면 영국 사회를 알 수 있는 여러 가지 키워드를 발견할 수 있다. 2013년은 특히 순위 발표 25주년 기념으로 5년 단위로 변화를 비교해놓아 4반세기 동안의 영국 사회의 변화를 한눈에 볼 수 있어 상당히 흥미로웠다.

1989년 첫 조사 당시의 영국은 계급사회가 분명했다. 선조의 재산을 물려받은 귀족과 상류층의 전통 업종인 지주, 부동산 개발업, 건설업과 거대 산업 소유주들이 부의 순위를 독점하다시피 했다. 은수저를 입에 물고 태어난 부호들이 영국 경제를 지배했다. 그러나 25년이 지난 지금은 완전히 반대가 되었다. 1989년에는 62퍼센트가 유산상속, 38퍼센트가 자수성가형 부호였는데, 2013년에는 27퍼센트가 유산상속이고, 73퍼센트가 자수성가형이다. 1000명 중 773명이 자수성가형이라면, 영국을 더 이상 계급 금권 사회라 부를 수 없고 이제는 능력 사회라고 해야 할 듯하다.

1989년에는 상위 부호 200명 중 1위의 엘리자베스 여왕을 비롯해 40명의 세습 귀족이 올라 있었다. 거기에는 영국 공작 25명 중 11명, 6명의 후작, 14명의 백작, 9명의 자작이 포함되어 있었다. 영국 출신 94명 중에는 61명이 상속자였고 33명만이 자수성가한 경우였다. 합계해보면 100명 중 자수성가가 38명, 상속자는 62명이다.

지난 25년 동안 부호들의 부가 엄청나게 늘어 올해에는 88명의 억만장자(10억 파운드 이상의 부호)가 등록되어 2012년의 77명보다 늘었다. 1989년에 9명에 불과하던 억만장자가 25년 만에 10배로 증가한 셈이다. 이렇게 지난 25년간 부호들의 구성을 보면 영국 사회가 급격한 변화를 겪고 있다고 말할 수 있다. 안정된 사회에서 부를 이룬다는 것이 아주 어렵다고 말하지만, 영국이 지난 25년간 보여준 변화는 그렇지 않다. 사회적 안정이 너무 오래 계속되어 동력을 잃어버린 '늙은 대제국'에서도 개인의 노력에 따라 새로운 부가 창출될 수 있음을 알 수 있다.

영국은 누가 뭐라 해도 아직은 계급사회다. 대다수 영국인은 자신의 계급에 불만을 가지고 있지 않고 계급 상승을 노리지도 않는다. 상류계급을 부러워하지도 않고, 노력해도 되지 않으니까 애써 계급을 바꾸고자 애타 하지도 않는다. 부가 신분의 상승을 의미하지도 않았으므로 계급 상승을 할 방법도 거의 없었다. 그러나 《선데이타임스》의 부호 순위 변화를 보면 이런 영국인의 믿음이 틀렸다는 것을 알 수 있다. 자신의 노력으로 부를 쌓고 그 부를 이용해 사회적 존경을 얻어 지위 상승이 가능해지고 있다.

《선데이타임스》가 25년 전 부호 순위를 발표할 때, 지금도 영국 귀족 중 서열이 거의 다섯 손가락 안에 드는 데본셔 공작은 "부의 소재를 까발려 계급 간 갈등을 조장하려는 공산당의 음모"라고 비판했다. 당시만 해도 영국인들, 특히 사회 지도층이던 중산층이 가졌던 돈에 대한 태도는 조선 시대 양반들이 돈을 만질 때 젓가락으로 집던 식과 별다를 바가 없었다. 자본주의 시장경제를 운용하면서도 사회 전체가 돈에 애써 무관심한 척했고 내놓고 부를 논하는 일은 점잖지 못한 일이라 여겼다. 심지어는 상담하면서 가격을 흥정해야 하는데 대면해서는 못하고 편지로 주고받았다. 지금은 즉시 전달되는 이메일과 문자를 통해 어려운 가격 협상을 할 수 있어 영국인들이 아주 좋아한다. 그런 식으로 돈에 대해 부정적 이미지를 가지고 있던 영국 사회가 한 세대 사이에 어떻게 이렇게 많이 변할 수 있냐고 보수와 부호들의 신문이라는 《선데이타임스》 기자마저 놀란다.

개인적 성취가 제일 큰 영역은 스포츠다. 영국 스포츠 부호 1위는 얼마 전 은퇴를 선언한 세계 축구의 영원한 아이돌 데이비드 베컴이다. 재산은 1억6500만 파운드로 전체 순위는 387위다. 20위 안에 든 축구 선수로는 베컴, 웨인 루니(15위), 리오 퍼디난드(18위) 등 3명이 있고 럭비 4명, 모터레이싱 10명, 복싱 1명, 농구 1명, 승마 1명이다.

영국 전체 스포츠 부호 100명의 전 재산 총액은 32억2500만 파운드다. 가장 많은 이름을 올린 스포츠 종목은 역시 축구로 49명이고, 골프 12명, 모터스포츠 12명, 럭비 8명, 복싱 5명, 경마 5명, 농구 3명, 크리켓 2명, 테니스 2명, 육상 1명, 승마 1명 등이다. 스포츠 스타들은 논란의 여지가 없이 완전히 자신의 능력으로 이룬 부의 상징이다. 이제 매스미디어를 통해 대중의 인기를 바탕으로 부를 쌓는 이들은 연예계 스타들과 함께 영국의 새로운 상류층을 이루어갈 신귀족들이다. 《선데이타임스》는 부호 순위를 통해 몇 가지 흥미로운 결론을 내렸다.

- 영국 부자들의 다수는 이제 더 이상 은수저를 입에 물고 태어나지 않는다.
- 역시 건축을 포함한 부동산 관련업이 부의 원천이다.
- 영국은 이제 산업사회에서 서비스사회로 넘어갔다.
- 돈 있는 사람도 영향력과 권력을 가진다.
- 마지막으로 창업주가 은퇴하면 회사가 위험하다.

아무리 영국의 고상한 중산층이 부정해도 영국의 계급사회라는 철옹성에 금은 이미 가기 시작한 것 같다.

Keyword 30 : 올드 머니

영국 상류층을 차지하는 오래된 가문, 즉 귀족을 일컫는 말. 영국인에게 존경받는 이들은 지위에 맞게 품격 있게 행동하고 자선을 쌓으면서 산다.

숨어서 누리는 영국의 올드 머니들

《선데이타임스》의 '2013 영국 부호 순위'와 동시에 발표된 부호들의 자선 통계를 보면, 지난 1년간 상위 100명의 자선가들이 기부한 금액이 17억 7720만 파운드였다. 2012년에 비해 20퍼센트나 늘어난 수치다. 일반인들의 자선은 20퍼센트 줄었지만 부자들은 일반인의 자선이 준 만큼 자선을 더 많이 했다. 100만 파운드 이상 기부한 사람도 138명으로 지난해보다 3명이 늘었다. 선데이타임스는 부호 순위와 마찬가지로 기부 순위도 금액보다는 재산 총액 대비 비율로 순위를 매긴다.

2013 영국 부호들의 자선 통계

기부 순위 1위는 저지 섬의 부동산 개발업자 데이비드 커치다. 그는 2005

년 자신이 70세가 되자 저지 섬의 70세 이상 노인들에게 100파운드씩 주기 시작했다. 이후 매년 노인들을 위해 100만 파운드를 자선하고 있으며, 2012년에는 현금이 부족하자 은행에서 대출을 받아 자선을 계속했다. 2013년에는 자신의 전 재산을 재단에 기증해 재산 대비 기부율 100퍼센트여서 1등을 했다. 이렇게 자선을 하는 이유는 "사랑하는 저지 섬의 잊힌 노인들을 위해서"라고 한다. 커치는 최근 자신이 암에 걸린 것을 알게 되면서 가치관이 아주 명확해지고 인생에 대한 생각 자체가 바뀌었다. 자신이 돈과 관련해 두 가지 기쁨을 누렸는데, 하나는 돈을 벌 때의 즐거움이고 또 하나는 주는 기쁨이었다고 한다. 주는 기쁨이 그가 전 재산을 내놓은 이유다.

자선 순위 2위를 한 투자자 크리스토퍼 쿠퍼 혼은 2012년 투자 수입 5600만 파운드 중 3400만 파운드를 세계 어린이들을 위해 기부했다. 다른 수입에서 기부한 금액까지 따지면 9030만 파운드를 기부해 재산(1억5000만 파운드) 대비 기부율 60.22퍼센트로 2등에 올랐다.

영국 최고의 부자 알리셔 우스마노프는 기부액 1억1260만 파운드로 79위에 올랐다. 재산 순위 2위 렌 블라바트닉(기부액 5000만 파운드), 4위 락시미 미탈(기부액 2840만 파운드), 5위 로만 아브라모비치(기부액 4650만 파운드), 9위 베르타렐리 부부(기부액 7310만 파운드), 11위 웨스턴 가문(기부액 8930만 파운드) 등은 거액을 기부했지만 재산 대비 비율 때문에 50위 안에도 못 들었다.

미국의 워런 버핏과 빌 게이츠가 시작한 '기부 서약giving pledge'에 서명한 영국인은 7명으로 늘어날 전망이다. 리처드 브랜슨 부부(재산 3억5140만 파운드), 존 코드웰(재산 15억 파운드), 에시크로프트 경(재산 12억 파운드), 마이클 모리츠와 헤리어트 헤이만(재산 11억2500만 파운드), 데이비드 세인즈버리 경(재산 5억9000만 파운드), 모 이브라힘(재산 5억2000만 파운드), 크리스토퍼 쿠퍼 혼(재산 1억5000만 파운드) 등이 재산의 반 이상을 생전이나 사후에 기부하겠다고 서약했다. 현재의 계산으로도 이들의 기부액이 최소 37억 파운드 정도 된다. 영국의 부호들에게는 이렇게 승자의 여유와 나눔의 아름다움이 있다.

은수저를 물고 태어나는 푸른 피의 올드 머니들

흔히 하는 말로 영국 상류층은 '피가 푸르다' 혹은 '입에 은수저를 물고 태어난다' 고 한다. '푸른 피' 는 가문의 고귀함을 말하고, '은수저' 는 그들이 갖고 태어나는 부를 뜻한다. 영국 상류층을 차지하는 오래된 가문, 즉 귀족을 일컬어 영국인들은 '올드 머니old money' '내려오는 부자' 라고 한다. 소위 말하는 졸부nouveau riche(영국인들은 이럴 때 반드시 프랑스어를 쓴다), 당대에 돈을 번 부류가 아니라는 말이다.

영국인들은 돈이 아무리 많아도 자신 손으로 직접 돈을 번 부자와 '내려오는' 부자를 일단 다르게 취급한다. 비록 세상의 칭송을 받을 만큼 훌륭한 일을 하고, 여왕으로부터 어떤 작위를 받는다 해도 오래된 부자들과 같이 보

조용한 시골 마을에 위치한 대표적인 올드 머니 처칠 가문의 블렌하임 궁

지 않는다. '내려오는' 부자에 대한 태생적·무의식적 존경도 한 이유겠지만 여러 대를 거치며 오랫동안 지위에 맞는 품격 있는 행동을 갖추고, 각종 적선 積善을 하고 쌓기 때문이다. 영국인은 '존경은 오랜 시간에 걸쳐 얻어진다'고 믿는다.

물론 귀족 중에는 바스 후작처럼 히피로 살면서 74명의 '걸프렌드'를 두는 등 별 해괴망측한 짓을 하는 망나니도 있지만, 그래도 그들의 기이한 행위가 타인에게 해를 주거나 법적·도덕적으로 지탄받을 일이 아니라면 혀를 차면서도 가문 자체는 존경한다. 선대에서 충분히 쌓은 음덕 덕분에 너그럽게 봐주는 셈이다. 또 길게 보면 그들이 결코 선을 넘지 않고 귀족으로서 해야 할 사회적 책무(노블레스 오블리주)를 그래도 하기 때문이다.

그런 의미에서 당대에 돈을 많이 벌고 좋은 일을 많이 해 여왕으로부터 작위를 받은 신흥 귀족은 영국인들에게 칭송은 받을지 몰라도 존경받기는 아직 이르다. 버진항공의 리처드 브랜슨 경, 전자 업계의 큰손 앨런 마이클 슈거 경, 비틀즈 멤버인 폴 매카트니 경, 가수 엘튼 존 경 등이 이런 부류에 속한다. 대처 총리 시절 한때 차기 총리감 물망에 올랐던 마이클 헤즐타인 당시 국방장관도 보수당 동료 국회의원 앨런 클라크에게 '자신의 가구를 자기 손으로 산 사람'이라는 거의 멸시에 가까운 놀림을 받았을 정도로, 당대 신흥 부자들을 깔보는 영국 사람들의 풍조는 유난스럽다.

이들 부류보다 존경받기까지 더 오랜 시간이 걸리는 신흥 귀족이 있다. 스포츠 스타들과 유명 연예인들이다. 자선도 별로 안 하지만 WAG wife and girlfriend, 즉 부인과 여자 친구가 벌이는 고가 유행 브랜드 패션과 부의 과시 때문이다. 영국인들은 이런 과시를 '상스럽고 vulgarity' '과시적인 소비 conspicuous consumption', '혐오스러운 소비 invidious consumption'라 칭하면서 얼마나 싫어하는지 모른다. 자신들에게 쏟아지는 미디어의 관심과 팬들의 환호를 영국 모든 사람들로부터의 인기라고 그들은 착각하지만 절대 그렇지 않다. 그 분야를 좋아하는 같은 부류의 계급에서나 있는 인기라는 걸 모른다.

영국 귀족이나 내려오는 부자들이 그렇다고 선대의 음덕만으로 존경을 받는다고 생각해서는 안 된다. 까다롭기로 유명하고 모든 일에 비판적이며 야유를 퍼붓는 영국인들이 그 정도만으로 존경하지는 않는다. 대를 이어 몸을 낮추고 살아온 방식과 이웃과 부를 나누는 방식에 존경을 하는 것이다.

영국 부자들은 숨어서 부를 누린다

무엇보다 그들이 부를 사용하거나 누리는 방법을 보면 영국 부자들은 다른 나라 부자들과 다르게 특이하다는 것을 알 수 있다. 다른 나라 부자들이 드러내놓고 부를 누린다면 영국 부자들은 부를 숨겨놓고 즐긴다. 혹은 '숨어서 즐긴다'고도 할 수 있다. 소위 말하는 'stealth wealth' 방식이다. '숨겨진 부' 혹은 '은밀한 부'라고 해석해야 할 말이다. 이 말은 세계경제가 어려워지기 시작한 수년 전부터 세간에 회자되기 시작했다. 심지어 부의 과시를 미덕으로 생각하는 미국 부자들 사이에서도 하나의 시대 조류로 번지고 있다. 예를 들어 상표가 드러나지 않는 고급 상품을 이용하거나, 차를 개조해서 고급차인지 모르게 타고 다니는 것 등이다. 여자 핸드백도 상표가 드러나거나 금방 보면 무슨 브랜드인지 아는 것이 아닌 상표가 안 드러나 아는 사람들끼리는 아는 그런 이름을 발음하기도 힘든 보테가베네타가 그런 상품이다.

영국 부자들은 아주 오래전부터 이런 식으로 살아왔다. 영국 부자들에게 부는 자랑하는 것이 아니다. 그들에게 부는 자랑거리가 아니라 그냥 거기에 존재하는 것이다. 감히 가질 수 없었던 것을 내 손으로 어렵게 획득해야 그것이 못내 자랑스러워 누구에게 막 내보이고 싶을 터인데, 불행인지 다행인지 그들에게는 그런 빼기고 자랑해야 할 것이 없다. 그들에게 부는 자신이 태어날 때 이미 있었던, 조상이 물려준 것이다. 그냥 자기 대에도 잘 즐기고 잘 지켜서 다음 세대로 넘겨주면 되는 대상이다.

소유의 개념도 없다. 내 것이 아니라 집안 것이라는 말이다. 내가 세상을 떠나더라도 계속 거기에 있어야만 하는, 나하고는 상관없는 것이다. '그것을 내가 왜 자랑을 해?' 하는 식이다. 예를 들면 아버지가 차던 오래된 고급 금시계는 자랑하고 말 것도 없다. 그들이 어울리는 주위 사람들은 대를 물려 내려오는 기계식 빈티지 시계를 찬다. 시계 중에도 아주 고가에 들어가는 파텍 필립스의 광고 문구가 그와 비슷한 이야기를 한다. (당신은 이 시계를 소유하는 것이 아니고) "다음 세대를 위해 그냥 잘 관리해주는 겁니다". 졸부들이 차는 금 롤렉스 같은 번쩍거리는 신형 유명 브랜드 시계를 차면 저급한 취향으로 취급받는다. 물론 그들이 차는 초라해 보이는 기계식 빈티지 시계가 번쩍거리는 롤렉스 시계보다 몇 배는 더 비싸다는 걸 '다행스럽게도' 일반인들은 모른다.

영국 상류층은 런던 세빌로 거리, '그들만의 상점'에서 옷을 맞춰 입는다. 할아버지, 아버지, 아들이 대를 이어 한 양복점 옷만 입는다. 굳이 옷을 맞추러 가게에 가지 않아도 된다. 양복점에서 보낸 견본 책에서 천을 골라주면 재단을 해 가봉사가 집에 와서 가봉을 하고 그렇게 옷이 완성된다. 당연히 비싸다. 유명 상표가 아니니 일반인들은 무슨 옷인지 모른다. 더군다나 요즘은 옷의 상표도 안감 안주머니 안에 달아 굳이 들춰 보지 않으면 알 수가 없다. 구두도 잘 알려지지 않은 '호레이스 바텐', '그랜슨' 같은 200년도 넘게 만들어오는 영국산 수제 구두를 신는다. 홍차는 '포트남 앤드 메이슨' 백화점, 비옷이나 캐주얼 옷은 '바버', 부엌 오븐은 '아가', 장화는 '헌터', 사냥도구는 '퍼디' 같이 일반인들은 잘 들어보지도 못하고 굳이 찾아야만 살 수 있는 '그들만의 것'을 사용한다.

이런 물품들은 일반인의 기준으로 보면 조금 비싼 것들에 속하지 엄청나게 비싸지는 않다. 일반 영국 일반인의 경제 수준으로는 도저히 상상도 못할 만큼 어처구니없이 비싼 소위 세계적 명품에 비해 상대적으로 저렴한 편이다. 영국 상류층은 유명 상표의 넥타이도 매지 않는다. 특히 상표가 전면에 보이는 넥타이는 절대 매지 않는다. 그들이 매는 넥타이는 클럽, 학교, 협회 같이 자신이 속해 있는 공동체에 관련된 것이다. 넥타이는 자신의 이름표와 같다고 생각한다. 그래서 아는 사람만 아는 그런 넥타이를 선호한다.

이렇다 보니 영국 부자들, 특히 시골의 오래된 가문의 부자들은 특유의 멋이 있다. '홈스펀'이라고 알려진 트위드 천 재킷, 붉은색이나 밝은 초록색 같은 약간 튀는 듯한 컬러의 코르덴 바지, 체크무늬 와이셔츠에 무색의 울 넥타이를 맨다. 이런 것이 전형적인 영국 시골 부자들의 복장이다. 굳이 비싼 옷이 아니다. 영국의 전통적인 가게 말고는 어디서도 구하기 힘든 그런 옷을 입는다. 세상의 유행이 어떻게 바뀌든지 그들의 옷은 변하지 않는다. 자동차도 벤츠 같은 고가의 외제 차가 아니라 영국 전통의 랜드로버 같은 차를 탄다. 당연히 그들의 시골집에는 오래된 빈티지 스타일의 오픈카가 마당에 주차되어 있다. 주말이면 그런 차를 타고 전원 길을 맑은 공기를 마시며 달린다.

정말 이렇게 영국 부자들은 부를 내세우는 것 같지 않게 살아간다. 그들은 부에 콤플렉스가 있는 졸부들이나 부를 자랑한다고 생각한다. 어디를 가도 다 알아보는 사람은 굳이 명함 앞뒤에 빽빽이 지위를 써 넣을 필요가 없는 법이다. 그래서 그런지 영국인들은 부자들을 볼 일이 별로 없다. 그들은 도심에 살지도 않는다. 런던에는 시내에 올 때 사용하는 아파트가 따로 있어 일반인들과 호텔에서 만날 일도 없다. 손님과의 식사도 팔말 가에 있는 개인 클럽에서 한다. 취미도 일반인과는 다르다. 그들은 골프도 치지 않는다. 굳이 한다면 폴로를 하고 요트를 타고 승마를 하고 테니스를 친다. 그것도 자신들만의 프라이빗 클럽에서 한다. 프라이빗 클럽이라고 회비가 엄청나게 비싼 것도 아니다. 단지 입회가 힘들고 어떡하다 들어가도 다른 회원들과 어울려 활동하기가 그들 부류가 아니면 상당히 힘들어 별로 재미를 못 느낀다. 이렇게 그들은 별세계에서 자신들끼리 살고 있다. 이런 방식이 영국 부자들이 행하는 'stealth wealth', 즉 '숨어서 누리는 부'다. 굳이 자신들을 누가 알아달라고 번쩍거리지도 않고 조용하게 숨어서 살아간다.

자선이 자연스러운 사람들

영국 부자들이 이렇게 몸을 낮추기만 해서 존경을 받는 것은 물론 아니다. 소위 말하는 '지도층의 사회적 책무'를 당연한 듯 앞장서서 행하기 때문이다. 많이 받았으니 많이 베푸는 것이 마땅하다고 여긴다. 힘이 닿는 대로 많은 각종 자선단체를 맡아 활발한 활동을 하고 봉사단체에도 끊임없이 나타난다. 여왕은 물론 찰스 왕세자를 비롯해 왕족들은 각종 별난 단체의 대표로 이름을 올리고 열심히 일한다. 실제 거액을 내기도 하지만 모금 파티나 행사에 참석해 그들을 만나러 오는 인사들과 사진도 같이 찍고 어울리면서 자연스럽게 돈을 내도록 유도하는 일을 한다. 예를 들면 찰스 왕세자가 개최하는 윈저 성 자선 모금 파티는 찰스와 자리가 가까울수록 자릿값이 엄청나게 올라간다. 이렇게 영국 귀족들은 자신의 수입에서도 많이 기부하지만 몸으로도 때워서 더 보탠다.

영국인들은 부자들이 돈을 쓰는 데 대해 색안경을 끼고 보지 않는다. 영국에서는 탈세나 탈법, 혹은 정부의 특혜를 통해 돈을 벌 수가 없음을 알기 때문이다. 부당한 독점이나 갑의 위치를 이용한 횡포를 통해 돈을 벌기는 더욱 어렵고 거의 불가능하다. 그래서 영국인은 거부巨富나 재벌에 대한 생태적인 반감이 심하지 않다. 그들의 부에 대해서도 큰 의문을 갖지 않는다.

동시에 '내려오는' 부자가 없는 미국과 같은 성취 위주 사회에서처럼 돈을 가진 사람을 무조건 존경하지도 않는다. 번 돈을 어떻게 쓰느냐에 따라 존경이 따른다. 비록 평범한 집안 출신이지만 대를 이어 번 돈을 아낌없이 베푸는 영국 최대 슈퍼마켓 체인의 오너인 세인즈버리 경 가문쯤 되면 100년이 겨우 넘었으니 비록 아주 오래된 가문은 아니나 누구나 존경한다. 그들이 기부해서 만들어진 미술관이 21개이고 연구 기관이 15개이다. 영국 국립 미술관에는 세인즈버리 별관이 따로 있다. 이 정도 되면 소위 말하는 올드 머니가 아니라도 존경한다. 세인즈버리 사람들은 아무도 세인즈버리 회사에서 일하지 않는다. 세상에서 제일 신 나는 '자선을 행하는 일' 신선놀음이나 하면 되지 왜 머리 아프게 돈 버는 일을 하느냐는 말이다. 하긴 세인즈버리 가문은 이제 귀족 가문이니 돈 버는 일을 하지 않아도 되지 않은가.

세인즈버리 경을 비롯해 영국 부자들은 자선 재단을 운영하면서 자식들을 반드시 참여시키는 것으로 유명하다. 다음 세대에 돈 버는 교육보다 자선 교육을 시키는 것이다. 세인즈버리 가문은 2011년 9300만, 2012년 1억2700만, 2013년 2억1700만 파운드 등 지난 3년간 무려 5억5100만 파운드를 기부했다. 2013년 재산 목록에 나온 이들 가족의 재산은 5억9000만 파운드다. 거의 자신들의 전 재산과 맞먹는 금액을 기부한 셈이다. 이렇게 아낌없이 자선을 하는데 누가 세인즈버리 슈퍼마켓에서 물건을 사면서 비싸다고 불평을 하겠는가? 물론 특별히 비싸지도 않지만. 세인즈버리 경은 지난 1년간 2억9400만 파운드를 기부하여 재산 대비 기부율 49.99퍼센트를 기록해 2013년 기부 순위에서 3등을 했다.

영국에서 돈을 번 사람은 일단 법을 어기지 않았고, 누구를 부당하게 짓밟지도 않았고, 공권력의 비호나 특혜를 받지도 않았고, 법이 정한 만큼 세금을 냈고, 직원들을 부당하게 쥐어짜지도 않고 돈을 벌었다는 것을 누구나 다 안다. 그래서 그 돈으로 무슨 짓을 하건 큰 문제가 되지 않는다. 수천만 파운드짜리 집을 짓건 요트를 사건 수백만 파운드를 들여 자식을 결혼시키건 누구도 위화감이니 어쩌니 하는 소리를 하지 않는다. 내 일이 아닌 듯 무관심하다. 그러나 사회적 존경까지 원한다면 그것만으로는 안 된다. 만일 부자가 자선을 아까워한다면 사회적인 존경을 받을 생각은 말아야 한다. 세상이 뭐라 하든 자신의 돈만 즐긴다 해도 누구도 탓하지 않는다. 대중이 존경하지 않는다는 점만 각오하면 된다. 존경을 받으려면 돈을 잘 써야 한다.

영국에서 지킬 것 다 지키고 낼 것 다 내고 돈 벌기가 얼마나 어려운지는 직접 해보지 않은 사람들도 안다. 그래서 영국인들은 부자들이 돈을 기부할 때는 아무리 작은 금액이라도 진심으로 고마워하고 소중히 쓰고자 노력하고 오랫동안 감사를 표한다. 우리 때문에 번 돈이니 좀 내놓는다고 뭐 그리 고맙겠는가 하는 식이 아니다. 정말 어렵게 벌었으니 굳이 안 내도 되는 돈인데 내주니 고맙다는 마음을 표시한다. 온갖 나쁜 짓을 다 하면서 번 돈을 자선이라고 내놓으면 사람들은 속죄라고 보지 선의로 여기지 않는다. 자선을 빙자한 미봉책으로 상황을 모면하고 더 큰 것을 노리기 위한 미끼라고 본다. 그래서 영국인들은 나쁜 짓을 해서 돈 버는 사람은 아무리 큰돈을 내놓더라도 존경하지 않는다. 영국에서는 등 떠밀려서 하는 자선도 없고 등 떠미는 사람도 없다. 자선을 미끼로 대중에게 용서를 받는다든지 실추된 기업 이미지를 높이겠다는 마지못한 자선은 통하지도 않고 시도도 안 한다. 때문에 저 부자가 무엇을 노리고 자선을 베푸느냐는 식의 색안경을 끼고 보는 사람들도 없다.

영국 자선 기관을 총괄하는 CAF Charity Aid Foundation의 전문가는 영국 부자들이 자선하는 모습을 보면 누군가의 권유에 의해 자선을 하는 것이 아니고 잉여 부 surplus wealth를 제도적으로 그냥 밀어내듯이 한다고 표현했다. 잉여 부는 자신이 가져야 할 이상의 부를 뜻한다.

부자들만이 기부를 하는 것은 아니다. 영국인의 피에는 자선의 바이러스가 있다. 통계를 보면 이 '신영국병'이 자명해진다. 영국 전체 자선 기관 연수입은 597억2400만 파운드다. 이는 영국 국내총생산GDP인 3800억 파운드의 15.7퍼센트에 해당한다. 영국 인구(6318만2000명)로 나누면 노인이나 아이 할 것 없이 1인당 평균 845파운드를 매년 자선단체에 기부한다는 말이다.

4인 가족으로 보면 1년에 무려 3380파운드(595만 원)를 내는 셈이다. 한국 돈으로 월평균 50만 원을 기부하고 있다. 이는 영국인 1년 평균수입(2만4000 파운드)의 14퍼센트에 해당하는 금액이다. 물론 부자들이 엄청난 금액을 내놓긴 하지만 정말 무시무시하다.

영국 사회를 지탱하는
영국인의 정신

| Keyword 31 : 단순 간단 무변 |

영국인의 삶을 표현하는 가장 적합한 말. 영국인은 평생 단순하고 간단하며 변하지 않는 삶을 추구하면서 행복을 느낀다.

예측 가능한 평생 영국인의 삶

영국인이 바라는 행복한 일생은 정말 놀랄 만큼 단순하고 간단하다. 태어난 곳을 떠나지 않고 그곳에서 커서 학교 다니고, 졸업한 뒤 취직하고 결혼하고 아이 낳고, 그러다 늙어서 은퇴하고 죽어 평생을 같이한 친지들의 전송을 받으며 자신이 다니던 동네 교회 묘지에 묻히는 것이 가장 행복한 삶이라 한다.

거기서 조금 더 자세하게 들어가면 아침에 출근해 일할 곳이 있고, 점심에는 동료들과 근처 펍에 가서 간단히 한잔하면서 식사하고 정시에 퇴근한다. 집에 와서는 씻고 저녁 먹고 동네 펍에 다시 가서 친구들과 축구 보면서 한잔하고 들어와 뉴스 보고 자면 행복이라 생각한다. 주말에는 집 안 청소하고 정원 가꾸고 자동차 수리로 소일한다. 그렇게 일주일이 가고 한 달이 가고 그러다 보면 한 달간 휴가 가 푹 쉬고 와서 다시 일상을 시작한다. 이렇게 영

평화로워 보이는 공원의 영국인들

국인에게 행복이란 일상에 있는 것이다. 큰 꿈을 꾸지 않거나 아예 안 꿔서 행복한 것이다.

불확실한 미래에 불안해하지 않는 사람들

이렇게 단조롭고 거의 변화 없는 장래 예측이 가능한 안정된 삶을 이들은 행복한 삶이라 믿는다. 사람이 불안한 이유는 미래가 불확실하기 때문이다. 영국인들은 그렇게 미래에 불안해하지 않는다. 그들은 한 달 뒤에 무엇을 하고 있을 것이며, 1년 뒤에는 어떻게 살 것인지, 집 융자는 언제 다 갚고 어떻게 은퇴할지에 대한 계획이 서 있다. 정말 큰일이 없는 한 그런 계획은 지켜진다. 자신에게 주어진 환경에서 헛된 꿈 안 꾸고 모험 안 하고 열심히 살면 계획을 지킬 수 있다는 말이다.

설사 예상치 못한 일이 벌어진다 해도 거기에 대비한 각종 장치를 해놓는다. 보험 종주국답게 영국인들만큼 보험 많이 드는 사람도 없다. 별난 보험이 다 있다. 상해나 생명보험은 물론이고 가전제품의 보증 기간 이후 수리 비용 보험, 보일러 고장 보험, 실직이나 질병으로 인해 못 갚을 융자금이나 신용카드 빚 보험, 환불이 안 되는 휴가 예약했다 못 갈 때를 대비한 보험도 든다. 조금의 비용으로 안전장치를 하면서 큰 손해를 막아 불안 요소를 없애는 것이다. 이런 비용도 상당해서 안 그래도 빠듯한 월급이 더 여유가 없어지는 것도 사실이다.

정작 영국인들을 옴짝달싹 못하게 만드는 원흉은 주택 구입 자금, 즉 모기지다. 정책적으로 저리의 융자를 한다고는 해도 결국은 이것이 평생의 족쇄가 된다. 물론 부모 도움 없이는 집 한 칸 전세도 못 얻는다는 한국 젊은이들 실정보다 낫다고는 하지만 대출금을 전부 상환하기 전까지 열심히 일해 매달 갚지 않으면 안 된다. 실직을 해서 월 대출금 상환을 못하면 집을 뺏긴다. 또 이자가 오르면 가계는 휘청하게 된다.

이 모기지가 다 끝나는 날이 바로 영국인이 은퇴하는 날이다. 드디어 평생의 족쇄가 풀리고 자유의 몸이 된다. 그 전까지는 다른 생각 못하고 체제에 순응해 열심히 일해야 한다. 거기다가 개인연금까지 지불하고 나면 여유롭게 쓸 수 있는 돈은 정말 쥐꼬리만 하다. 이러니 결국 꿈을 작게 꿀 수밖에 없다.

그래도 이렇게 개인적으로 각종 위험에 대비해놓은 데 더해 국가가 주도하는 사회 안전 보장망이 촘촘히 짜여 있어 아무리 힘하게 되어도 인간의 기본적인 존엄을 유지할 수 있는 수준까지는 보장이 된다. 갑자기 실직해도 실업수당이 나오고, 병이 나면 본인 부담 한 푼 없고, 아이들 학비는 물론 없다. 대학생 학비가 엄청나게 올라 아우성이지만 지금 당장 내는 것이 아니다. 대출을 받았다가 나중에 일정 금액의 월급 수준이 되면 갚아나가면 된다. 부도가 나서 은행에 집을 뺏겨도 이전 집만큼은 못해도 임대주택이라도 준다. 또 사업가가 사업하다 부도냈다고 잡혀 들어가지도 않는다.

장래를 불안해하는 한국의 젊은이들에게 어느 베스트셀러 책은 '미래가 불안한 이유는 역설적이지만 그만큼 많은 가능성이 열려 있기 때문'이라고 한다. 그러나 영국인은 자신이 가야 할 길을 너무나 잘 알기 때문에 미래가 불안하지도 않고 불확실한 가능성에 대해서도 관심이 없다. 자기 직업에 그렇게 큰 의미를 두지도 않고 더 빨리 승진하려고 스트레스 받지도 않는다. 올라가고 싶지도 않고 올라가봐야 별로 나을 것도 없다는 생각 때문이다.

직업에 큰 의미를 두지 않는 이유

영국인은 희망이나 장래성이 전혀 없어 보이는 무의미한 밥벌이를 불평 없이 묵묵히 그러나 성실히 해나간다. 천직 의식이라든지 직업 구하기가 힘들어서라는 현실적인 이유 때문이 아니다. 영국인에게 직업은 그냥 직업일 뿐이다. 별나게 흥미를 끌고 아침에 일어나면 일하러 가고 싶어 좀이 쑤시는 그런 직업은 거의 없다고 생각한다. 직업이란 어차피 생활을 위한 방편일 뿐이다.

영국인은 출세 지향적이지도 않고 성취욕에 불타지도 않는다. 이런 영국인들을 처음 봤을 때는 기가 막히다 해야 할지 존경해야 할지 알 수가 없었다. 열심히 일해 더 출세하고 돈도 더 버는 데 목표를 두고 악착같이 일하던 1980년대 한국인의 눈에는 영국인은 모두들 한 수 뛰어넘은 도사들 같기도 하고 무기력증에 빠진 사람들 같기도 했다.

왜일까? 아무리 노력해도 사회구조상 큰 가능성을 기대할 수 없으니까? 현실에 만족해 굳이 모험을 할 필요가 없어 안주하기 때문에? 노력을 해서 더 많이 얻은들 지금보다 더 행복하리라는 믿음이 없어서? 자신이 가능성을 가지고 있지 않아 더 이상 이룰 수 없다는 체념 때문에? 워낙 무지하고 그런 생각조차 할 수 없는 무기력한 상태라서?

어느 하나만을 정답이라 할 수는 없을 것 같다. 사람에 따라 이것이거나 저것이거나, 아니면 이것 조금 저것 조금 갖다 붙인 이유를 대지 않을까 싶다.

작은 꿈을 꾸고 사니 행복하다

사실 이 문제로 여러 영국인 친구들에게 시간 날 때마다 물어봤다. 속 시원한 대답을 해주는 사람은 물론 없었지만 거의 비슷하게 앞서 든 이유들을 변명처럼 들이댔다. 그래서 "그런 이유들을 누가 가르쳐주었느냐"고 물어보면 그런 이야기를 누구한테 들은 바도 없고 책에서 읽은 바도 없다고 했다. 언제부턴가 그렇게 사는 자신을 발견했고, 그것이 주위와 비교해도 전혀 이상하지 않아 그렇게 산다는 것이다. 작은 꿈을 꾸기 때문에 바라는 것도 많지 않고 그러다 보니 작은 것에도 만족하고 그래서 행복하다는 말이다. 나하고 이런 대화를 나누기 전까지는 자신이 그렇게 사는 줄 자각해본 적이 없다고도 했다. 그러면서 그러고 나서 주위를 둘러보니 모두들 별 생각 없이 자신과 같이 살고 있더라고 했다. 흡사 삶의 지침처럼 책에서나 나옴 직한 글귀 같은 말을 평범한 사람의 입에서 들으니 잘 실감이 나지 않았지만 분명 영국인들이 사는 것을 보면 맞는 말 같다.

영국인은 애초부터 신분 상승이나 신분 세탁의 노력을 하지 않는다. 아니 말을 바꾸자. '대다수의 영국인'은 자신의 출생 신분과 환경에 맞춰 안분지족을 하는 것 같다. 물론 영국인 중에도 신분 상승과 대박의 꿈을 꾸는 사람들은 분명 있다. 그 숫자는 아주 비싼 등록금을 주고 사립학교를 나와 명문대학을 졸업한 영국 인구 중 5퍼센트의 지도층 정도에 불과할 것이다. 정말 대다수의 영국인은 일찍이 이솝우화에 나오는 〈여우와 신포도〉의 철학을 태생적으로 잘 터득하고 있는 듯하다. 행복은 결코 질이나 양에 있지 않고 자신의 만족도에 있다는 것을 말하면서 말이다.

'신포도' 이야기나 "오르지 못할 나무는 아예 쳐다보지 마라"와 같은 속담은 결코 패배주의에서 나온 말이 아니다. 영국인은 이런 속담들이 오랜 경험에서 나온 삶의 지혜가 담긴 말이라는 것을 잘 알고 있다. 또 그것을 자신의 삶에서 잘 실천하는 것 같다. 괜히 이루지 못할 것에 연연해 안달하지 않고 자신이 가진 것을 소중히 여기며 남의 것과 비교해 자신의 것을 천대하지 않는 것이 중요하다는 것을 말이다. 그래서 영국인에게는 상대적 박탈감이나 상대적 빈곤감 같은 것은 없어 보인다. 국민적 위화감이니 계층 간 괴리라는 말도 거의 들어본 적이 없고 언론에서 부추기지도 않는다. 영국인이 불만을 가지지 않고 현실에 안주하는 이유에 대해 "주어진 처지에 불만을 가지지 말고 자신이 맡은 바를 충실히 완수하고 죄 짓지 않고 착하게 살다가 죽으면 천당 간다는 기독교 가르침을 가장한 지배자의 논리에 세뇌된 탓"이라는 어느 유명 좌파 학자의 이야기는 들은 적이 있다.

'영국은 계급사회'라는 것이 많은 외국인들을 놀라게 하는지는 몰라도 그것이 영국인들을 불편하게 하지는 않는다. 영국인은 공기처럼 있는데 애써 느끼지 않듯이 그냥 자연스럽게 계급사회를 받아들인다. 높은 계급이 더 낫다고 느끼지도 않고 낮은 계급이 더 불편하다고 느끼지도 않는다. 그래서 그런지 영국인은 신분 상승의 노력을 전혀 하지 않는다. 높은 계급을 부러워하지도 욕하지도 않는다. 자신들과는 아무런 관련이 없는 사람들인 것처럼 여기고 물끄러미 쳐다볼 뿐이다. 정말 기독교 교리에 세뇌가 되어서 그런지, 무지몽매하고 무기력해서 그런지는 몰라도 영국 서민층은 자신의 자리에 만족하기 때문에 놀라울 정도로 큰 불만이 없다.

대학 학비가 거의 안 들던 시절에도 영국의 대학 진학률은 높지 않았다. 내가 처음 영국에 온 1980년 초에는 고교 졸업자의 대학 진학률이 5퍼센트를 겨우 넘었다. 주어진 좋은 환경에도 신분 상승의 기회를 방기하는 태도를 보고 처음에는 기가 막혔다. 자신만 열심히 하면 얼마든지 기회가 많은데 하지 않는 것을 보고 도대체 이 나라 젊은이들은 무엇을 위해 사나 하고 궁금해 했다.

이사는 흥분이 아니라 공포

대개의 사람들이 삶에서 가장 두려워하는 것은 무엇일까? 인간이 벗어날 수 없는 늙고 병들고 죽고 하는 것은 워낙 원초적인 것이라 뺀다고 하더라도 사람마다 다르긴 하겠지만 대개는 비슷하지 않을까? 실직, 파산, 이혼, 사고 같은 것 말이다. 그런데 영국인에게는 하나가 더 있다. 이사가 거의 실직이나 사고만큼의 두려움으로 느껴진다고 한다. 새로운 것을 접할 때 아드레날린이 나와 막 흥분된다는 사람도 있다는데 영국인은 전혀 그런 것 같지 않다.

영국인에게 이사는 뿌리가 옮겨지는 것과 같다. 새로운 곳에 가서 새로운 친구를 사귀고 주위 환경에 적응하는 것이 숫기가 없고 친구를 쉽게 못 사귀는 영국인들에게는 아주 힘든 일일 것임은 깊이 생각지 않아도 이해할 만하다. 심지어는 대다수 로또 당첨자 역시 "이사를 가지 않고 같은 집에서 같은 직장을 다니고 살겠다"고 한다. 직장 동료들끼리 돈을 모아 로또를 사는 신디케이트를 만드는 것도 이런 이유에서다. 비싸고 큰 집을 사서 간들 이웃 사람들과 사귈 방법이 많은 것도 아니다. 계급이 다르고 수준이 다르다고 무시당하기 딱 좋다. 지금까지 같이 살아온 사람들을 떠나 다른 환경으로 가서 새로운 사람들을 만나 살아야 한다는 것이 영국인에게는 새 집으로 간다는 흥분보다는 악몽과도 같은 것이다. 실직이 어려운 것은 월급을 못 받아 생활이 힘들어지기 때문이 아니다. 지금까지 함께 지내온 동료들을 떠난다는 것과 다른 곳으로 직업을 찾아 떠나야 한다는 것이 더 어렵고 힘들기 때문이다.

극단적으로 이야기하면 이혼, 질병, 파산, 실직 같은 것은 영국인에겐 별로 큰일이 아니다. 이혼은 영국인 반 이상이 하는 것이니, 안 하고 사는 사람들이 소수자일 만큼 별것 아니다. 그러나 이사는 다르다. 영국인은 학교만 나오면 진정한 친구 사귀기를 멈춘다는 말이 있을 정도다. 심지어 요크셔 한 지방에는 동네 인구 변동이 하도 없어서 유전자 문제까지 생겼다는 보도가 있었을 정도이다. 대대로 같은 사람들이 살면서 서로 결혼하고 또다시 그 자손들끼리 결혼하기 때문에 일종의 근친결혼이 되어 유전병이 발생하고 있었던 것이다. 하루면 지구 한 바퀴를 도는 세상에 정말 믿거나 말거나 하는 이야기 같다.

Keyword 32 : 직업관

돈, 권력, 명예 3박자를 갖춘 완벽한 직업이 없는 영국에서, 영국인은 우리와 다른 그들 특유의 기준으로 직업을 선택한다.

영국인의 직업 선택 기준

어느 나라를 방문할 때 그 나라 사회를 전반적으로 판단하는 나만의 기준이 있다. 인간의 3대 욕망, 즉 돈과 권력과 명예가 한 직업에 얼마나 집중되어 있느냐를 따져보는 것이다. 특히 사회 지도층, 그중에서도 정치인에 이 세 가지가 다 집중되어 있으면 다른 말 할 필요도 없이 후진국이거나 독재국가이다. 바람직한 사회라면 이 세 가지 중 하나 이상이 한 직업에 겹쳐져 있어서는 안 된다는 것이 평소의 내 지론이다.

유감스럽게도 세계에는 이 셋을 모두 가진 사회 지도층이 지배하는 나라들이 그렇지 않은 나라보다 훨씬 더 많다. 그런 나라에서 견제 세력이 없는 무소부재의 권력을 가지고 있으면 무조건 찬양을 받는 명예를 가질 수 있다. 동시에 나라 안의 이권이란 이권은 다 권력자와 일가, 그리고 그를 따르는 무리의 소유이다.

영국에는 이 세 가지를 다 가진 직업은 물론 없고, 2개라도 같이 속해 있는 직업을 찾기도 쉽지 않다.

권력만 가진 정치인과 돈과 명예 가진 의사

엘리자베스 여왕은 돈과 명예는 있어도 권력은 없다. 영국 정치인은 물론 권력은 있다. 영국은 의원내각제라 의회의 다수당이 의회는 물론 행정부까지 지배하고 있어, 의회를 지배 못하는 대통령제의 대통령보다 더 강력할 수 있다. 그러나 영국 정치인은 권력 말고는 가진 것이 없다. 신문이나 국민이 평소에 정치인을 대하는 태도를 보면 국민의 존경을 받는 명예는 전혀 없는 것 같다. 돈과도 전혀 인연이 없다. 정치인에게 돈을 주어 돈에 해당하는 만큼의 이권을 따내기도 어렵고, 이권은 아니더라도 유력 정치인과 친하다는 점을 과시해 사정 기관으로부터 보호를 받거나 이득을 얻는 일도 없다.

물론 정치인이 재임 기간 중 권력에만 만족하면서 성공적으로 임무를 완수하고 퇴임하면, 그때부터 돈과 명예가 따를 수도 있다. 대처 총리는 고르바초프 구소련 대통령, 레이건 미국 대통령과 함께 '전직 3인의 인기 연사'였다. 세계로 불려 다니면서 거액의 강연료를 받았고 집필을 통해 명예와 부도 한꺼번에 누렸다. 어찌 되었건 영국에서 정치인은 일반적으로 코미디, 가십 프로그램, 신문 만평을 통해 끊임없이 놀림당하고 비꼬임을 당하는 존재다.

영국에서 명예로우면서도 돈과 인연이 있는 직업은 아무리 머리를 짜내도 의사 정도가 유일할 것 같다. 의사 말고는 자격시험을 통해 얻어지는 전문 직종 중 존경받을 만한 명예를 가진 직업은 별로 없다. 한국과는 달리 변호사, 회계사, 판사, 변리사 등은 수입이 좀 좋은 직업으로 인정받을 뿐이지 일시에 개천에서 용으로 올라서는 그런 명예로운 직업은 아니다. 영국 의사는 거의 모두 국가의료보험에 소속되어 있는 공무원이다. 사립 의료보험 환자들만 취급하는 사립 병원들에 소속되어 있는 의사들이나 시내 고급 전문 의원들이 모여 있는 할리 스트리트의 전문의들이나 개인 영업 의사일 뿐이다. 그래서 영국에서는 의사라는 직업도 다른 월급쟁이보다 돈을 좀 더 많이 받을 뿐 현금을 수십억 쌓아놓을 수 있는 거액 수입 직종은 아니다. 그래도 직업이 안정되어 있고 존경을 받으면서 월급도 많아 의과대학 시험은 경쟁도 심하고 입학 점수도 높다. 영국에서도 최고 수재들만 가는 곳이 의과대학이다.

불쌍한 대학교수와 고달픈 변호사 회계사

한국에서 가장 존경받는 직업 중 하나는 교수다. 요즘은 휴강도 잘 못하고 논문 발표 실적에 따라 평가받고 연구 자금도 옛날 같지 않다고 울상을 짓지만, 아직 명예는 있는 듯하고 돈도 욕심만큼은 못 받아도 다른 월급쟁이들이 일하는 것에 비하면 잘 받는 편이다. 게다가 잘하면 권력으로 초대받을 위치에 있는 최고의 직업이고, 이는 가까운 장래에도 별로 바뀔 것 같지 않다.

거기에 비하면 영국의 대학교수들은 참 불쌍하다. 한국 교수들과는 비교도 안 될 정도로 모든 것이 참 애매모호한 직업이다. 학생은 물론 심지어는 학부모와 사회로부터도 특별히 존경받는 것 같지 않다. 여기저기에 초빙되는 고액 연봉의 스타 교수가 분명 있기는 하나 아주 소수이고, 평균적으로는 수입도 보통 직장인 정도 수준에 불과하다. 자식을 사립학교에 보내려면 부인이 돈을 아주 잘 벌어야 한다. 언론에 글을 쓰는 기회도 적고 골치 아픈 이야기를 싫어하는 영국 시청자들 덕분에 방송 출연 기회는 더더욱 없다. 오로지 연구실에서 아무도 읽지 않는 논문이나 써댈 뿐이다. 해서 영국의 교수는 명예도 돈도 해당이 없고, 더욱이 교수가 바로 장관이나 고관으로 발탁되는 경우는 전혀 들어본 적이 없을 정도로 권력과도 거리가 멀다. 그래서 영국에서 교수라는 직업은 학문을 '지독히' 좋아하고 자유스럽고 시간이 많아 여유로운 삶을 원하는 사람들이 택하는 직업이다. 결코 한국처럼 상류층이나 권력층으로 들어가기 위한 디딤돌로 이용하는 직업이 아니다.

심지어는 초·중·고등 사립학교 교사보다 더 선호되는 직업이 아니라고 하면 한국에서는 이해가 좀 안 될 듯하다. 사립학교 교사들에 비해 교수의 직업 안정도가 떨어지고 연구 실적에 대한 스트레스가 훨씬 큰 편이기 때문이다. 옥스브리지(옥스퍼드 대학교와 케임브리지 대학교)를 나온 학생의 약 3분의 1이 사립 초·중·고등학교 교사로 간다. 다른 평균적인 직장인에 비해 사립학교 교사들의 월급은 많은 편이다. 그러나 월급으로만 본다면 최고의 두뇌를 가진 명문대를 나온 엘리트들이 택할 직업은 아니다. 학생을 가르치는 일이 자기에게 맞고 시간 많이 나고 성과 달성이나 경쟁의 스트레스가 없으며 자유로운 직업이라는 이유가 명문 대학을 나온 엘리트들이 교직을 택하는 이유다. 이런 현상은 취직이 갑자기 어려워진 후 비교적 안정된 교직의 인기가 갑자기 오른 한국과는 달리 영국에서는 아주 오래전부터 있던 현상이다.

영국의 변호사는 한마디로 말해 존경받는 직업은 아니다. 수입이 많아서 그나마 선망하는 직업 중 하나일 뿐이다. 영국인은 그들이 하는 일에 비해서 수가를 너무 많이 청구한다고 믿고 있기 때문이다. 시험에서 합격 점수만 받고 일정한 경험만 쌓으면 변호사가 무제한으로 배출되니 경쟁이 심하다. 유명 변호사가 아니면 수입이 많지 않다.

공인회계사도 마찬가지다. 고급 직업이긴 하나 고달픈 직업 중 하나다. 한국도 이제 이런 '전문 직업의 일반화'라는 과정을 거치고 있다고는 하나 영국에서는 자격증을 취득해서 할 수 있는 전문 직종은 이미 더 이상 황금 알을 낳는 꿈의 직업이 아니다. 요즘 젊은이 사이에서 시티라 불리는 금융가에서 일하는 금융 직업이 월급이 아주 많아 선망의 직업이긴 하나 그나마도 업무 강도 때문에 30대 중반 이상 오래할 수 있는 직업이 아니다. 동시에 경기를 가장 많이 타서 직장 안정성이 너무 낮기 때문에 야심만만한 일부를 제외하고는 크게 선호하는 직종도 아니다.

좋은 직업도 나쁜 직업도 대물림된다

그러면 국영기업 혹은 일반 대기업이나 공무원은 어떤가? 이런 직장은 한국과는 달리 공개 경쟁시험이 없다. 거의가 추천을 통한 수시 면접 채용이거나 인턴 과정을 거쳐 채용된다. 조금 과장해서 말하면 영국인이 말하는 이런 '존경할 만한 직업'이나 '기득권 단체 직업'은 아무나 얻을 수 있는 것이 아니다. 누가 뭐래도 영국은 계급사회다. 그래서 학연, 지연, 혈연이 직장을 잡는 데 아주 중요한 역할을 한다.

이런 기업에 들어간다고 해서 아무나 고급 간부가 되는 것도 아니다. 능력은 물론 당연한 일이고 그런 자리에 맞는 여러 가지 다른 조건을 갖추어야 한다. 직위 수준에 맞는 적합한 계급, 가족 배경, 학벌, 영어, 연줄이 있어야 한다. 진급을 비롯해 이런 직장에서 살아남기 위해서도 앞의 조건은 능력 이상으로 아주 중요한 역할을 한다. 이런저런 이유로 영국 거대 기업의 간부급은 대대로 내려오는 주주들 사이의 연을 통해 들어온 영국 상류층 출신과 중산층 자제들 중에서도 사립학교와 명문 대학을 나온 사람들로 채워져 있다. 미국인들이 항상 영국을 비꼬는 듯이 말하는 "우리는 능력사회이고 영국 사회는 계급사회"라고 하는 이유가 여기 있다.

중앙 부처의 공무원마저 부서별로, 또는 기관별로 자기네들 나름대로의 특별한 방법을 통해 수시로 채용한다. 특수 관계의 사람이 그 기관에 속해 있어서 적기에 채용 관련 정보를 주지 않으면 개별적으로 채용 정보를 찾아내기가 거의 복권 맞히는 것만큼 어렵다.

언뜻 생각하면 취업 희망자들이 평소 특정 기관에 인적 사항을 등록해놓아 그 등록 내용을 보고 심사해서 수시 채용이 이루어지면 더 좋은 게 아니냐고 생각할 수도 있을 것이다. 그런데 영국 외무부 인터넷 홈페이지를 들어가 보면 자신들은 공정을 기하기 위해 취업 희망자의 개인 사항을 보관하지 않는다고 공고하고 있다. 수시로 지원자를 모을 때만 자료를 접수하고, 접수된 자료는 심사 후 바로 폐기해 필요할 때 다시 신청을 받는다는 말이다. 무엇이 공정하게 한다는 것인지 이해가 되지 않는다.

십분 양보해서 정말 운이 좋아 적기에 자기가 원하는 곳에서 구인을 한다는 정보를 접한다 해도 그다음이 문제다. 과연 그들이 제대로 공정하게 서류 심사를 하고 면접 판단을 하는지는 국외자로서는 정말 알 수가 없다. 그래서 영국에는 '좋은 직업도 대를 물리고 나쁜 직업도 대를 물린다' 는 말이 있다.

언젠가 사립 명문 학교 자선 모임에서 유명 대기업 CEO 학부형이 자기 회사 인턴 기회를 경매에 내놓는 것을 본 적이 있다. 얼핏 보면 아주 고상한 일이다. 자신이 돈을 가지지도 않고 전액 학교의 발전 기금으로 내놓으니 말이다. 인턴 기회를 갖는다고 인턴 후 다 취직이 되는 것도 아니니 특혜도 아니다. 인턴을 해도 능력이 없으면 발탁되지 않을 터이다. 채용을 위한 공정한 판단을 유보하고 기회만 주었으니 그 CEO 학부모는 비난받을 이유도 없다.

그러나 '공정하게' 살펴보면, 어떻게든 인턴 기회를 잡으면 일단은 문턱 안으로 한 발 집어넣은 셈이 된다. 그런데 그 기회가 그런 명문 사립학교에 다니지 않으면 얻을 수 없으니 한국식 사회정의로 봐서는 공정한 게임이 아니다. 또 그날 경매 낙찰가는 영국 사립학교 교사 한 달 월급이 넘는 금액이었다. 학교를 위해 좋은 일을 하는 금액이 포함되었다고는 하나 분명 쉽게 낼 수 있는 금액은 아니었다. 영국에서 보통 월급쟁이의 1년 연봉에 해당하는 학비를 내고 사립학교를 다니는 자식에게 그런 고액을 내고 인턴 기회를 사줄 수 있는 부모가 과연 몇 퍼센트나 되겠는가? 게다가 자식의 인턴 기회를 위해 그런 고액을 지불하는 부모라면 정말 그럴 능력이 없어 돈으로 기회를 산 것은 아닐 것이다. 이미 그 부모는 인턴 기회를 내놓은 CEO와 안면이 있어 부탁을 하면 들어줄 사이이지만 기부하기 위해 샀을 수도 있다.

이렇게 영국 대기업이나 중앙 부처의 고급 공무원 등은 각종 연줄을 통해 들어온 사람들로 채워질 수밖에 없다. 공개 경쟁시험을 통한 채용이 무조건 사회정의를 실현하는 최고의 선은 아닐지언정 그래도 각종 연줄을 통한 끼리끼리의 대물림은 어느 정도 막을 수 있는데도 영국에는 그런 개념조차 없다. 이런 면에서 보면 영국은 절대 공정 사회가 아니다. 그래서 애초에 연줄이나 뿌리가 없는 이민자 2세들은 자격증으로 살아갈 수 있는 전문 직종으로 몰릴 수밖에 없다. 변호사, 의사, 회계사, 변리사, 공인감정사 등이 그런 직종이다.

그렇다면 머리 아픈 공부도 싫어 전문 직종 취업은 꿈도 못 꾸고 대기업 취직이나 공무원도 못하는 일반 영국인이 할 수 있는 직업은 무엇인가?

지적인 직업은 기피 대상 1순위

영국의 대학 입학생 수는 고등학교 졸업자의 약 20퍼센트밖에 안 된다. 그나마 취직이 잘 안 되고 학력 경쟁이 심해져서 지난 30년간 거의 4배가량 늘어난 것이 이 정도다. 정말 얼마 전까지만 해도 내국인 대학생들은 학비가 공짜인 무상교육이었음에도 굳이 대학에 가야 할 필요성을 못 느꼈다. 학생들이 얼마나 대학을 가지 않았으면 대학교 학비를 안 받고 고등교육을 시키려 했겠는가(지금은 거의 1년에 2000만 원에 가까운 학비를 받기 시작했다. 아직 스코틀랜드는 무상교육이다)?

영국의 젊은이가 대학에 가지 않는 이유는 직업관 때문이다. 영국의 젊은이는 사무직을 비롯한 화이트칼라 직업보다는 단순한 직업을 편하게 느꼈다. 머리 아픈 공부 하지 않고 일찍(만 17세) 사회에 진출하기를 원했고, 실제 고등학교만 나와도 취직이 잘되었다. 특히 경제가 좋았던 시절에는 세계로 수출하는 우수한 제조업이 존재해 굳이 고등교육을 받지 않더라도 좋은 직업이 많았다. 대학을 나와 사무직으로 취직한다고 해도 월급이 그렇게 많지도 않았다. 그러니 누가 대학을 가려고 했겠는가?

뿐만 아니라 영국인들은 전통적으로 어느 계급을 막론하고 지적인 직업을 특별히 선호하지도 않는다. 예로부터 영국에서 지식인의 상징은 가톨릭 수도회 수사들이었고 초기 옥스퍼드 대학교 내 칼리지들은 거의 신학대학으로 출발했다. 그런 칼리지 이름을 보면 예수Jesus, 성체축일Corpus Christ, 그리스도 교회Christ Church, 위령의 날All Souls, 성 요한St John's, 성 베드로St Peter's 등 종교적인 냄새가 물씬 난다.

영국 젊은이들 사이에서 공부만 잘하고 아무것에도 관심이 없는 안경 쓴 창백한 모범생을 보면 '새드sad하다'라고 표현한다. 이 말을 원래의 뜻 '슬프다'를 지나서 '측은하다' 혹은 '불쌍하다'라는 의미로 쓰는 것이다. 영국 여자들에게 인기 있는 젊은 남자는 '유머스럽고, 친절하고, 운동 잘하고, 키 크고, 약간 근육질적'인 남자들이다. 미국인들이 영국 남자의 전형으로 비명을 지르며 좋아하는 휴 그랜트를 영국 여자들은 좀 느끼하다고 말한다. 차라리 영화 〈킹스 스피치〉에 나오는 콜린 퍼스를 훨씬 매력 있는 남자로 친다.

우아하게 가난할 수 있는 사람들

영국 회사들은 구인 광고를 낼 때 야외 직업outdoor job을 유인책으로 내놓는다. 영국 젊은이들은 정원사, 야외활동 지도사, 스키·수영 같은 스포츠 강사, 공원 관리사, 관광 가이드, 레크리에이션 지도사, 놀이공원 안내인, 각종 행사 주선 요원, 소방대원, 경찰, 극지 탐험대원 같이 활동적인 야외 직업을 훨씬 선호한다. 심지어 산속 깊은 곳의 대피소나 여름캠프 관리인마저 인기 직종이다. 경치 좋고 공기 맑은 곳에서 한가롭게 인생을 즐길 수 있어서다.

대개의 영국인에게는 사무실에서 햇빛도 못 보고 맑은 공기도 못 마시고 파리한 얼굴로 머리 아프게 일하는 사무직은 일단 기피 직업이다. 물론 돈을 아주 많이 버는 일이거나 돈은 많이 못 벌어도 아주 흥미롭거나 보람된 일이면 사무직도 인기 직종이 될 수 있다. 주요 언론 매체 및 패션을 비롯한 인기 잡지사 기자, TV를 비롯한 미디어 관련 업종, 광고 및 홍보 회사 등은 한국과 마찬가지로 영국 젊은이들에게도 인기 직종이다. 자선단체, 정치 활동 기관, 정당 사무국, 정치인 보좌관 등의 일도 영국 젊은이들이 보람된 일이나 가치 있는 일로 쳐서 인기 직종 중 하나다.

이렇게 머리가 있는 영국의 젊은이들도 스트레스 안 받는 멋있고 편안한 직업을 선호한다. 서민층 자녀들은 머리 쓰지 않는 단순한 일을 하면서 힘들지 않고 편하게만 살려고 한다. 이렇게 보면 분명 영국인들은 행복이 무엇인지 아는 듯하다. 타인과 비교하지 않고 자신의 만족이 진정한 행복의 기준이 되어야 한다는 단순한 진리를 말이다. 영국인이 할아버지들이 쌓아놓은 부를 먹고 살면서 절대 기 죽지 않는 것을 보면 《우아하게 가난해지는 법The art of stylish poverty》이라 번역된 독일 작가 알렉산더 폰 쉰부르크의 책 제목이 생각난다.

| Keyword 33 : 집 · 펍 · 축구 · 휴가 · 사회 활동 |

영국인에게 가장 중요한 다섯. 이 다섯으로 영국인은 삶을 즐겁고 의미 있게 만들어간다.

영국인이 사는 이유

영국인은 무엇으로 사는가? 답은 아주 간단하다. 집과 펍과 축구와 휴가, 그리고 사회 활동으로 산다고 하면 정답이다.

영국인에게 집은 가장 안전한 피난처

먼저 집부터 이야기해보자. 다른 나라 사람들의 집에 관해서는 말이 없는데 유독 영국인에게만 집에 관한 말이 많다. '영국인의 집은 그들의 성이고 가장 안전한 피난처이다' 같은 말이 그중 하나다. 밖에 나가면 뭔가 편치 않은 '대인관계 불편증' 환자 영국인에게 집은 치외법권의 '성'이고 유일한 '안식처이자 피난처'이다. 그래서 집에 쏟는 정성은 가히 광적이라 할 만하다. 특히 정원에 쏟는 시간과 정성은 자식에게 하는 것보다 더 많다. 정원을 포함한 집 안팎과 자동차 손질로 주말을 온통 보낸다 해도 과언이 아니다. 자동차는 영국인에게는 또 하나의 집이니, 결국 이들의 주말은 그대로 집에 바쳐지는 셈이다.

영국인에게 가장 평화롭고 행복한 시간을 연상하라고 하면 일요일 늦잠 자고 일어나 아점brunch을 먹고, 자식과 함께 온 아들 부부가 부모와 시간을 보내는 3대의 평화로운 늦은 오후를 떠올린다. 할아버지가 정성을 다해 가꾼 정원에 만발한 꽃들 사이를 뛰노는 손자들의 고함이 들리고 그 옆에서 할아버지는 돋보기를 쓰고 비치 의자에 앉아 두꺼운 일요일판 신문을 읽고 있다. 문이 열린 거실에는 아들이 자기 클럽의 축구 경기를 소리 지르면서 보고 있고 부엌에서는 고부姑婦가 같이 도란도란 저녁을 준비하고 있다. 이런 행복을 보장하는 영국의 정원과 거실은 집 바깥 길에서 잘 보이지 않게 집 뒤쪽에 있다. 최대한 프라이버시를 보장하기 위한 장치 중 하나다.

프라이버시에 대해 편집광적으로 집착하는 영국인에게 프라이버시의 규칙이 없을 리 없다. 영국의 집과 관련한 개인 프라이버시는 그 강도에 따라 7

프라이버시가 보장되는 영국인의 집

단계로 나뉜다. 자기 집 앞 보도, 길과 자신의 집 사이에 있는 주차 공간, 포치porch(돌출 현관. 현관 앞에 베란다처럼 대문을 단 공간이 있다. 신발도 벗어놓고 우산도 놔둔다), 집 안(현관문을 들어선 정말 집 안), 자기 방, 자기 물건(서랍, 일기장, 편지), 그리고 마지막이 개인의 머릿속이다. 단계를 밟아 들어갈수록 프라이버시의 강도는 강해진다. 심지어 남편이 사용하는 서재나 자식의 방에 들어갈 때도 노크를 해야 함은 물론이다. 아무리 부모라 해도 자식의 방 책상 서랍이나 우편물을 열어 보면 아주 심각한 프라이버시 침해다. 영국인 프라이버시의 마지막 단계는 개인의 사상과 신념이다. 그래서 가장 중요하다.

이렇게 영국인은 개인의 프라이버시를 지키기 위해 담을 겹겹이 쌓아놓는다. 이 모든 것이 다 지켜지는 한 영국인은 안전하다고 여기고 그렇게 해야 비로소 자신이 하나의 인간이라고 믿는다. 프라이버시가 지켜지지 않으면 인간으로서 권리가 침해된다고 보는 것이다. 집은 그런 모든 것의 상징이다.

그리고 자동차. 1967년부터 영국 자동차 앞좌석에는 안전벨트가 반드시 장착되었으나 승객 착용은 권고 사항이지 의무는 아니었다. 국회에서는 논쟁을 계속했고 26년 뒤인 1983년에야 최종적으로 법제화되었다. 세계에서 거의 처음으로 벨트 장착을 의무화해놓았지만 정작 법으로 강제화한 것은 선진국 중 가장 늦었다. '바퀴 달린 집'인 자동차 안까지 공권력의 손길이 미쳐야 하는지에 대한 영국민들의 반발이 컸기 때문이다. 영국 정부가 테러 방지를 위해 '간절하게' 원하는 ID 카드(신분증) 제도도 20년 이상 도입을 시도하고 있으나 아직 성공하지 못하고 있다. 그 이유도 개인의 자유를 침해할지 모른다는 비판 때문이다.

펍에서 만나고 펍에서 놀다

영국 동네 펍은 바로 동네 사랑방 겸 공회당인 마을 선술집이다. 온 동네 사람들이 남녀노소를 막론하고 모일 수 있는 곳이다. 모두들 퇴근해 저녁 먹고 하나둘 모여서 정다운 사람들과 한담하고 축구 보면서 논쟁도 벌이고 당구를 비롯한 각종 게임도 하고 그러다 사랑이 이루어지는 그런 곳이 영국 펍이다. 영국 사람들이 가장 좋아하는 놀이, 즉 파티가 펍에서는 항상 열리고 있는 셈이다. 초대받지 않아도 내가 가고 싶을 때 언제든지 갈 수 있는 '상설 파티장'이다.

집에서 손님을 초대해 여는 파티는 주최하는 호스트나 게스트 모두 부담이 되는 일이다. 파티를 주최하는 일은 복잡하기 그지없다. 초대하는 게스트들의 계급, 사회적 지위, 친분 관계까지 모든 사항을 고려해야 하는 등 초대 손님 명단 작성도 가볍게 넘길 일이 아니다. 그러니 그 나머지는 얼마나 고려할 일이 많겠는가? 심지어는 채식주의자 음식은 기본이고 손님의 음식 알레르기까지 감안해야 한다. 게스트들도 쉽지 않다. 가지고 갈 선물, 입고 갈 옷 등 거절할 수 없는 사이로부터 받은 파티 초대는 꼭 달가운 일만은 아니다.

펍은 이런 모든 번거로운 절차가 생략된 매일 열리는 동네 파티이니 얼마나 좋은가? 가고 싶은 시간에 가서 자신의 돈으로 음료를 사 먹으니 누가 술값을 낼 건지 걱정할 일도 없다. 원하는 사람들과 대화하고, 놀다가 돌아가고 싶으면 가면 된다. 그래서 펍을 빼고는 영국인의 삶을 논할 수가 없다.

펍은 영국인에게 있어 그냥 술집이 아니다. 젊은이들이 커피도 마시고 공부까지 하는 스타벅스 같은, 일과 집 사이에 있는 '제3의 장소'다. 직장이나 가정에서는 긴장이 있을 수 있지만 여기는 긴장 없이 그냥 즐거움만 있다. 굳이 약속을 해야 친구를 만날 수 있는 곳이 아니다. 언제든지 가면 정겨운 얼굴을 만날 수 있고, 외로움을 느낄 때 펍에 가면 대화할 수 있는 같은 처지의 상대가 반드시 있다. 펍이 있어 영국인은 외롭지 않고, 그래서 펍은 영국인에게 있어 집과 마찬가지로 휴식을 누릴 수 있는 또 하나의 장소다.

영국인은 축구로 산다

영국인 하면 축구를 빼놓을 수 없다. 물론 영국인이라고 모두 축구를 좋아하는 건 아니다. 골프, 럭비를 좋아하는 사람, 크리켓에 미쳐 여름이면 동네 공원 경기장에서 2~3일을 꼼짝하지 않고 보는 사람도 있다(크리켓은 한 시합이 2~3일 가는 경우가 허다하다). 그러나 잉글리시 프리미어 리그로 대표되는 영국 축구가 영국인들에게 차지하는 비중은 다른 어떤 스포츠보다 훨씬 크다. 대표적인 국민운동이라 할 만하다.

영국인은 모든 것을 다 바꿀 수 있어도 자신이 좋아하는 축구 클럽은 바꾸지 않는다. 자신의 고향 클럽이든 아버지의 클럽이든 어릴 때 한번 자신이 정한 축구 클럽은 절대 바꾸지 않는다. 이혼을 밥 먹듯이 하는 영국에서 새아버지를 따라 성을 바꾸어도 신기한 일이 아니다. 심지어는 자신이 새로 성을 만들어 바꾸는 경우도 드물지 않다. 그러나 어떤 일이 있어도 응원하는 축구 클럽은 바꾸지 않는다. 자기 팀이 형편없어져 3부 리그로 가도 그 팀을 따라 버스를 타고 몇 시간을 가서 추운 겨울날 손을 호호 불어가면서 응원한다.

축구 팬클럽은 그들의 삶이자 인생이다. 끼리끼리 모여서 축구를 이야기하고 그 안에서 살아간다. 심지어는 같은 클럽 팬들이 가는 펍에만 출입한다. 그 펍에서 대화에 끼려면 클럽 소속 선수들의 과거 기록은 물론 그들의 이적 역사, 가족사뿐만 아니라 사생활까지 훤해야 한다. 축구 이야기는 영국인과 사귀는 데 가장 좋은 방법이다. 같은 축구 클럽 팬이라면 바로 친구가 된다. 그렇지 않다고 해도 축구 이야기를 같이 하면 아주 쉽게 친구가 될 수 있다.

대개의 축구 팬들은 연간 입장권을 사서 시합을 관람하고 시합뿐만 아니라 클럽의 모든 행사에도 빠지지 않는다. 대중매체의 축구 관련 뉴스뿐만 아니라 클럽 웹사이트는 매일 필독 사항이다. 축구는 영국인 개인의 정체성이라고까지 표현된다. 축구를 특별히 좋아하지 않는다 해도 영국인 중에서 엘리자베스 여왕만 빼고 응원하는 클럽이 없는 영국인은 없다는 말이 있다. 응

펍에 모여 축구를 시청하는 영국인들

원하는 축구 클럽이 없는 영국인은 "혼이 없다"는 말까지 듣는다.

과거에 축구는 서민 운동이었고 중산층 운동은 크리켓이나 럭비 혹은 골 프였는데 이제는 아니다. 축구는 모든 계급을 망라한 영국인의 관심 사항이 다. 영국인 사이에서 인종, 종교, 성별에 아무런 문제없이 유일하게 논쟁할 수 있는 아주 안전한 주제가 축구다. '저녁 밥상에서 종교와 정치 문제는 금기 사 항이다'라고 영국인은 말한다. 그러나 10대 아들과 대화가 잘 안 되는 아버지 도 축구 이야기로 대화를 푼다. 영국 드라마를 보면 부자간의 애정은 어릴 때 부터 함께 축구장에 가는 것으로 시작된다. 이렇듯 영국인은 축구로 산다.

휴가 후 시작되는 다음 휴가 준비

영국인, 특히 서민의 삶에서 가장 큰 즐거움은 바로 휴가다. 서구 유럽인 들 모두 다 그렇긴 하지만 영국인도 휴가에 거의 목을 맨다. 휴가는 한 달 동 안만의 즐거움이 아니다. 준비하는 즐거움과 다녀와서의 즐거움도 이들은 중요하게 생각한다. 그래서 휴가는 1년의 즐거움이다. 휴가를 다녀오면 가족이 모여 휴가 사진을 정리하면서 즐거웠던 시간을 회상하며 다시 즐긴다. 동시에 다음 휴가 준비로 바로 들어간다. 각자 다음 휴가 가고 싶은 곳을 조사하고 생각한다. 그런 다음 온 가족이 조용하게 모이는 크리스마스 휴가를 이용해 다음 해 휴가지를 결정하고 신년 휴가가 끝나자마자 바로 예약에 들어간다.

연말연시 기간 TV를 비롯한 영국 언론매체는 휴가 광고로 도배된다. 휴가 예약을 하고 나면 온 가족이 분담해서 나머지 준비를 한다. 아버지는 휴가지 및 자동차 등의 각종 예약을 한 후 비자 문제나 예방접종 같은 조사를 한다. 어머니는 휴가 기간 식단을 짜고 그곳 특산 재료를 사용한 요리 등을 공부한다. 또 필요한 식기나 준비물을 미리미리 챙기고 평소에 어디 가다가 휴가에 필요한 물건을 싸게 파는 곳을 발견하면 산다. 아이들은 나름대로 휴가지의 명승지나 지리, 역사 같은 것을 공부 겸 사전에 조사하고 그 나라 언어도 공부한다. 이렇게 온 가족이 휴가를 준비하면서 그 시간을 기다리는 즐거움이 영국인에게는 단조로운 일상을 불평 없이 견디게 하는 또 하나의 원동력이 된다.

평생 사회 활동으로 인생을 즐기다

영국인은 다양한 사회 활동을 하거나 굳이 안 해도 되는 일을 만듦으로써 자신의 삶을 바쁘고 즐겁게 한다. 정당에 속하거나 각종 클럽에 가입하거나 자선을 비롯한 각종 행사를 기획해 거기에 몰두하면서 바쁘게 일을 한다. 거기서 즐거움을 찾고 기쁘게 살아간다. 모든 활동이 개인의 이득과는 거리가 먼 일들이다. 이른바 '내가 모르는 타인을 위한 고상하고 고귀한noble and respectable 일'들과 관련이 있다.

영국에는 아무리 작은 마을이라도 큰 도시 못지않게 다양한 문화 행사가 있고 클럽 활동이 있고 축제가 있다. 자칫 무료해지고 단조로워질 시골 생활을 이런 일을 만들어냄으로써 즐겁게 한다. 정기적으로 무도회도 개최하고 주위 마을들이 모여 지방 음악회도 연다. 동네 사람들로 오케스트라나 합창단을 만들어 때때로 공회당에서 연주도 한다. 수십 명에 불과한 이웃들 앞에서 자신들이 무슨 유명 관현악단원인 것처럼 엄숙하고 진지하게 갈고닦은 실력을 발휘한다. 이런 동네 행사를 대하는 영국인의 태도가 하도 진지하고 심각해서 저것이 뭐 그렇게 큰일이라고 저러는지 하고 쓴웃음이 다 나올 때도 있다. 그러나 그것이 그들의 삶을 지탱하는 즐거움임을 알고 나면 그 심각한 태도로 인해 오히려 마음이 숙연해진다.

어느 여름 나는 고워 음악 축제Gower Music Festival에 초대를 받아 왕복 9시간 운전을 하고 다녀온 적이 있다. 한국 클래식계의 떠오르는 신성인 피아니스트 김선욱 군과 바이올리니스트 한수진 양 초청 연주회였다. 고워 음악 축제는 웨일스 해변 고워 반도 구석의 14개 작은 마을이 모여서 만든 음악 축제다. 인근 도시로 나가야 음악을 들을 수 있는 터라 마을 주민들이 연합해서 음악을 감상할 기회를 만든 것이다.

두 한국 젊은이의 연주회가 열린 마을은 해안가 황무지 중간에 위치한 겨우 가구 수 30호에 불과한 조그만 곳이었다. 200여 년 전에 지어진, 보조 의자를 빈틈없이 놓아도 50석이 채 안 되는 마을 교회에서 열렸지만 정말 내가 본 콘서트 중 가장 아름다웠다. 마침 석양이 서쪽 스테인드글라스를 통해 들어와 연주장은 몽환적인 분위기였다. 그 교회 안을 꽉 메운 아름다운 우리 젊은이들의 황홀한 연주는 말로 표현이 안 될 만큼 감동적이었다. 청중은 모두 정장을 갖춰 입은 머리칼이 하얀 영국 시골 노인들이었다. 연주 감상 태도나 콘서트 후 대화를 들어보면 보통 수준의 청중이 아니었다. 벌써 이 음악 축제는 거의 반세기에 가까운 역사를 가지고 있었고 그동안의 초청 연주자를 보면 상당한 수준의 음악제였다.

이렇게 아주 작은 시골 마을 주민들이 무보수 자원봉사로 음악제를 같이 준비하고 개최하고 참여하는 즐거움을 통해 외로움도 잊고 서로 어울리는 기회를 만들면서 삶을 기름지게 하며 살아가고 있었다. 거기다가 음악회를 통해 들어온 수입으로 기부도 하니 얼마나 좋은 일인가. 삶을 즐길 방법을 제대로 찾은 셈이다. 영국인은 이렇게 작은 것에서도 행복을 찾고 자신이 하는 일에 보람을 느끼면서 인생의 의미를 터득한 도인같이 살아간다.

Keyword 34 : 대인관계 불편증

먼저 인사를 못한다. 수줍어한다. 직접 말하지 않고 돌려 말하거나 주저하거나 아예 하지 않는다. 이것이 바로 영국인.

대인관계 불편증이 만들어낸 것들

어쩌다가 모임에서 영국인과 미국인을 같이 만나면 과연 이들이 불과 200여 년 전에 헤어진 같은 민족인가 하는 의심이 들 때가 있다. 아주 친화력 있게 다가서면서 눈을 맞추고 힘차게 악수를 하자고 덤벼드는 미국인에 비해, 뭔가 주저하면서 눈을 내리깔고 말을 섞고 싶지 않은 듯 행동하는 사람이 있으면 그건 분명 영국인이다.

그래서 같은 민족임에도 너무나 달라진 모습 때문인지 '소극적인 영국인 남자와 적극적인 미국인 여자' 사이의 로맨스를 다룬 영화들이 많다. 〈네 번의 결혼식과 한 번의 장례식〉, 〈노팅 힐〉이 그렇다. 이 두 영화에 모두 전형적인 영국 남자로 배우 휴 그랜트가 나왔다. 예의 바르고 부드러우나 대인관계에서는 쑥스러워하고 결정적인 순간에 직접 말할 용기를 못 내고 주저주저하는 수줍은 모습의 주인공에 미국인들이 열광했다. 아주 오래전에 보았던 것 같은, 요즘의 미국 사회에서는 거의 보지 못하는 로맨틱한 휴 그랜트에 미국인들이 향수를 느낀 듯하다.

고민 상담은 정신과 의사에게만

영국인이 상대방에게 먼저 인사를 못하는 이유는 뭘까. 일단 숫기가 없어서이지만 괜히 나대다가 상대방이 받아주지 않아 망신을 당하면 어쩌나 하는 걱정도 있다. 먼저 인사를 하면 대개의 경우 아주 반갑게 받는다. 그러나 보통 영국인은 서로 말 나누기를 꺼려하고 좀처럼 인사를 먼저 하는 법이 없다. 같은 동네 기차역에서 출퇴근하며 몇 년간 얼굴을 봤어도 겨우 수인사만 나눌 뿐 말을 건네지는 않는다. 한번 대화를 트면 계속 알은척을 해야 하고 그러다 보면 원하지 않는 일로 얽힐 염려가 있다는 걱정 때문이다. 영국인은 프라이버시란 딱히 사생활 문제만을 일컫는 것이라 생각하지 않는다. 사람이 존재하고 생활하는 공간과 시간마저도 프라이버시라고 여긴다. 아침 출근 시간 혼자서 플랫폼에 서서 생각하거나 기차 안에서 신문을 읽는 시간에 조금 아는 동네 사람이라고 괜히 말을 걸어 방해하는 것도 프라이버시 침해라 본다. 그래서 서로 함부로 알은척을 할 수 없는 것이다.

무인도에 떨어진 영국 남자 2명이 10년간 말을 하지 않았다는 조크가 있다. 중간에서 서로 소개해주는 사람이 없어서였단다. 이 조크에는 다른 민족도 등장한다. 프랑스 남자 2명은 연인이 되었고, 이탈리아 남자 둘 사이에는 정당이 3개 만들어졌다는 내용이다. 둘이 어떻게 정당을 3개 만드냐고? 각각 하나씩 만들고, 둘이 합쳐서 정당 하나를 더 만들었다. 프랑스인을 놀리는 것을 보면 영국인이 만든 농담인 듯하다.

영국인이 프라이버시 문제를 중요시하는 것은 타인의 사생활을 보호해준다는 의미도 있지만, 타인의 문제로 내가 피해를 보고 싶지 않다는 영국인 특유의 자기 보호 본능적 이기심이 작용한 것으로도 봐야 한다. 보통 "고통은 둘로 나누면 반이 되고, 행복은 둘로 나누면 배가 된다"고 한다. 한 영국인에게서 이런 말을 들은 적이 있다. "우리는 고통은 둘로 나누면 2배가 되고 행복은 둘로 나누면 반이 된다." 남의 고통을 듣고 나면 그 고통으로 인한 감정이입 때문에 자신도 스트레스를 받는다는 것이다. 또 내가 못 가진 남의 행복 이야기는 안 듣느니만 못하고 질투 때문에 빈정 상한다는 말이다.

영국인은 그래서 자신의 이야기를 잘 하지 않고 남의 고민도 들으려 하지 않는다. 가벼운 불편이나 불만은 털어놓을지 몰라도 진짜 힘든 개인적 고민이나 문제는 동료에게 털어놓지 않는다. 남의 문제를 듣는 걸 좋아하지 않고 동시에 개입하려고 하지도 않는다.

어디 가서 하소연할 데 없는 영국인은 그래서 전문가에게 고민을 털어놓는다. 순간적인 기분으로 괜히 말을 했다가 잘못하면 소문이 나고 문제가 해결된 뒤에는 자신의 비밀을 안다는 부담 때문에 대면을 피하게 될지도 모르는 동료나 친구보다는, 전문가를 이용해 마음의 짐을 내려놓는다. 돈을 주고 상담하지만 비밀이 보장되고 나중에 봐도 부끄럽지 않을 전문가가 좋다는 것이다.

한국에서는 동료가 아침에 우울한 표정으로 출근하면 점심때 식사까지 같이하고 털어놓으라고 조르고 그래도 안 되면 저녁과 술까지 사면서 들으려 한다. 동료에 대한 배려이기도 하고 호기심이기도 하다. 결국 고민을 털어놓게 되는데 그렇게 털어놓으면서 한잔을 진하게 하고 나면 근본적인 문제는 해결이 안 되더라도 정신적인 스트레스는 상당히 풀리는 건 사실이다. 영국인은 절대 그렇게 하지 않는다. 그래서 국민 전체가 정신과 의사이고 상담원인 한국에서는 장사가 안 된다는 정신과 의원이 영국에서는 엄청 비싼 상담료에도 성업 중이다.

소동 대신 제3자를 통한 대리 전쟁

영국인은 모든 문제를 이런 식으로 제3자를 통하거나 전문가에게 돈을 주고 해결하는 것을 선호한다. 꼭 개인적인 문제가 아니라도 당사자들끼리 얼굴 맞대고 해결하기보다는 누군가를 시켜서 대리 전쟁을 치르게 하고 멀리서 지켜보는 것이 상식이라고 생각한다. 이 또한 따지고 보면 앞서 이야기한 '결정적인 순간에 직접 말할 용기를 못 내고 주저주저하는 영국인' 의 경우다. 같은 직장 동료 사이에 혹은 이웃끼리 정상적인 교제를 해나가면서도 변호사를 통해 싸움을 하고 있는 경우를 본다. 분명히 서로 등에 칼을 꽂는 소송이 치열하게 진행되고 있는데도 자신들은 파티에서 만나 아무 일 없는 듯 대화하고 웃고 떠든다. 그것이 성숙한 성인의 행동이라고 보는 것이다.

비행기 안에서 혹은 기차 안에서 떠들거나 무례한 행동을 하는 주위의 승객에게 직접 말하지 않고 꼭 승무원을 통해 말하는 것도 같은 예다. 자기 자리에 잘못 앉은 다른 승객이 있거나 바로 뒷자리의 승객이 자기 의자를 발로 자꾸 건드릴 때 역시 자신이 직접 말하지 않고 반드시 승무원을 불러 말하게 한다. 식당에 갔는데 음식에 문제가 있거나 싱겁거나 너무 짜거나 해도 영국인은 절대 종업원을 불러 야단치지 않는다. 음식이 늦게 나와 차가워서 먹기가 힘들더라도 눈을 내리깔고 묵묵히 먹는다. 그러고는 다시는 가지 않는다. 그뿐 아니라 주위 사람들에게 자신의 경험담을 조용히 털어놓아 그 집에 손님이 끊어지게 만든다.

관공서에 무슨 문제가 있으면 그 자리에서 책임자를 찾거나 큰 소리로 항의하는 것이 아니라 조용히 물러나 편지를 써서 항의하고 시정을 요구한다. 전화로 항의하는 경우도 별로 없다. 주위의 시선을 끌기 위해 자신의 목청을 높이거나 사태 해결에 아무런 도움이 안 되는 불필요한 감정 소모를 하지 않겠다는 뜻이다. 이렇게 영국인은 직접적인 대화나 대면을 통한 문제 해결보다는 어떤 보호막 뒤에서 혹은 대리인을 통해 자신이 원하는 바를 이루거나 하고 싶은 일을 하는 것이 더 합리적이고 효율적이라 보는 것이다.

전에는 상품 카탈로그에 나오는 상품도 전화로 하지 않고 우편 주문을 많이 했었는데 이제는 인터넷으로 주문하는 것을 선호한다. 비록 물건을 사는 갑의 입장이라도 산 사람과 직접 대화보다는 그냥 우편물이나 사이버 공간이 더 편하다고 영국인은 느낀다. 이러한 현상을 영국인의 가장 큰 '국민적 지병'인 '대인관계 불편증'이라고 영국 문화인류학자 케이트 폭스는 《영국인의 발견》에서 정의했다.

특히 영국인은 이해관계가 얽힌 문제에서는 당사자가 직접 나서는 법이 없다. 당사자끼리 직접 대화를 하다 보면 생길 수 있는 감정싸움이나 불필요한 감정 소모를 제3자를 개입시키면 막을 수 있다는 것이다. 또 영국인이 가장 싫어하는 소동make a scene을 피할 수 있다고 본다. 영국인이 소동을 싫어하는 것은 정평이 나 있다. 새치기 자체를 보기가 힘들지만 설령 새치기를 하는 사람을 봐도 누구 하나 나서서 잘못을 지적하는 사람이 드물다. 분명 그 사람의 잘못된 행동으로 자신이 손해를 보는데도 그냥 자신의 일이 아닌 양 외면하거나 못 본 척한다. 대개의 경우는 바로 이야기하지 않고 약하게 들리게 중얼거리거나 눈을 흘기거나 하는 정도다. 만일 한 사람이 용기를 내어 말을 하면 그때서야 같이 나서서 도와주는 정도다. 그것도 한두 명이지, 대다수의 사람은 그것이 자신들의 일이 아닌 것처럼 외면하거나 무시한다. 심지어는 목소리를 높인 관련자들을 별것 아닌 일로 '소동'을 일으킨 사람으로 보고 '그래 너 잘났다' 하는 눈초리를 보내는 경우도 있다. 그래서 영국인은 굳이 지적을 해서 소동을 일으키고 문제를 바로잡는 사람을 그렇게 좋게 보지 않는다.

새치기하는 사람을 보면 영국인들은 서로 눈짓을 나눈다. '숫기 없는 영국인이 새치기할 리가 없으니 저건 외국인의 무례가 틀림없다'는 의미가 서로의 눈짓에 담겨 있다. 자기들끼리 '외국인의 무례'를 탓하는 것으로 이미 그 새치

기꾼은 징벌을 받았다고 자위한다. 그래서 영국에서는 소위 말하는 '휘슬 블로어whistle blower'라는 내부 고발자를 찾기 힘들다. 용기가 없다기보다는 굳이 '정의의 사자'가 될 이유도 없고 그냥 너그러이 넘어가면 되는데 그걸 나서서 지적해 서로 불쾌하게 하는 것이 현명하지 못하다고 보는 것이다.

눈에 띄지 않지만 세련되게

이런 것을 두고 용기가 없다고 딱 잘라 말하기는 참 어렵다. 그저 남의 눈에 띄지 않고 싶어 한다는 것으로 이해하는 편이 쉬울 것 같다. 영국 여성은 외출할 때, 특히 사람들이 많이 모이는 결혼식 같은 장소에 갈 경우 어떤 옷이 그 분위기에 잘 어울리는지를 놓고 고민을 많이 한다. 튀지 않고 다른 사람 눈에 띄지 않으나 세련된 옷을 고르려고 심사숙고한다. 이들이 많이 쓰는 단어, 즉 '잘 어울린다'는 뜻인 '웰 블렌딩well blending'이 바로 이 경우에 쓰는 말이다. 자신만의 개성이 돋보이고 눈에 띄게 입으려 하는 것이 현대인의 멋이라면 분명 영국 여성은 현대인이 아니다.

남자의 경우도 넥타이를 매되 속물 냄새가 나지 않게 디자이너 레이블이 안 나타나는 것을 매고 유행에 너무 따르지 않는 듯한 수수한 옷을 원한다. 그렇다고 이들이 뭔가를 보여주는 것에 전혀 관심을 안 쏟는다는 것은 아니다. 예를 들면 출신 학교나 클럽, 혹은 자신이 근무했던 연대가 표시된 넥타이를 맨다. 굳이 말로 하지 않아도 내가 누구라는 것을 말하고 싶어 하는 것이다. 이렇게 '튀기는 싫어해도 끼리끼리는 알아볼 수 있는 방법'을 찾는다.

양복도 그렇다. 영국 상류층이나 귀족들은 옷을 반드시 런던의 새빌로Saville Row 거리 맞춤 양복점에서 해 입어야 한다. 한 벌에 웬만한 직장인 한 달 월급이 날아가도 거기서 반드시 해 입는다. 우리가 어릴 때 어른들이 양복이라는 단어로 쓰던 '사비로'라는 말이 바로 이런 맞춤 양복을 만드는 런던 중심가 골목 이름에서 유래했다. 그들에게는 아무리 비싸도 아무나 아는 상표의 옷은 입을 만한 옷이 아니다. 졸부들이 입는 싸구려 옷일 뿐이다. 영국의 상류층은 튀지 않고 전통이 있는 옷을 원한다. 양복의 멋을 상표로 아는 것이 아니라 수품이나 매무새로 알아야 한다는 것이 새빌로 양복을 입는 이들의 말이다. 모르는 사람은 몰라도 자기네끼리는 아는 그런 것을 선택하는 것이다. 굳이 말하거나 상표를 보지 않아도 '아! 저 옷은 새빌로 옷!' 혹은 '아! 저 친구는 그 학교를 나왔구나!' 할 수 있어야 한다는 것이다. 이렇게 튀지 않으면서도 뭔가를 나타내기 위해서는 쉽지 않은 노력을 기울여야 한다.

얌체 차에게도 양보하는 진짜 이유

신호를 기다리는 차선이 두 줄이고, 신호를 지나면 차선이 하나로 바뀌는 곳에서 보통 영국의 차들은 거의 오른쪽 차선을 비워두고 왼쪽 차선에 줄을 서 있는 것을 많이 볼 수 있다(영국은 한국과 달리 운전석이 오른쪽에 있고 차량 진행 방향이 반대임을 참고). 우회전이 금지되어 오른쪽 차선에 서 있어 문제가 되지 않는 경우에도 영국인들은 그렇게 하지 않는다. 그 빈 차선 앞으로 달려와 신호 앞에 서는 차는 주로 외국인 운전자들이다. 영국인의 행동과 의식 코드를 이해하지 못하는 외국인에게는 당연한 일이다. 외국인 운전자들은 그 줄을 비워놓는 영국인을 이해할 수 없다. 대개의 한국인들은 여기에 감탄하지만, 이는 꼭 고상한 생각에서 나오는 것만은 아니다. 튀지 않기 위한 제스처이고 그러한 것을 하지 않음으로써 왕따를 당하지 않겠다는 자위본능이라는 것을 외국인들은 모른다. 앞으로 나서는 차를 바라보는 '보이지 않는 멸시의 눈초리'를 모르는 외국인이라면 모를까, 그것을 아는 영국인은 그렇게 할 용기가 없다.

더욱 특이한 것은 오른쪽 앞으로 끼어드는 얌체 차에 양보하고 비켜주는 부처 같은 영국인도 많다는 점이다. 그 이유를 유추해보면 첫째, 속으로는 욕하고 무시하면서 '무서워서 피하나 더러워서 피하지' 하는 심정일 수 있다. 둘째, 그런 무례한 사람과 맞서 싸울 용기가 없을지도 모른다. 셋째, 진짜 그 사람이 피치 못할 사정에 의해 빨리 가야 하니 그럴 거라고 넓은 마음으로 이해해주는 것일 수도 있다. 첫째, 둘째 이유는 그렇다 쳐도 영국인과 이야기해보면 셋째로 생각하는 사람이 의외로 많다. 영국인은 정말 급한 사정이 있지 않고는 감히 끼어들지 못할 거라고 생각하기 때문에 진정으로 이해해서 별로 나쁜 감정 없이 비켜준다고 말한다. 나도 이제는 영국에서 오래 살아서 그런지 그렇게 비켜주지 않고 나면 마음이 상당히 불편하다. 또 엔간히 급하지 않으면 그쪽으로 가서 앞으로 끼어들지 않는다. 그러고 나면 조금 기다리는 건 짜증나도 어른이 된 것 같아 왠지 흐뭇하다. 흡사 한밤중에 아무도 없는 사거리에서 붉은 신호등을 지킬 때 느끼는 그런 뿌듯한 치기 같은 것 말이다.

부당한 일은 고쳐질 때까지 항의하다

그렇다면 영국인이 소동을 일으키지 않겠다는 생각만으로 부당한 일을 그냥 참고 넘어가고 말까? 그것도 아니다. 대개의 경우 세 가지를 선택해 잘못을 고친다. 우선 그 자리에서는 그냥 넘어가나 반드시 전화나 편지를 이용해 정식으로 항의해서 그런 행위가 일어나지 못하게 근본 해결책을 요구한다. 그래도 해결이 되지 않으면 문제에 동감하는 사람들을 모아 제대로 된 조직을 만들어 문제 해결 방법을 찾아낸다. 만일 아직도 문제가 그대로 있으면 자신들이 속한 정당이나 단체 혹은 협회 같은 것을 통해 요구하거나 동시에 직접 개입해 그런 일이 생기지 못하도록 막는다. 현장에서 항의 집회나 서명운동 혹은 자원봉사단을 조직해 잘못을 바로잡는 제도가 만들어지기 전이라도 자신들이 현장에 나서서 고쳐지게 한다.

영국인은 현장에서 목소리를 높이거나 떼거리로 몰려가서 냄비처럼 파르르 끓다가 그 자리를 떠나면 바로 식고 마는 그런 사람들이 아니다. 문제가 있는 현장에서는 조용히 물러서나 문제가 완전히 해결되기 전까지는 절대 식지 않고 세월을 두고 끈기 있게 해결해나가는 것이 이들이다. 다른 사람들이 해결해주기를 바라는 것이 아니라 자신들이 나서서 자신들의 문제를 해결하는 식이다. 영국에 존재하는 수많은 자선단체 중 많은 곳들이 아주 험한 사고를 당한 피해 당사자나 피해자의 가족들이 만든 단체다. 그냥 눈물만 흘리고 마는 게 아니라 자신의 비극을 계기로 다시는 그런 일이 일어나지 않도록 단체를 만들고 봉사활동을 한다. 그렇게 해서 자신의 비극이 타인에게까지 되풀이되지 않고 자신만의 것으로 끝나도록 만들고 동시에 봉사를 통해 자신의 상처를 치유한다.

이렇게 보면 영국인은 결코 용기가 없거나 심약한 사람들이 아니다. 근본적인 해결책은 시간을 두고 반드시 찾는다. 현장에서 목소리를 높이는 사람들보다 이렇게 절차를 밟아 차근차근 따지고 드는 사람들이 더 무서운 법이다. 그래서 살아가면서 계속 느끼는 것이지만 영국인은 참 무서운 사람들이다.

> **Keyword 35 : 왕따 문화**
>
> 튀지도 않고 튀는 사람도 경계하면서 적절히 어울리는 영국인 특유의 성격.

영국 신사는
왕따 예방의
부산물

영국에 살다 보면 같은 앵글로색슨족인데 미국인과 영국인은 왜 그렇게 많이 다르냐는 질문을 방문객들로부터 종종 받는다. '다르다'는 말은 미국인에 비해 소극적이고 공손하고 비사교적인 영국인의 특성을 가리킨다. 사실 거기에 대한 제대로 된 해석을 찾기 위해 노력해보았으나 과문한 탓인지 뚜렷한 이유를 찾기가 힘들었다. 그래서 영국 교육제도에서 나름대로의 실마리라도 찾아보려 한다. 그러려면 사립 기숙학교 이야기를 다시 해야 할 듯하다.

기숙학교 문화를 보면 영국 사회가 보인다

영국의 명문 사립 기숙학교는 특이하게 퍼블릭 스쿨이라 부른다. 제대로 된 학교가 없던 시절 신학교는 최고의 교육기관이었다. 성직자를 교육시켜야 할 신학교에 유력 신자들이 자신의 자식을 자꾸 맡기니 거절할 수도 없고 해서 하나둘씩 받아 교육을 시키다 보니 나중에는 본말이 전도되어 성직자가 될 학생보다 교육만 받고 사회로 나갈 학생이 더 많이 들어와 문제가 생겼다. 할 수 없이 신학교들은 아예 처음부터 일반 학생general public을 받는 부설 학교를 만들어 '퍼블릭 스쿨'이라고 부르기 시작했다. 공립학교가 아니다.

대개 이런 학교들은 역사도 오래 되고 전통도 깊어 명문이란 이름에 걸맞은 높은 수준의 교육을 한다. 학비와 기숙사비가 워낙 비싸 아무나 갈 수 있는 학교가 아니다. 요즘은 팍팍한 경제 사정 때문에 사립 기숙학교의 학비에 부담을 느낀 중산층이 자식들을 통학 가능한 학교에 보내는 여파로 영국 학생의 숫자가 줄어 상대적으로 외국 학생들 비율이 상당히 높아졌다.

현직 영국 정부의 캐머런 총리와 클레그 부총리를 비롯해 대다수의 장관과 상당수 국회의원이 퍼블릭 스쿨을 나왔다. 인구 전체로 봐서는 많지 않으나 영국을 이끄는 정치 지도자뿐만 아니라 각계 사회 지도층은 대다수가 퍼블릭 스쿨을 나왔다. 이를 감안하지 않고 영국 사회를 이해하기는 불가능하다. 더군다나 영국이 근세로 들어서는 문턱인 빅토리아 여왕 시절(1838~1901)에는 사립 기숙학교 수요가 가장 많았다. 일반적인 취학률은 아주 낮은 반면 사립 기숙학교를 다닐 수 있는 계층의 학생 수 비율은 지금과 비교할 수 없을 만큼 높았다.

기숙학교에서 불링을 피하는 법

빅토리아 여왕 시절은 대영제국이 가장 절정에 달하던 시기였다. 해가 지지 않는 제국답게 세계 각지에 펼쳐져 있던 식민지의 외교관을 비롯한 관리들, 식민지의 산업 개발과 착취를 위한 척식拓植회사의 회사원들은 취학연령의 자녀를 본토의 사립 기숙학교에 맡겼다. 영국 상류층 역시 특유의 전통 때문에 자식들을 사립 기숙학교에 입학시켰다. 근대에 들어와 핵가족화되기 전까지 영국 상류층은 엄마가 자식을 직접 스킨십으로 키우지 않고 유모나 하인들이 키우고 예의범절은 집사들이 가르쳤다. 그러다 아이가 어느 정도 크면 자선 활동이나 파티 등 사회 활동에 바쁜 상류층 부인들은 편리하게 교육을 해결해주는 사립 기숙학교에 아이들을 맡겨버렸다.

이런 기숙사 생활에서는 아무리 어려도 자신의 일은 손수 해결해나갈 수밖에 없다(처음에는 기숙사에 하인을 데리고 가 수발을 들게 하기도 했지만 근대에 들어와서는 이조차 없어지고 말았다). 이것이 애초에 어린 자식을 기숙학교로 보내는 부모들의 이유였다. 어려서부터 혼자 세상 사는 법을 배우고 강하게 커서 험한 세상에서 낙오자가 되지 말라는 의도이기도 했고 같은 부류의 친구들과 사귀어 평생 친구로 만들어 서로 도우라는 뜻도 있었다.

외부와 격리되어 학생들과 교사들만이 생활하는 기숙사에서 외톨이가 되지 않기 위해서는 '자신을 죽이고' 다른 학생들과 적극적으로 어울려야 했다. 그러기 위해서는 살아남기 위한 삶의 최고의 지혜로 '튀지 않고 적절하게 어울리는 것'이 중요했다. '자신을 죽이고'는 '튀지 않고 적절하게 어울리는 것'과 한 짝이 되는 말이다. 이 두 말이 합쳐져 영국인의 모든 행동과 사고를 지배하는 가장 중요한 규칙 1조가 되었다.

영국인은 학교 교정에서 누가 가르쳐주지 않았는데도 이 규칙을 뼈저리게 느끼면서 혼자 배워 평생을 지켜나간다. 특별나게 천재적 재능을 갖추어 누구나 도전할 수 없을 정도의 수준이 아니고서는 괜히 튀게 행동하거나 잘난 척하면 반드시 대가가 따른다는 점을 명심하고 살아간다. 소위 말하는 '집단 따돌림' 혹은 '왕따'를 당한다는 말이다. 이를 영어로 '불링bullying'이라고 하는데, 이 단어는 영국인에게 아이 때나 어른이 되어서나 공포의 단어다.

특히 빅토리아시대 때 영국 사립 기숙학교는 집단 논리가 철저히 지배했던 곳이었다. 학생들 사이의 일은 자신들끼리 해결해야 했다. 왕따도 학생들 사이의 문제지 어른들이 개입할 문제가 아니라는 사고가 지배했다. 자신들 사이의 일을 선생에게 일러주는 고자질telltaling은 거의 범죄 수준으로 취급받았다. 기숙사 내 '학생 집단'을 배반하고 외부 개입을 불러일으킨 '배신자' 라는 인식이었다.

영국에서 불링은 조금 심한 정도의 놀림이고 피할 수 없는 성장통 정도로 여기는 경향이 아직도 있다. 심지어는 '무해한 통과의례'라고 여겨 왕따를 당하는 아이에게 사회 적응 문제가 있지 않나 하는 분위기가 있을 정도다. 이런 이유 때문인지 영국 학교에서 불링 문제는 유럽 어느 나라보다 심각하다. 브리티시 카운실British Council 통계를 봐도 영국이 유럽 국가 중 가장 불링이 심하다고 나와 있다. 학생이 학교에서 왕따를 당해본 경험이 가장 낮은 네덜란드(16퍼센트)에 비해 영국(잉글랜드)은 그 3배인 48퍼센트일 정도이다. 이어 스코틀랜드가 43퍼센트이고, 그다음이 포르투갈(35퍼센트), 이탈리아(33퍼센트), 웨일스(32퍼센트) 순이었다. 결국 영국 내 3개국이 톱 5에 들어 있다. 영국에서 10대의 자살 시도가 1년에 1만9000건이나 벌어졌는데, 그중

영화 〈해리 포터〉 배경이 된 옥스퍼드 크라이스트처치 칼리지 식당. 영화에서는 기숙사 생활이 행복하게 그려지고 있으나 실제 기숙학교 출신들은 좋은 추억이 없다고 한다.

대다수가 왕따 때문이라고 한다. 불리와 살해homicide, 혹은 자살sucide을 합쳐 불리사이드bullycide라는 신조어까지 있을 정도다.

영국인은 어려서뿐만이 아니고 어른이 되어서도 이런 두려움에서 절대 자유로울 수가 없다. 영국 신문의 패션 어드바이스 난을 보면 어떻게 옷을 입으면 더 예쁘고 좋아 보이냐는 질문보다 어떤 옷을 입어야 그날 행사에 잘 어울리느냐는 질문이 더 많다. 괜히 튀는 옷을 입어서 다른 사람들의 가십거리가 되어 왕따 대상이 되고 싶지 않다는 뜻이다.

사립 기숙학교 예를 다시 들어 보자. 부모들의 보살핌이 멀리 있고 혼자서 살아가야 하는 아이들에게 친구들 사이의 왕따는 치명적이다. 뛰어난 아이디어가 있어도 잘났다고 자신의 의견만 내세워 주위의 시선을 받는 일도 금기 사항이다. 아주 멋진 옷을 입고 나타나 학교 친구들의 칭찬을 받더라도 그것이 정말 선망인지, 아니면 시기와 질시를 유발할 칭찬인지를 잘 구별해서 행동해야 한다. 친구들 사이에서 튀지 않고 전체의 흐름에 벗어나지 않게 행동하는 것은 좋아서 하는 것이 아니라 살아남기 위한 생존 전략이다. 그래서 기숙학교를 나온 영국 지도층의 행동은 결코 튀지 않는다(여기서 영국 지도층이란 중산층 출신의 지도층을 말한다. 그에 반해 영국의 상류층이나 귀족들은 옷부터 말하는 것까지 거침이 없다). 이들의 옷은 항상 수수한 회색, 검은색이고 셔츠도 대개 흰색이다. 넥타이도 작은 무늬가 그려진 수수한 것이나 자신이 속한 클럽이나 출신 학교 넥타이를 맨다. 말을 할 때도 주위를 잘 살펴서 너무 나선다는 인상을 주지 않으려 노력한다. 자신의 의견을 내세워야 할 때는 아주 주저하면서 겸손하게 말하려는 것처럼 보이게 노력한다.

영국 신사는 왕따의 부산물

영국인이 대화 시작에 많이 쓰는 '내 생각에는I think…' '내 짐작에는

suppose…' '내가 추정하기에는I suspect…' '감히 한마디 한다면If I may allow to say…' 이란 말들은 꼭 공손한 인상을 주기 위해 하는 어두語頭만이 아니다. 정말 조심스럽게 상대방의 감정에 거슬리지 않게 살아온 어릴 때 만들어진 습관이다. 이런 식으로 말을 하다 보니 같은 영어권인 미국인들마저 영국인을 소극적이고 공손하고 심지어는 아둔하다고까지 느낀다. 그러나 이는 영국인의 성격이 정말 소극적이고 공손하고 아둔하기 때문이 아니다. 아차 실수해서 주위의 눈 밖에 나 왕따라는 나락에 빠지면 도저히 헤어 나오지 못한다는 인식이 말투를 공손하게 만드는 진짜 요인이다.

이렇게 어릴 때부터 말 한마디, 행동 하나, 심지어는 옷차림까지 모든 것이 살얼음판이다. 그래서 새로운 좋은 아이디어나 제안이 있어도 굳이 말하지 않게 되고 입을 닫아버린다. 얼마 전 영국과 미국에서 자신의 작품으로 연극 공연을 마친 극작가가 제작 경험을 쓴 것을 보았다. 미국에서는 연출가가 배우들에게 할 말이 있으면 그 자리에서 이야기한다고 한다. 반면에 영국에서는 연출가가 절대 전부가 보는 데서 비판하지 않고 따로 불러서 하거나 메모를 전해주는 식으로 한다고 한다. 또한 같은 작품도 미국 공연과 영국 공연때 대화 내용이나 구성을 상당히 많이 바꾼다고 했다. 대화 요소가 잘 먹히는 영국과는 달리 미국은 말보다는 행동이나 장면으로 보여주길 선호했기 때문이었다. 또 미국에서는 배우들이 자신에게 극본에 대해 의견을 제시하는 데 비해 영국 배우는 묻지 않으면 절대로 자신의 의견을 먼저 이야기하는 바가 없었다고 한다. 겨우 물어서 대답하더라도 아주 조심스럽게 의견을 말했고, 거기에 대해 극작가가 그렇게 쓴 동기나 이유를 설명하면 긍정하는 듯이 고개를 끄덕이고는 더 이상 의견 개진을 안 했다고 한다.

왕따를 당하지 않으려면 새로운 시도를 하거나 굳이 모험을 하지 않고 기존 것들을 따르게 마련이다. 사립 기숙학교를 나온 영국 중산층은 그래서 신중하고 보수적이 될 수밖에 없다. 아주 좋게 해석한다면 영국인을 괴롭히는 왕따에 대한 두려움 때문에 영국인이 '잉글리시 젠틀맨'이 되었다고도 할 수 있다. 자신의 의견을 말하기 전 상대방의 말을 들어줄 줄 알고 사려 깊게 행동하며 예의 바르고 공손한 영국 신사는 왕따의 부산물이라는 말이다. 영국 신사는 우리가 알고 있듯 옷을 말쑥하게 잘 차려입은 사람이 아니다.

다른 영국 남자들과 같이 있고 싶어 하는 영국 남자들

한국에서 요즘 한창 사회문제가 되고 있는 왕따도 이렇게 보면 영국이 원조다. 영국 문학에는 왕따에 대한 이야기가 많이 나온다. 제일 먼저 불링 문제가 나온 예로 찰스 디킨스의 《올리버 트위스트》(1838)를 들 수 있다. 올리버가 페이킹의 집에서 당하는 수모가 왕따라는 말이다. 주인공 소년이 영국 사립학교 기숙사 첫날 당하는 신고식부터 왕따당하지 않기 위해 지방 악센트를 고쳐가는 어려움 등이 재미있게 그려진 영국 소설가 제임스 힐튼의 작품 《굿바이, 미스터 칩스》도 그중 하나다.

영국 소설이나 영화, 혹은 유명인의 자서전에는 퍼블릭 스쿨에 대한 이야기가 많이 나온다. 일찍 부모 슬하를 떠나 기숙사 학교에서 어린 시절을 보내야 했던 영국 아이들의 생존에 얽힌 좋고 나쁜 사연들이다. 아서 웰링턴 장군이 한 '워털루 전투의 승리는 이튼스쿨 교정에서 쟁취되었다'는 말이 사립 기숙학교에 얽힌 좋은 이야기라면, 오스카 와일드 등 사립 기숙학교에 대한 나쁜 기억을 가져 사립학교라면 치를 떠는 유명인들도 많다.

가족과는 떨어져 학교에 갇혀 살아가면서 같이 큰 학창 시절의 친구들이 사립 기숙학교 아이들에게는 세상에서 제일 친한 사람들이다. 다른 사람을 만날 기회도 없이 한지붕 아래서 한솥밥을 먹고 컸으니 친할 수밖에 없다. 하지만 동시에 학교 내에서는 치열한 생존경쟁의 상대였기 때문에 애증의 대상이기도 하다. 그래서 졸업 후에도 평생을 친구로서 서로 비교해가면서 자신을 추스르는 상대가 되기도 한다.

이런저런 이유로 영국 아이들에게는 어릴 때부터 가족보다는 친구와의 관계가 더 중요하다. 영국 남자들이 여자보다 친구를 더 좋아한다는 말은 괜히 나온 말이 아니다. '영국 상류계급 남자들에게는 사교 클럽이 무엇보다 중요하고 서민 남자들은 펍이 중요하다. 오로지 중산층 남자들만 직장이 중요하다고 여긴다'라는 말이 있다. 상류층 남자들은 클럽에서 놀고 서민층 남자들은 일 마치면 집에 와서 저녁을 먹자마자 동네 펍으로 뛰어간다.

캐나다 여기자가 영국에 온 첫날 하숙집 주인인 미국 여자가 영국 남자에 관해 건네준 충고를 쓴 기사를 본 적이 있다. 집주인 여자 말은 "네가 먼저 알아야 할 점은 영국 남자들은 세상 어떤 것보다도 다른 영국 남자들과 같이 있고 싶어 한다는 사실이다"였다. 집주인 여자 말에는 분명 영국 남자들이 친구로서 혹은 동지적 입장에서 다른 남자들과 같이 있기를 원한다는 뜻이 있긴 하지만 다른 뜻도 내포되어 있다. 영국 남자들 사이에서 특별히 높은 비율의 동성연애를 빗대어 행간에 담은 말이다.

토니 블레어가 집권해 첫 조각組閣을 마치고 각료 명단을 발표했을 때 장관 중 4명이 커밍아웃한 게이였다. 특히 블레어의 오른팔로 불리면서 몇 번이나 장관직을 바꿔가며 측근으로 지낸 피터 맨들슨Peter Mandelson은 정말 내놓은 게이다. 기자들이 '피터 부수상'이라는 별명으로 부르는 그는 공공연하게 연하의 브라질 남자 애인을 공식 차량에 태우고 다닐 정도였다. 이렇게 영국 지도층에 게이가 많은 이유도 따지고 보면 사립 기숙학교가 원인이다. 한창 사춘기 나이에 갇혀서 생활하다 보니 동성애자가 많아질 수밖에 없다는 말이다.

| Keyword 36 : 군인 또는 군인 정신 |

영국인은 전쟁 이야기를 좋아하며, 군인을 누구보다 존경한다. 그런 데에는 군인으로 또는 군인처럼 살았거나 살아야 했던 길고 긴 역사가 담겨 있을 가능성이 크다.

그들의
군인 유전자

　영국인은 전쟁 이야기만 하면 눈을 반짝인다. 그만큼 영국인에게 전쟁 이야기는 아무리 들어도 지치지 않는 이야깃거리이다. 그래서인지 서점에 전쟁과 무기 관련 단행본 코너가 따로 있을 정도이다. 무기 관련 월간 잡지도 수종種이 있다. 종전이 된 지 반세기도 더 넘은 2차 세계대전 책이 아직도 별별 종류로 다 나오고 있다. 미국을 비롯한 유럽 각국 정부가 가지고 있던 정부 문서, 적국 압수 문서, 전쟁 기록사진들이 기밀문서에서 해지되고 있기 때문이다. 이런 미공개 자료들을 이용해서 만들어진 책은 나오기만 하면 장기간 베스트셀러에 들어간다. 뿐만 아니라 지금도 전투가 계속되고 있는 이라크전, 아프가니스탄 전투 관련 경험담 자서전도 그동안 여러 권이 나와 상당히 인기가 높았다.

　런던 남서부 기차들이 들어오고 나가는 워털루 역에 걸린 군 원호 관련 광고판처럼 영국인에게 전쟁은 남의 이야기가 아니고 나의 이야기이다. 광고 문구는 이렇다. "내가 현역 군인이든 전역 군인이든, 부모 자식 친척 친구 중 누군가가 군인이라면 우리 모두는 군인 가족이다." 이렇게 영국인은 자신이 군인이나 전쟁으로부터 결코 멀리 있다고 생각하지 않는 것 같다.

군대에 대한 전 국민적인 애정

역사적으로 보면 중세 봉건시대는 물론 식민지를 거느리며 해가 지지 않는 제국이라던 대영제국주의 시대까지 모든 영국인에게 전쟁은 하나의 생활이었다. 봉건시대 때 왕은 귀족에게 봉토를 주면서 두 가지 조건을 걸었다. 첫 번째로 왕은 자신에게 신하가 완벽한 존경과 충성homage and fealty을 바칠 것을 요구했다. 두 번째로 왕이 위험에 처하면 신하는 무조건 왕에게로 달려와 왕을 보호해야 할 의무를 지웠다. 피치 못할 사정이 있어 참전을 못하면 '방패 대금shield money'을 대납해야 했다. 나중에는 이것이 일정 금액으로 정해져서 세금으로 변해버렸다.

기사인 영주의 장원에 사는 성직자를 제외한 모든 상인은 자신의 수입 중 일부를 세금으로 바치고, 농민과 농노는 귀족의 땅을 경작해서 먹고살고 소작료를 내야 했다. 뿐만 아니라 필요시에 이들 모두는 영주의 부름을 받아 무기를 들고 병사로 출전해야 했다. 그래서 중세의 모든 영국인은 예비역 군인이었다. 그런 의무가 사라진 지금도 영국인은 그런 상시 예비역 같은 기분을 느끼는 것 같다. 왕족이나 귀족들에 대한 뚜렷한 이유 없는 관심과 존경을 보나 전 국민적인 군대에 대한 유별난 애정을 보면 말이다.

영국인은 영주에 대한 의무로도 참전했지만 동시에 자신과 가족의 생명과 삶의 터전인 귀족의 영지를 지키기 위해 입대했다. 그래서 부대 단위도 지역을 기반으로 이루어졌고, 해서 부대 이름에 지방 혹은 도시 이름이 붙어 있다. 조상 때부터 있는 지방 부대에 한동네 사람들이 같이 복무하기 때문에 전우애가 뛰어나고 아주 끈끈하며 단결력도 좋아 전투력이 남다르다.

비호감 문인보다 호감 무인

영국인은 자신들의 상전이 기사라서 그런지 문인인 지식인보다는 무인인 군인을 더 좋아한다는 말이 있다. 이는 법보다는 칼이 먼저라던 과거의 이야기만이 아니다. 예를 들면 영국에서 인기 있는 젊은 남자는 키 크고, 운동 잘하고, 유머스럽고, 잘 노는 형이다. 물론 얼굴도 핸섬하면 금상첨화겠지만, 앞의 것들이 모두 갖춰지면 얼굴은 크게 문제가 되지 않는다. 그런데 앞에서 든 인기 요인을 가만히 살펴보면, 영국에서 인기 있는 젊은이는 군인감이지 학자 타입이 아니다. 키 크고 운동 잘하니 무인형에다 농담 잘하고 잘 노니 친화력까지 있다. 결국 지도자형 무인의 자격을 갖춘 젊은이라는 뜻이다. 공부 잘하는 친구가 한국에서는 인기가 있지만 영국에서는 아니다.

영국에서 역사적으로 지식은 신부나 수도사 같이 신학과 관련 있는 따분한 사람들의 전유물이었다. 심지어 영국 왕 중에는 자신이 저작도 하고 작곡도 한 헨리 8세같이 문무를 갖춘 왕도 있지만 정복왕 윌리엄, 존 왕 같은 문맹도 드물지 않았다. 왕은 전쟁만 잘하면 된다는 말이 과격한 말이 아니다. 정사는 똑똑한 사람들에게 시키면 된다. 그런 사람들 중에는 신부도 많았다. 귀족들은 지식을 가지면 좋지만 없다고 전혀 문제가 되는 것도 아니었다. 차라리 귀족 젊은이 사이에서 공부를 잘한다든지 학문 연구를 취미로 하면 비호감 요인이지 호감의 요인은 결코 아니었다. 이런 전통은 지금까지 내려와 요즘 일반 젊은이들 사이에도 안경 낀 지식인 타입은 인기가 별로다. 의사, 변호사, 회계사 같은 지적인 직업인들은 돈을 많이 벌어 인기가 있지만 선병질腺病質적인 파리한 문인형들이다. 영국인에게는 프로 축구 선수들 같은 프로 스포츠 스타들을 비롯해 탐험가, 기록 스포츠의 기록보유자 등의 스포츠 영웅형들이 영국의 현대 영웅이다.

향토 연대 근위병들이 버킹엄 궁전을 지키다

버킹엄 궁전 앞에서 매일 오전 11시경에 열려 관광객들에게 인기인 근위병 교대식의 근위병은 관광용으로 돈을 받고 하는 민간인이거나 여왕에게 소속된 근위대 고정 요원이 아니다. 그들은 어엿한 현역 군인들이다. 각 지방에 기반을 두고 있는 향토 연대에 소속되어, 돌아가면서 런던으로 와서 일정 기간 근무해주고 가는 정규 군인들이다. 따라서 근위병들은 소속 연대에 따라 교대식 때 입는 복장이 다르다.

운이 없는 관광객은 그중에도 가장 우중충한 거의 군인 정복에 가까운 제복을 입고 교대식을 하러 오는 연대를 만나기도 한다. 대개 붉은 재킷에 금단추를 달고 북극곰 털 검은 모자를 쓰곤 하는데 이런 경우는 정말 불운이다. 붉은 재킷의 근위병들도 다 같은 것 같지만 가만히 잘 살펴보면 부대별로 단

버킹엄 궁전 앞 향토 연대 소속 근위병들

추 모양이나 숫자, 모자에 달린 깃털 모양이나 위치가 다 다르다. 제대로 보려면 격일로 하는 4개 지방 연대에서 온 각기 다른 복장의 근위대가 출동하는 정식 교대식을 봐야 하니 인터넷으로 제대로 조사를 하고 가야 한다. 이렇게 여왕이 자신의 안위를 보호할 근위병을 직할 군대로 안 두고 향토 연대들로 하여금 돌아가면서 교대로 근무하게 만든 것이 영국 근왕勤王 제도와 군대 그리고 영국 정치의 묘미이다.

왕은 군림하되 통치하지 않는다는 근대 입헌군주 제도가 들어서기 전에도 영국 왕은 전권적인 왕권을 가지고 있지 않았다. 영국은 왕이 귀족을 임명하고 봉토를 나누어주면서 완전한 충성을 요구했지만, 그렇다고 왕이 신하들 다수의 의견을 거스르는 정책을 일방적으로 펴지 못했다. 그렇게 독단적으로 치정을 하다가는 영국 왕 중 유일하게 신민들에 의해서 사형을 당한 왕권신수설의 신봉자 찰스 1세처럼 된다. 그런 의미에서 영국 왕은 신민들과 양보하고 타협해서 통치를 하도록 영국 정치판이 만들어졌다. 그래서 영국 왕은 전권적인 권력을 행사하지 않는다는 상징으로 근위대마저 두지 않고 지방 귀족들에게 자신의 안위를 맡기는 것이다. 그 행사가 매일 이루어지는 근위병 교대식이다.

한번 군인은 영원한 군인

영국군의 장교도 다른 나라와 같이 전역을 해도 군인이다. 물론 근무를 안 하니 출근을 하지 않고 월급 대신에 연금을 받긴 하지만, 결코 자신을 완전히 퇴역했다고 생각하지 않는다. 군대에서 자신을 부르면 바로 달려갈 수 있는 예비역이라고 생각한다. 직장에 취직할 때도 심지어는 군대가 자신을 필요로 해서 부르면 그 기간만이라도 취역할 수 있게 허락해준다는 조건을 고용 계약서에 넣기도 한다. 결코 퇴사한 것으로 여기지 말고 군대에서 근무해제가 되면 바로 돌아올 수 있게 해야 한다는 뜻이다. 어디에 가 있건 자신을 군인으로 여긴다는 말이다. 그래서인지 영국의 전역 군인들은 군복 입기를 좋아하고 군 계급으로 불리기를 좋아한다.

영국에서는 전직 직책으로 사람을 부르는 경우는 완벽하게 없다. 현직을 그만두면 아무도 총리나 장관이나 회장으로 불러주지 않는다. 당사자도 전혀 그런 기대를 안 한다. 아마 영국 사회에서 전직 호칭으로 불리는 유일한 직업이 군인일 것 같다. 전역 군인의 경우는 현역 때의 계급으로 그대로 불러준다. 전직 계급으로 불러도 전혀 권위적인 느낌을 주지 않는다. 차라리 다른 호칭보다 훨씬 정겹고 부드러운 느낌을 받는다. 그냥 '캡틴' 혹은 '메이저'라고 부르기도 하고 '캡틴 리처드', '메이저 스미스'라고 하기도 한다. 어느 경우에도 빼긴다거나 으스댄다는 생각을 하지 않는다. 전직 계급으로 불려도 전직의 음덕이나 전관예우를 전혀 기대하지 않고 또 현직 때의 영향력을 전혀 발휘할 수 없음을 알기 때문이다.

영국 전역 군인은 파티에 군복을 입고 나타나기를 좋아한다. 사실 영국군 제복은 참 멋있다. 그래서인지 영국인은 전역을 해도 군복 입기를 좋아한다. 가슴에 훈장과 메달을 잔뜩 달고 나와서 궁금해하는 젊은이들이나 어린이들에게 손으로 짚어가며 일일이 설명을 한다. 그러면서 자신의 경험담을 자랑스럽게 들려준다.

유독 군복만 그런 게 아니고 영국인은 제복 입은 사람들을 존경하는 경향이 있다. 거의 모든 제복 입은 직업인을 그렇지 않은 사람들보다 대우해준다. 그중에서도 특히 선박의 선장이나 항공기 기장에 대한 존경은 대단하다. 크루즈선에서 가장 중요한 행사가 캡틴 테이블에서 하는 저녁 식사이다. 이때는 반드시 정장을 갖추어 입어야 한다. 콧대 높은 명문 컨트리클럽이나 프라이비트 클럽들도 기장이나 선장이 가입을 하겠다면 웨이팅 기간을 무시하거나 인터뷰도 거의 생략하고 바로 받아준다. 이는 옛 봉건시대부터 내려오는 군인에 대한 존경 표시의 잔재인 것 같다. 봉건시대에는 제복으로 신분을 표시했는데, 제복 입은 사람은 자신들의 주인이자 자신들을 보호해주는 사람이어서 존경해야 했다.

이렇게 영국인은 직접 군 복무를 안 해봤어도 핏속에 조상으로부터 물려받은 군인 유전자를 가지고 있다. 그 유전자 때문에 제복에 대한 향수와 존경을 진하게 가지고 있고 어디서나 그것이 배어 나온다.

아직도 영국 대도시 한복판에는 향토 연대들의 프라이비트 클럽들이 있고 해당 연대 출신 군인이라면 누구나 사용할 수 있다. 버킹엄 궁 앞의 찰스 왕세자가 사는 세인트제임스 궁 뒤에는 이런 클럽들이 수두룩하다. 이렇게 군 복무를 한 사람들이 현역을 떠나더라도 항상 혜택이나 보살핌을 받는다는 느낌을 가지도록 제도가 갖추어져 있다.

영국 군인들에게는 전역이란 근무를 끝낸다는 뜻의 제대가 아니다. 잠시 현역을 떠나 예비역으로 있다가 언제든지 다시 돌아갈 수 있는 여지를 남기는 것이다. 영국 전역 군인들의 전역 후 소속 연대원들과의 활동을 보면 한국의 해병대 출신들이 서로에게 갖는 유난스러운 유대감과 거의 같은 수준임을 알 수 있다.

기억하고 위로하는 현충일 시즌의 개양귀비 꽃

영국의 현충일은 1차 세계대전 종전일인 11월 11일이다. 11시 11분에 방송에서 나오는 신호와 함께 전국이 묵념에 들어간다. 매년 10월 중순부터 한 달간은 사람들의 옷 어딘가에 커다란 '개양귀비 꽃' 포피poppy가 달려 있다. 바로 현충일 모금용 꽃이다. 이 무렵 공식석상에 나오는 저명인사의 가슴에 포피가 달려 있지 않은 경우는 거의 없다. TV에 나오는 아나운서건 출연자건 누구나 하나씩 달고 나온다. 이렇게 해서 모인 성금은 퇴역 군인 연금, 전사자 가족에게 돌아간다. 기억하고 잊지 않고 보살피는 이웃들의 노력이 영국 군인들로 하여금 다음 전투에서 최선을 다하게 만든다.

또 이날은 런던 시내 총리 관저 앞의 현충탑 앞을 행진하면서 발코니 위의 여왕에게 거수경례로 경의를 표시하는 행사가 열린다. 2차 세계대전 참전자들부터 한국전에 참전한 글로스터 연대원들까지 머리가 허연 역전의 용사들의 자랑스러운 행진은 매우 감동적이다.

이들은 이날의 도보 행진을 위해 1년을 산다고 해도 과언이 아니라고 한다. 평소에 건강을 추스르고 다지는 이유도 이날 무사히 또 한 번 행진을 하기 위해서이다. 행진을 잘 치르고 나면 무언가 해냈다는 기분과 함께 자신이 자랑스럽기까지 하다고 한다. 동시에 존경하는 여왕을 비롯한 전 영국인들이 자신들을 아직도 잊지 않고 기억해주고 노병들의 노고를 인정해준다는 진한 느낌을 받아 전쟁 중 부상의 후유증이나 정신적인 고통도 잊는다고 한다. 이런 느낌은 현충일을 전후한 한 달 동안 어디서나 볼 수 있는 빨간 포피를 볼 때마다 느껴 자랑스럽다고도 한다. 물질적인 것에서만 위로받는 게 아니다. 사람은 누군가에게 잊히지 않고 인정받는다는 느낌만으로도 이렇게 행복해질 수 있다.

전쟁 기념물 세우는 사람들

이래서 영국인들은 자신들의 전우 중 누군가 전사를 하면 오랫동안 기억하고 기리기 위해 자신들의 근거지에 많은 기념비를 남긴다. 영국 군인이 전사하면 최소한 다섯 군데 많으면 일고여덟 군데에 이름이 새겨진다. 전사자가 다니던 교회, 동네 중심 광장의 위령탑, 초·중·고등학교 벽(대학생이었으면 대학교), 전쟁 기념탑 등이다.

최근에는 2차 세계대전 중 전사한 5만5573명의 폭격기 조종사들을 따로 기리는 기념물이 거의 600만 파운드(102억 원)를 들여 버킹엄 궁 바로 뒤 그린 파크 길가에 세워졌다. 이미 런던 시내 큰 거리와 공원에는 영국이 참전한 각종 전쟁에 대한 기념물이 셀 수 없을 정도로 많다. 심지어 2차 세계대전 때 전사한 군마軍馬를 애도하는 동상, 참전한 여성들만을 위한 기념물, 군수공장 노동자들을 위한 기념탑까지 있을 정도이다. 한참 만에 런던 시내에 전에 못 보던 기념물이 세워져 있어 들여다보면 전쟁 기념물이다. 지금도 계속 세워지고 있는 전쟁 기념비를 보면, 도대체 이 사람들은 이런 기념물을 얼마나 더 세워야 참전한 사람들에 대한 빚을 다 갚았다고 생각할지 궁금해진다. '정말 우리에게 아직도 이런 것들이 더 필요한가' 라는 심각한 논쟁이 언론을 장식한 적도 있다.

영국의 전쟁 기념물들을 보면 특이한 점이 있다. 영국 내 전쟁 기념비의 대부분은 비록 승전 기념비라 해도 다른 나라 것들과 달리 의기양양한 모습이 아니다. 차분하게 전쟁을 기억하려고 만든 것처럼 보이지 내놓고 기뻐하면서 자랑스러워하는 그런 모습이 아니다. 이런 유의 기념물 중에서 가장 인

런던 빅토리아 제방에 있는 2차 세계대전 종전 65주년 전쟁기념물. 인물들의 표정이 슬프기 그지없다.

상적인 것은 런던 시내 리전트 스트리트 끝에 있는 크리미아Crimean 전쟁 기념비이다. 간호사의 대모로 상징되는 플로렌스 나이팅게일이 참전했던 크리미아 전쟁 기념비는 영국이 승리했음에도 기념탑 사면에 조각된 인물들의 표정이 슬프기 그지없다.

그러고 보면 전쟁을 업으로 하는 군인의 나라에서 전쟁은 당연히 이겨야 하는 일이라 승전을 드러내놓고 자랑스러워하는 건 유치한 일일 것이다. 그런 건 어쩌다가 한 번 이긴 나라에서나 하는 일이라는 말이다. 또 비록 나라는 승전을 해서 축제 분위기인지 모르지만 목숨을 잃거나 부상당한 당사자와 가족들에게는 그래서 슬플지 모르는데 마냥 승전을 즐기는 기념물은 당치 않다.

영국의 전쟁 기념물 중에서 그나마 개선문 형태를 띤 것은 버킹엄 궁 바로 옆의 웰링턴 공작 아서 웰슬리 장군 승전 개선문밖에 없다. 좀처럼 흥분하지 않는 영국도 워털루 전투에서의 보나파르트 나폴레옹을 깨고 승전을 한 것은 정말 자랑스러웠던 모양이다. 지금의 영국을 있게 한 제국주의는 전쟁을 먹고 자란 나무이다. 또 해가 지지 않는 제국의 신민으로서 세계 어디선가에서 벌어지는 전쟁에 참여하는 것은 다반사였다. 그래서 영국인의 전쟁에 대한 태도는 여느 국가 국민과는 다를 수밖에 없다.

영국인에게 군인은 무엇인가

중세 영국 사회에서도 사회 계급이 직업으로도 나뉘었다. 한국과 거의 대동소이하게 사농공상의 순서였다. 돈을 만지는 상업이 제일 낮은 직종이고 그다음이 수공업자, 평민으로는 농업이 가장 높은 직종이었다. 한국에서 선비를 뜻하는 사士는 영국에서는 문文이 아니고 무武였다. 지식으로 먹고사는 사람은 종교와 관련 있는 사람들밖에 없었다. 옥스퍼드의 대다수 칼리지는 신학교로 시작했다. 당시 귀족 부인들이 신학교를 지어 바치는 것이 가장 큰 천국으로 가는 보증수표라고 믿던 시절 이야기이다.

중세 봉건 신분 사회에서 계급의 사다리를 올라가는 방법은 딱 세 가지 방법밖에 없었다. 전쟁에 나가 큰 공을 세우거나 성직자가 되거나 무슨 방법이든 돈을 아주 많이 벌어 왕에게 가져다 바치고 작위를 사는 방법이 그것이다. 성직자는 머리가 있어야 하고 힘든 수련 과정을 거쳐야 했으니 결코 쉬운 일이 아니다. 돈 버는 일은 능력과 함께 운도 따라야 하니 아무나 성공하지 못한다. 결국 아무것도 가진 것 없는 평민으로서는 출세해서 신분을 바꾸려면 전쟁에 나가 큰 공을 세우는 수밖에 없었다.

전쟁에서 공을 세우려면 오랜 세월이 필요한 것도 아니고 정말 열심히 싸우면 된다. 일단 기본적인 밥벌이는 되면서 잘하면 출세할 수 있는 기회까지 있으니 평민들에게 군인은 아주 좋은 선망의 직업이었다. 아직도 영국인에게 군인, 특히 장교는 사회적으로 인정받는 좋은 직업이다. 출세를 위한 경력 관리용으로 크게 도움이 되는 직업이기도 하다.

영국 왕실의 왕자들은 찰스 왕세자를 비롯해 다 퇴역이냐 현역이냐의 차이뿐 모두 군인이다. 찰스 왕세자의 동생 앤드루 왕자는 23년간 해군에 근무했다. 특히 로열 베이비인 왕세증손 아들을 낳아 세인의 축복을 받은 윌리엄 왕세손은 그렇게 높은 계급이 아닌 공군 중위에 불과하지만 아직도 현역 군인이다. 장차 국왕이 될 왕위 서열 2위의 왕세손이 일반인 상관의 명령을 받는 셈이다. 옛날 같으면 상상할 수도 없는 일이다. 왕자는 태어나는 순간부터 장군이고 누구의 명령도 받지 않았다. 이제 세상이 변해 왕이 될 사람도 평민 출신 상관의 명령을 받는 세상이 되었지만, 영국 왕실의 신분은 바뀌지 않았다. 윌리엄의 동생 해리도 2005년 육사를 입학한 이후 지금까지 군인이다. 이렇게 왕족의 직업은 군인이다. 왕족의 직업이 군인이니 군인에 대한 영국인의 평가에 대해 더 이상의 설명이 필요 없을 듯하다. 이렇게 영국은 상류층이 선비 위주의 문반文班이었던 것과는 달리 왕실은 장군 위주의 무반武班인

국가이다. 영국은 군인들이 만든 나라이다.

목숨 걸고 벤처 나간 군인 같은 민간인들

그렇다고 군인들만이 전적으로 영국을 만든 것은 아니다. 군인들이 영국을 만들고 지켰다면 영국을 살찌운 사람들은 상인들이었다. 무기를 잡은 사람들이 무언가를 이루는 전통은 굳이 군인들의 전투만 있는 게 아니다. 자기 돈이든 은행에서 대출을 받았건 혹은 투자자를 찾아 돈을 모았건 간에 상인들은 사병을 이끌고 해외로 돈벌이를 나갔다. 모험이라는 단어의 뜻 그대로 그들은 벤처venture를 나갔다.

영국이 세계 경영을 하게 된 이유 중 하나가 장자상속 때문이라는 말도 있다. 집안의 맏아들에게 모든 재산과 작위까지 상속되니 그 아래의 차남부터는 문자 그대로 알거지가 될 판이었다. 물론 부모가 품위 유지용 정도의 재산은 물려주었겠지만 그것으로는 성이 차지 않아 이들이 목숨 걸고 벤처를 나가 영국 식민지를 개척했다는 것이다. 어찌 되었건 그렇게 해외로 나가 한 돈벌이가 미개지에서 토인들의 것을 약탈해서 가지고 오거나, 이웃 나라 배를 나포해서 화물을 탈취해 오는 해적질이었다. 그런 노략질이 국가의 이름을 빌려 이웃 나라 혹은 인근 영주의 봉토를 침범, 전투를 통해 약탈해 오는 것과 돈벌이라는 점에서는 전혀 다를 바가 없다. 벤처란 결국 위험을 무릅쓰고 외지로 나가 무력을 행사해 부를 영국으로 가지고 돌아오는 것이었다. 결국 영국이라는 나라는 군인만이 아니라 이런 식의 군인 같은 민간인들의 군사작전 같은 치부를 통해 이루어졌다는 말이다.

다른 예를 들어 보면 무력을 이용해 상인들은 많은 부를 얻었다. 무력이라는 보호막이 없으면 도저히 화물 수송이 안 되니 아무나 물건을 수입해 오지 못해 산지와 소비지의 가격에 엄청난 차이가 생겨 일어난 일이다. 결국 무력의 뒷받침이 있어야 무역이 가능했던 것이다. 다른 각도로 보면 장사도 경쟁자를 갖은 수단과 방법을 동원해 이겨 이익이라는 전리품을 취함이라 전투와 다를 바가 없다. 독일인이 사냥꾼이고, 프랑스인이 농사꾼이고, 영국인은 장사꾼이라고 하지만 그런 의미에서 본다면 영국인은 동시에 싸움꾼, 즉 군인임에 틀림없다.

중세 유럽에서 가장 큰 무역은 동양과의 무역이었다. 특히 향료를 싣고 들어오는 일은 가장 이문이 남는 장사였다. 중세 유럽에서 동양에서만 나는 후추를 비롯한 향료는 무게로 치면 금보다 더 비싼 고가품이었다. 냉장술이 발달하지 않아 향료가 없으면 상해서 냄새나는 육류를 먹을 수 없었기 때문이다. 동양에 가서 이 향료만 가지고 무사히 돌아오면 바로 노다지였다. 통상 수십 배 심지어는 시장 상황에 따라 수백 배가 남는 장사였다. 그래서 경쟁자들 배의 화물을 해적을 시켜서 뺏어 비싼 가격에 뒤로 팔아 꿩 먹고 알 먹고 한 경우도 드문 일이 아니었다.

거기다가 근대에 들어와 유럽인들이 차를 마시기 시작하면서부터는 동양과의 무역에서 한 항차航次만 해도 한방에 팔자를 고치는 살판나는 벤처가 되었다. 당시 유럽의 돈 많은 왕족이나 귀족들은 그해의 새 차를 남보다 먼저 마시는 사치를 위해서라면 천금을 안 아꼈다. 그래서 차는 무사히뿐만 아니라 빨리 가져와야 하는 품목이기도 했다.

당시 차 운반 쾌속선은 요즘 요트 경기에 투입되는 각종 과학기술 못지않은 최첨단의 기술을 동원해 건조되었다. 이런 차 운반 쾌속선 중에 한동안 어떤 배도 따를 수 없게 명성을 날리던 유명한 배가 '커티 사크Cutty Sark'다. 배 실물은 영국 런던 그리니치 천문대 앞 템스 강에 정박해 있으며, 지금은 노란색 상표로 유명한 스카치위스키 이름으로만 남았다. 1869년 건조된 커티 사크는 지금 봐도 날렵한 유선형의 선체와 합리적으로 설치된 돛대가 거의 200년 전 배라고는 도저히 생각할 수 없을 만큼 현대적이다.

차뿐만 아니다. 중국 도자기는 상류 유럽인들을 열광에 빠지게 했다. 16세기 포르투갈이 중국에서 명자明瓷를 수입하기 시작하면서 여기에 한번 요리를 담아 먹은 왕족이나 귀족은 다시는 다른 그릇에 담긴 어떤 요리도 먹으려 하지 않았을 정도였다. '사람 손으로 빚은 신의 그릇'이라는 말은 도자기를 일컬은 칭찬 중 아주 약과다. 심지어는 도자기를 보석에 비유해서 '사람 손으로 빚은 보석'이라고까지 했다. 정말 투박하고 거친 나무나 주석 혹은 토기 그릇밖에 못 본 유럽인들은 중국의 자기에 완전히 정신을 못 차렸다.

이런 향료, 차, 도자기 수입 같은 모든 동양과의 무역은 결국 무력의 보호를 받지 않으면 불가능했다. 선적항과 기착항 그리고 종착항까지의 모든 항로에는 위험이 도사리고 있었다. 항해 중간의 토착민 해적은 물론 해적선을 가장한 유럽 적국들의 배도 아주 큰 위험이었다. 이런 위험으로부터 자신들의 목숨과 화물을 보호하기 위해서는 선원들 모두 어떤 해군 못지않은 용맹을 가져야 했다. 주인의 화물을 무사히 보호해야 하기도 했지만 자신의 목숨도 유지해야 했기 때문이다. 특히 해적선을 가장한 유럽 적국들은 화물을 뺏은 후 증거 인멸을 위해 선원 전원을 반드시 몰살해야 했다. 그래서 '토착민 해적보다 흰 얼굴의 해적이 더 무섭다'는 말이 당시 유럽에 있었다. 이미 오래전에 들어와야 할 배는 온데 간데 소식이 없는데 시장에는 자신이 주문한 문양의 물건들이 돌아다니는 일이 종종 있었기 때문이다.

이렇게 물건을 팔러 가든, 물건을 싣고 오든 벤처를 나가는 무역상은 누구나 전투를 각오해야 했고 그래서 장사꾼도 군인이어야 했다. 섬나라인 영국은 자급자족이 안 되어 무역이 생존의 문제였다. 그래서 고향을 떠나는 사람이나 남아 있는 사람들이나 모두 군대를 떠나서는 살 수가 없었다. 이렇게 모든 국민이 전쟁과 연관이 있어서, 전쟁에서 생존해야 했던 전통의 국민들에게 오늘도 전쟁이 살아 있을 수밖에 없다.

Keyword 37 : 절약 또는 인색함

높은 물가로 자연스럽게 만들어진 영국인의 생활 태도 또는 생활 습관.

짠돌이
영국인

영국인은 우리 기준으로 보면 참 '짠돌이'고 '쪼잔하다'. 영국인이 그럴 수밖에 없는 이유를 풀다 보면 온갖 궁색스럽고 궁핍한 이야기가 나올 수밖에 없다. 그런 이야기를 하다 보면 우울하고 쓸쓸하다. 하지만 이런 기분도 우리 기준일 뿐 이들은 그래도 행복하게 살아간다.

한국인이 영국인보다 잘산다?

기본적으로 영국은 모든 물가가 비싸다. 빵이나 고기 같은 기본 식품비나 한국에 비해 좀 쌀까. 다른 소비 제품이나 서비스는 모두 한국에 비해 거의 2~3배는 된다. 예를 들면 영국에 사는 교민들이 한국 식품으로 식사를 해 먹으려면 어떤 품목이든 한국 가격의 2~3배는 지불해야 한다. 수입품이라

런던의 오픈 마켓인 브릭레인 마켓. 마켓이 열리는 일요일마다 빈티지와 저가 물건을 찾는 사람들로 북새통을 이룬다.

서 그렇기도 하지만 모든 물가가 그 정도로 비싸다. 인건비, 임대료, 광고비, 운송료, 부가세(20퍼센트)를 비롯한 모든 부대비용이 비싸니 물가가 높지 않을 수 없다. 아무리 영국 돈 단위가 한국보다 크다고 해도 소득수준과 비교한 절대 비교로도 영국의 물가는 비싸다. 영국 국민소득은 4만5000달러이고 한국은 2만5000달러이다. 수입은 거의 2배에 가까우나 물가도 그와 비등해 2배가 넘으니 구매력은 한국과 거의 같거나 못하다고 봐야 한다.

비슷한 월급을 받는 두 나라 가정의 씀씀이를 보면 그런 비교가 실감난다. 기본적으로 한국 물가가 소득에 비해서 싸다고 하면 말도 안 된다 싶겠지만 사실이다. 한국에 갈 때마다 물질적인 면이나 생활의 여유로 보면 한국인이 영국인보다 더 잘산다고 느낀다. 영국의 몇 가지 살인적인 물가를 예로 들어보자. 담배 한 갑이 무려 1만6000원이나 한다. 하루 종일 탈 수 있다고는 하나 근교 열차 및 지하철 1일 사용권은 아침 9시 30분 전에 타면 거의 2만 원에 이른다.

중국집은 처음이에요

한국에서는 아무리 저소득의 월급쟁이라 해도 퇴근 후 중국집에서 친구들과 요리 몇 개 시켜놓고 소주 한잔 하는 것이 큰 부담은 아니지 않은가? 휴일 어느 날 동네 옷가게 앞을 지나다 쉽게 입을 수 있는 세일 옷 한 벌 사는 것도 그렇게 힘든 일은 아니리라. 하지만 영국인에게는 펍에서 한두 잔 하면서 간단히 때우는 식사 말고 촛불 켜놓고 하얀 식탁보 깔린 정식 레스토랑에 가서 와인을 곁들여 식사하는 일은 정말 큰 행사 중 하나다. 패스트 패션이 유행해 옷값이 싸져서 요즘은 영국인도 새 옷 사 입는 재미를 느끼지만 그 전에는 새 옷이란 정말 특별한 경우에만 사는 사치였다.

20년 전 근무하던 회사에서 창고 재고 정리를 위해 전국 상점의 매니저들을 불러 며칠 작업을 같이 한 적이 있다. 작업이 끝난 뒤 수고했다고 저녁을 중국집(지금은 런던 시내에만 한국 식당이 100개가 넘지만 당시만 해도 한국 식당은 손으로 꼽을 정도였다. 음식값이 너무 비싸 정말 특별한 경우 아니면 가기 힘들었다. 그래서 그날도 참석 인원이 워낙 많고 해서 중국집을 택했다)에서 샀다. 이야기 중 한 매니저가 "중국집에 와서 이렇게 와인 놓고 음식을 먹어보기는 처음"이라고 했다. 놀라서 "중국 음식을 정말로 처음 먹어보느냐"고 물어보니 "물론 사 가지고 가서 집에서 먹어본 적은 있다"고 했다. 그 이유를 물으니 매니저는 기가 막힌다는 투로 "우리가 그럴 정도로 여유가 있는 줄 아느냐?"고 힐난조의 물음으로 답했다.

그 매니저는 펜을 들고 자신의 소득과 지출을 하나하나 금액을 들어가면서 설명해주었다. 월급에 불만이 있다는 뜻이 아니라 순수하게 자신의 현실을 알려주고 싶을 뿐이라는 것이었다. 당시 그녀의 연봉은 상점 책임자인 매니저 직분에 맞게 영국인 기준으로 보면 결코 빠지지 않는 수준이었다. 그럼에도 세금 내고 집 모기지 상환금, 식품비, 광열비, 통신비, 보험료, 휴가비 등의 기본 지출을 하고 남는 잔액, 소위 가처분소득은 그녀 월급의 10퍼센트밖에 안 되었다. 그 돈으로 극장도 가고 책도 사 보고 옷도 사 입고 술도 한잔 해야 한다. 인간관계 유지를 위해 친구들 생일 선물도 해야 하고, 정식 휴가는 아니라도 가끔 나들이도 해야 하는데, 솔직히 말해 이런 선물값, 자동차 기름값마저 부담이 된다고 했다. 한마디로 움치고 뛸 여유가 전혀 없다는 것이다. 그런 그녀의 경우가 일반적인 영국인의 모습이다. 적자 없이 장래 대비는 하면서 살아도 사치를 하거나 여유 부릴 여지는 없다는 말이다.

게다가 영국에는 제도화된 보너스가 없다. 여름휴가비도 없고 퇴직금도 없다. 연봉이면 끝이다. 회사에서 점심을 제공하면 그 혜택만큼 세금이 부과되므로 특별한 절세 방안이 있지 않는 한 직원들 식사 제공도 거의 없다. 점심은 각자의 몫이다. 한국 직장인 삶에서 빼놓을 수 없는 퇴근 후 회식도 물론 없다. 겨우 연말에 사무실에서 하는 송년회가 전부이다.

영국 정부에 연수를 왔던 한국 현직 고위 공무원의 경험을 들은 적이 있다. 오래 근무하다 은퇴하는 연수처 영국 직원의 송별연이 사무실 근처에서 퇴근 후 열렸다. 마실 것은 각자 사 마시고 퇴직 동료에게만 돌아가면서 한 잔씩 사주더라는 이야기였다. 카드와 정말 조그만 선물도 추렴한 돈으로 샀다고 해서 놀라고 느낀 바가 참 많았다고 했다. 영국 회사나 기관에는 아무런 여윳돈이 없다. 정해진 예산에는 한 푼도 여유가 없고 그 예산 안에는 숨겨놓은 금액도 없다. 이런 식으로 영국인 사전에는 계획에 없던 의외의 지출도 없지만 의외의 '눈먼 돈'으로 적당히 즐기는 한국식 회식이나 특전도 없다.

선진국 노동자라도 낙원에 살지 않는다

그날 그 매니저가 전해준 자신의 친구 이야기는 정말 믿거나 말거나 한 이야기였다. 그 친구는 애인이 와서 자고 간 날 아침에는 달걀 프라이를 안 먹는다고 했다. 아니 못 먹는다. 영국 노동자들은 기본적으로 대개 금요일에 주급을 받는다. 그래서 이들의 살림살이는 주 단위로 이루어진다. 그 친구도 일주일치 달걀 7개를 샀는데 하나가 예상외로 없어졌으니 사러 가기도 그렇지만 그럴 여유도 없어서 안 먹고 만다는 이야기였다.

이 이야기를 들을 당시 한국에는 노조의 임금 투쟁이 한창이었다. 개발 시대 피해를 본 노동자들의 처우를 개선해야 한다는 운동이 전국을 휩쓸고 있었다. 한국 노동자들의 생활상을 '선진국' 노동자와 비교해 목청을 높일 때였다. 그런데 당시 '선진국'이라는 영국 노동자들의 생활을 잘 아는 나는 한국 노동자들이 일상적인 삶에서는 더 나은 면도 있다고 생각했었다. 선진국 노동자들이라고 낙원에서 살지는 않는다. 기본적인 식생활과 일상적 소비 수준으로만 보면 한국인이 영국인보다 더 풍족하게 산다고 생각하는 점은 그때나 지금이나 변함이 없다.

영국 도로에는 2011년 기준으로 약 3100만 대의 자동차가 굴러다니는데, 그중 거의 10퍼센트가 무보험 차량이라는 통계가 있다. 보험료가 부담이 되어 이런 위험을 자처한다는 말이다. 무보험 차주들은 아무리 보험료가 싸더라도 결국 그런 불법을 저지를 수밖에 없는 부류라고 볼 수도 있지만, 간이 작은 영국인이 여유가 있는데도 그러리라고는 생각되지 않는다. 단지 돈이 없거나, 우선순위가 세상의 기준과 다르거나 둘 중 하나일 것이다.

DIY에서 수리 보험까지

한국 언론에 보면 영국인은 검소해서 중고 가게에서 옷을 사 입고 벼룩시장에서 중고 물건들을 사고판다고 하는데, 이 역시 검소하기 때문만은 아니다. 할 수 없어서 그럴 뿐이다. 세상에 누가 새 옷, 새 물건 사기를 싫어하겠는가? 여유가 없으니 그럴 수밖에 없다. 영국인들은 책도 도서관에서 빌려 읽어야 정상이고 그렇지 못한 경우에만 사서 본다. 동네마다 도서관도 많고 가까이 없는 곳은 이동도서관이 온다. 내가 원하는 책이 없어 신청을 하면 이웃 마을 도서관에서 빌려서라도 비치해놓고, 신청이 많으면 구입한 후 연락해준다. 영국인은 이런 식으로 절약할 수 있는 일에 돈을 쓰지 않는다. 이야기가 빗나가지만, 이렇게 보면 영국에는 출판사가 잘 안 될 것 같다. 모두들 빌려서 보니 말이다. 그런데 전국에 산재한 약 6000개의 도서관에서 1권씩만 구매해도 웬만한 초판은 다 매진이 될 판이니 그런 걱정은 안 해도 될 듯하다.

영국인에게 제일 겁이 나는 일은 전혀 예상치 않았던 곳에 돈이 들어가는 일이다. 전자 제품, 보일러, 자동차 고장은 거의 악몽에 가까운 일이다. 수리 기술자 손을 빌리면 비싸니 결국 자신이 할 수밖에 없다. 휴일에 영국인이 집을 수리하고 자동차를 손보는 일은 그 일을 좋아하는 일부를 제외하면 결코 좋아서 하는 건 아니다. 손수 하지 않으면 뭉텅이 돈이 나가니 할 수밖에 없다. 어릴 때부터 부모들이 그러는 것을 보아왔으니 불평하지 않고 당연하다고 여기기도 한다. 그래서 영국인의 DIY는 취미가 아니고 의무다.

자신의 손으로 어찌할 수 없는 전자 제품들은 수리 보험을 들어 대비한다. 만일에 대한 이런 대비를 피해망상증이나 신경과민에 걸린 때문이라고도 볼 수 있으나 이렇게 사정을 알고 보면 이해가 간다. 보험을 들고 나면 안심을 할 수 있고 안심값 치고는 큰 금액이 아니라는 말이다.

쪼잔하거나 쩨쩨하거나 엄정하거나

영국인의 간은 정말 작다. 신문에 나는 각종 비리 사건의 금액도 한국 기준으로 보면 웃음이 나올 정도이다. 2011년 영국 전체를 뒤흔든 국회의원들의 경비 오용 사건만 해도 그렇다. 여야 구분 없이 상당수의 의원이 제도의 허점을 이용해 해서는 안 될 경비를 청구해서 말썽이 되었다. 예를 들면 지방에 선거구를 둔 의원들의 런던 숙식비와 런던에 집을 가진 의원들의 집 유지비이다. 어떤 경비는 되고 어떤 경비는 안 된다는 뚜렷한 규정이 없다 보니 심지어는 런던 집 정원의 연못 청소에까지 공금을 사용하고 런던 숙소의 소파 및 TV 대금을 청구하는 등 별 치사한 경우가 다 드러났다. 영수증을 위조한 악질 의원의 경우는 교도소에 들어갔다. 그런데 그 금액이 2000만~3000만 원, 적게는 400만~500만 원짜리다. 그 정도 금액에 현직 국회의원이 교도소를 갔다. 이걸 쩨쩨하다고 해야 하나 엄정하다고 해야 하나.

대처 정부 때 이야기다. 현직 장관 부부가 아일랜드에 있는 자신의 업무와 관련된 회사의 초대를 받아 주말에 공장을 돌아보고 왔다. 왕복 항공권과 호텔비, 식사비 포함해서 몇 백만 원이 안 되는 금액이었고, 신고만 제대로 했으면 업무 출장에 부인이 따라간 점만 문제가 좀 될 뿐 사임할 일은 아니었다.

또 다른 하나는 해로즈 백화점 소유주 알 파예드의 국적 취득 관련 건으로 국회의원이 사임한 사건이다. 의회에서 국적 취득을 담당하는 내무부 장관에게 공식적으로 질의를 해주기로 하고 현금을 받은 국회의원 둘이 문제가 된 사건도 수수 금액이 3000만~4000만 원 정도였다(영국 의회에서는 자신의 지역구 개인 민원 문제를 회의 중 정식으로 각료에게 질의할 수 있다. 또 내무부 비자 심사 부서에는 아예 의원 편지를 동봉한 민원만 따로 모아 취급하는 의원과MP unit가 있다). 한국에서 몇 천억 원 단위의 정치인 비자금 관련 보도만 보다 와서 그런지 이런 영국 정치인의 비리 보도를 보면 웃기기도 하고 놀랍기도 했다.

이런 예를 들려면 수도 없다. 런던 경시청장이 한인들이 많이 사는 런던의 뉴몰던 경찰 지원 자원봉사자들을 경시청으로 초대한 적이 있었다. 런던 경시청은 보통 스코틀랜드 야드라고 불리는데, 셜록 홈스 탐정소설에 빈번하게 등장하는 곳이다. 런던 경시청 안이나 건물 내의 범죄 박물관도 일반인은 접근이 잘 안된다. 그래서 좋은 기회라고 생각하고 자원봉사자 모임에 참석했다. 동시에 런던 경시청장은 장관급인데 과연 자원봉사자들에게 어떤 대접을 할까 궁금하기도 했다.

 결론부터 이야기하면 대접은 실망이 이만저만이 아니어서 화까지 좀 날 정도였다. 우선 동네에서 런던 시내까지 가는 버스를 참가자 전원이 추렴해서 대절해 가는 것부터 이건 말이 안 된다 싶었다. '세상에 돈을 받고 하는 일도 아니고 자기들을 도와주는 자원봉사자들을 초대하면서 버스 한 대를 못 내줘?' 이런 기분이었다. 도착해보니 우리를 초청한 경시청장은 갑자기 터진 사건 때문에 도저히 참석하지 못하는 상황이었다. 이건 이해할 만했다. 그러나 저녁 시간이 되어 내놓는 음식은 정말 기가 막혔다. 말라비틀어진 샌드위치 조각에 감자 칩과 땅콩이 다였다. 와인도 전원에게 한 잔이나 겨우 돌아갈 정도였다. 평소에 영국인의 '스케일'을 아는 바라 큰 기대를 한 것은 아니었지만 그래도 최소한 요기는 할 줄 알았다. 더욱 기가 막힌 것은 모임이 끝날 때쯤 "이 식음료 모두 한 회계법인이 기부한 돈으로 충당했다"면서 박수를 유도한 점이다. 말문이 거의 막힐 정도의 놀라움이었다.

| Keyword 38 : 영국인의 정신 |

자선, 자조, 자원봉사. 이 영국인의 정신 세 가지로 어떤 어려움이 닥쳐도 무리 없이 영국 사회가 돌아간다.

영국 사회를 지탱하는 세 가지 정신

2012년 런던 올림픽은 7만 명의 자원봉사자 없이는 치를 수 없는 행사였다. 영국인의 핏속에 있는 자원봉사의 정신이 유감없이 발휘되어 올림픽을 멋지게 마감했다. 자원봉사자 선발에 얽힌 이야기와 봉사자들의 활동을 들어 보면 그들의 역할이 얼마나 대단했는지 알 수 있다.

런던 올림픽은 자원봉사 올림픽이었다

런던 올림픽 조직위원회는 자원봉사 신청자 25만 명 중 14개월간 서류 심사로 10만 명을 선발했고, 다시 영국 전역 7곳의 센터에서 선발자 전원을 일일이 30분간 대면 인터뷰를 해서 7만 명을 최종 선발했다. 거의 4 대 1의 경쟁인 셈이었다. 인터뷰를 한 심사 위원들도 자원봉사자 중에서 먼저 선발

훈련된 1800명이었다. 자원봉사자 중 1만2000명은 팀 리더였는데, 일반 교육자들과는 다른 교육을 받았다. 일반 봉사자 교육은 많게는 6회 적게는 3회에 걸쳐 했다.

자원봉사자는 모든 연령대, 직업, 인종이 총망라되어 있었다. 90살 넘는 사람은 물론 장기 실업자 재교육 프로그램을 마친 사람들도 있었다. 장기 실업 재교육자 6000명 중 15퍼센트가 자원봉사자에 지원했다고 한다.

자원봉사자 중에 특히 눈에 띄는 사람들은 각종 장애인이었다. 특히 청각장애인 후원 기관에서는 오래전부터 청각장애인 중 희망자를 선발해 올림픽 자원봉사 교육을 실시했다. 장애인이라고 타인의 도움만 받을 게 아니라 남을 돕는 일에 참여하게 함으로써 당당한 사회의 일원임을 느끼게 하는 고차원의 배려였다.

7만 명 자원봉사자의 공식 명칭은 '게임메이커'였다. 멀리는 스코틀랜드에서까지 그야말로 영국 전역에서 온 사람들이었다. 이들이 받는 혜택은 유니폼과 봉사 일정 중 식사 제공이 전부였다. 경기장까지 가는 교통비는 물론 숙소와 일정 이후의 식사는 자비 부담이었다. 경기장에서 통근이 가능한 런던과 잉글랜드 동남부 지역에서 온 사람은 반이 채 안 되었다. 결국 나머지 절반의 인원은 자비로 보통 2주 길게는 4주의 숙식을 해결해야 했다.

안 그래도 런던 물가는 살인적인데 올림픽 기간 중 호텔을 비롯한 숙소 가격은 이미 천정부지로 올라 평소의 3배는 보통이었다. 각지에서 온 자원봉사자들은 친지, 친구들 신세를 지거나 그도 없는 사람들은 각종 방법을 동원해야 했다. 궁여지책으로 인근 지방자치단체들이 근교 공원이나 학교 운동장 등에 캠프 사이트를 만들어준 것이 그중 하나였다. 하지만 텐트를 치더라도 비용이 만만치 않아 어느 자원봉사자의 말처럼 "아주 비싼 휴가"가 된 셈이었다. 그러나 자원봉사자 누구도 일생일대의 기회라면서 후회하지 않았다고 한다.

직접적으로 올림픽 경기에 봉사를 하는 '게임메이커' 말고 '런던 앰배서

자원봉사로 진행된 런던 올림픽 성화 봉송

더London Ambassador'라 불린 8000명의 자원봉사자들도 있었다. 이들은 런던 시청 소속으로, 신청자 2만5000명 중에서 선발되었다. 이들은 올림픽 기간 중 자신이 선택한 런던 시내 요지에서 안내 일을 했다. 하루에 100만 명 이상이 몰린 외지 관람객들의 길 안내인 겸 그들이 범죄의 희생양이 되는 것도 방지하는 보호자 등 여러 가지 역할을 했다. 이들은 올림픽 자원봉사자들보다는 조금 나은 혜택인 점심 식사비와 유니폼, 런던 시내 및 런던 근교에 거주하는 사람들의 경우 출퇴근 교통비를 받았다.

자원봉사자는 이들뿐만이 아니었다. 8000명의 성화 봉송 주자들도 자원봉사자였다. 이들이 70일간 거쳐 간 영국 전역 1000여 개 도시 및 마을 주변을 정리한 인원도 자원봉사자들이었다. 또한 전국에서 벌어진 각종 시합, 특히 지방에서 열린 축구나 사이클 경기 등에 동원된 인원 역시 지방 도시에서 자체적으로 선발한 자원봉사자들이었다. 이렇게 선발된 인원만 거의 20만 명에 달했다고 한다.

삶 속에 뿌리박힌 영국인의 정신

사실 영국인에게 있어 이런 자원봉사는 새삼스러운 것이 아니다. 자원봉사는 영국인의 삶 속에 깊이 뿌리박힌 하나의 생활 방식이다. 영국 사회를 지탱하는 세 가지, 즉 자선정신, 자조의식, 자원봉사 중 하나일 뿐이다. 비록 자신들은 무신론자인 것처럼 부정할지 모르지만, 이 세 가지 모두 영국인의 생활과 의식 속에 녹아 있는 기독교 정신에서 나온 것이라 할 수 있다. 세 가지가 각각 독립되어 있다고 볼 수도 있고, 서로 긴밀하게 연결되어 하나라 여길 수도 있다. 영국인이 이제는 교회에 나가지 않아 십일조를 직접은 안 하지만 생활 속에서 무의식중에 행하는 경우를 많이 볼 수 있다. 매일 아침 배달되는 우편물과 각종 잡지 속에 끼어 오는 인쇄물 중 많은 비율이 각종 자선단체 홍보물이다. 그만큼 자선단체가 많고 그 활동도 활발하다는 증거이다. 이는 그만큼 영국인이 평소 자선을 많이 한다는 말이기도 하다. 각종 매체 광고 중에도 상당 비율을 자선단체의 것들이 차지하고 있다.

시내 번화가 상점, 특히 근교 도시 번화가에는 정말 한 집 건너 하나 꼴로 자선단체가 운영하는 상점들이 늘어서 있다. 가게 주인들이 무상으로 빌려주거나 임대가 안 된 기간 동안만이라도 자선단체들이 빌려서 운영하는 가게들이다. 여기서 일하는 점원들 역시 모두 자원봉사자이다.

이런 상점에 가보면 각종 연령대의 사람들이 일할 뿐만 아니라 영어를 잘 못하는 외국인도 많이 근무한다. 영국에 처음 와서 영어를 가장 손쉽게 배우는 방법 중 하나가 이 같은 자선단체 가게에서 일하는 것이라 알려져 있기 때문이다. 평소 대화 상대가 그리운 영국 할머니들과 같이 근무하며 그들의 말벗이 되어주면서 무료 영어회화 연습을 하는 셈이다. 동시에 외국인과 말을 잘 안 트고 새로운 친구를 잘 안 사귀는 수줍고 배타적인 영국인과 개인적인 친교를 맺을 수 있는 좋은 방법이기도 하다. 영어 배우고, 사회봉사도 하고, 영국인 친구도 사귀고, 영국 사회의 속살도 볼 수 있는 일거사득의 기회라 할 수 있다.

왕실부터 일반인까지 자선 자조 봉사하는 나라

이렇게 영국인은 돈으로 혹은 노력으로 또는 재능으로 봉사를 하며 알게 모르게 사회에 십일조를 한다. 영국 중산층의 덕목 중 하나가 자선이고 봉사이다.

언젠가 엘리자베스 여왕이 영국에 진출한 한국 업체 공장 준공식에 갔다고 한국 언론에서 대서특필을 한 적이 있다. 영국에서는 직원 몇 십 명의 외국 투자 공장만 세워져도 그 지방 주지사는 물론이고 장관이나 심지어는 총리까지 온다. 그만큼 고용과 세금을 늘려주는 해외투자를 중요시한다는 말이다. 단지 그것이 공짜가 아니라는 점은 주목해야 한다. 예를 들면 여왕님의 행차에도 자선을 앞세운 사전 조율이 필요하다. 여왕 이름으로 된 자선단체나 여왕이 지정하는 자선기관에 기부를 약속하는 경우 여왕의 행차가 쉽게 이루어질 수 있다. 고위 정치인을 부를 때도 정치 후원회로의 기부 요청보다는 자신의 이름을 딴, 그러나 독립적인 자선단체나 제3의 자선기관에 기부를 요구하는 경우가 많다. 자선의 형식을 빌려 명분과 실익을 동시에 얻는 것이다.

일반인들의 자선이나 봉사도 이보다 더하면 더했지 못지않다. 1982년 영국에 처음 와서 아프리카 식량 기근 원조 모금을 보고 큰 감동을 받았다. BBC에서 24시간 생방송을 하면서 전화로 모금하는 특별 프로그램이었다. 결론부터 말하면 24시간 모금에 5000만 파운드가 모였다. 당시 환율로 계산하면 1000억 원이 넘는 돈이다. 지금으로부터 30년 전의 1000억이면 지금 가치로 치면 얼마가 될지 몰라도 대단한 금액임이 분명할 듯하다. 당시 한국에서 유행하던 것처럼 대기업에서 마지못해 낸 준조세 형식의 수억 원씩이 모여서 된 것이 아니다. 그냥 일반인들이 전화로 한 푼 두 푼 기부한 것이 그만큼 어마어마한 돈으로 모였다. '대단한 사람들이구나' 하는 감동과 함께 '무서운 나라에 내가 일하러 왔구나' 하는 긴장을 동시에 느꼈다. 지금도 이런 형식의 모금을 하면 모금액은 상상을 초월할 정도이다.

영국에는 어디를 가나 자원봉사자가 항상 있다. 영국에서 자원봉사자가 빠지면 사회가 돌아갈까 걱정될 정도이다. 내가 참여하고 있는 '범죄 피해자

지원센터Victim Support' 나 '경찰서 자원봉사자VIP: Volunteer in Police' 도 100퍼센트 자원봉사자로 이루어져 있다.

정치인도 예외가 아니다

엄격히 말하면 영국의 국회의원도 처음에는 자원봉사자로 출발했다. 소위 말하는 겸업 국회의원이었다. 자신들의 직업 이익을 대변하기 위해 지주와 상공인으로 이루어진 젠트리들이 무보수로 의회에 진출한 게 시작이었다. 정치는 먹고살기 위해 하는 것이 아니라 숭고한 봉사정신을 앞세워야 제대로 할 수 있다는 정신이 강했다. 이것이 영국 신사, 즉 젠틀맨의 어원인 중산층의 대표 젠트리의 정신이었고 지금도 이 전통은 영국 사회에 살아 있다.

오전에는 자신의 직업에 종사하고 오후에 국회에 나가 회의를 하는 과거의 전통이 남아 있어 영국 하원은 오후에 시작하고 밤을 새는 경우도 허다하다. 한때 우리나라에서도 겸업 국회의원 제도가 시행된 적이 있지만, 이제는 영국도 국회의원은 거의 전업 정치인이다. 그만큼 국회의원으로서 할 일이 많다는 뜻이기도 하다. 그렇다고 영국 정치인이 국회 세비로 생활한다고 생각하면 오산이다. 특히 지도층 정치인은 결코 먹고살기 위해 정치를 하는 사람들이 아니다. 부모를 잘 만나서 물려받은 재산이 많은 사람들이 많다. 예를 들면 캐머런 총리나 클레그 부총리, 조지 오스본 재무장관을 비롯해 현재 보수·자민 연립정부의 수뇌부는 거의가 다 팔자 좋은 백만장자들이다. 말에 어폐가 있긴 하지만 소위 말해 취미로 일하는 정치인들이다.

자신이 믿고 옳다고 생각하는 바를 이루기 위해서 정치는 전력을 다해 한다. 먹고살기 위해 정치를 하지 않으니 이해관계 혹은 독직의 유혹으로부터 자유롭다. 자신의 이익을 위해 일한다는 오해도 안 받는다. 영국 정치인은 서민들의 애환을 결코 겪어보지 못한 사람들이다. 선거에서 자신은 서민이었기 때문에 서민을 잘 이해하고 서민을 위해 일하겠다는 말을 할 수 없는 사람들이다. 그런데 영국 유권자들은 그런 서민 출신 정치인을 특별히 선호하지도 않는다. 영국인에게 정치인은 먹고살기 위한 방편은 아니어야 한다는 생각이 아직 많이 남아 있는 것 같다.

겸업 정치인의 전통은 지방의회에는 아직 남아 있다. 시의원들은 정말 거마비車馬費(교통비)에 해당하는 돈만 받고 일을 하기 때문에 거의 다 다른 직업을 가지고 있다. 지방의회는 대개 저녁 8시에 회의를 시작한다. 일주일에 두세 번 회의가 열리고, 열렸다 하면 거의 자정에 가까워야 끝이 난다. 자원봉사 정신의 발로가 아니면 도저히 할 수 없는 일이다.

국회의원 사무실에 가보면 지역구 당원들이 와서 무료로 일해주고 선거 때가 되면 이들이 도시락 2개를 싸 와 먹으면서 일을 한다. 자신이 옳다고 믿는 정책을 수행하는 정당의 집권이나 자신이 좋아하는 정치인을 위해 자원봉사를 하는 것이다. 돈이 들지 않는 정치는 이렇게 자원봉사자가 있어 가능하다. 자신이 원하는 것이나 고쳐야 할 사회문제가 있으면 앉아서 불평만 하지 않고 직접 나서서 고치겠다는 것이다. 자신이 옳다는 것을 자신의 힘으로 이룬다는 자조정신이 발로되는 또 하나의 현장이 바로 정치이다.

어릴 때부터 시작되는 자선 자조 봉사 정신

영국인의 이런 정신은 어릴 때부터 시작된다. 초등학교의 자선 행사 중에는 흔한 걷기 대회뿐 아니라 굶기 대회, 책 읽기 대회 등 별난 것들이 다 있다. 운동장 한 바퀴 돌면 얼마를 주겠느냐, 점심을 굶고 그 돈을 기부할 터이니 얼마를 도와주겠느냐 등의 메시지가 적힌 종이를 들고 이웃이나 친지들을 찾아다니면서 서명을 받는다. 서명받은 종이를 학교에 갖고 가 임무를 수행했다는 증명을 받으면 다시 그 종이를 들고 서명을 한 사람들을 찾아가 진짜 돈을 받아 당초 목적했던 기부를 하는 것이다. 불우이웃돕기나 수재의연금을 부모로부터 받아내는 우리 초등학생들과 달리 직접 뭔가 하거나 참여하는 연습을 어릴 때부터 하는 것이다.

우리가 아주 좋아하는 기네스 기록 경신도 거의 이런 자선 목적으로 이루어진다. 신기록을 달성할 터이니 돈을 기부해달라, 혹은 요트로 세계 일주를 할 터이니 항해한 거리만큼 기부를 하라는 식이다. 이렇게 몇 년씩을 준비해서 뭔가를 이루고 자선하는 영국인이 넘쳐난다.

영국 문화의 힘

| Keyword 39 : 찰스 존 허펌 디킨스 |

1812년 2월 7일 출생, 1870년 6월 9일 사망. 빅토리아시대에 활동한 그때나 지금이나 영원한 국민 소설가이자 사회운동가, 자선가. 서민의 애환을 대변하고 위로하며 날카롭게 사회를 풍자한 작품들로 감동과 재미를 주었을 뿐만 아니라 사회 개혁에 영향을 미치기도 했다.

셰익스피어보다 디킨스 가진 게 더 행운이다

　언젠가 한 영국인에게서 이런 이야기를 들은 적이 있다. "세상 사람들은 보통 우리가 셰익스피어를 가져서 행운이라고 하는데 나는 찰스 디킨스를 가져서 더 행복하다." 이 말이 보통의 영국인들이 자신들의 두 대문호에 대해 갖는 감상이라고 해도 과언이 아님을 많이 느낀다. 영어에 미친 영향이나 문학적인 가치로 따진다면 디킨스가 셰익스피어에 대적하지 못할지 모른다. 그러나 작가가 살던 빅토리아 시절은 물론 지금도 보통 사람들에게는 디킨스가 더 살갑다. 셰익스피어는 죽어 있는 작품 속 작가이고 디킨스는 살아 있는 생활 속 작가다. 그만큼 영국인들은 디킨스 작품에서 피부에 와 닿는 친화력을 느낀다.

　통상 디킨스를 폄하하고자 할 때 버지니아 울프의 아버지인 레슬리 스테판 경의 말을 자주 인용한다. "만일 문학이 어설프게 교육된half educated 대중 사이의 인기만으로 평가된다면 당연히 디킨스의 것이 영어 소설 중에는 가장 높은 평가를 받아야 마땅하다." 그럼 이건 어떤가? 디킨스와 동시대인으로 대사상가이자 세계적 문호였던 레오 톨스토이는 "그의 소설 인물들 모두는 다 내 친구들이다"라며 디킨스를 19세기 최고의 문호라고 평했다.

굳이 영국 두 대문호 사이에 싸움을 붙인다면 여기서 벌써 승부는 난 셈이다. 통속소설을 우습게 본 어설픈 지식인보다는 거의 성인이라 숭앙을 받는 톨스토이가 그렇게 평가했다면 설사 디킨스 소설이 좀 상업적이고 통속적이라 해도 승부는 난 것 아닌가? 셰익스피어에게 조금 위안을 준다면, 영국인은 셰익스피어는 존경하고 디킨슨은 사랑한다.

애정 넘치는 디킨스 탄생 200주년 축제

스테판 경의 말마따나 디킨스의 소설은 문학 소설로는 격이 낮을지 모른다. 그러나 빅토리아시대 이후 시대와 민족을 초월해 지금까지 사람들은 디킨스의 소설에 울고 웃곤 한다. 특히 영국 사람들이 디킨스에 대해 갖는 애정은 남다르다. 나는 이런 경우를 러시아인들이 푸슈킨에 대해 갖는 애정에서 본 적이 있다. 희대의 플레이보이이자 악동인 푸슈킨 작품의 동시에 존재하는 천재성과 통속성은 놀랍긴 하다.

영국인에게 디킨스는 단순한 소설가가 아니다. 조금만 눈여겨보면 그가 놀라울 만큼의 영향을 영국 사회에 끼쳤다는 것을 알게 된다. 소설가로서 서민의 애환을 대변하고 그로 인해 전 계급에 걸친 독자들이 고달픈 일상을 잊어버리게 만든 것은 우리가 잘 아는 사실이다. 디킨스는 약간 생소하긴 하지만 사회운동가이기도 했다. 그는 빅토리아시대 사회의 부조리와 위선을 소설뿐만 아니라 논설과 연설 등을 통해 고발했다. 그로 인해 개혁된 사회제도가 지금까지 영국 사회에 잔재하고 있을 정도다. 그는 일중독이라 불릴 정도로 열심히 일해

영국인의 애정 넘치는 축제 디킨스 페스티벌

쌓은 부를 사회 빈곤 계층과 억압받는 계급을 위해 베풀기도 했다. 이런 모든 면으로 인해 그는 당시는 물론 지금까지 영국인의 사랑을 받는다. 그의 탄생 200주년을 맞은 2012년에도 영국은 온통 디킨스 축제 무드였다.

2012년 한 해를 통틀어서 영국에서만 100여 개에 달하는 디킨스 관련 행사가 열렸다. 영어가 모국어인 미국, 캐나다, 호주, 뉴질랜드 같은 나라들이야 말할 것도 없지만, 영어를 국어는 아니더라도 일상어로 쓰는 인도, 파키스탄 같은 과거 식민지 국가들에서도 2012년은 디킨스의 해였다. 세계 각지에서 14개의 문학 페스티벌이 열렸다. 영어 사용 국가 외에는 파리, 취리히를 비롯해 스리랑카(골Galle 문학 페스티벌), 인도(자이푸르Jaipur 페스티벌), 우크라이나(르비브L' Viv 페스티벌), 스페인(아이Hay 페스티벌), 독일(발베르크 Walberberg 페스티벌)에서 디킨스 문학 페스티벌이 열렸다. 이러한 각종 페스티벌은 영어를 배우는 20억 명의 세계 사람들과 1100만 명의 영어 교사들을 위한 것이기도 하고, 영어를 모국어로 쓰는 전 세계 3억 5000만 명을 위한 국제적 축제이기도 했다.

디킨스 탄생 200주년을 기념한 주화도 나왔다. 디자인은 디킨스의 수염 난 얼굴 측면 모습에 작품 이름이 다양한 글씨 디자인으로 새겨져 있다. 자신을 위해 아무런 기념물도 만들지 말라는 본인의 희망과는 달리 그의 고향인 포츠머스와 런던의 서더크 지구에도 동상이 세워졌다.

디킨스 드라마, 소설 다시 보기 붐이 일다

BBC가 디킨스 탄생 200주년을 맞아 제작한 〈위대한 유산Great Expectation〉이 2011년 연말 TV 시리즈로 방영되어 600만 명이 시청하는 대성공을 거두었다. 그해 초에는 말년의 미완성 소설 《에드윈 드루드의 비밀Mystery of Edwin Drood》 마지막 부분을 현실에 맞게 다시 써 드라마로 제작해 방영하기도 했다. 이 역시 300만 명이 시청했다.

이 두 작품의 방영으로 영국에는 디킨스 소설을 비롯한 빅토리아시대 소설이 붐이었다. 분명 이 두 작품을 잘 아는데 가만히 생각해보니 실제 책을 읽지는 않았다는 것을 갑자기 깨달았거나 옛날에 봤는데 다시 궁금해진 사람들이 많아진 덕분이다. 이 바람에 책이 갑자기 많이 팔려 출판사는 입을 다물 수 없을 정도였다. 더욱이 이 작품들은 이미 저작권이 만료되어 저작료를 줄 필요도 없다. 세계적인 경제 사정으로 주머니가 얄팍해진 독자들이 책을 읽지 않아서 사정이 어렵다고 투덜대던 영국 출판사들이 142년 전에 죽은 작가와 BBC에 크게 신세를 졌다.

BBC의 '위대한 유산' 시리즈를 대비한 것

찰스 디킨스

도 아닌데 우연찮게 최근에 케임브리지 대학교와 핀란드 비스백 박물관이 공동으로 제작한 《위대한 유산》 원고 복사본이 나왔다. 디킨스 자신이 원고를 제본해서 친구에게 준 것이 핀란드 박물관에 기증되었고, 탄생 200주년을 맞아 세계 독자들과 연구가들을 위해 책으로 만들어져 나온 것이다. 이를 본 연구가들은 "디킨스의 악필은 이미 유명하지만 이 정도인 줄은 몰랐고 거기에 수많은 가필이 가해졌다는 것에 또 한 번 놀랐다"고 입을 모았다. 끝도 없이 고치고 시작과 마지막 문구도 여러 번 고쳤다는 것이 이번 복사본 출판으로 처음 알려졌다. 그중에는 완전히 다른 스토리 라인으로 바꾼 것도 있고 그것을 다시 원래대로 고친 곳도 있어 디킨스의 생각을 읽을 수 있었다고 한다. 대문호도 그렇게 고민하고 고쳐야만 위대한 작품이 만들어지니 "그도 우리와 같은 인간 같아서 참 좋았다"는 연구가도 있었다.

'디킨스 시즌'은 의외의 시도를 불러일으켰다. 마틴 바움이라는 작가가 디킨스의 작품을 '속어'로 다시 써서 책으로 펴낸 것도 그중 하나다. 그에 따르면 《두 도시 이야기》A Tale of Two Cities》는 'Da Tale of Two Turfs'로 제목이 바뀌었다. 《올리버 트위스트》의 유명한 대사 "Please sir, can I have some more?(저 좀 더 주시겠어요?)"는 'oi mate, gimme some more!'로 바뀌었다. 일상적인 영어로 대화를 하는 젊은 세대에게 오래된 고전이 쉽게 다가올 수 있게 하려고 이런 작업을 했다는 것이다. 그가 바로 직전에 작업한 셰익스피어의 작품집 《To Be Or Not To Be, Innit》은 1만 권이 팔렸다고 하니, 이미 상당한 독자를 확보하고 있는 셈이다. 그는 이미 단테, 에드거 앨런 포, 매튜 펄 등의 작품도 개서했다고 한다.

물론 영국인 모두가 이렇게 대문호들의 작품을 사랑하고 즐기는 것은 아니다. 최근 30세 이하 2000명을 대상으로 조사한 바에 따르면, 응답자의 20퍼센트는 《올리버 트위스트》를 "찰스 다윈이 썼다"고 답했다. 또 조지 오웰의 《동물 농장》에 대해서는 응답자의 20퍼센트가 "포르노 필름"이라고 답했

Keyword 39 : 찰스 존 허펌 디킨스 399

다. '셜록 홈스'는 응답자의 4분의 1이 실제 인물이라고 믿고 있었으며, 스코틀랜드 최고 작가 로버트 번스마저도 67퍼센트의 응답자가 우리의 순대 비슷한 스코틀랜드 명물 음식 "하기스haggis 제작자라고 생각한다"는 것이 밝혀졌다. 응답자들은 "문고본 책 한 권 읽는 데 8개월에서 1년 정도 걸렸다"고 답했다 하니, 영국 식자들이 보면 기가 막힐 노릇이다.

디킨스에 대한 세계인의 흥미와 관심은 하루 이틀의 일이 아니다. 디킨스가 쓰던 상아 이쑤시개가 연전에 7000파운드에 팔린 적이 있었다. 작가의 이니셜이 새겨져 있는 것 말고는 진짜 별 볼 일 없는 작은 물건이었다. 미국 투어 중 선물로 받은 것으로 작가가 죽을 때까지 사용했다고 하는 이 이쑤시개는 미국 출판 그룹 반스앤노블이 가지고 있다가 경매에 내놓았다.

디킨스 소설 속 실제 인물 찾기

현재의 세계적인 크리스마스 풍조는 디킨스의 소설 《크리스마스 캐럴》에 힘입은 바가 크다고 한다. 18세기 말에서 19세기 초, 죽어가던 크리스마스를 다시 살려 이웃과 사랑을 나누고 가족 중심의 축제로 만든 것이 바로 디킨스의 소설이었다는 평가다. 지금까지 가장 많이 영화화된 소설 중 하나이고, 매년 크리스마스를 크리스마스같이 만드는 대표적 영화이기도 하다.

《크리스마스 캐럴》에 나오는 스크루지는 디킨스 소설 주인공 중에서도 가장 유명한 인물이다. 디킨스 연구가들이 찾아낸 바에 따르면 에베네저 스크루지는 18세기에 살았던 국회의원 존 엘위스를 모델로 한 것이라고 한다. 그는 홀로된 어머니와 삼촌이 죽으면서 남긴 35만 파운드(현재 가치로 4600만 파운드, 즉 800억 원)를 가진 부자였으면서도 1년 생활비를 50파운드(현재 가치 6550파운드, 즉 1800만 원)밖에 쓰지 않았던 사람이었다. 이 인물의 이야기는 워낙 유명해 디킨스가 소설 소재로 이용했을 것이라는 관측이 나온다. 디킨스 연구가들은 디킨스에 관한 한 무엇이든지 연구할 가치가 있다고 보고 무엇이든지 연구한다.

디킨스는 이처럼 소설의 인물을 상상 속 가공의 인물이 아니라 현실에 실재하는 사람들을 각색해서 등장시켰다. 그의 소설이 더욱 현실감을 가지고 독자들에게 어필하는 이유가 여기에 있다. 그래서 그는 지금도 디킨스 연구가들을 바쁘게 만든다. 이들은 디킨스 소설에 나오는 실제 인물을 추적해내곤 하는데, 최근에는 올리버 트위스트가 일했다고 하는 워크하우스를 디킨스가 어려서 살았던 집 바로 근처에서 찾아냈다고 한다. 또 소설 속에서 올리버 트위스트를 부리던 패긴은 당시 신문 기사에 따르면 흑인 갱 보스였다고 한다. 그의 실제 이름은 헨리였는데, 실제 스토리처럼 집을 나오거나 길 잃은 아이들을 강제로 부려 소매치기를 시키고 물건을 훔쳐오게 했다고 한다. 올리버를 도와주려다 살해된 낸시의 경우 당시 실제로 벌어졌던 25세 여인의 참혹한 살해 사건을 디킨스가 이용했다는 것도,《크리스마스 캐럴》에 유령으로 나오는 스크루지의 죽은 파트너 제이콥 말리는 디킨스의 첫 런던 집 근처 메릴리본 스트리트에 살던 등잔용 기름 장사꾼 윌리안 사이크라는 것도 드러났다. 디킨스는 이 거리에서 17세부터 20세까지 살았다.

이렇게 보면 영국인에게 있어 디킨스는 절대 죽은 작가가 아니다. 오늘도 영국인들은 마치 그가 살아 있는 연예인인 것처럼 열심히 뒤를 캐고 다니고 있다. 또 마음속으로는 매일 그가 쓰는 소설을 기다리고 있는지도 모른다. 마치 연속극의 다음 편을 기대하듯 그의 소설이 신문 기사로, 영화로, 연극으로, 뮤지컬로 계속 나타나길 기다리고 있는 것이다.

비공식적 개인사까지 밝히는 사람들

디킨스의 돈에 대한 관념은 무척이나 유명하다. 그는 쉬지 않고 소설, 기사, 신문 발행, 연극 대본, 연설, 소설 낭송회 등을 통해 돈을 벌었다. 최근에 밝혀진 바로는 그의 거의 마지막 작품인 《우리 서로의 친구Our Mutual Friend》는 당시 인세로 6000파운드를 받았는데, 지금 돈으로 계산하면 42만 파운드(7억5000만 원)에 해당하는 거액이라고 한다. 그가 초기 미국 투어에서 벌어들인 돈도 지금으로 치면 140만 파운드(25억 원)라고 하니 당시로서는 어마어마한 돈을 번 것이다. 그러나 그가 죽을 때 남긴 돈은 생각보다 많지 않았다. 아마 그의 화려한 생활과 10명의 자녀 뒷바라지 그리고 많은 자선으로 남은 돈이 별로 없었는가 보다. 유산은 지금 돈으로 710만 파운드(127억 원)였다. 물론 "세계의 모든 정치인, 사회운동가들이 한 모든 것보다 디킨스가 세상의 핍박받는 민중을 위해 한 일이 더 많다"고 극찬한 카를 마르크스가 남긴 250파운드(현재 가치로 2만3000파운드, 즉 4000만 원)에 비하면 아주 많으나, 찰스 다윈의 1300만 파운드(234억 원)에 비하면 약소하다.

이혼한 부인의 여동생들과의 관계도 아주 흥밋거리다. 일찍 죽은 처제 메리와는 정신적인 사랑이었다고는 하나 그녀의 죽음으로부터 평생 완전히 회복하지 못할 정도였다. 그가 미국 시인 앨프리드 테니슨에게 고백한 바에 따르면 "매일 그녀를 생각하고 있으며 미국같이 특별한 여행을 할 때면 같이 왔으면 얼마나 좋았을까 하는 생각을 하고 죽은 그녀의 손에서 빼낸 반지를 평생 지니고 다닌다"고 했다고 한다. 심지어 그녀의 머리카락도 잘라 목걸이에 넣어 가지고 다니기도 했다.

동시에 다른 처제 조지나는 평생 결혼하지 않고 디킨스의 아이들을 돌보았다. 심지어는 언니가 디킨스와 이혼한 후에도 그녀는 디킨스가 죽을 때까지 따라다녔다. 최근에는 그녀와의 사이에 디킨스가 사생아를 두었고, 실제 그 사생아의 아들이 호주에 살고 있다는 확인할 수 없는 주장이 주목받기도 했다. 친구 테니슨이 디킨스에게 준 다이아몬드 반지를 그 사생아의 아들이라는 사람이 갖고 있다가 경매에 내놓아 세간에 화제가 된 적도 있다.

어쨌든 빅토리아시대에는 공식적으로 꺼내놓을 수 없었던 이야기들이 막 쏟아져 나와 대문호의 도덕성에 흠집을 내고 있다. 그러나 이도 대문호의 인기가 아직도 현 시대의 연예인의 그것과 다를 바 없다는 것을 방증할 뿐이다.

"디킨스였다면…"

재정 적자와 세계적인 경제난에 직면한 영국은 긴축재정 정책으로 온 나라가 시끄럽다. 기존 복지 제도 축소 문제가 국가적인 화두다. 긴축재정을 펼쳐야 하는 당위성은 국민 모두가 합의를 한 상태지만 어디서부터 시작해야 하는지가 논쟁의 초점이다. 각 가정이 받을 수 있는 복지 혜택의 총량을 정해서 한다는 것부터 시작해서 전 방위에서 긴축 논의가 이루어지고 있다. 어느 부문도 이 칼날을 피해 갈 수 없다. 문제는 보수·자민 연립정부 내에서도 불협화음이 나오고 있고, 자민당은 물론 보수당 내에서도 수뇌부 방침에 반발하는 소리가 나온다. 전통적으로 보수당의 정책에 찬성하는 편인 영국 성공회 고위층에서도 노골적으로 반대 목소리를 내고 있는 것도 심각한 문제다.

이런 목소리를 보도하거나 글을 쓸 때 영국인들은 "이 문제는 디킨스가 목소리를 높였던 것이다", 혹은 "디킨스가 만든 제도인데 그가 살아 있으면 어떻게 발언했을까" 하는 식으로 많이 시작한다. 심지어는 국회에서 노동당 의원이 발언하면서 디킨스 이야기를 하는 것도 들었다. "디킨스 시대에 만든 제도를 지금 좀 어렵다고 200년 전으로 되돌리겠다는 것인가" 하는 논지였다. 그 당시에 나온 말도 다시 되풀이되고 있다. "자격 있는 가난한 자와 그렇지 못한 자deserving and undeserving poor"가 대표적이다. 사회복지 혜택을 받을 자격이 있는 노력하는 가난한 자와 노력하지 않고 사회복지에 마냥 매달려 있는 노력하지 않는 가난한 자의 예를 들면서 자발적인 장기 무직자

(영국에서는 실업자라 하지 않는다) 등은 구별해서 복지를 베풀어야 한다는 말이 나온다. 디킨스가 활동하던 때도 정책 입안자들이 항상 외치던 논리였다. 여기서도 결국 디킨스가 아직도 영국인의 마음과 영국 사회에 살아 있음을 본다.

Keyword 40 : 비틀즈 그리고 007 시리즈

지금도 영국의 대중문화 하면 떠오르는 대표적인 전 세계적 신드롬.

비틀즈와 007, 영국 대중문화의 힘

2012년은 영국이 낳은 영웅 비틀즈와 007 제임스 본드 50주년의 해였다. 특히 영국 대중문화 중에서도 세계적으로 가장 유명하고, 반세기가 지난 지금까지도 그 열기가 식을 줄 모르는 최고의 두 아이템이 데뷔한 날짜가 같은 해, 같은 날이어서 분위기가 더욱 뜨거웠다. 비틀즈의 첫 싱글 《러브 미 두 Love me do》와 007 제임스 본드 첫 영화 〈닥터 노Dr. No〉는 모두 1962년 10월 5일에 발표와 개봉을 했다. 우연의 일치이긴 하나 예사로운 일은 아니다. 1962년은 영국이 2차 세계대전의 고난에서 본격적으로 벗어나 대중문화의 꽃이 활짝 피기 시작한 해였다.

50주년을 맞아 영국 곳곳의 서점과 음반 가게에는 비틀즈와 007 스페셜 코너가 만들어졌다. 관광객을 대상으로 하는 기념품 가게뿐만 아니라 일반 영국인들이 가는 슈퍼마켓에도 50주년과 관련된 제품을 모아둔 코너가 생겼다. 어른 콜렉터들을 위한 비싼 콜렉터용 기념품부터 아이들 장난감까지 다양했다. 제임스 본드가 항상 차고 나오는 오메가 시계의 50주년 기념 한정판은 무려 700만 원이 넘었다. 본드 필름 22개 세트는 다행히 35만 원 정도라 욕심내볼 만한 수준이었다.

비틀즈 관련 상품도 더 많으면 많지 결코 적지 않았다. 비틀즈의 싱글과 앨범은 디지털로 리마스터되어 개선된 음향으로 새롭게 출시되었다. CD는 물론이고 LP 음반도 첫 출반될 당시 모습으로 나왔다. 예를 들면 비틀즈의 첫 싱글 《Love me do / P.S. I Love You》는 출반 당시의 재킷과 모양을 본떠 비닐에 SP(45rpm) 형식으로 담겨 한정판이 제작되고 판매되었다. 스튜디오에서 만들어진 비틀즈의 '스튜디오 앨범' 12장은 한 세트로 묶여 5만 장 한정판으로 나왔다. 이 역시 180그램 비닐판이다. 각 음반에 관한 이야기와 설명이 담긴 252쪽짜리 안내서도 포함되어 있다고 해서 수집가들을 흥분시켰다.

비틀즈가 위대한 이유

비틀즈를 찬양하는 여러 가지 말이 있지만 '세계 현대 대중음악은 비틀즈 이전과 이후로 나뉜다'는 말이 최고가 아닐까 한다. 비평하기 좋아하는 사람들은 비틀즈가 그렇게 성공한 것은 적기적소에 비틀즈가 있었기 때문이라고 한다. 비틀즈 노래는 그냥 조금 즐겁고 로맨틱한 리듬일 뿐이어서 다른 시대에 태어났으면 그냥 괜찮은 밴드로 끝났을 텐데 몇 가지 행운이 따랐다는 말이다. 당시는 2차 세계대전 후 처음으로 사람들, 특히 젊은이들 주머니에 돈이 돌기 시작했고, 소위 말하는 베이비붐 시대의 아이들이 청년이 된 시기였다. 당시 미국 인구의 35퍼센트가 베이비부머였다. 동시에 세계적으로, 특히 미국에 TV가 본격적으로 보급되기 시작했다. 영국에서 온 깔끔한 복장의 미남 청년들이 미국인들에게 어필한 것은 당연했다.

리버풀, 비틀즈 박물관에 걸려 있는 노란 잠수함 앨범 속의 비틀즈

비틀즈가 위대한 이유를 음악적 이유를 떠나 단순한 기록으로 살펴보자. '관행이었던 싱글 음반이 아니라 앨범을 위주로 음반을 낸 첫 경우', '1970년까지 총 12장의 정규 음반을 발표하며 세계적으로 10억 장 이상의 음반 판매고 기록', '빌보드 핫 100위 50년 역사상 1위 싱글 20곡으로 가장 많이 1위를 차지한 가수', '50여 곡이 넘는 톱 40위권 싱글', '그래미상 일곱 번 수상', '미국의 인기 프로그램인 〈에드 설리번 쇼〉 출연 때 시청자 수 약 7300만 명 기록', '1965년 8월 15일 뉴욕 야구 스타디움 공연에 관객 5만5600명 기록', '최초의 대규모 세계 투어', '전 세계 최초의 위성 생중계 BBC 프로그램 〈아워 월드Our World〉 출연과 24개국 방송'을 들 수 있다.

마지막으로 비틀즈 마니아라는 세계적인 첫 오빠 부대의 등장도 빼놓을 수 없다. 이제 오빠 부대는 온 세상의 일상이 되어버렸다. 오빠 부대가 없다면 오늘의 스타들은 과연 어떻게 살 것인가? 현재 비틀즈 멤버 4명의 이름을 딴 인공위성도 지구 궤도를 돌고 있다.

비틀즈가 남긴 것들

조지 해리슨의 11주기를 맞아 2011년에 나온 그의 일대기를 다룬 기록영화도 비틀즈 50주년을 즈음해서 다시 각광을 받았다. 출시 당시는 상영 시간이 3시간 20분으로 길어 상업적인 성공을 거두지 못했는데 새롭게 관심을 받았다. 조지 해리슨의 팬들은 비틀즈 멤버 중에서 가장 관심을 못 받은 조지 해리슨이 사실은 비틀즈 전체에 끼친 영향이 일반인들이 아는 것보다 상당히 크다고 주장한다. 비틀즈 노래 중 〈Something〉, 〈Here Comes the Sun〉 같은 주옥같은 곡들이 해리슨의 작곡이었다는 사실도 잘 알려져 있지 않다. 비틀즈 음악이 인도 음악에 영향을 받은 것도 사실은 조지 때문이다. 같은 맥락으로 보면 링고 스타도 세인의 관심에서 멀어져 있긴 마찬가지다. 링고 스타와 관련해 잘 알려지지 않은 재미있는 사실도 있다. 어린이들의 인기 만화영화 시리즈 〈토머스 탱크 엔진〉에 등장하는 주인공 목소리가 링고 스타의 목소리라는 것이다.

비틀즈가 얼마나 부자인지는 아무도 모른다. 비틀즈 이름이나 판권을 관리하는 회사 Apple Corp Ltd와 영국 국세청 외에는 재산 규모를 정확히 모른다고 한다. 재산은 계속 불어나고 있다. 저작권 때문이다. 예를 들면 미국 TV 드라마가 비틀즈의 노래 한 곡을 사용하는 데 25만 달러를 지불했다니 반세기가 지난 지금도 그들의 노래는 황금알을 낳고 있다. 가히 천문학적이라 할 수 있다. 2012년 《더 타임스》는 비틀즈 멤버 각자의 재산(죽은 사람의 부인과 자녀 자산 포함)에 대해 폴 매카트니 5억1500만 파운드(9270억 원), 존 레넌 2억 파운드(3600억 원), 조지 해리슨 1억8000만 파운드(3240억 원), 링고 스타 1억6000만 파운드(2880억 원)라고 보도한 적이 있다.

비틀즈 탄생 50주년과 관련해 각종 상품만이 아니라 세계 곳곳에서 각종 헌정 밴드 공연이 열렸다. 세상에 도저히 일어날 수 없는 일은 비틀즈의 재결성 공연이다. 4명 중 2명이 이미 사망했기 때문이다. 그런데 그해 소위 짝퉁

밴드라고 불리는, 헌정 밴드라기에는 오리지널에 가깝고 그렇다고 오리지널 밴드는 아닌 이상한 밴드 결성이 추진되어 세인들의 관심을 끌었다. 비틀즈 2세들에 의해 '2세 비틀즈' 결성이 추진되고 있었던 것이다. 이들의 움직임을 두고 비틀즈 노래 〈Here comes the sun〉을 빗대어 'Here comes the sons' 라고 사람들은 빈정댔다. 존 레넌의 막내아들 숀 레넌(36), 폴 매카트니의 아들 제임스 매카트니(35), 링고 스타의 막내 제이슨 스타키(46), 조지 해리슨의 아들 다니 해리슨(34)이 그 결성 시도의 주역들이다. 사진을 보면 아버지와 아들이 닮는 것이 자연의 이치이긴 하지만 닮아도 참 많이 닮았다. 특히 존 레넌의 아들 숀은 아버지 존을 상징하는 동그란 안경까지 쓰고 있어 젊은 존 레넌이 다시 살아온 것 같은 착각까지 불러일으킨다.

영국 언론이 스타 축구 선수의 부인과 여자 친구를 일컬을 때 쓰는 '왁스 WAGs: Wife And Girl Friends' 라는 말이 있다. 이와 유사한 신조어로 유명 인사의 못난 아들딸을 부르는 '사도스SADOS: Sons And Daughters Of Stars' 도 있다. 언론은 비틀즈 2세들을 '사도스' 라 일컬으며 놀렸다. 이렇게 비틀즈 아들들의 시도를 보는 세간의 눈길은 차갑다. 특히 폴 매카트니는 아들 제임스의 음악계 진입을 열심히 돕고 있으나 별로 성공적이지 못해 주위를 안타깝게 한다. 이들 '사도스' 중 나름 성공한 경우는 폴 매카트니의 딸인 디자이너 스텔라 매카트니, 존 레넌의 맏아들인 싱어송라이터 줄리안, 링고 스타의 맏아들로 영국 최고의 밴드 '오아시스' 와 '더 후' 의 드러머로 활동 중인 잭 정도다.

밟은 곳마다 관광 코스

비틀즈는 50년 만에 전설이 되어 그들의 발자취가 모두 관광 코스가 되었다. 리버풀에는 '비틀즈 차일드후드 투어Beetles Childhood Tour' 라는 관광 코스가 있다. 폴 매카트니와 존 레넌이 어릴 때 살던 집을 방문해 둘러보는 것이

비틀즈가 초기 활동했던 캐번 클럽. 이제는 명소가 되었다.

다. 두 집 다 영국의 문화재 보호 단체 '내셔널 트러스트'에 이미 기증되어 관리되고 있다. 비틀즈가 유명해지기 전 연주했던 매튜 스트리트에 있는 캐번 클럽Cavern Club도 관광객으로 발 디딜 틈이 없을 정도다. 다행히 펍이라 아직은 입장료가 없다. 이름처럼 동굴 같은 지하로 계단을 한참 내려가야 한다. 벽에는 비틀즈의 부조가 조각되어 있고, 무대에는 비틀즈가 공연하던 당시 모습이 보존되어 있다.

비틀즈의 마지막 앨범 《에비 로드》 재킷 사진의 배경이 된 횡단보도도 인기다. 최근 에비로드와 관련해 재미있는 일이 벌어졌다. 그 유명한 에비로드 근처 지하철역은 세인트 존스우드 역이다. 그런데 2011년 런던 동쪽 웨스트햄에 에비로드 역이 생겨 관광객들을 혼란에 빠뜨렸던 것이다. 지금도 제대로 조사하지 않고 온 관광객들은 엉뚱한 동명의 역 근처에 가서 헤맨다. 덕분에 근처 구멍가게는 무려 30퍼센트나 매상이 올라서 싱글벙글이지만 인근 주민들은 안타까워한다. 혼란의 직접적인 피해자인 진짜 에비로드 횡단보도 근처의 가게들은 런던 시에 항의를 하고 난리가 났었다.

에비로드와 관련된 다른 이야기도 있다. 문제의 레코드 재킷 사진 오른쪽 끝에 보면 웬 신사 한 사람이 아주 작게 나와 있다. 오래전부터 비틀즈 팬들 사이에서는 이 사람이 누구냐고 궁금해했었다. 화제의 인물은 미국에서 온 폴 콜이라는 관광객이었다. 관광 와서 우연히 서 있다가 유명한 사진에 등장하는 행운을 누린 셈이다. 에비로드 횡단보도는 영국 정부에 의해 2010년에 이미 2급 문화재로 지정되었다. 에비로드 횡단보도는 그 후 관광지 안내 웹사이트에 리버풀의 캐번 클럽이나 앨버트 독의 비틀즈 스토리 박물관을 제치고 비틀즈와 관련해 반드시 가봐야 할 명소 중 1등으로 선정되었다.

본드 시리즈는 단순한 영화가 아니라 하나의 현상이다

다음은 007 이야기. 2012년 50주년을 즈음한 10월 5일 런던 시내는 007 제임스 본드의 최신 시리즈 〈스카이 폴〉의 개봉을 앞두고 '007 현상'으로 서서히 달아오르고 있었다. 시내 중심을 다니는 버스의 측면 광고는 007 영화 광고로 도배를 했고, 세계 최고급 백화점이라는 런던 해로즈 백화점은 건물 전체 쇼윈도를 007 일색으로 장식했다. 시내 바비칸센터 박물관에서는 007 영화에 나오는 각종 소도구 전시회가 열렸다. 영화 내 소도구 담당 인물인 큐Q가 제임스 본드에게 제공하는 교묘하게 작동하여 본드를 위기에서 구하는 비장의 무기들을 수집해놓아서 본드 팬들에게 인기였다.

10월 23일 로열앨버트홀에서 열리는 영화 개봉에는 찰스 왕세자 부부가 참석해서 '더블 프리미어double premiere'라고 언론들이 난리였다. 단순한 상업 영화 개봉에 찰스 왕세자 부부가 같이 참석하는 경우는 흔치 않다. 이날 입장권 수익을 영국 정보 관련 부서 종사자 은퇴 기금에 제공한다는 형식을 밟아 명분을 세우긴 했지만, 굳이 그런 변명을 하지 않아도 새 007 영화에 왕가에서 참석하는 일을 영국 국민 누구도 욕하지 않았다. 어찌 보면 영국의 자랑 중 하나인 007 영화에 왕가가 관심을 쏟는 것은 이상한 일이 아니기 때문이다. 이미 여왕은 본드와 같이 2012년 런던 올림픽이라는 007 번외 시리즈도 찍었지 않은가!

한 영화가 시리즈로 50년 동안 26편이 줄기차게 만들어질 정도라면 이건 정말 간단히 볼 일이 아니다. 대단한 '현상'으로 봐야 한다. 본드 시리즈는 '이제 단순한 영화 시리즈가 아니다. 문자 그대로 현상이고 이 현상은 불가사의하다(phenomenon'에는 '현상'이라는 의미와 함께 '불가사의하다'라는 뜻도 있다)'라는 언론의 평은 절대 틀린 말이 아니다. 그래서인지 카디프 대학에 '제임스 본드의 시대 배경'이라는 강좌까지 개설되었다.

제임스 본드 시리즈 첫 영화 〈닥터 노〉가 나오던 1962년까지만 해도 영국은 아직 세계 영화의 본산 중 하나였다. 물론 흑백영화 시절에는 모든 영화가 영국을 거쳐야 했을 정도였지만. 할리우드가 본격적으로 영국에서 세계 영화 산업을 넘겨받아 시대를 풍미하는 동안 영국 영화계는 변방에 머물러야 했다. 이 본드 시리즈는 그런 영국인들의 영화에 대한 자존심을 보상해주는 역할을 해주고 있다. 비록 제작과 배급은 미국 할리우드 회사들이 하지만 〈스카이 폴〉에서 보듯 감독, 남녀 주연배우, 주요 조연들이 모두 영국인이다.

영국인이 열광하는 본드는 영국인이 아니다?

제임스 본드는 영국인이지만 영국인이 아니다. 제임스 본드는 영국인이기보다는 프랑스인에 더 가깝다. 영국인은 프랑스인을 부끄러움을 모를 정도로 탐닉하고, 겸손이라고는 볼 수 없을 정도로 무례하고, 신중함은 찾아볼 수 없을 정도로 경박하다고 싫어한다. 그런데 제임스 본드는 이 세 가지 중에서 다른 것은 몰라도 탐닉적인 면을 보면 분명 영국인이 아니고 프랑스인이다. 럭셔리한 고속 스포츠카를 타고 다니면서 눈에 보이는 기막히게 예쁜 여자란 여자는 다 손에 넣고 샴페인도 돔 페리뇽이나 볼랭저만 마신다. 이것저것에 억눌린 영국 남자들의 로망을 대변하는 인간형이어서 선망의 적이다.

또 제임스 본드는 보통의 영국 신사들과는 달리 음식에도 상당히 까다롭다. 영국의 요리가 발달하지 않는 것은 영국인 자신 때문이다. 영국인은 살기 위해 먹는 것이지 프랑스인처럼 먹기 위해 사는 것이 아니라고 믿는다. 철저한 청교도 정신의 발로다. 어느 프랑스 학자는 물산이 풍부한 프랑스와는 달리 영국 땅에 먹을 것이 워낙 없어서 그럴 수밖에 없었을 것이라고 빈정대기도 하지만 영국인은 종교와 도덕적 신념 때문이라고 강변한다. 어쨌든 영국인은 음식 이야기는 신사가 입에 침을 넘겨가며 할 이야깃거리는 아니라고 생각한다. 미식 이야기는 인간의 원초적 본능이라 섹스와 마찬가지로 신사들이 드러내놓고 논의할 사항이 아니라고 근엄한 영국 신사들은 믿는다.

영국 관공서 중에서도 정보부는 외교부 다음으로 가장 보수적이고 좋은 집안 사람들이 근무하는 기관이다. 거기에 근무하는 제임스 본드가 먹고 마시는 것에 탐닉한다는 것은 본드가 프랑스인이라고 주장하는 사람들의 근거다. 특히 그들은 제임스 본드가 마티니를 주문하며 "흔들되 휘젓지는 말고"라고 주문하는 장면을 보면 고개를 절레절레 흔든다.

본드, 본드걸 그리고 한국인 악역들

2006년 〈카지노 로열〉부터 등장한 6대 제임스 본드인 대니얼 크레이그는 숀 코너리 이후 최고의 제임스 본드라는 평부터, 그를 넘어섰다는 칭찬까지 듣고 있다. 실제 대니얼 크레이그는 꺼져가던 007 영화를 〈카지노 로열〉 한 편으로 다시 살렸다. 영국인들은 제임스 본드로 등장하는 배우들을 심각하게 받아들인 적이 별로 없다. 그냥 흥미 본위의 영화에 출연하는 대중적 인기 배우 정도로 봤을 뿐이다. 대니얼 크레이그는 그런 통념을 깨고 영국인들 사이에서 가장 영국적인 제임스 본드라는 평을 듣는다. 또 영국 여성들로부터는 최근 배우 중 가장 섹시한 영국 남자 배우라고 칭송받는다. 결코 꽃미남 같지 않은, 흡사 건설 현장의 노동자를 금방 데려다가 나비넥타이에 수트를 입혀놓은 듯 어쩐지 어색하면서도 카리스마가 느껴지는 모습에 영국 여성 관객들은 열광한다.

그래도 말하기 좋아하는 사람들은 제임스 본드에 대해 비난을 한다. "왜 흑인 제임스 본드나 게이 제임스 본드는 없느냐"고 말이다. 또 "꼭 잘생긴 제임스 본드만 나와야 하느냐"는 비난까지 퍼붓는다. 그냥 보고 즐기고 마는 영화 주인공에까지 '정치적으로 올바른politically correct' 것인가를 따져야 하는지는 의문이다. 사실 흑인 배우 윌 스미스가 제임스 본드 제의를 받은 것을 일반인들은 잘 모른다. 심지어는 미국인인 브루스 윌리스, 클린트 이스트우드도 제의를 받았고 영국 가수인 톰 존스도 본드 역 제안을 받은 사람 중 하나라고 하면 놀란다.

사실 영화계가 정치적 영향력에서 자유로울 수는 없다. 최근 중국을 나쁘

6대 제임스 본드 대니얼 크레이그와 〈007 스카이 폴〉의 본드걸 나오미 해리스

게 묘사하는 영화는 거의 나오지 않는다. 대신에 만만한 북한이 그 악역을 맡는다. 007 시리즈 중 〈다이 어나더 데이〉에는 아예 북한이 제임스 본드의 주 작전 지역으로 등장한다. 본드 영화에서 한국인이 등장한 것은 이 영화가 처음은 아니다. 007 시리즈 중 인기가 있었던 〈골드 핑거〉 원작 소설의 악역 골드 핑거의 부하는 모두 한국인이다. 특히 그중에서도 경호원 겸 운전사로 나온 '오드잡'이란 덩치 큰 악역이 압권이다. 오드잡은 고양이 먹기를 좋아하는데, 원작 소설에는 한국에 먹을 것이 없어서 고양이 먹기를 배웠다고 되어 있다. 또 소설에는 '킬러를 원한다면 한국에서 찾아라. 반드시 제대로 된 킬러를 찾을 것이다'라는 대사도 나온다. 이언 플레밍이 왜 한국에 대해 그런 인상을 가졌는지는 알 수 없다. 〈골드 핑거〉 영화에서 철 모자를 던지며 쇠봉을 자르던 오드잡은 일본계 배우였다.

제임스 본드 영화에서 본드걸이 안 나오면 반이 빠진 것과 다름없다는 말은 과장이 아니다. 늘씬하고 섹시한 여성들은 눈요깃감으로만 등장하는 게 아니다. 정신없이 이어지는 숨 막히는 액션 장면과 그에 따른 긴장을 여성들이 누그러뜨려주는 역할을 한다. 007 시리즈 50년 26편 역사상 제임스 본드는 6명이 나왔지만 본드걸은 영화가 나올 때마다 바뀌었다. 같은 여배우가 본드걸 역을 두 번 맡은 경우는 한 번도 없다. 동양 여배우로는 중국의 양쯔충楊紫瓊과 일본 배우가 나왔었으니 이제 한국 여배우가 나올 차례라고 세간에 이야기가 많은데 전혀 근거 없는 소리는 아닌 듯하다. 본드걸만큼 시류를 잘 좇아 선정한 경우도 드문데 이제는 한국 시장이 할리우드도 무시 못할 만큼 커졌기 때문이다.

통속문화를 고급문화로 만드는 영국 대중문화의 힘

제대로 된 영국 첩보 업계를 그린 소설은 최근 영화화되어 절찬을 받은

《팅커, 테일러, 솔저, 스파이》다. 결코 로맨틱하지 않은 첩보 세계의 가감 없는 현실 그대로를 냉정하고 직설적으로 다룬 존 르카레의 이 원작은 500쪽이 넘는 대작이다. 사실 영국 첩보계의 역사는 이런 소설보다 더 기이하고 복잡했다. 영국 정보부 소련 국장 킴 필비가 소련 스파이였다는 사실이 밝혀진 '케임브리지 대학교 출신 스파이 사건'이 그 대표적인 예다. 그래서 영국인들은 영화로는 그냥 보고 즐기기 좋은 007을 좋아해도 스파이 소설로 르카레의 것을 최고로 꼽는다.

영국 통속소설계에는 셜록 홈스와 애거사 크리스티의 고전적 탐정소설과 그레이엄 그린의 《제3의 사나이》 같은 현실에 가까운 본격 첩보소설만 존재했다. 다른 종류의 소설에 목말라 하던 이언 플레밍은 사람들의 환상이 가미된 '로맨틱 판타지 스파이 소설'이라는 새로운 소설 장르를 만들어냈다. 그래서인지 제임스 본드는 빗발치는 총탄을 뚫고 다녀도 결코 다치지 않는다. 그러나 적어도 미국 할리우드 영화들처럼 허무맹랑한 영웅들이 등장하지는 않는다. 영국 첩보영화는 그래도 이렇게 본격적인 소설을 기반으로 해서 만들어졌기 때문이다. 미국 슈퍼히어로 영화들은 소설이 아니라 더 쉽게 상상력을 발휘할 수 있는 만화를 기본으로 만들어졌다. 슈퍼맨을 필두로 배트맨, 엑스맨 시리즈 등이 그런 것들이다.

사실 영국인들이 자기네들끼리 즐겨 보면서 좋아하는 영국식 영웅 영화는 미국식의 슈퍼맨 영화가 아니다. '미스터 빈'으로 세계인의 사랑을 받는 로완 앳킨슨이 주연한 《자니 잉글리시》가 영국인이 좋아하는 대표적 영웅 영화다. 세계적으로는 별로 히트를 못 쳤지만 영국에서는 대단한 성공을 거뒀다. 바보 같은 실수로 세계인의 사랑을 받는 '미스터 빈'이 제임스 본드 역할을 한다면 더 이상 설명이 필요 없지 않은가? 굳이 설명한다면 바보 같은, 전혀 영웅적이지 못한 영웅이 펼치는 넌센스 첩보 활동을 보고 실소를 금치 못하면서 웃고 마는 영국인의 '오만한 자학 성향'이 잘 드러난 영화다.

영국은 역사적으로 한 번씩 세상을 뒤집는 대중문화를 만들어낸다. 그것도 아주 통속문화로 말이다. 셰익스피어 문학이 지금은 아주 엄숙한 본격 순수 문학 취급을 받지만, 400년 전에는 관객들을 웃고 울게 만들던 통속연극의 극본이었을 뿐이다. 찰스 디킨스 소설도 인기 신문 연재 통속소설에 불과했다. 통속적이라고 천시받던 대중문화도 만인에게 사랑받고 오랜 세월이 지나 바람과 비에 씻기고 낡으면 존경받는 고급문화가 된다. 50주년을 맞아 비틀즈와 제임스 본드는 이미 통속문화를 벗어나 존경받는 대중문화로 들어선 듯하다. 누가 50년 전 리버풀 맥주 냄새나던 클럽에서 불리던 노래가 이런 대접을 받을 줄 상상이나 했겠는가 말이다. 최근 세계를 휩쓸었던 《해리 포터》나 지금은 숨어서 보는 《그레이의 50가지 그림자》도 나중에는 순수문학 걸작으로 존경받는 날이 곧 올 것이다. 이렇게 영국 대중문화의 힘은 알아주어야 한다.

| Keyword 41 : 베스트셀러 |

통속소설, 회고록, 자서전, 역사서, 지방 섹션 책. 지금 또는 오랫동안 영국인이 사랑하는 책들.

베스트셀러 책들로 본 영국인

영국의 가장 큰 서점 체인 '워터스톤'의 베스트셀러(2012년 5월 마지막 주) 1위부터 100위까지를 살펴보자. 우선 소설이 54권으로 절반 넘게 차지한다. 다음이 자서전 15권, 역사서 7권, 연보 5권, 정보 관련 5권, 요리 3권, 자기계발 2권, 기타 9권이다. 우선 자서전과 역사서가 2, 3위를 한 것이 눈길을 끈다. 1위부터 10위권까지의 상위 순위를 보면 두 가지의 특이점을 볼 수 있다. 한 작가의 작품이 1, 2위로 2개나 올라 있고, 아직 출간도 안 된 책이 7위에 올라와 있다는 사실이다. 그중 하나가 조앤 롤링의 '어른을 위한 첫 소설'《Casual Vacancy》이다.

통속소설 읽는 사람들

'해리 포터' 시리즈의 공전의 히트로 세계적으로 4억 권의 책을 판 작가라고는 하지만, 출간이 아직 100일도 더 남은 책이 사전 예약만으로 7위를 했다는 점은 놀랍다. 작가가 이미 소설을 완성했는데도 책이 출간되는 데 이렇게 오래 걸리는 이유도 참 궁금하다. 후반 작업이 많이 필요한 디자인이 복잡하거나 사진이 많이 들어가는 책도 아닌데 말이다. 영국인은 으레 그러려니 하고 돈부터 내고 서너 달을 인내심을 가지고 기다린다. 그렇게 해서 출판사는 출간 전에 이미 어느 정도 팔릴지를 예상해 제대로 된 판매 전략을 세울 수 있다. 하느님도 잘 모른다는 책의 대박 여부를 영국 출판사는 출간 전에 이미 안다. 영국 출판사는 책에 관한 한 하느님보다 낫다. 그 힘을 영국 독자들이 주는 셈이다.

   사실 영국 서점에서 팔리고 있는 소설책 중에는 한국과는 달리 순수문학을 앞에 내세우는 본격 문학소설은 별로 없다. 킬링 타임용으로 쉽게 읽고 쉽게 버리는 소위 말하는 통속소설이 전부라고 해도 과언이 아니다. 양장본과 보급판 소설의 상위 10위 전체 20권 중에서 그나마 문학소설이라 부를 만한 책은 《트레인 스포팅Train Spotting》의 작가 어빈 웰시의 책 《Skagboys》 하나에 불과하다. 영원한 세계의 대문호 셰익스피어를 낳은 영국인들은 이제 더 이상 문학소설을 보려 하지 않는다. 그냥 쉽게 보고 즐기고 말지 '인생의 의미를 천착 어쩌고 하는' 그런 골치 아픈 소설은 보려 하지 않는다. 한국에서는 100여 종에 달하는 순수 문학잡지를 영국에서는 대형 서점에서도 찾아보기 힘들다. 그나마 있던 문학잡지도 거의 온라인상으로 잠적해버렸다. 종이로 발행되는 잡지는 서점에는 거의 진열되어 있지 않다. 주문제이거나 회원용으로 자기네끼리만 보는 수준으로 발행되는 실정이다.

베스트셀러 판매 부수가 적은 이유

   1위부터 10위권까지의 상위 순위에 1, 2위로 두 작품을 올린 작가는 E. L.

제임스다. 그는 에로 소설 《그레이의 50가지 그림자》 시리즈를 상위 순위에 모두 올렸다.

보통 영국 출판사는 책을 처음에는 양장본hardback으로 출간한 뒤 어느 정도 판매가 되어 대량 판매에 자신이 생기면 보급판paperback을 시장에 내놓는다. 이 시리즈 3권은 이미 미국과 호주에서의 성공으로 검증이 되었다고 판단해서인지 영국 시장에서는 아예 처음부터 보급판으로 시작했다. 출간된 지 얼마 안 됐는데도 이미 서점들은 정가에서 30퍼센트 이상을 할인해 4.79파운드(8700원)에 판매하고 있다. 통상 다른 책값에 비해 상당히 싼 편이다. 이런 가격이라면 판매는 이제 시작 단계에 불과하다는 예상이다. 영국 책은 보통 워낙 비싸 친구들끼리 돌려 보거나 아니면 도서관에서 많이들 빌려 보기도 한다. 하지만 이 소설은 혼자서 은밀하게 읽어야 하는 내용이다. 해서 영국 성인 인구 1명에 1권씩을 목표로 삼는다는 출판사의 야심만만한 포부가 불가능하지는 않을 것 같다.

하지만 영국인은 베스트셀러라고 해서 무조건 따라 읽지 않는다. 누가 뭐래도 자신이 좋아하는 장르의 책만 골라 읽는다. 거기다가 워낙 출판되는 책의 종류가 다양하고 많기 때문에 베스트셀러라 해도 오랜 시간을 두고 서서히 팔려나간다. 그래서 독서를 많이 한다는 영국에서도 어지간해서는 5만 부를 넘기기가 힘들다. 예를 들면 《선데이타임스》 베스트셀러에 오른 각 부문의 10위권 서적 40권 중에 5만 부를 넘긴 책은 E. L. 제임스의 그레이 시리즈 소설 3권과 다른 소설 1권밖에 없다.

영국인의 유별난 회고록, 자서전, 역사서 사랑

워터스톤의 100위 순위 통계와 마찬가지로 《선데이타임스》 일반류(소설 제외) 양장본 상위 10위에도 자서전이 7권, 역사서가 2권, 자기계발서가 1권이 올라 있고, 보급판에는 자서전 6권, 역사서 3권, 에세이 1권이 들어 있다. 이렇게 영국인의 자서전과 역사서 사랑은 유별나다. 유명 인사의 자서전은 항상 베스트셀러다. 특히 정치인, 스포츠 스타, 연예인들의 자서전은 아무리 내용이 시원찮아도 일단은 베스트셀러 톱 10에 몇 주는 들어간다. 그중에도 자필 자서전이 특히 인기다. 유명인들이 평소에는 사생활이라고 감추고 드러내지 않던 자신의 이야기를 자진해서 말하니 독자들은 열광할 수밖에 없다. 특히 어려웠던 어린 시절과 그런 고난을 이겨내고 지금의 위치까지 오르게 된 내력, 그리고 평소에 궁금해하던 큰 사건들의 뒷이야기를 말해주니 독자들이 좋아해 잘 팔리고, 이 때문에 그런 책이 많이 나온다.

원래 영국 정치인들은 현직에서 물러나면 조용히 낙향해 역사적인 인물의 평전이나 특별한 시대의 역사서를 썼다. 그동안의 경륜과 경험에 비추어 자신의 공과功過를 자연스럽게 그 안에 녹여 넣었다. 자신이 봉직했던 이야기를 자화자찬하고 변명하는 식으로 마구 늘어놓는 자서전이나 회고록은 안 쓰는 것이 덕목이었다. 더군다나 현직에서 있었던 일에 대한 막후 이야기는 굳이 기밀 사항이 아니라 해도 입을 다무는 전통이 있었다. 요즘은 그간의 전통과는 달리 현직에 있을 때부터 준비하는지 정치인들이 퇴직하고 얼마 안 되어 회고록이 쏟아져 나온다. 자신을 대중들이 미처 잊어버리기 전에 한탕 하겠다는 의도가 눈에 보이는 듯해서 좀 씁쓸하지만, 전직 상관을 비롯해 적과 동료들을 마구 물어뜯는 내용이라 독자들은 마냥 즐겁기만 하다.

회고록이나 자서전 중에 몇 년 전부터 계속해서 이름 없는 일반인이 자신의 어린 시절 쓰라린 경험을 쓴 책이 아주 인기다. 특히 부모나 가까운 사람들, 혹은 학교에서 받았던 각종 신체적 폭력이나 성적 학대에 대한 고백서들이 많이 쏟아져 나와 꾸준히 독자를 모으고 있다. 2002년 6월 둘째 주에도 세 자매가 아버지로부터 어릴 때부터 받았던 성적 학대의 고통과 그를 벗어나는 과정을 담백하게 그려낸 책이 7위에 올랐다. 정말 상상할 수도 없는 끔

찍한 일이 일어났고 그런 중에도 삶은 계속되어 주인공들은 이제 이런 책을 쓸 수 있을 정도가 되었다는 인간 승리류의 책이다. 실화인데도 소설보다 더 기이한 작가의 삶이 실감나고 흥미진진하게 적혀 있어 독자들로 하여금 책을 못 놓게 한다.

독자들로 봐서 이 참혹한 삶은 자신이나 주위 사람의 이야기가 아니라 전혀 상관없는 사람의 삶이다. 그러니 공분을 일으킬 만한 일인데도 흥미로운 이야기로 볼 수 있어 좋다. 더군다나 아주 오래전에 일어난 일이라 굳이 감정 이입을 안 하고 볼 수 있어서 좋기도 하고. 볼 때는 오금이 저려도 끝나고 나면 "아! 영화였구나!" 하는 안도의 한숨을 쉴 수 있는 것이 공포 영화를 보는 이유가 아닌가. 공포 영화와 마찬가지로 책장을 덮으면서 주인공이 자신이 아니라 다행이라는 위안을 얻는 것이 이런 유의 자서전을 읽는 독자들의 심리가 아닐까 한다. 그래서 제3자로서 바라볼 수 있는 타인의 삶에 관심이 많고 특히 공포 영화를 좋아하는 영국 독자들에게는 딱 맞는 책이다.

자서전과 역사서가 영국인에게 인기가 있는 또 하나의 중요한 이유는 영국인 특유의 사생활 과보호 집착 때문이기도 하다. 도저히 들여다볼 수 없는 타인의 어두운 사생활 구석구석을 이런 자서전들을 통해 보는 재미가 쏠쏠하기 때문이다. 정치인들의 자서전이나 회고록도 같은 맥락에서 이해할 수 있을 듯하다. 흡사 몰래 카메라나 벽 구멍을 통해 숨겨졌던 타인의 사생활을 들여다보거나, 내가 감히 가보지 못한 역사적 사건의 현장을 숨어서 보는 심리와 같다는 말이다. 이렇게 보면 역사적 인물의 자서전이나 평전도, 더 나아가 역사

워터스톤 서점, 영국 뮤지션 로드 스튜어트의 자서전 팬 사인회

서에 쏟아지는 영국인의 관심에도 같은 해석이 가능하다. 지금까지 알려진 사실과는 다른 해석이나 발견이 저자의 오랜 연구와 조사를 통해 나타난 책을 대하면 영국 독자들은 열광한다.

2002년 6월 둘째 주《선데이타임스》베스트셀러에는 엘리자베스 여왕 즉위 60주년 기념 주일이라서 그런지 여왕의 평전이 보급판과 양장본에 각각 1권씩 들어가 있다. 이 2권에는 지금까지 알려지지 않은 여왕과 왕가에 대한 숨기고 싶어 하는 내용도 많이 들어 있어 인기가 높다. 또한 역사서도 여러 권 있다. 12세기 중반부터 330년간 영국을 지배한 플랜태저넷Plantagenet 왕가의 이야기를 다룬 역사서가 양장본 9위에 올라 있다. 2차 세계대전 중에 벌어진 상상이 불가능할 만큼의 잔악한 인간성과 전쟁의 엄청난 참상을 그린 책《All Hell Let Loose》와 노르망디 상륙 작전을 다룬 책《D-Day》도 보급판 3, 4위에 올라 있다.

이렇게 역사에 대한 영국인의 관심은 어제오늘의 이야기가 아니다. 물론 영국인의 역사에 대한 관심은 일단 영국 역사가 최우선이다. 영국 역사에 등장하는 수많은 사건, 인물들에 얽힌 이야기는 항상 최고의 인기 품목이다. 처칠, 셰익스피어, 엘리자베스 1세 여왕, 헨리 8세, 빅토리아 여왕 같은 영국의 역사적 인물들은 단골 메뉴라 일정한 시기를 두고 계속해서 다른 내용들이 출판된다. 그러나 역사서 중 전쟁을 다룬 책은 꼭 영국 역사에 국한되지 않더라도 인기가 높다. 특히 1, 2차 세계대전을 다룬 책은 무수히도 나왔고, 나왔다 하면 거의 베스트셀러가 되었다. 심지어 러시아와 독일의 2차 세계대전 승패를 가른 '스탈린그라드 공방전'을 다룬 안토니 비버의 책《Stalingrad》는 영국에서만 50만 권이 팔렸다. 자신들과 직접 관련도 없는 역사 서적이 이 정도로 팔렸다고 하면 한국 출판 업계 인사들은 믿지 못한다. 소설도 아닌 역사책이, 그것도 다른 나라의 전쟁을 다룬 책이 어떻게 그렇게 많이 팔릴 수 있느냐는 말이다(한국에서도 2004년 번역서가 나왔으나 초판도 다 팔리지 않았고, 최근 다시 번역판이 《피의 전투, 스탈린그라드 전투》로 나왔는데, 이 책은 결과가 어떨지 궁금하다).

우리가 쓴 우리 이야기를 원한다

영국의 서점에서 제일 독특한 서가는 '지방local 섹션이다. 그 지방에 관계된 다양한 책들이 비치되어 있다. 서점이 있는 도시라면 어디든 그렇다. 근처의 아주 작은 동네에 관한 각종 자료들이 책으로 출판되어 있다. 동네 역사책을 비롯해 사진집, 인물록, 각종 자료집, 산책로, 등산로, 유적지, 낚시터, 사냥터, 동식물 도감, 찻집, 식당 소개서 등 이루 다 예를 들 수 없는 다양한 주제의 책들이 출판되어 있어 정말 경악을 금치 못한다. 필요한 자료가 있어서 찾다 보면 거기에 대한 책이 이미 다 나와 있을 정도다. 심지어는 그 지방에서 일어났던 각종 범죄만 다룬 책도 있고 1, 2차 세계대전을 비롯해 각종 전투에 참전했다 전사한 동네 청년들에 관한 책도 보았다.

대체 이런 책들을 누가 왜 썼으며 출판업자는 과연 몇 권을 팔려고 출판했는지 정말 알고 싶다. 실제 몇 권이 팔렸는지도 궁금하다(영국 책에는 한국 책처럼 몇 판 몇 쇄라는 친절한 안내문이 없다. 심지어 언제 출판되었는지를 알리는 출판 연도가 없는 책도 많다).

이렇게 영국을 다룬 책들은 정말 많이도 나와 있다. 이미 나와 있는 책만 해도 충분할 것 같은데 계속해서 자꾸 나온다. 영국인은 일본인처럼 무엇을 해도 반드시 기록을 남기는 전통 때문에 세세한 자료가 있어 이런 책을 만들 수 있다. 영국인 중에는 남이 알아주지 않아도 어딘가에서 처박혀 빛이 나지 않는 일을 하는 사람이 참 많다. 그런 빛나지 않는 일을 하는 사람들이 많아야 세상이 밝아지는 이유는 뭘까?

한 사람을 알려면 그 사람의 장서를 보면 되듯이 영국인이 좋아하고 잘 팔리는 책을 살펴보다 보면 영국인이 보인다. 영국인은 거창하고 장대하고 심오한 진리를 별로 궁금해하지 않는다. 영국인은 정말 자신이 포함된 '우리들의 이야기'에만 관심이 많은 민족이다. 개인의 구질구질한 과거사부터 자질구레한 동네 이야기, 더 나아가서는 나라를 움직였던 이야기까지 포함해서 말이다. 특이한 점은 영국인은 영국인이 쓴 영국 이야기를 특히 더 좋아한다는 것이다. 영국인은 외국인이 자신들을 어떻게 보는지에는 별로 관심이 없다. 나는 영국에 살면서 영국을 어떻게 생각하느냐 혹은 영국에 대한 첫인상이 어떠했느냐는 질문을 영국인으로부터 받아본 기억이 없다. 그만큼 영국인은 외국인의 관점에서 본 자신들은 궁금해하지 않는다. 그냥 자기네들의 이야기가 궁금할 뿐이다.

그래서인지 영국인은 자신들이 필요한, 자신들에 대한 내용과 관련해서는 다양하고 풍부한 종류의 책을 많이 만드는 반면 외국인에게 반드시 필요한 책은 별로 출간하지 않는다. 영국에 처음 와서 살다 보면 제대로 된 도시나 사람 이름 같은 고유명사를 발음하기가 너무 어렵다. 우선 원칙 없이 경우에 따라 다 다르다. Cester로 끝나는 Worcester, Gloucester 같은 도시 이름의 경우는 그냥 '우스터' '글로스터'다. 그런데 Manchester, Winchester는 '맨체스터' '윈체스터'로 읽어야 한다. 그와 비슷한 Leicester는 가히 암호 수준이다. '라이체스터'가 아니라 '레스터'로 읽어야 한다. 설기현 선수가 뛰던 축구 클럽이 있는 Reading은 '리딩'이 아니라 '레딩'이고, 그 옆의 Basingstock은 '바싱스톡'이 아니고 '베이징스톡'이다. Eden Bridge는 '이든 브리지'고, Exeter는 '엑시터'다. 같은 'E'라고 해도 발음이 다르고 Exeter처럼 한 단어 내에서도 다르다.

처음 영국에 왔을 때 도시 이름이나 고유명사 발음 때문에 너무 절실하게 필요해 관련된 사전이 있는지 찾아보았다. 《런던 시내 서점 사전》 같은 별의별 사전이 다 있으니 분명 이런 사전도 있으리라 생각했다. 그러나 상당 기간 노력했으나 결국 찾지 못했다. 나중에는 런던에서 가장 큰 서점 책임자에게 문의했더니만 그 친구 말이 걸작이었다. '너 같은 친구들 삶을 우리가 왜 쉽게 해주겠는가?' 분명 앞에 "우리는 하나도 필요 없는 그런 책을 왜 만들어서"라는 말이 생략되긴 했지만 충분히 이해되는 말이었다. 하긴 우리말을 배우는 외국인들이 가장 힘들어하는 것이 '파랗다, 새파랗다, 파르스름하다, 푸르뎅뎅하다' 같이 국민 각자가 막 만들어내도 되는 우리말의 형용사와 부사의 변화다. 우리끼리는 다 이해가 되는 이런 말을 외국인을 위해서 우리가 애써서 왜 만들겠는가 말이다. 아직도 영국에 이런 고유명사 발음 사전이 없다고, 자기네끼리만 관심 있는 책만 만드는 영국인을 욕할 일은 아니다.

Keyword 42 : 자국 스포츠

축구, 크리켓, 럭비, 하키, 승마, 폴로, 조정…. 영국인은 국제경기에 무관심하며 자국 스포츠를 사랑하고 즐긴다.

국제경기보다
내 나라 스포츠에
열광하다

2012 런던 올림픽이 열렸을 때 세계가 흥분했었지만 정작 당사자인 일반 영국인의 표정은 자국 선수들이 좋은 성적을 거두기 시작하자 관심을 보이기 시작했지 덤덤한 편이었다. 영국인은 모든 일에 좀 냉담하고 관조적인 면이 있어 놀랄 일도 아니다. 보통 세계 어디선가에서 열리는 국제경기를 대하는 영국인의 전형적인 태도는 "그래서 뭘 어쩌란 말인데?" 혹은 "그게 나와 무슨 상관있는데?"라는 식의 심드렁하거나 좀 퉁명스러운 반응이다. 영국인은 떠들썩한 행사에 크게 흥분하지 않는 편이다.

국제경기를 즐기지 않는 나라

영국은 원래 축제의 나라가 아니다. 축제가 생활화되어 있지 않다는 말이고, 결국 놀 줄을 모른다는 말이다. 가톨릭 수호성인 축일을 기념해 매일 전국 어디에선가 열리는 먹고 마시는 즐거운 축제가 생활의 기본이 된 스페인, 포르투갈, 이탈리아 같은 라틴계 국가들과는 다르다. 그나마 전통적으로 내려오던 축제마저 헨리 8세의 구교 탄압과 올리버 크롬웰의 청교도 혁명을 거치면서 많이 쇠퇴해 이제는 거의 다 사라져버렸다. 그래서 축제 분위기에 휩싸여야 하는 올림픽조차도 영국인은 생소하게 느끼며 별로 휩싸이려 하지 않는 편이었다. '아! 어디선가 올림픽이 열리는가' 하는 정도가 그동안 올림픽을 대하는 영국인의 태도였다. 자신들끼리 여는 영연방 체육대회Commonwealth Game나 올림픽이나 별반 다를 게 없다는 투다.

사실 영국인에게는 세계인의 축제인 올림픽보다는 그냥 자신들이 만들고 좋아하는 축구, 크리켓, 럭비 같은 운동 행사만이 중요할 뿐이다. 올림픽 종목에서도 육상, 수영, 체조, 사이클 같은 경기에만 관심이 있다. 탁구, 농구, 배구, 핸드볼, 권투, 레슬링, 유도, 태권도같이 그동안 자국 팀이 좋은 성적을 못 낸 종목이나 자신들에게 생소한 구기 종목과 격투기 종목에는 별 흥미를 나타내지 않는다.

런던 올림픽 기간 중 한국이 선전하는 종목에는 영국인의 관심이 적은 편이어서 영국에 거주하는 한인들은 상대적으로 혜택을 누리기도 했다. 다른 종목에 비해 비교적 입장권 값도 싸고 구입도 쉬웠기 때문이다. 한국인들에게는 정말 최고의 관심사였던 한일전 축구경기 때도 당일 경기장에서 입장권을 사서 들어갈 수 있었다.

영국인이 사랑하는 가장 영국적인 운동 크리켓

영국인이 좋아하는 운동은 다른 국가에서 별로 인기가 없거나 특수한 계층에서만 즐기는 운동인 경우가 많다. 예를 들면 영국과 영연방 국가가 아닌

자선 행사에서 크리켓을 즐기는 영국인

나라에서는 전혀 이해를 못하는 크리켓이 대표적이다. 크리켓은 미국인들이 가장 좋아하는 야구의 원형이라 할 수 있다. 방망이로 공을 치는 형식은 야구와 같으나 규칙이나 방식은 전혀 다르다. 원래 미국으로 건너간 영국인들도 크리켓을 좋아했는데, 인내심이 없는 미국인으로 변하다 보니 시합이 며칠씩 계속되는 크리켓을 안 하게 되었다고 한다. 믿거나 말거나 한 이야기지만 영국인들이 세운 나라인 미국에서 크리켓이 보편화되지 못한 이유를 누가 쉽게 설명할 수 있겠는가.

크리켓의 규칙이나 경기 방식은 무척 영국적이다. 우선 크리켓은 도루가 없다. 도루가 상대방을 눈속임으로, 혹은 다른 일을 하고 있는 틈을 타서 하는 비신사적인 플레이라 보는 시각 때문이다. 한 팀의 타자가 아웃이 안 돼 계속해서 점수를 더 낼 수 있는 상황에서도 경기가 어느 정도 진행되면 공격을 중단하고 상대방에게 공격의 기회를 넘겨줘야 한다. 규칙 내에서 모든 수단을 동원해 승부를 갈라야 하는 냉혹한 스포츠에서는 좀 우스운 규칙이다. 그래서 크리켓은 가장 공정한 스포츠라는 말이 있을 정도로 가장 영국적인 운동이다.

영국인 사이에는 '그 일은 정당하지 못하다' 는 말과 '그건 크리켓이 아니야' 라는 말은 동일한 뜻이다. 그만큼 영국인이 보기에 크리켓은 '오로지 영국인과 영국 식민지 심성을 가진 사람들만 할 수 있는 운동'이라고 뻐기면서 자랑할 정도로 공정함을 게임의 기본으로 하는 운동이다. 그래서 영국이 크리켓 세계 시합에서 우승하면(물론 그런 경우는 불행하게도 드물지만) 온 나라가 축제 무드가 된다. 크리켓 세계 대회라 해봐야 10여 개 나라가 출전한다. 그것도 인도, 파키스탄, 방글라데시, 호주를 빼고 나면 정말 어디에 있는지도 모르는 작은 국가들이 참가한다. 그래도 이들은 이걸 세계 시합이라고 한다.

공정한 규칙이 있는 경기가 좋다

영국인이 좋아하는 특유의 인기 종목 중에는 럭비, 하키, 승마, 폴로, 보트, 요트 등이 있다. 이들 운동의 특징은 고도의 공정한 규칙을 전제로 한다는 것이다. 매 순간 아주 위험한 육체적 접촉이 기본이 되어 거칠기만 한 운동 같아 보이는 럭비도 자세히 알고 보면 최고의 신사도가 요구되는 운동이다. 전진을 해서 상대방의 골에 트라이를 해야 하는데도 우습게도 달려가면서 뒤로 던지는 패스만 해야 한다(그래서 단순한 흥미 위주의 흥분을 찾는 현대에는 안 맞는 운동인지 이제 영국에서도 축구보다 영향력이 많이 줄었다. 내가 축구보다 럭비를 더 좋아한다고 하면 럭비의 본산지인 영국에서도 많은 사람들이 거의 우주인 보듯 한다).

럭비를 즐기는 관중의 충성도는 축구 못지않고 경기 자체도 흥미로운데 국제적으로 왜 인기가 없고 왜 올림픽 종목이 안 되는지 참 궁금하다. 경기를 하는 국가들이 너무 적어서 그렇다는 말도 있으나 만일 올림픽 종목이 되면 럭비를 즐기는 국가들이 늘어날 것만은 분명한데 말이다. 영국을 비롯해 럭비를 하는 국가들이 합심해서 강력하게 럭비를 올림픽 경기 종목으로 만든다는 이야기를 들어본 적이 없는데 그것도 왜인지 궁금하다.

럭비는 영국이 월드컵에서 우승한 종목 중 하나이기도 하다. 영국인인데 "영국의 월드컵 우승은 두 번"이라고 말하는데, '어? 분명 한 번뿐인데' 하는 사람은 럭비에 무식한 거다. 축구 월드컵 한 번, 럭비 월드컵 한 번을 일러 두 번이라고 한다. 1966년 축구 월드컵 우승, 2003년 경기 종료 26초를 남겨놓고 자니 윌킨슨의 트라이로 우승한 럭비 월드컵 우승. 이렇게 두 번이다. 나도 그 역사적인 장면을 봤다. 럭비 광팬은 그 정말 드라마틱한 우승 이야기를 하기만 하면 운다. 그게 그만큼 자랑인 거다.

영국적인 또 하나의 특유한 운동은 필드하키다. 필드하키는 영국 중·고등학교의 기본 체육 과목 중 하나다. 불행하게도 프로 리그가 없어 발전을 못하고 지금은 예전에 비해 많이 줄어들었다. 그래도 영국인이라면 거의 모든 사람이 학창 시절 해봤을 정도로 보편화된 운동 종목이다. 서울 올림픽 때 한국 여자 하키 팀이 은메달을 따서 세계를 놀라게 했던 바로 그 종목이다.

육상경기 같은 개인 스포츠에 대한 영국인의 사랑도 특별나다. 육상, 수영, 스키, 체조 같은 경기는 주로 개인이 하는 기록경기다. 혼자서 연습하고 혼자 경기를 해서 자신의 기록이 상대 선수보다 나으면 우승을 하는, 정말 독불장군으로 해야만 성취할 수 있는 운동이다. 팀 스포츠를 좋아하는 영국인이니 이런 개인 운동은 별로 좋아하지 않을 거라 생각할 수 있는데, 영국 TV에서 육상경기는 아주 인기 높은 TV 중계 프로그램이다. 사실 따지고 보면 영국인에게는 이런 개인 기록경기가 더 잘 맞는다.

누구나 귀족 스포츠도 즐길 수 있지만…

승마, 폴로, 요트 같은 운동은 서민들이 쉽게 접할 수 없는 스포츠다. 돈이 많이 들고 보편화된 운동도 아니다. 귀족들이나 상류층이 많이 하는 운동이다. 특히 폴로는 왕가의 운동이라 할 정도로 귀족 운동이다. 그러나 만일 이런 운동을 서민이 꼭 하고자 한다면 불가능한 것도 아니다. 예를 들면 승마의 경우는 동네마다 있는 공원에 승마 학교가 있다. 말을 개인이 소유하지 않고 공동으로 관리하는 학교에 가서 말을 빌려 승마를 배울 수가 있다. 경비도 크게 비싸지 않다. 한인촌이 있는 런던 뉴몰던 근처 마을 공원들에도 이런 승마 학교가 대여섯 군데나 있다.

보트도 마찬가지다. 섬나라다 보니 그리 멀리 가지 않아도 해변을 만날 수 있다. 그런 해변에 가 보면 수백 척의 보트와 요트가 떠 있다. 물론 길이가 수백 피트나 되는 어마어마한 요트도 있지만 중고차 한 대 값도 안 되는 종류의 보트나 요트도 있다. 이런 식으로 영국 서민들은 돈 많은 사람들이 하는 스포츠나 취미도 자신이 마음만 먹으면 할 수 있다. 단지 운동을 하는 곳이 프라이비트 클럽이냐 퍼블릭 클럽이냐는 것과 어떤 장비를 가지고 누구와 하느냐에 차이가 있을 뿐이다.

이런 사정은 거의 모든 스포츠 종목에서도 마찬가지다. 수영도 그렇고, 한국에서 아직 '귀족 취미'라는 인상이 남아 있는 골프도 마찬가지다. 수영장은 동네마다 있다. 영국에는 모두 2752개의 골프 코스가 있다. 이 중에는 연회비가 수천만 원 하는 프라이비트 클럽도 있지만 연회비 50만 원만 내면 하루에 두 번씩, 1년 내내 하루도 안 빠지고 칠 수 있는 코스도 수두룩하다.

영국의 서민들은 처지에 맞지 않는 비싼 장비를 가지고 비싼 클럽에서 운동하며 아무도 알아주지 않는 돈 자랑을 하지 않는다. 출신 성분에도 맞지 않는 명문 개인 클럽 회원이 굳이 된다 한들 그들이 친구 해주지도 않는다는 것을 잘 알기 때문이다. 수준에 맞는 곳에서 즐기면 된다고 생각한다. 자기 클럽 옆에 아주 비싼 개인 클럽이 있어도 질시의 눈으로 쳐다보면서 배 아파하지 않는다. 자신과는 관련 없는 곳이라 여기기 때문이다. 나만 즐기면 되지 클럽이 중요한 것이 아니라 믿어서다.

못 말리는 축구광들

영국인이 좋아하는 운동 중 앞의 스포츠 종목들과는 너무나 다르면서도 대중화된 종목이 있다. 바로 축구다. 축구는 결코 공정한 규칙이 중시되는 운동도 아니고 고상한 신사 정신이 요구되는 스포츠도 아니다. 소위 말하는 약육강식의 법칙 속에서 최고의 강자만이 살아남을 수 있는 냉정하고 치열한 삶의 시장판 같은 스포츠다. 엄살을 떠는 할리우드 액션이 통하고, 말도 안 되는 오심도 통한다. 경기 후 오심이라 판정이 나도 승부는 뒤집어지지 않는다. 수천만 명의 TV 시청자가 보는 경기에서 심판이 못 보는 사각지대에 있다고 팔꿈치로 상대 선수를 가격하고는 아무런 일 없다는 듯 달려 나가도 그만인 스포츠다. 공정이라는 말과 동일한 단어라고 하는 크리켓과는 정말 너무나 다른 운동이다. 그런데 이 운동이 영국에서 시작되어 발달했고 또 영국인이 가장 사랑하는 운동이 되어버렸다. 정말 아이러니하지 않은가? 보통의 상식적인 영국인이라면 도저히 용납할 수 없는 스포츠인데도 최고의 인기를 누린

기성용 선수가 있는 스완지 시티 AFC(Swansea City Association Football Club) 의 팬 무리. 스완지 축구팀의 프리미어 리그 승격 축하 퍼레이드 중이다.

다. 공정과 규칙이라는 틀 안에 있던 영국인이 드디어 치열한 삶의 현장으로 나오는 현상 같은 것이라고 풀이한다면 너무 견강부회인지 모르겠다.

축구는 과거에는 서민 운동이라 해서 사립학교에서는 잘 하지도 않았고 중산층들은 별로 관심을 안 가진 운동이었다. 하지만 언제부턴가 총리를 비롯해 고위 정치인들도 자신이 어떤 프로 팀의 팬이라는 점을 강조해야 인기 관리가 될 정도가 되었다. 물론 중산층 지식인들도 어느 프로 축구팀의 팬이라는 것을 은근히 밝혀야 쿨하다고 인정해준다. 그러지 않으면 고루하고 지루한 인간형으로 취급받는다. 흡사 과거에는 생각도 할 수 없던, 청바지 위에 신사복 재킷을 입거나 양복에 넥타이까지 한 신사가 흰 운동화를 신고 다니는 유행 같은 것인 셈이다.

영국인을 이해하기 위해서는 축구 이야기를 조금 더 하고 넘어가야 할 듯하다. 영국인에게 있어 축구는 개인의 정체성과 동일한 개념이라고 봐도 된다. 잉글리시 프리미어 리그라 불리는 최고 수준의 축구 클럽부터 그 아래 리그들의 클럽만 해도 수천 개에 이른다. 동네 축구까지 따지면 영국축구협회 FA는 그 숫자를 다 파악이나 하는가 모르겠다. 그 클럽 모두에 수천 명부터 큰 클럽은 수십만 명의 팬들이 따라다닌다 하면 영국인 중에서 축구와 관련이 없는 사람이 과연 몇 명이나 될까 하는 의문이 든다. 물론 축구 때문에 전쟁을 일으킨 중남미와 남부 유럽의 라틴 국가들도 만만찮은 축구 열정을 가지고 있지만, 그들의 축구는 열정이지 영국처럼 삶 그 자체는 아니다.

영국인에게 있어 축구는 '아침에 눈을 뜨는 순간부터 밤에 자려고 눈을 감는 순간까지 모든 순간에 연결되어 있다'고 해도 과언이 아니다. 아침에 눈을 뜨면서 문간에 배달된 일간지 뒷면을 먼저 뒤집어 축구 기사부터 보면서 허겁지겁 아침을 먹는다. 출근 지하철 안에서도 그 기사를 본다. 근무시간 중에도 스마트폰으로 축구 기사를 짬짬이 본다. 그러다가 점심시간이 되면 회사 근처 펍에서 동료들과 점심을 먹으면서 전날 축구 이야기를 한다. 퇴근

하면서 펍에 들러 '딱 한 잔Just One Pint' 하면서도 축구 이야기, 집에 와서 급히 식사하고 달려간 동네 펍에서도 이웃 친구들이자 같은 클럽 팬들끼리 축구 이야기로 노닥거린다. 자기 전에 하는 BBC TV의 〈매치 오브 데이Match of Day〉는 반드시 본방을 사수해야 하는 프로그램이다. 오죽했으면 영국 여자들이 축구 안 좋아하는 동양 남자를 최고의 남편감으로 쳤을까. 이제는 그 동양 남자들마저도 축구에 물들어가고 있으니 영국 여자들은 이제 어떻게 할 것인가.

Keyword 43 : BBC

영국방송협회(British Broadcasting Corporation). 1922년 영국방송유한회사로 시작해 1927년 왕실 면허를 받아 국영기업이 되었다. 시청자 수 세계 최대 방송국이며, 공정성과 중립성으로 유명하다. BBC의 모든 콘텐츠는 '알리고, 교육하고, 즐겁게 한다'는 원칙으로 제작된다.

영국의 자존심, BBC의 자존심

BBC는 그동안 사실 확인에서는 타의 추종을 불허하는 전통을 쌓아오며 "BBC의 보도는 정말 믿을 만하다"는 정평을 누려왔다. 여기에는 BBC가 중시하는 몇 가지 보도 원칙이 있다. 결코 한쪽 말만 듣고 보도하지 않고, 당사자들의 의견을 충분히 반영하고, '확인에 확인을 거듭해 더 이상 확인할 사항이 없다No stone unturned' 고 확신할 때만 방영한다 등이다. 그동안의 BBC 명성은 말하는 사람이 믿을 만한 지위에 있다 하더라도 반드시 재차 제3자의 확인을 거치는 보도 원칙을 견지해온 덕분에 얻어진 것이다.

BBC사옥 '브로드캐스팅 하우스'

그동안 BBC는 '카더라 통신'을 보도한 적

도 없고 오보 사건에 휘말린 적도 거의 없었다. 때문에 영국인들은 BBC에 대한 신뢰를 'BBC는 제대로 안다Auntie know best'는 말로 표현한다. 'Auntie(이모, 고모)'는 BBC를 친근하게 여기는 영국인들이 붙여준 별명이다. 이런 BBC가 폭로 방송의 '절대적 기본이자 가장 중요한 원칙'인 당사자 확인을 거치지 않고 엉뚱한 사람을 매도하는 보도를 해 90년 역사상 도덕적으로 가장 큰 위기에 몰렸다.

오보 하나로 사장이 물러나다

오보가 불러온 파장은 엄청났다. 우선 조지 앤트위슬 BBC 사장이 오보에 책임을 지고 사임했다. 2만3000명의 직원과 연 예산 51억 파운드(9조1800억 원)의 거대 방송사 사장이 단지 오보 하나에 책임을 지고 사직한 것이다.

사실 문제의 은퇴 정치인 앨리스터 맥알파인 경 오보 사건을 터뜨린 프로그램은 BBC가 제작한 게 아니다. 조사 보도 뉴스 전문 기자 단체 BIJBureau of Investigative Journalism 작품이어서 BBC 사장은 책임을 미루면서 사임을 피할 수도 있었다. 더군다나 BIJ는 그동안 수많은 특종을 터뜨려온 권위 있는 뉴스 단체이다. 2010년 4월 진정한 저널리즘에 입각한 심층 취재 프로그램을 만들겠다며 영국의 유수 언론인들이 모여 만든 비영리 법인인 BIJ는 "그들이 만든 프로그램이라면 세계 어느 방송국이나 믿고 그냥 방영할 것"이라는 말을 들을 정도로 명성을 쌓아왔다.

BIJ의 첫 작품은 '조류독감'을 둘러싼 제약사와 세계보건기구WHO의 비정상적인 유착관계를 파헤친 특종 보도였다. 이 보도에서 BIJ는 WHO에 타미플루 백신을 추천한 3명의 과학자가 해당 추천의 가장 큰 수혜자인 스위스 제약사 '로슈Roche'에서 급여를 받고 있었다는 점을 밝혀냈다. BIJ는 그동안 이런 유의 특종 보도로 세계 유수의 언론 관계 상을 받은 바 있다. 그런데 당사자 확인이라는 보도의 기본을 지키지 않은 채 완벽한 오보를 해버려 자신들의 명성은 물론 BBC에도 큰 누를 끼쳤다.

BBC로서는 이런 BIJ의 명성과 신뢰도를 믿고 방송 전 사전 확인을 거치지 않은 것이 땅을 칠 일이었다. 문자 그대로 천려일실千慮一失의 실수를 저질러 그동안 쌓은 공든 탑을 무너뜨린 것이다. 사실 해당 오보는 아주 오랫동안 후유증이 남을 공익에 크게 관련된 사건이 아닌 맥알파인 경의 개인 명예와만 관련이 되어 있어 앤트위슬 사장이 굳이 사직을 하지 않아도 될 만한 사안이었다. BBC의 즉각적이고 정중한 사과가 있었고 차후 적당한 배상만 있었으면 용서될 만했고 BBC의 명예를 먹칠했지만 세상은 곧 잊어버릴 일이었다. 그럼에도 BBC는 소위 말하는 꼼수를 부리지 않고 책임 회피를 시도하지 않았다. 이 사건 자체가 그렇게 큰 사건이라서 사임을 한다는 뜻이 아니라 BBC 명성에 조금이라도 누를 끼쳤다는 도덕적 책임을 최고 책임자인 사장이 진 것이다. BBC는 시간을 끌지 않고 사장의 사임을 받아들인 후 라이벌 방송인 스카이채널 출신을 조사 책임자로 불러들여 조사를 맡기는 굴욕적인 정공법을 택했다. 이는 오보에 대한 BBC의 자책이 얼마나 큰지를 역설적으로 보여줬을 뿐만 아니라 사건 대처에 얼마나 공정을 기하는지를 보여준 것이다. BBC의 이름은 그냥 생긴 것이 아니다.

이해를 뛰어넘는 공정 방송의 대명사

영국의 신문은 아주 정치적이고 방송은 철저하게 비정치적이다. 영국의 신문들은 기사 내용을 굳이 읽어보지 않더라도 해당 신문이 우파인지 좌파인지를 한눈에 알 수 있다. 신문 첫 장 제목부터 자신들의 정치적 성향을 뚜렷하게 드러내기 때문이다. 이런 편집 방식은 철저한 판매 전략이다. 자신들 신문의 노선을 좋아해 구독하는 독자들의 입맛에 맞는 기사로, 계속해서 독자들을 묶어두려는 속셈이다. 영국인에게 불편부당 중립정론지라는 말은 아무런 성격이 없는 무미건조한 신문이라는 뜻이다. 아무도 안 사 볼 신문이라는 말이다. 영국 신문 독자들은 신문을 통해 세상의 진실을 바르게 보려고 신문을 읽지 않는다. 어차피 신문에는 한쪽의 주장만 실릴 뿐이라는 걸 잘 알기 때문이다. 내가 읽는 신문이 보여주는 한쪽의 세상만을 보면서 위안을 얻고 그쪽으로 세상이 바뀌지길 희망하면서 해당 신문을 읽는다면 너무 현학적인가?

이와 반대로 영국 TV는 전혀 정치색을 드러내지 않는다. BBC는 철저히 공익적이고 ITV를 비롯한 민간방송은 너무 상업적이다. 어떤 인기 시사 프로그램이 개별적인 사안을 놓고 제작한 특집 하나가 정치적인 색깔을 드러냈다면 그건 다른 뜻이 있어서가 아니다. 당시 특집 제작진의 기획 의도에 맞춰 만들어서 해당 특집 하나만 그랬을 뿐이다. 그다음 주에 방영될 동일 프로그램의 다른 사건 특집은 전혀 다른 시각에서 다루어질 터이다. 방송사의 어떤 정치적 성향이나 의도에 따라 그렇게 만든 것이 아님을 영국 시청자들은 안다.

영국 언론에서 특정 TV 프로그램의 정치 성향에 대해 왈가왈부하는 것을 본 적이 없다. 시청자들은 한 방송국을 특정 정당과 연관해 생각하지 않는다. BBC 기자 존 스위니의 북한 잠입 취재로 한국에도 유명해진 〈파노라마〉가 바로 그런 프로그램이다. 파노라마는 1953년 시작되어 지금도 방영되고 있는 세계 최장수 TV 시사 프로그램이다. 파노라마는 그동안 제작진이 수도 없이 바뀌어도 불편부당 중립성을 한 번도 어긴 적이 없었기에 반세기를 넘어 계속되고 있다. 다음 파노라마가 무엇을 다룰지를 궁금해하면서 기다리는 시청자들이 많다. 시청률에서도 매번 상위권을 유지하고 있다.

이렇게 BBC는 광고 없이 시청자들의 시청료만 받아 운영하는 공익 방송답게 어느 편도 들지 않는 공정성을 90년간 성공적으로 유지해왔다. 이런 태도 때문에 집권당과도 각을 세운 적이 한두 번이 아니다. 심지어는 자국의 이해가 첨예하게 얽힌 국제 문제에서도 자신들은 영국인만의 방송이 아니라 세계인의 방송이라며 영국인의 입장에서는 얄미울 정도로 '제3자적 공평성과 객관성'을 견지해왔다.

30년 전 벌어진 '포클랜드 전쟁' 때도 BBC는 자국 군을 '아군'이라 부르지 않았다. 대신 '영국군', '아르헨티나군'이라는 말을 써가며 아주 중립적인 입장에서 전황을 보도했다. 영국군이 아르헨티나 전함 벨그라노를 침몰시켜 323명의 아르헨티나 해군이 전사하는, 영국군으로서는 대승을 거두었는데도 BBC는 전혀 그런 식으로 보도하지 않았다. 슬픈 표정의 아나운서는 군이 대량으로 인명을 살상할 수밖에 없었는지에 대해 전술적인 문제에까지 의문을 제기했다. 급기야는 전사자의 아르헨티나 시골 마을 집으로까지 방문해 울부짖는 전사자 가족들의 모습을 방영하는 등 정말 거의 아르헨티나 방송처럼 보도를 했다. 당시 BBC의 이런 보도 태도에 격분한 마거릿 대처 총리가 국회에서 흥분해 말을 못하는 일까지 벌어졌다.

한국에서 온 지 얼마 안 된 내게 더 놀라웠던 것은 영국인들의 태도였다. 이적 행위라고 거의 증오가 가득 찬 어투로 BBC를 비난하는 대처의 발언을 영국인들은 또 하나의 정치적인 쇼라고 보는 듯했다. 언제는 BBC가 안 그랬었나 왜 갑자기 저러지 하는 투였다. 그것보다 더 놀라웠던 점은 영국인은 자국 군이 전투를 하고 전사를 해나가는 상황을 남의 전쟁 보듯이 하는 것이었다. 심지어는 직장 영국 동료는 '그건 우리 전쟁이 아니고 여왕 전쟁이라서 그래!'라고 대수롭지 않게 지나가듯 말했다. 영국군이 이름 앞에 모두 왕립이라는 'Royal'을 달고 있다는 빈정거림이었다. 'Royal Army(육군), Royal Marines(해군), Royal Air Force(공군)'가 영국 육해공군의 정식 명칭이다. 거기다가 모든 해군 함정은 이름 앞에 HMS Her Majesty's Ship(여왕 폐하의 배)라고 달고 있으니 자기네들 배가 아니고 여왕 배라는 농담이기도 했다.

아마 영국인에게는 아주 먼 곳에서 벌어지는 전투가 자신들의 생사와는 관련이 직접 없는, 제국 시대 식민지 전쟁의 하나로 보는 듯한 분위기였다. 당시 전투에 참여하고 있던 아르헨티나 군인들도 전황 보도를 BBC 뉴스를 듣고 알았을 정도이다. 아르헨티나 군인들이 BBC가 보도하니 그대로 믿었다고 전후에 실토한 뉴스가 영국 신문에 난 적이 있다. BBC 아나운서들은 '우리나라' 혹은 '우리나라 사람'이라는 말 대신 마치 제3국인을 대하듯 '영국Britain' '영국인British'이라는 용어를 사용하기를 좋아한다. 하긴 아나운서뿐만 아니라 영국인 자신들도 대다수 그렇게 이야기한다. 그러고 보니 영국인 입에서 우리나라, 우리나라 사람이라는 단어를 별로 들어본 기억이 없다.

BBC 길들이기

이런 BBC가 또 하나의 사건에 직접적인 당사자로 연관이 되어 엎친 데 겹친 격으로 초상집이 되었다. '새빌의 성추문 사건'이라 불린 이 사건은 '영국 근대 역사상 가장 큰 성추문 사건'이라고 일컬어질 정도로 사건이 주는 파장이 크고 충격적이었다. 워낙 새빌이라는 연예인이 방송계 특히 BBC에서의 비중이 컸고 영국 사회에서 존경을 받아왔었기 때문이다.

BBC가 이 사건에 휘말려 비난받는 이유는 두 가지로 집약된다. 40년이 넘게 자신들의 주요 프로그램 사회자가 미성년자를 성폭행·추행한 성범죄를, 심지어 BBC 건물 내에서 저지른 것을 알고도 조직적으로 은폐·방조 혹은 묵인했다는 점이 제일 큰 이유다. 다른 하나는 새빌 사후 새빌의 성범죄를 심층 취재한 〈뉴스나이트〉 프로그램이 작년 12월 방영 직전 취소된 사실이 밝혀졌기 때문이다. 이 방송 취소가 사태에 기름을 끼얹었다. 만일 사건이 밝혀지기 전 방영되었다면 BBC에게 면죄부를 줄 수도 있었다. 방영 취소를 결정한 해당 PD는 방송 취소의 이유가 증거 부족 때문이었지 새빌의 악행을 둘러싼 'BBC의 불편함 덮어주기' 차원은 아니었다고 변명했지만 BBC는 궁지에 몰렸다.

새빌은 작년 10월 사망하기까지 거의 반세기를 인기 프로그램 사회자로 활약해온 연예계의 거물이다. 워낙 대중적인 인기가 좋아 절대적 영향력을 행사했고 아무도 대적할 만한 사람이 없는 DJ 출신 명사회자였다. 새빌은 사람들의 소원을 풀어주는 〈짐이 다 해결해준다Jim' ll fix it〉는 프로그램으로 특히 인기를 끌었다. 출연진이 대개 어린이들이라 대부분의 영국인에게는 어릴 때부터 더할 나위 없이 친근한 인기 사회자였다. 거기에 더해 세계적인 브릿팝의 선풍이 불기 시작한 1964년, 인기가요 순위 TV 프로그램의 원조 격인 〈톱 오브 더 팝스〉의 첫 사회자를 맡아 오랜 기간 영국은 물론 브릿팝을 좋아하는 세계 젊은이들에게도 우상 같은 존재였다.

그런 그가 지난 40년간 여성들, 특히 10대 소녀들을 성폭행 내지 추행했다는 사실이 2012년 10월 3일 BBC의 라이벌인 영국 민영방송 ITV 프로그램을 통해 폭로되었다. 방송이 나가자마자 한 달 만에 경찰에 신고된 피해자만 300여 명이었을 정도로 그는 오랜 기간 광범위하게 성폭행과 성추행을 자행했다. 심지어는 오랜 침묵을 깨고 증언을 한 피해자 중에는 새빌 누나의 손녀, 즉 새빌 자신의 종손녀까지 있을 정도였으니 그를 아끼던 영국인들은 입을 열고 닫지를 못할 정도였다.

새빌의 성범죄 파문은 엄격하게 보면 새로운 사실도 아니다. 이미 2007년 한인 타운이 있는 서리 주 경찰에 의해서도 조사되었던 사안이다. 당시 새빌은 경찰 조사에 응했지만 증거 불충분으로 승소할 자신이 없다는 영국 검찰의 판단 때문에 기소되지 않았다. 새빌의 성범죄에 대해서는 2008년에도 서식스 경찰에 제보가 들어갔으나 피해자가 협조를 거절해 조사가 이루어지지 않았다.

묻힐 뻔한 사건이 세상에 알려진 것은 ITV가 새빌의 성범죄 피해자 5명과의 인터뷰를 방영하면서다. 이 방송이 전 국민의 공분을 불러일으키자 침묵하고 살아온 피해자들의 증언이 잇달아 터져 나와 사건이 드디어 실체를 드러내기 시작한 것이다. 2012년 11월 21일 추가로 ITV에 방영된 프로그램에서는 새빌이 자선사업을 펼친다며 드나들던 자선병원, 비행소녀원, 교도소도 새빌이 성적 만족을 추구하던 장소였다는 폭로까지 나왔다.

평생 독신으로 산 그가 자신이 사회를 본 방송 프로그램을 주도해 만든 것도 결국 프로그램에 출연하는 소녀들을 성추행하기 위해서였다는 점도 밝혀졌다. 〈짐이 다 해결해준다〉는 프로그램의 경우, 한 사람이 간절히 원하는 바를 주변 사람들이 제보하면 새빌이 주동이 되어 비밀리에 소원을 들어주는 과정을 녹화해 보여주었는데, 주로 불우하거나 병상에 있는 어린이들이 많이 출연했다. 그가 사회를 본 〈톱 오브 더 팝스〉에도 젊은이들이 모여들었다. 이 프로그램 녹화 스튜디오 입장권을 간절히 원했던 젊은이들은 무대 위에서 유명 가수와 춤추는 기회를 잡기 위해서라면 '무슨 짓이라도 할 만하다'는 입장이었다. 새빌은 프로그램에 몰려드는 소녀들을 대상으로 자신의 성적 욕구를 채우는 악행을 저질렀다.

새빌의 악행이 오랫동안 덮여 있었던 것은 1960~70년대 세계를 휩쓴 성해방 풍조의 영향도 한몫했다. 당시는 유명 연예인들의 손길을 기다리는 소녀들이 부지기수였고, 유명 연예인들이 얼마나 많은 소녀들과 잠을 잤는지를 자랑스레 떠벌이던 시절이었다.

새빌의 오랜 악행에 대한 책임을 따지자면 영국 사회 누구도 자유롭지 못하다. 새빌의 대중적 인기는 인기 프로그램만으로 이루어지지 않았다. 새빌의 정력적인 자선 활동에 속은 영국 사회가 그를 거의 성인에 가까운 사람으로 만들었다. 새빌의 신화에는 대중의 무조건적이고 맹목적인 연예인 추종이 가장 큰 몫을 차지하지만 상류층도 한몫 거들었다. 영국 왕실도 헌신적인 자선 활동을 통해 모은 4000만 파운드(720억 원)를 각종 자선기관에 기부하는 새빌의 활동을 높이 사 '기사 작위'를 주어 새빌 경으로 불리게 해주었다. 이를 이용해 새빌은 영국 최고 사교 클럽 '아테나움'의 멤버가 되어 상류층 명사들과도 개인적인 친분 관계를 유지했다. 그는 사교계에서 '천하무적 invincible' 혹은 '절대 지존untouchable'이라고까지 불리기도 했다. 대처 총리 시절에는 11년간 계속해서 총리 관저에서 총리 가족과 함께 연말 제야를 보낼 정도였다.

새빌 사건은 자신의 죄를 자기 프로그램을 통해 고백할 수 있는 절호의 면죄 기회를 발로 차버린 '자신의 발등을 찍은 BBC'와 자신들이 만들지도 않은 새빌 파문 폭로 특집을 터뜨려 '복이 넝쿨째 굴러들어온 ITV'의 운명이 엇갈리는 사건이다. ITV가 방영한 특집은 BBC가 만들었지만 방영되지 못했던 프로그램과 거의 대동소이하다. 그럴 수밖에 없는 것이 BBC 〈뉴스나이트〉 프로그램 제작에 참여했던 서리 주 경찰서 아동성애취향범죄 전문가 마크 윌리엄 토머스가 방영되지 않은 자료를 그대로 들고 ITV로 찾아갔기 때문이다. ITV는 그냥 자료를 앉아서 받아 그대로 제작 방영한 것이다.

이 사건은 상당히 오랜 기간 영국 언론을 달구었다. BBC를 향한 영국 언론의 칼날은 멈출 줄을 몰랐고 여야를 막론하고 정치인들도 BBC에 대해 복수의 좋은 기회를 잡은 듯 옳다구나 하고 모두들 한마디씩 했었다. BBC가 그동안 너무 잘난 척한 대가를 치르고 있다는 투였다. ITV에 자료를 건네준 윌리엄 토머스조차 "영국이 비난의 대상을 잘못 골랐다. 만일 BBC를 비난한다면 동시에 새빌의 무상출입을 허용한 국립 병원과 교도소 등도 엄정한 조사를 받아야 한다"고 주장할 정도였다.

방영이 취소된 BBC의 〈뉴스나이트〉 프로그램도 새삼 논란의 대상이었다. 왜 새빌이 살아 있을 때 그런 프로그램을 못 만들었느냐는 비판이 나온 것이다. 새빌이 죽자마자 바로 조사를 시작했다는 것은 새빌이 죽고 나서야 그의 오랜 악행을 알게 된 것이 아니라 그 전부터 알고 있었다는 방증이라는 지적이었다. 새빌이 살아 있을 때는 생각은 하면서도 감히 시도를 못했다는 말인데, 천하의 BBC도 무서워서 심층 취재를 못하는 사람이 있느냐는 비난이었다. 영국에는 죽은 사람에 대한 명예훼손이 없다. 그래서인지 유명 인사가 죽고 나면 기다렸다는 듯이 비공식 전기들이 쏟아져 나온다. BBC도 결국 시체를 뜯어먹는 하이에나에 불과하다는 조롱이었다. 어쨌든 그즈음부터 영국의 '국민적 여흥거리national sports'는 '언론 두드려 패기media bashing'인 것 같다. 공영방송 BBC까지 예외가 아니었다.

| Keyword 44 : 루퍼트 머독과 샴페인 좌파 |

루퍼트 머독. 1931년 3월 11일, 오스트레일리아 멜버른 출생. 오스트레일리아의 작은 신문사 대표에서 시작해 세계 최대 미디어그룹 '뉴스 코퍼레이션' 회장이 된 영국 언론계의 거물. 샴페인 좌파. 영국 정치의 균형을 맞추고 있는 '강남 좌파' 같은 성격의 영국 좌파이자 머독을 증오하는 사람들.

언론 재벌 루퍼트 머독 굴욕 사건의 뒤편

2012년 세밑의 영국은 2000쪽짜리 레브슨Leveson 청문회 조사 보고서 발표로 시끄러웠다. 발간되기까지 무려 16개월이 걸린 이 보고서는 언론 재벌 루퍼트 머독 소유의 폭로 전문 황색언론 《뉴스 오브 더 월드NOW》가 저지른 유명 인사 전화 도청 진상 조사 결과와 대책을 담고 있었다.

600만 파운드짜리 2000쪽 도청 사건 보고서

2000쪽짜리 보고서를 낳은 이 도청 사건은 《뉴스 오브 더 월드》 전화 도청 사건', 줄여서 '도청 사건Phone Hacking'으로 불린다. 이 사건은 2011년 7월 4일 중도좌파 일간지인 《가디언》이 2002년 밀리 도울러Milly Dowler 소녀 실종 사건 당시 루퍼트 머독 소유의 주간지 《뉴스 오브 더 월드》가 사립 탐정에게 의뢰해 소녀의 휴대전화 메시지를 듣고 일부를 지워버려 소녀의 가족으로 하여금 소녀가 살아 있지 않을까 하는 희망을 주게 했다는 사실을 상세하게 보도하면서 시작되었다. 이 기사가 나오자 영국 여론은 관행처럼 행해지던 영국 언론의 도청에 대해 비난을 퍼붓기 시작했고, 결국 정치권이 나서 청문회를 벌이면서 조사 보고서 발간으로 이어졌다.

고등법원 판사 브라이언 레브슨 경이 이끈 조사위원회 보고서의 결론을 요약하면 이렇다. △현재의 언론중재위원회Press Complaint Committee는 제 역할을 못하고 있다. △법에 의한 독립된 규제 기관을 설립해 언론의 윤리를 더욱 확실하게 하고 조사, 사과와 시정 조치, 심지어는 벌금 부과까지의 준사법권을 부여해야 한다. △언론들의 자발적 참여를 유도하되 참여하지 않는 언론에 대해서는 강제적인 조치를 취할 수 있게 해야 한다. △편집인의 편집권에 대한 견제 제도 장치를 만들어야 한다. △언론인이 안팎으로부터 부당한 압력을 받을 때는 내부자 고발을 할 수 있는 경로도 만들어야 한다. △새로 신설될 이 기관이 결코 언론 자유를 위협할 기관이 되어서는 안 되고 법으로 정해진 후견인으로만 남아 있어야 한다. △언론에 의한 피해자가 지금처럼 법원을 통하지 않고 피해 구제를 받을 수 있는 방법이 마련되어야 한다.

국내외의 비상한 관심하에 수백 명의 인원이 참여해 600만 파운드의 경비를 들여 만들어낸 2000쪽짜리 보고서 치고는 싱거운 결론이라 할 수도 있지만 보고서에 대해 영국 조야는 자신들의 입장에 따라 서로 다른 반응을 보였다. 그 전까지 "만일 보고서가 터무니없는 소리bonkers만 하지 않는다면 따르겠다"는 입장을 보이던 캐머런 총리는 신중론으로 돌아섰다. 캐머런 총리는 보고서가 나오자 "수백 년간 언론 자유와 표현 자유 보호의 보루였던 의회가 언론 규제라는 전대미문의 루비콘 강을 건너기 전에 신중에 신중을 기하자"는 반응을 보였다. 이러한 그의 뜨뜻미지근한 반응에 도청 피해자 모임을 비롯해 좌파 단체들은 "배반"이라고 난리였다. 언론들은 자신들의 이해가 얽힌 문제여서인지 역시 "좀 관망하고 신중하게 대책을 마련하자"는 입장이었다.

한순간 무너진 공포의 거인

이 사건으로 인해 영국의 모든 언론의 체면은 구겨질 대로 구겨졌다. 특히 영국 언론의 독보적 존재라는 머독 소유의 언론사인 뉴스 인터내셔널은 집중 포화를 맞아 회복 불가능한 상태에 빠졌다. 루퍼트 머독과 그의 아들 제임스는 '뉴스 인터내셔널'과 관련한 모든 직위에서 사임했고, 168년의 역사와 260만 부의 판매 부수를 자랑하던 《뉴스 오브 더 월드》는 자진 폐간되었다.

사실 머독 입장에서 가장 큰 손실은 그의 권위가 이 사태로 도저히 회복될 수 없을 정도로 심각하게 망가진 것이다. 그는 의회 청문회에서 의원들의 날카로운 질문에 대답을 머뭇거리는 뜻밖의 모습을 보였고, 그런 머독을 보면서 영국인들은 그가 더 이상 공포의 존재가 아님을 알게 되었다. 《데일리 미러》 표현대로라면 '자신이 어쩌다가 이런 구덩이에 빠져버렸는지, 어떻게 해야 이 난국을 헤쳐 나갈지도 모르는 혼이 빠진 피로한 늙은이'에 불과함을 온 영국이 알아채버렸다.

고개 숙인 루퍼트 머독

그동안 머독은 《가디언》의 기사처럼 '신성불가침의 공포의 거인invincible fearsome giant'이었다. 1979년 영국 총선에서 자신이 소유한 전통적인 노동당 지지의 《선》지 톱기사 제목을 '이번에는 보수당을Vote Tory This Time!'이라고 바꿔 달게 해 대처의 집권을 확실하게 도울 때부터 그는 영국의 킹 메이커였다.

불법 정보 수집은 영국 언론의 관행이었다

사실 도청은 NOW뿐만이 아니라 거의 모든 영국 대중지의 아주 오래된 관행이었다. 연예인, 축구 스타, 왕실 인사 등 유명 인사들의 개인사를 파헤쳐 독자들의 인기를 얻어온 영국 대중지tabloid들 사이의 경쟁은 유별날 정도다. 경쟁에서 살아남으려면 라이벌 신문보다 더 자극적인 기사를 발굴하지 않을 수 없기 때문에 취재 과정에서 온갖 불법과 탈법을 저지른다.

영국 대중지들은 유명인들의 사생활에 대한 정보를 얻기 위해 사설 정보원을 주로 이용해왔다. 이들 정보원들이 전화 도청, 우편물 탈취, 전자메일 해킹, 공무원 뇌물 제공, 기만, 신분 위장 접근blagging 같은 불법행위를 저지르고 있음을 알면서도 눈감았다. 지금도 사건 당사자에게 공개적으로 돈을 주고 기사를 사는 일은 별로 이상한 게 아니다. 이런 관행 때문에 주요 사건의 불행한 피해자들이 사건 후 거액을 손에 쥐어 아주 좋아하는 경우도 많다.

이런 언론의 불법·탈법 행태에 대해서는 1999년과 2011년 사이에 본격적인 경찰 조사가 이미 두 번이나 있었다. 당시 30여 언론기관이 사설 정보원이라는 루트를 통해 정보를 사서 기사에 사용했음이 드러났지만 언론은 이를 부도덕하다고 느끼지 않았고 사법 당국도 별로 문제 삼지 않았다. 심지어 NOW는 2002년 4월 14일자에 밀리 도울러 실종 사건을 보도하면서 기사 내용 중 일부가 소녀 실종 6일 뒤 전화 메시지를 도청해서 얻은 정보라는 사실을 기사에 언급할 정도로 도청에 무감각했다. 당시 NOW는 도청 사실을 전화 메시지 내용과 함께 경찰에도 통보해주었으나 경찰도 문제 삼지 않았다.

불법 도청을 자행한 해당 기자와 사립 조사원이 교도소에 가는 경우에도 언론사들은 책임을 피해가기 일쑤였다. 언론사가 이들에게 경비를 공식적으로 지불했음에도 기자 개인의 문제로 취급되었지 언론사가 사회적으로 논란의 대상이 된 적은 없었다. 찰스 왕세자와 다이애나의 파경부터 찰스와 현재 부인인 카밀라 파커볼스와의 불륜, 다이애나와 승마 교사 제임스 휴이트의 맞바람 스캔들이 언론에 알려진 계기 역시 전화 도청 덕분이었다.

이런 관행과 수요에 따라 사설 정보원들은 모든 대중지 발행 언론사들과 정보 거래를 했다. NOW를 비롯해 《미러》, 《선데이 미러》, 《선데이 타임스》, 《텔레그라프》, 《익스프레스》가 그들의 주요 거래선이었다. NOW 혼자서만 한 해에 정보비로 15만 파운드를 지불할 정도였다. 2002년 시행된 '모타맨'이라는 이름의 경찰 조사는 이들 언론사와 사립 탐정 사무실에서 수많은 개인 정보들을 발견했다. 동시에 해당 언론사 사무실에서 정보의 대가로 지불한 수도 없는 영수증도 발견되었다. 당시 경찰 조사에서 불법적인 정보 수집에 관여한 기자들은 모두 305명에 이른다. 《데일리 메일》이 58명의 기자에게 952건의 자료가 건네져 1위를 차지했다. NOW는 19명의 기자가 182건밖에 거래를 안 해 순위로는 여섯 번째로 밀릴 정도였다.

머독 제국의 몰락 뒤에는 샴페인 좌파가 있었다

그렇다면 왜 영국 사회가 가디언 등 다른 언론사의 도청은 문제 삼지 않으면서 머독의 NOW만 문제 삼았는지, 그 이유가 진짜 궁금해진다. 결국 머독을 손보기로 무언의 사회적 합의가 이루어졌다는 생각이 들고, NOW의 사주가 머독이었다는 데 모든 사태의 원인이 숨겨져 있다고 볼 수밖에 없다.

이러한 궁금증을 풀기 위해서는 영국 정치사회 전반에 얽힌 좌우 이념 대립의 숨은 그림을 들여다봐야 한다. 결론부터 말하면, '보수의 수호자' 머독 제국의 급작스러운 몰락은 결코 우연이 아니고, 좌파에 의해 아주 오랫동안 치밀하게 준비된 작전에 의한 것이었다는 느낌마저 든다. 머독 제국 몰락을 위한 전투는 오래전부터 준비되어 있었고 반대 세력들은 기회만 보고 있었다.

2010년 영국 총선으로 거슬러 올라가보자. 당시 보수당은 과반을 얻지 못해 제3당 자민당과 연립정부를 구성할 수밖에 없었다. 당시 나는 의정 활동 보고를 위해 자신의 당원 집회에 온 킹스턴 지역 국회의원 현 정부 기후에너지 장관 에드워드 데이비 의원이 당원 한 사람으로부터 루퍼트 머독의 전횡에 대한 말을 듣고 "루퍼트 머독의 언론 제국에 대해서는 머지않은 장래에 우리가 반드시 손을 볼 것이다"라는 말을 순간적으로 내뱉는 것을 직접 들은 적이 있다. 당시에는 큰 비중을 두지 않았으나 그때 데이비 의원의 눈길과 '우리'라는 말은 결코 잊을 수가 없었다. '우리'가 누구를 말하는지는 모르지만 머독을 거꾸러뜨리겠다는 생각이 혼자의 생각이 아니라는 뜻 같았고, 증오가 담긴 것 같은 눈길에서는 조금 과장하면 불이 튀는 것 같았다.

이념 지형도에 따라 현재의 영국 언론을 간단히 정리하면 《데일리 메일》은 극우, 《데일리 미러》는 극좌, 《가디언》은 중도좌파로 보면 된다. 《가디언》은 자민당의 철학과 상당히 근접하고 영국의 엘리트들, 특히 좌파적 시각을 가진 지식인들이 많이 보는 신문이다. 그렇다면 《가디언》이 밀리 도울러 실종 사건이라는 묵은 기사를 다시 쓴 것은 우연이 아니고 '머독 제국'을 무너뜨리기 위한 전투의 횃불을 대표로 든 것이 아닌가 하는 생각을 지울 수 없다. 그렇게 본다면 머독으로서는 자신에 대해 생태적 혐오를 가진 자민당과 자신이 미는 보수당이 연립정권을 세운 것 자체가 큰 불운이었음이 틀림없다.

사실 영국에서 '제도권establishment'이란 자본가들을 중심으로 하는 우파들이 사회 전반에 기득권층으로 자리하고 있는 현상을 말하는 것만은 아니다. 민주주의의 역사가 오래되었고 좌우 세력이 균형을 맞추고 있는 영국에서는 한국의 강남 좌파같이 '샴페인 사회주의자'들이 존재한다. 이런 샴페인 좌파가 머독 죽이기를 주도했다는 것이 우파 신문 《데일리 메일》의 시각이다.

머독을 눈엣가시처럼 증오하던 샴페인 좌파 인사들로서는 NOW의 자충수는 어찌 보면 천우신조의 기회였다. 영국의 좌파들은 자신들이 추구하는 정의로운 사회를 구현하는 데 가장 큰 걸림돌이 머독의 언론 제국에서 나오는 신문이고, 머독의 정치적 영향력이 소신 있는 바른 정치인을 망치고 국가를 망친다고 여겨왔다. 그래서 머독이 곤경에 빠지자마자 '좌파 제도권liberal establishment'이 만든 '커먼 퍼포스Common Purpose' '해키드 오프Hacked Off' 같은 모든 기관과 단체들이 일제히 합심해서 머독을 공격했다는 것이 《데일리 메일》의 견해다.

영국 샴페인 사회주의자들의 사회적 영향력은 드러난 것보다 상당히 크다. 레브슨 청문회 위원 중에도 3명이 '커먼 퍼포스'와 직·간접으로 관련되어 있다는 것이 보수 언론의 지적이다. 그래서 보고서가 좌파 주장에 편향되어 나왔다는 것이다. 특히 레브슨 경 말고 가장 영향력이 큰 데이비드 벨 경은 영국 샴페인 사회주의자의 거두로 지칭된다. 벨 경은 '파이낸셜 타임스' 회장을 역임했고 각종 단체의 수장을 맡아 영국 사회 전반에서 막강한 영향력을 행사해왔다. 결국 도청 사건이 진보파 제도권의 차기 정권 쟁취를 위한 언론 장악 준비 작업의 하나라는 것이 보수 언론의 일관된 주장이다. 그들은 이런 데이비드 벨 경을 청문회 주요 멤버로 선정했으니 캐머런 총리는 고양이에게 생선 가게를 맡긴 셈이라고 빈정거리며 총리 교체 이야기까지 들먹였었다.

Keyword 45 : 영국 요리계

영국 요리계에 없는 것? 맛 그리고 영국 요리. 이런 영국 요리계에 소소한 변화의 움직임이 보인다.

영국 요리계에 부는 바람

영국 요리는 맛이 없기로 유명해서 오랫동안 세계인의 조크 대상이었다. '영국에는 영국 요리가 없다' 라는 말은 더 이상 신기한 말이 아니다. 워낙 유명해서 누구나 다 아는 말이기 때문이다. 왜 그런지 누구도 그 이유를 속 시원히 설명하지 못한다. 영국인 놀리기를 거국적인 취미로 하는 프랑스인은 아예 이를 영국인의 저급한 입맛 때문이라고 매도해버린다. 누구는 인간의 욕망을 철저히 죄악시한 청교도 정신이 영국인의 식탐을 억누르다 보니 그렇게 되었다고도 하고, 일조량이 모자라는 척박한 환경 때문에 워낙 먹을 것이 부족해서라고도 한다. 먹을 것이 없는데 이것저것 가릴 것 없이 배 채우기 위해 먹다 보니 요리를 이렇게 만들어버렸다는 자탄도 있다. 그래도 영국인은 요리에 목숨을 거는 이웃 프랑스인과는 달리 음식은 즐기기 위한 것이 아니라 살기 위해 먹는 것에 불과해야 한다고 점잖게 믿고 싶어 하고 그렇게 주장한다. 어쨌거나 맛있는 영국 전통 요리는 없다.

영국의 대표 전통 요리 뭐가 있더라?

나도 영국에 30년 이상을 살았지만 영국의 대표적인 전통 요리 하면 바로 떠오르는 요리가 없다. 영국 최고의 전통 요리라 일컫는 '피시 앤드 칩스'는 소위 말하는 생선가스에 감자튀김이 더해진 것이다. 영국 인근 바다에서 지천으로 잡히는 대구와 감자를 기름에 넣어 무조건 튀긴 것이니 요리라 할 것도 없다. 물론 이 피시 앤드 칩스도 잘하는 집에 가면 입에 살살 녹게 만들어내기도 하지만 그래도 이걸 요리라고 사람들을 설득하기에는 모자라는 면이 많다. 그러고는 '로스트 비프와 요크셔 푸딩'을 드는데, 이것도 겨우 소고기를 소스를 바르면서 천천히 적당하게 구워 그 옆에 밀가루로 만든 요크셔 푸딩과 홍당무, 푸른 완두콩 삶은 것을 놓은 게 다다. 영국의 대표적인 요리라고 하기에는 너무 창피한 수준이다. 영국인도 이 이상은 떠오르지 않는가 보다. 영국 요리가 없다고 놀리면 펄쩍 뛰면서 '아니다'라고 해놓고는 이 두 가지를 예로 들고는 그다음부터는 머뭇거리기 시작한다. 결국 영국 요리는 없다는 말이다.

영국에서 30년을 넘게 산 정으로 영국 요리를 변명해주려 아무리 노력해도 도저히 방법이 없다. 위키피디아의 각국 요리cuisine를 소개하는 항목을 보면 요리의 선진국이라는 프랑스, 스페인, 이탈리아는 물론 심지어 독일 요리마저도 연대별, 지방별 소개란이 있다. 형형색색의 화려한 요

영국 대표 요리 피시 앤드 칩스의 예. 생선 커틀릿과 감자튀김이 다이며, 가끔 삶은 완두콩과 채소 정도가 곁들여진다.

리 사진부터 시작해서 전식, 주식만 해도 한참이고 후식에 가면 거의 군침 도는 사진들을 보느라 다음 장으로 넘기기가 힘들다. 그런데 영국 요리 소개로 들어가면 연대별로는커녕 지방별로도 특산 요리가 없다. 영국 전체 요리도 겨우 있는 것이 요리의 종류를 이야기하지 않고 음식의 종류만 소개한다. 이해를 돕기 위해 자세하게 예를 들어 본다. 빵, 치즈, 생선, 조개를 소개하는데 요리의 종류를 소개하는 것이 아니라 이런 식품으로 요리를 할 수 있다는 설명이다. 그나마도 한 품목 소개에 5줄도 안 넘어간다. 그러고는 파이, 푸딩, 소시지, 저장식품까지 가고는 끝이다. 다음에는 이미 샌드위치가 등장하기 시작한다.

영국 요리 소개는 요리를 설명하는 것이 아니고 영국인이 먹는 음식 종류를 소개한 것으로 그친다. 그러고는 잉글리시 브랙퍼스트, 애프터눈 티, 선데이 로스트를 들 때쯤이면 이미 끝이 나버려 궁색을 한껏 드러내고 만다. 그 뒤에는 요리가 아니라 페이지 수를 채우기 위한 구차한 변명이 등장한다. 요리를 소개하는데 웬 생선 요리 식당, 감자튀김 가게와 포장 음식 가게는 왜 등장하는가 모르겠다. 그러고는 인도, 중국, 타이 식당이 뜬금없이 나온다.

이렇게 보면 이 영국 요리 소개는 정말 영국인들이 무얼 먹고 사는지를 소개하는 것이다. 물론 다른 나라도 요리 소개도 결국 그 나라 사람들이 무얼 먹느냐는 소개이니 틀린 것은 아니다. 그러나 다른 점은 프랑스, 이탈리아, 스페인의 경우는 다른 나라에는 없는 그 나라 특유의 요리를 설명하는 것이고, 영국 것은 영국인들이 즐겨 먹는 잡동사니를 설명하는 것이다. 다른 나라 요리 앞에 '영국Anglo' 라는 접두사가 붙어 영국화한 것이고 그래서 영국 음식이라 부른다는 뜻이다. 예를 들어 인도 카레를 '영국 카레Anglo-Currey' 라고까지 부른다. 틀린 말은 아니다. 이 외국 요리들은 이미 영국인 입맛에 맞게 하도 변해버려서 본토인들은 더 이상 자신들의 요리라 생각하지 않기 때문이다. 그러니 영국 음식이라고 할 수밖에는 다른 도리가 없다. 하긴 해외에 사는 영국인들에게 가장 먹고 싶은 영국 음식 혹은 고향 음식home foods을 말하라니 영국식 인도 카레라이스를 들었다고 한다.

어떻게 지방 요리가 사라지고 슈퍼마켓 요리가 집 밥이 되었나

영국은 지방 요리가 사라지고 없다. 어디를 가도 같은 요리뿐이다. 사실 영국이 한창 세계 제패를 시작하던 17~18세기 튜더나 조지 시대까지만 해도 영국 요리는 상당한 국제적 명성이 있었다. 당시만 해도 지방 도시 혹은 시골의 향토 요리가 다양하게 존재했다. 그러다가 인클로저 운동이 벌어져 시골에 살던 농민들이 땅을 잃고 도시로 몰려나오면서 농촌이 무너지자 향토 요리가 없어지기 시작했고, 산업혁명이 영국 농촌을 본격적으로 밑뿌리부터 흔들어버려 영국의 전통 요리는 완전히 사라져버렸다. 또 농민이 줄어들어 농산물 생산 감소로 영국은 식재료를 자급자족하지 못하고 식품 수입 국가가 되었다. 이렇게 되자 식재료 값이 오르는 것은 당연했고 전통적인 가정 요리는 쇠퇴의 길을 걷기 시작했다.

비싼 식재료를 이용해 제대로 된 가정 요리를 하기보다는 가격이 저렴한 대량생산된 가공식품들을 간단하게 조리해 먹는 것이 영국 요리의 기본이 되고 말았다. 예를 들면 스파게티를 만들어도 신선한 토마토를 사다가 소스를 직접 만들어 먹기보다는 병에 든 가공된 소스를 사다가 데워서 끼얹어 먹는 식이 되어버린 것이다.

이렇게 가공식품을 사다 전자레인지에 데워 먹는 음식을 어릴 때부터 먹어온 영국인들은 엄마가 해주는 음식이라는 말을 잊어버린 지 오래다. 영국 대대수의 주부들은 이제 요리를 어떻게 하는지 모른다. 영국 엄마들은 워낙 바쁘다. 맞벌이를 하지 않으면 가정경제를 꾸려갈 수 없기 때문이다. 그래서 아이들은 엄마가 해준 음식이 무엇인지 모르고 커왔다.

영국의 여권女權은 유럽에서도 가장 세다는 정평이다. 요리가 여권과 무슨 관련이 있냐고 하지만 분명 상관이 있다. 아무리 양성평등을 넘어 여성 상위 시대인 유럽에서도 부엌은 아직 여성 직할 지역이다. 해서 주부가 요리를 하지 않고 버티면 방법이 없다. 그래서 같이 맞벌이하느라 바쁜 주부가 요리 안 하고 사 온 가공 음식을 내놓으면 가족들은 먹는 방법밖에 없지 않은가?

내가 서울 가면 자주 가는 식당 벽에 '서울에서 두 번째로 맛있는 집'이라는 표어가 붙어 있다. 자기 집 밥이 제일 맛있고 그다음이 이 식당이라는 뜻이다. 그렇게 엄마가 해주는 요리가 제일 맛있는데 영국인은 그 맛을 모른다. 오로지 슈퍼마켓 냉장고 식재료로 전자레인지가 만든 요리밖에 모른다. 그래서 영국 전통 요리가 더더욱 사라지고 없다.

영국에 영국 요리는 없지만 없는 요리는 없다

영국인 중에는 이상한 논리를 펴는 사람이 있다. 이렇게 영국 요리가 없기 때문에 요리에 관한 한은 자신들이 세계 어느 나라 사람들보다 더 행복하다는 주장이다. 이유는 영국에는 영국 요리가 없지만 그 대신에 없는 요리가 없이 각 나라의 다양한 요리를 가까이서 먹을 수 있어서 행복하다는 뜻이다. 영국에는 다양한 민족이 들어와서 살고 있다. 그래서 영국, 특히 런던 같은 대도시에는 세계 음식 중 없는 것이 없다. 런던에는 워낙 다양한 국적의 이민자들이 살고 있고 매일 수많은 외국 관광객이 몰려오니 어떤 나라 음식도 수요가 있기 때문이다. 각 나라뿐만 아니라 한 나라에서도 수많은 지방 혹은 종족들이 각자 요리를 들고 와서 식당을 연 덕분에 그 나라에 굳이 가지 않아도 산해진미의 외국 요리를 쉽게 접할 수 있는 기회가 있다는 말이다.

또 영국인은 자신들의 요리가 워낙 시원찮다 보니 외국 음식에 대해 다른 나라 사람들처럼 국수적인 입장을 취하지 않는다. 자기 것에 대한 지나친 자부심은 남의 것을 받아들이는 데 가장 큰 방해 요인이다. 자신의 것이 세상에서 제일 좋은데 남의 것을 왜 들여오고 받아들이는가? 이런 면에서 영국인은 자신의 것이 워낙 열악하다 보니 외국 것에 대해 열려 있다.

이는 요리뿐만 아니다. 영국 길, 특히 런던 길에 10분만 서 있어보면 전 세계에서 생산되는 모든 차 종류를 볼 수 있다. 독일에 가면 독일 차, 프랑스에 가면 프랑스 차가 대종을 이뤄 길거리를 굴러다닌다. 영국은 아니다. 자동차란 고장 없이 연비 좋으면 되는데 자동차의 국적이 어딘지가 무슨 상관이 있으며 그 회사 주인이 누구면 대수냐고 한다. 영국에서 생산되면 영국 차지 요즘 같은 국제화 시대에 회사의 국적이 무슨 의미가 있냐는 주장이다. 영국 내에서 생산되어 세금 영국에 내고 영국인이 고용되어 월급 받으면 영국 차지 서류상으로 주인이 누구이든 영국인에게는 상관없다. 그래서 영국은 자국 자동차 메이커가 외국으로 다 팔려 나가도록 방치했다. 영국 차라고 알려진 차 중에서 영국인 소유 자동차 회사는 하나도 없다. 롤스로이스, 레인지로버, 로버, 재규어, 벤틀리, 애스턴 마틴, 메클라렌, 미니 중 영국인 소유는 없다. 모두들 외국으로 팔려 나갔다.

영국인은 합리주의자이고 실용주의자이다. 해서 자신이 잘 운영할 수 없으면 잘하는 외국인에게 팔아서라도 회사를 살려야 한다. 굳이 안 되는 공장을 잡고 있어봐야 적자만 늘어나 결국에는 공장 문을 닫아야 하는 사태로 간다. 이렇게 주인이 누구든 공장을 돌아가도록 하고 자신들은 그냥 과실만 따 먹으면 된다는 뜻이다. 요리도 마찬가지다. 자신들은 요리를 잘 못하니 외국에서 요리 잘하는 사람들을 불러다 요리하라고 하고 자신들은 즐기기만 한다는 식이다. 자신의 입맛에 맞는다면 그것이 무슨 나라 요리면 무슨 상관이고 음식에 무슨 국적이 필요하냐는 논리다. 동시에 아무리 맛있는 음식이라도 자신들 가까이에 있어서 자주 즐길 수 있어야 좋다. 특별한 요리를 반드시 그 지방으로 찾아가야 먹을 수 있는 유럽의 소위 말하는 요리 선진국이 하나도 안 부럽다는 말이다. 그래서 나온 말이 '영국에는 영국 요리는 없지만 없는 요리는 없다'이다.

프랑스는 정말 요리의 천국이다. 수를 다 셀 수도 없는 요리가 존재하기도 하지만 맛도 말로 다 표현하지 못할 만큼 훌륭하다. 아무리 프랑스인이 미워도 프랑스 요리만은 미워 못한다는 말은 제대로 된 프랑스 요리를 본토에 가서 안 먹어본 사람은 절대 제대로 이해 못한다. 프랑스에는 시골 동네 식재료 시장마저도 정말 없는 재료가 없다. 또 프랑스 시골 식당에 가면 별의별 종류의 듣도 보도 못한 그 지방 요리가 있다. 그런데 문제는 그 지방 어느 식당을 가도 같은 종류의 요리를 내놓는다는 점이다. 그 지방 사람들은 자신들의 요리만 이것저것 바꿔가면서 먹지 다른 지방 요리라든지 다른 나라 요리에는 별로 관심이 없기 때문이다. 또 자신들의 요리에 대한 자부심이 너무 강해 다른 지방 혹은 다른 나라 요리가 발붙일 틈이 없다. 그래서 프랑스 시골에는 다른 지방 요리를 하는 식당을 찾아볼 수 없다. 다양한 다른 지방 요리를 맛보려면 그 지방들을 일일이 찾아다녀야 한다. 전국을 돌아다녀야 제대로 된 프랑스 요리를 다 섭렵할 수 있다는 말이다. 그런데 런던에 가면 프랑스 한 도시에는 없는 모든 지방 요리를 맛볼 수 있다. 그래서 요리 슈퍼마켓 영국에 사는 영국인이 요리 구멍가게에 사는 프랑스인들보다 훨씬 행복하다는 것이다.

영국 요리계에 변화가 시작되다

이렇게 다른 나라 사람들이 해놓은 음식만 먹던 영국에도 변화가 시작되었다. 수년 전부터 TV의 요리 프로그램이 시청률 상위를 기록하고 있고, 스타 요리사가 유명인이 되기 시작했다. 영국인들의 요리에 대한 관심이 높아지기 시작했다는 말이다. 그렇게 되자 영국 출신 요리사들의 활약도 눈에 띄게 달라졌다. 그런 변화는 《미슐랭 가이드북》에서도 나타난다. 2012년 《미슐랭 가

영국의 스타 요리사이며 TV 서바이벌 요리 프로그램 〈헬스 키친Hell's Kitchen〉의 진행자 고든 램지

이드북》에서 별을 받은 영국과 아일랜드 식당이 176개나 되었다. 1974년만 해도 겨우 25개의 식당이 별을 받은 것과 비교하면 천지개벽의 수준이다.

　스타 요리사들이 하는 영국 식당으로 사람들이 몰리기 시작하자 이들이 여기저기에 분점을 내어 전국 각지에서 그들의 제자들이 만드는 요리를 맛볼 수 있어졌다. 한국에도 잘 알려진 제이미 올리버의 이탈리안 체인만 해도 전국에 35개나 된다. 올리버보다 조금 보수적인 요리사 고든 램지 식당도 12개나 된다. 요리 하나만으로도 재벌이 될 수 있고 스타가 될 수 있다는 사실 때문에 요리사는 남자가 할 만한 직업이 아니라던 영국 젊은이들 사이에서도 요리사가 쿨한 직업으로 떠오르고 있다. 맛집을 찾아다니는 여피들도 늘고 있다. 더군다나 전통적인 프랑스 요리에만 치중하던 고급 요리가 이제 다양해지고 있다. 수많은 나라 요리들이 서서히 이름을 얻어가고 있는 중이다.

　영국에서 외국 음식 중 극동 음식은 중식과 일식만이 잘 알려졌다. 중식은 이미 영국 중식으로 불리면서 시골 마을까지 파고들어 없는 곳이 없을 정도여서 이미 이국적인 분위기의 외국 음식 같지 않게 되었다. 포장 음식 가게 take away restaurant에서 중국 음식을 사다가 한 끼를 때우는 일은 이색적인 일이 더 이상 아니게 되어버렸다. 일식은 아직 중식만큼은 아니지만 영국 지식인이나 상류층 사이에는 일식을 정기적으로 먹지 않으면 세련되지 않았다는 풍조가 있은 지 오래되었다. 그러나 영국인이 섬나라인데도 생선을 별로 선호하지 않고 특히 회에 대해서는 인식이 나빠 대중적으로 퍼져나가기에는 아직 시간이 더 필요할 것 같다. 한식은 걸음마 단계이다. '아! 이런 음식도 있었네!' 하는 정도이다. 1~2년 전부터는 새롭게 발견한 신기한 요리라는 투의 음식 평이 영국 언론에 등장하기 시작했고, 《텔레그래프》, 《더 타임스》, 《이브닝 스탠더드》 등 유수 언론 매체들에서 가끔씩 한식당 평을 한다.

Keyword 46 : 캐번디시 연구소

1874년 설립된 케임브리지 대학교의 세계적인 물리학 연구소. 초대 소장은 제임스 클락 맥스웰. 유럽 대륙을 능가하는 영국의 기초과학 인재를 기르자는 의도로 시작되었다.

케임브리지에는
전 세계적인 물리학의
성지가 있다

영국 히드로 공항에서 자동차로 1시간 30분 정도 떨어진 케임브리지의 한복판 프리스쿨 가Free School Lane CB2 3RF에 중세 성당 같은 고색창연한 건물이 있다. 나무로 된 정문 위에는 다음과 같은 라틴어 문구가 새겨져 있다. 'Magna opera Domini exquisita in omnes voluntates ejus'. 우리말로 '신의 작품은 위대하다. 그 모든 것을 찾아내는 데 즐거움이 있다'로 번역되는 문장이다.

'모든 위대한 신의 작품을 찾아내는 즐거움'을 누리던 이 건물이 바로 영국의 명문 케임브리지 대학교가 자랑하는, 노벨상 수상자를 무려 28명이나 배출한 캐번디시 연구소Cavendish Laboratory가 있던 곳이다.

모든 위대한 신의 작품을 찾아내는 즐거운 곳, 캐번디시

캐번디시 연구소는 1974년 창설 100주년을 맞아 시내 한복판에서 도보로 30분 정도 거리에 있는 웨스트 케임브리지로 확장 이전했다. '올드 캐번디시 랩'으로 불리는 5층짜리 고색창연한 건물에는 현재 아무런 연구 시설도 없다. 다만 건물 입구 왼쪽 벽에 캐번디시 연구소가 있었다는 회색의 사각형 표지판만 있을 뿐이다.

이 표지판에는 '캐번디시 연구소. 1874~1974. 데본셔 공작에 의해 설립되었고 레이레 경(1908)과 오스틴 경(1940)에 의해 확장되다. 캐번디시 연구소는 초대 캐번디시 교수인 제임스 클라크 맥스웰로부터 웨스트 케임브리지로 옮겨갈 때까지 (케임브리지 대학교의) 물리학부가 자리 잡고 있었다'라고 쓰여 있다. 입구 오른쪽 벽에는 이 건물에서 조지프 존 톰슨(1856~1940. 1906년 노벨 물리학상 수상)이 전자電子를 발견했음을 알리는 푸른색 표지판도 붙어 있다.

굴처럼 생긴 이 건물 정문을 지나 안으로 들어가면 건물 뒤편 좌측으로 자그마한 현대식 건물이 나타난다. 건물 외벽에 악어 모양의 조각이 새겨져

캐번디시 연구소. 정문 위 나무 간판에 슬로건이 쓰여 있다.

있는 게 눈길을 끈다. 1933년 지어진 캐번디시 연구소 부속 몬드 연구소다. 악어 조각은 캐번디시 연구소의 전성기를 이끌던 4대 소장 어니스트 러더퍼드(1871~1937. 1908년 노벨 화학상 수상)의 별명을 제자들이 풍자해 새긴 것이다. 원자핵의 존재를 밝혀내 핵물리학의 아버지로 불리는 러더퍼드 교수는 큰 키와 특이한 목소리로 유명했는데, 제자들은 그를 동화《피터 팬》에 등장하는 시계를 삼킨 악어로 묘사하며 놀렸다. 이 악어 조각은 러더퍼드의 제자였던 표트르 카피차(1894~1984. 1978년 노벨 물리학상 수상)가 주문한 것이다. 저온물리학의 기반을 닦은 카피차는 캐번디시에서 연구한 자료들을 챙겨 자신의 조국인 구소련으로 가버린 인물이다.

캐번디시 연구소에서 나와 20미터쯤 걸어가 한 블록을 건너면 영국 특유의 한 펍과 마주친다. '이글Eagle'이라는 간판이 붙은 이 펍이 캐번디시 연구소 139년 역사에서 가장 우뚝하게 솟은 금자탑을 세운 곳이다. 1953년 2월 21일, 이 펍에 한 청년이 뛰어들며 소리를 질렀다. "우리가 생명의 신비를 밝혀냈어!" 이 청년이 바로 당시 생물학계의 최고 숙제였던 DNA 구조를 발견해낸 캐번디시 연구원 제임스 왓슨(85. 당시 25세)이었고, 그의 뒤에서 환호하는 그를 흐뭇하게 바라보던 또 다른 청년이 왓슨의 연구 파트너였던 프랜시스 크릭(1916~2004. 당시 37세)이었다. 이글에서 거의 매일 점심을 먹던 이 두 청년이 발견한 DNA 이중나선Double Helix 구조는 금세기 최고의 과학적 성과로 평가받으며 9년 뒤인 1962년 이들에게 노벨 생리의학상의 영예를 안겼다.

이 펍 입구 벽에도 이곳이 과학사의 명소라는 것을 알리는 푸른색

DNA 모델 앞 왓슨(왼쪽)과 크릭(오른쪽)

둥근 표지판이 붙어 있다. 'DNA 이중나선 1953. 생명의 비밀. 지난 수십 년간 이곳은 인근 캐번디시 연구소의 과학자들을 위한 동네 펍이었다. 1953년 2월 28일 프랜시스 크릭과 제임스 왓슨이 DNA가 어떻게 유전정보를 전달하는지를 발견해 여기서 처음으로 알렸다. 2003년 4월 25일 제임스 왓슨이 개봉했다.' 이 문구대로 이 표지판은 2003년 당시 75세였던 하버드 대학교 생물학과 교수 제임스 왓슨에 의해 걸렸다.

'왓슨과 크릭이 DNA 이중나선 구조를 밝힌 사실을 처음 알린 곳이다.' 올드 캐번디시 연구소 인근 펍 이글 입구 벽 표지판의 안내문

제임스 클라크 맥스웰(1831~1879)이 초대 소장으로 임명되면서 문을 연 캐번디시 연구소는 유럽 대륙을 능가하는 영국의 기초과학 인재를 기르자는 의도에서 출발했다. 캐번디시 연구소의 출발 당시만 해도 케임브리지 대학교의 과학적 역량은 초라하기 짝이 없었다. 당시 케임브리지 대학교 내에 자연과학을 공부하는 학생은 19명에 불과했다.

교수 연구실에 학생 몇 명을 불러놓고 하던 전통적인 영국식 도제 교육으로는 제대로 된 물리학자의 대량 배출이라는 시대적 과제에 맞출 수 없던 상황이었다. 캐번디시는 바로 이러한 상황을 타개하기 위해 만들어진 교육 시설이라 할 수 있다. '학생들이 기구와 자재로 직접 실험에 참여해볼 수 있게 설계된 연구실'과 '물리 실험 공개 강의 목적의 첫 대형 강의실'을 갖춘 미국식의 '배우고 연구하고 실험하는 연구소 teaching laboratory'를 영국에서 처음 시도한 것이다.

1974년 케임브리지 서쪽으로 옮겨 간 캐번디시 연구소는 연구소 설립 당시의 의도가 짙게 배어 있다. 고색창연한 올드 캐번디시 연구소와는 전혀 다른 분위기의 현대식 연구 단지다. 캐번디시 연구소는 모두 3개의 동으로 이루어져 있다. 역대 연구소장 이름을 딴 러더퍼드 동, 모트Nevil Francis Mott(1905~1996) 동, 브래그William Lawrence Bragg(1890~1971) 동이다. 거의 공장 건물같이 생긴 모트 동과 러더퍼드 동 사이에 연구소 본부 역할을 하는 브래그 동이 있다. 브래그 동 2층에는 프리스쿨 가에서 옮겨 온 캐번디시의 발자취를 담은 유물들이 전시된 박물관이 있다. 본관 건물 입구 위에는 '올드 캐번디시 랩'에 라틴어로 쓰여 있는 문구 'Magna opera Domini exquisita in omnes voluntates ejus' 가 'The works of the Lord are great, sought out of all them that have pleasure therein' 라고 영어로 번역되어 걸려 있다. 이들 연구소 동뿐 아니라 연구원들과 방문 학자들을 위한 4개 동의 현대식 아파트와 각종 편의시설이 연구 단지를 형성하고 있다. 현재 이 연구소에는 81명의 교수진이 400명의 학부 과정생과 120명의 석·박사 과정생을 가르치며 연구하고 있다.

캐번디시 연구소를 빛낸 인물들과 그들의 연구 성과를 훑어보면 어떻게 이런 대단한 과학적 성취가 한 연구소에서 나올 수 있었는지 의아할 뿐이다. 왓슨과 크릭을 비롯해, 전기와 자기가 같은 힘이라는 걸 발견해 뉴턴과 아인슈타인 사이의 가장 위대한 물리학자로 이야기되는 초대 소장 맥스웰, 전자를 발견한 조지프 톰슨, 핵물리학의 아버지인 어니스트 러더퍼드와 제임스 채드윅 등 연구소가 배출한 28명의 노벨상 수상자는 모두 지난 139년간 과학사에 새로운 이정표를 세운 사람들이다. 참고로 캐번디시가 속한 케임브리지 대학교는 물리학의 아이작 뉴턴과 스티븐 호킹, 그리고 생물학의 찰스 다윈을 배출한 곳이기도 하다.

왓슨과 크릭 그리고 물리학의 성지

캐번디시를 빛낸 학자들의 면면에서 알 수 있듯이 캐번디시 연구소는 물리학의 성지 같은 곳이다. 이곳에서 DNA 이중나선 구조라는 생물학계 최고의 발견이 이루어졌다는 것은 어찌 보면 역설이다. 하지만 DNA 이중나선 구조 발견이라는 위대한 성취에 이르는 과학자들의 도전 과정을 보면 왜 물리학의 성지인 캐번디시에서 생물학의 새로운 기원이 열렸는지 이해 못할 바도 아니다.

20세기 초만 하더라도 물리학에 비하면 상대적으로 낙후되어 있던 생물학계에서는 1952년 미국의 생물학자 앨프리드 허시와 마샤 체이스가 유전정보가 DNA에 의해 전달된다는 사실을 알아내면서 DNA 구조와 메커니즘을 파헤치는 연구 경쟁이 벌어지기 시작했다. 특히 양자역학의 토대를 세운 오스트리아의 물리학자 에르빈 슈뢰딩거(1933년 노벨 물리학상 수상)가 쓴 《생명이란 무엇인가》는 많은 물리학자들을 분자생물학이라는 미지의 세계로 끌어들였다. 슈뢰딩거는 생명현상이 이성을 뛰어넘는 그 어떤 것이 아니라 단지 물리화학적 과정에 불과하다고 봤고, 유전정보는 단백질이라는 분자에 담겨 있으리라 추정했다.

1950년 미국 인디애나 대학에서 생화학 박사학위를 받은 왓슨 역시 연구 방향 결정에 《생명이란 무엇인가》에 큰 영향을 받은 것으로 알려져 있다. 《생명이란 무엇인가》를 읽고 "생물학을 분자 개념으로 보는 것이 대단히 중요할 뿐만 아니라 하나의 전환점이 될 것이라는 생각을 아주 흥미진진하게 써놓았다"고 평한 왓슨은 자신의 연구를 위한 최적의 장소가 캐번디시 연구소라고 판단했다. 당시 캐번디시 연구소는 X선 사진을 이용해 생물 분자의 3차원 구조를 밝혀내는 최고의 기술을 갖고 있었다. 캐번디시 연구소는 1937년 러더퍼드 소장의 갑작스러운 죽음을 계기로 돈이 많이 드는 원자핵물리를 포기하고 윌리엄 로렌스 브래그(1915년 노벨 물리학상)를 소장으로 앉혀 X선 결정학에 공을 들이고 있었다. 이 브래그 소장의 수제자가 바로 로절린드 프랭클린이라는 유대계 여성 과학자로, 그녀는 왓슨과 크릭의 DNA 이중나선 구조 발견 무렵 X선 촬영을 통해 DNA 구조에 한발 다가서 있었다.

캐번디시에서 왓슨과 숙명적 만남을 한 크릭 역시 슈뢰딩거의 영향을 받은 경우다. 물리학을 전공했던 그는 슈뢰딩거의 영향을 받아 전공을 아예 생물학으로 바꿨다. 1947년 캐번디시에서 만나 공동 연구를 진행한 두 청년은 결국 프랭클린의 X선 촬영 연구 성과와 대서양 건너 또 다른 DNA 연구 경쟁자였던 미국 캘리포니아 공대 라이너스 폴링의 연구 성과를 바탕으로 DNA 구조를 입증해냈다. 평생 분자구조를 연구해온 분자생물학의 권위자 폴링은 세포 내 단백질의 모양이 나선일 수도 있다는 아이디어를 떠올린 사람이다. 그는 자신의 연구 결과를 바탕으로 '알파나선'이라는 이름을 붙인 단백질 구조를 발표했고, 그의 연구는 왓슨과 크릭의 연구에 영향을 미쳤다.

캐번디시 연구소가 성공할 수밖에 없었던 이유

왓슨의 경우에서 보듯 캐번디시 연구소가 질적으로 괄목할 만한 성장을 한 데는 외부 피의 수혈이 중요한 역할을 했다. 캐번디시 연구소는 연구소 개설 후 거의 20년 넘게 연구원을 모두 케임브리지 대학 출신들로만 채워오다가 1895년부터 다른 대학에서 수학한 학생들도 석·박사 과정 공부를 하면서 연구소 연구원research student으로 실험을 할 수 있게 하는 획기적인 문호 개방 조치를 취했다. 학문 연구의 실무적 경험이나 경력 혹은 연구 실적을 갖춘 경우, 비록 학위가 없더라도 받아들이는 전향적 자세를 취한 것이다. 개방을 하자 전 세계, 특히 대영제국 식민지 국가의 인재들이 몰려오기 시작했고, 개방 4년 후에는 전체 연구원의 거의 절반이 외국에서 온 학생들로 채워졌다. 20대의 미국인 청년 왓슨과 아무런 학위도 없던 30대의 크릭이 캐번디시 최고의 업적을 만들어낸 데는 이러한 배경도 작용했다. 이러한 전통대로 캐번디시는 지금도 세계 각지에서 연구원들이 찾아오는 등 국제화되어 있고,

특히 최근에는 동유럽과 아시아 출신 연구원들이 많다.

캐번디시 연구소가 성공한 또 다른 이유는 적극적인 산학협동에도 있었다. 연구소 설립 당시만 해도 학문적인 목적의 연구소가 상업 회사와 협업을 해서 프로젝트를 진행하는 것은 터부시하던 분위기였다. 하지만 캐번디시 연구소는 설립 당시부터 자신들의 연구 실적이 상업화되는 것에 "스릴을 느낀다"며 이를 표방했다. 자신들이 얻은 특허를 회사들에 넘겨주고 그 대가로 연구 자금이나 실험 기계를 받는 것이 왜 나쁘냐는 자세를 남들보다 일찍 견지하면서 외부로부터 연구소 발전에 도움을 받기 시작했다. 캐번디시 연구소는 이 같은 전통을 '지적 연계intellectual engagement와 상호 이득cross fertilisation'이라고 당당하게 이야기한다. 이런 식의 개방된 사고는 천재적 인재들을 모으는 데 큰 힘을 발휘했고, 이들이 타인의 눈치를 안 보고 자신들의 의도대로 실험을 하게 내버려둠으로써 획기적인 성과를 만들어내게 했다. 지금도 히타치, 도시바, 슐럼버그 같은 대기업들이 캐번디시 연구소를 후원하고 있다.

캐번디시 연구소는 최근에도 천체물리학, 고체물리학, 나노전자학, 바이오물리학 분야에서 탁월한 성과를 거두고 있고, 연구소 출신 연구원들은 영국 내 기업들로부터 최고의 대접을 받는다. 캐번디시 연구소는 '케임브리지 현상Cambridge Phenomeon'도 낳았다. 이는 케임브리지 시와 인근 지역에 소규모 첨단 기술 회사들이 밀집해 있는 특이한 현상을 말한다. 2004년 기준으로 영국 내 벤처캐피털 중 무려 24퍼센트(유럽연합 전체의 8퍼센트)가 케임브리지 근처에 집중되어 있다. 1993년 초부터 5년 사이에만 1000개가 넘는 하이테크 회사들이 이 지역에 사무실을 차렸다. 특히 컴퓨터 관련 회사가 많아 미국 실리콘밸리와 견주어 '실리콘 펜Silicon Fen'이라 부르기도 한다. 케임브리지 대학교 자료에 따르면 현재 3500여 개의 회사가 몰려 있다고 한다. 미국 마이크로소프트사의 빌 게이츠가 유럽에서 처음 지사를 세운 도시도 다름 아닌 케임브리지다. 그만큼 케임브리지 대학을 중심으로 한 '실리콘 펜' 인재들의 높은 수준을 인정한다는 뜻이다.

　캐번디시 연구소를 조명할 때 케임브리지 대학교의 특성을 이해하는 것도 중요하다. 영국 대학 중 가장 튼튼한 재단을 가진 곳이 케임브리지이기 때문이다. 2011년 기준 43억 파운드의 기금을 가지고 있어 2위인 옥스퍼드 대학보다 무려 6억 파운드나 많다. 교수가 6000명이고, 학생이 1만8500명이어서 교수 1명당 학생 비율이 3명밖에 안 된다. 일반 직원 3200명까지 감안하면 거의 학생 2명을 교직원 1명이 뒷바라지하는 셈이다. 그만큼 튼튼한 재단이었기에 캐번디시 연구소에 대폭적인 지원을 할 수 있어 일개 대학교 연구소에서 이렇게 엄청난 업적을 쌓을 수 있었다.

Photo Credits

p. 22: ⓒFeatureflash/ Shutterstock.com
p. 38: ⓒJohnKropewnicki/ Shutterstock.com
p. 74: ⓒGeorg Schmidt/ Shutterstock.com
p. 82: ⓒdutourdumonde/ Shutterstock.com
p. 120: ⓒZoran Karapancev/ Shutterstock.com
p. 127: ⓒNeftali/ Shutterstock.com
p. 141: ⓒFeatureflash/ Shutterstock.com
p. 147: ⓒChris Harvey/ Shutterstock.com
p. 166: ⓒKamira/ Shutterstock.com
p. 170: ⓒBikeworldtravel/ Shutterstock.com
p. 184: ⓒgodrick / Shutterstock.com
p. 192: ⓒdutourdumonde / Shutterstock.com
p. 195: ⓒJonnystockphoto / Shutterstock.com
p. 203: ⓒ1000 Words / Shutterstock.com
p. 218: ⓒDavid Burrows / Shutterstock.com
p. 245: ⓒClive Chilvers / Shutterstock.com
p. 275: ⓒ1000 Words / Shutterstock.com

p. 289: ⓒIgor Matic / Shutterstock.com
p. 299: ⓒTodd Pierson / Shutterstock.com
p. 337: ⓒBikeworldtravel / Shutterstock.com
p. 366: ⓒlupugabriela / Shutterstock.com
p. 373: ⓒNando Machado / Shutterstock.com
p. 393: ⓒPadmayogini / Shutterstock.com
p. 409: ⓒPrometheus72 / Shutterstock.com
p. 417: ⓒlandmarkmedia / Shutterstock.com
p. 424: ⓒSteve Mann / Shutterstock.com
p. 428: ⓒBecky Stares / Shutterstock.com
p. 443: ⓒstocklight / Shutterstock.com
p. 455: ⓒs_bukley / Shutterstock.com
p. 460: ⓒShutterstock.com
p. 25, 31, 36, 57, 60, 66, 97, 119, 155, 174, 175, 228, 229, 248, 263, 268, 286, 308, 320, 357, 365, 386, 406, 410, 454, 463: ⓒ권석하

영국인 재발견
ⓒ 권석하, 2013

초판 1쇄 인쇄 2013년 10월 21일
초판 3쇄 발행 2017년 12월 27일

지은이 | 권석하
펴낸이 | 김영훈
편집 | 이원숙
디자인 | 김미숙

펴낸곳 | 안나푸르나
출판신고 | 2012년 5월 11일
주소 | 서울특별시 마포구 동교동 200-15 한솔빌딩 101호
전화 | 02-3144-4872   팩스 | 0504-849-5150
전자우편 | idealism@naver.com

ISBN 979-11-950547-1-8 03920

＊ 저자와의 협의로 인지는 붙이지 않습니다.
＊ 이 책은 저작권법에 따라 보호받는 저작물이므로 무단 전재와 복제를 금하며,
  이 책의 내용 전부 또는 일부를 이용하려면 반드시 저작권자와 안나푸르나의 서면 동의를 받아야 합니다.
＊ 유통 중에 파손된 책은 구입하신 서점에서 바꾸어 드리며, 책값은 뒤표지에 있습니다.

이 도서의 국립중앙도서관 출판도서목록(CIP)은 서지정보유통지원시스템 홈페이지(http://seoji.nl.go.kr)와
국가자료공동목록시스템(http://www.nl.go.kr/kolisner)에서 이용하실 수 있습니다. (CIP제어번호: CIP2013020295)